U1017645

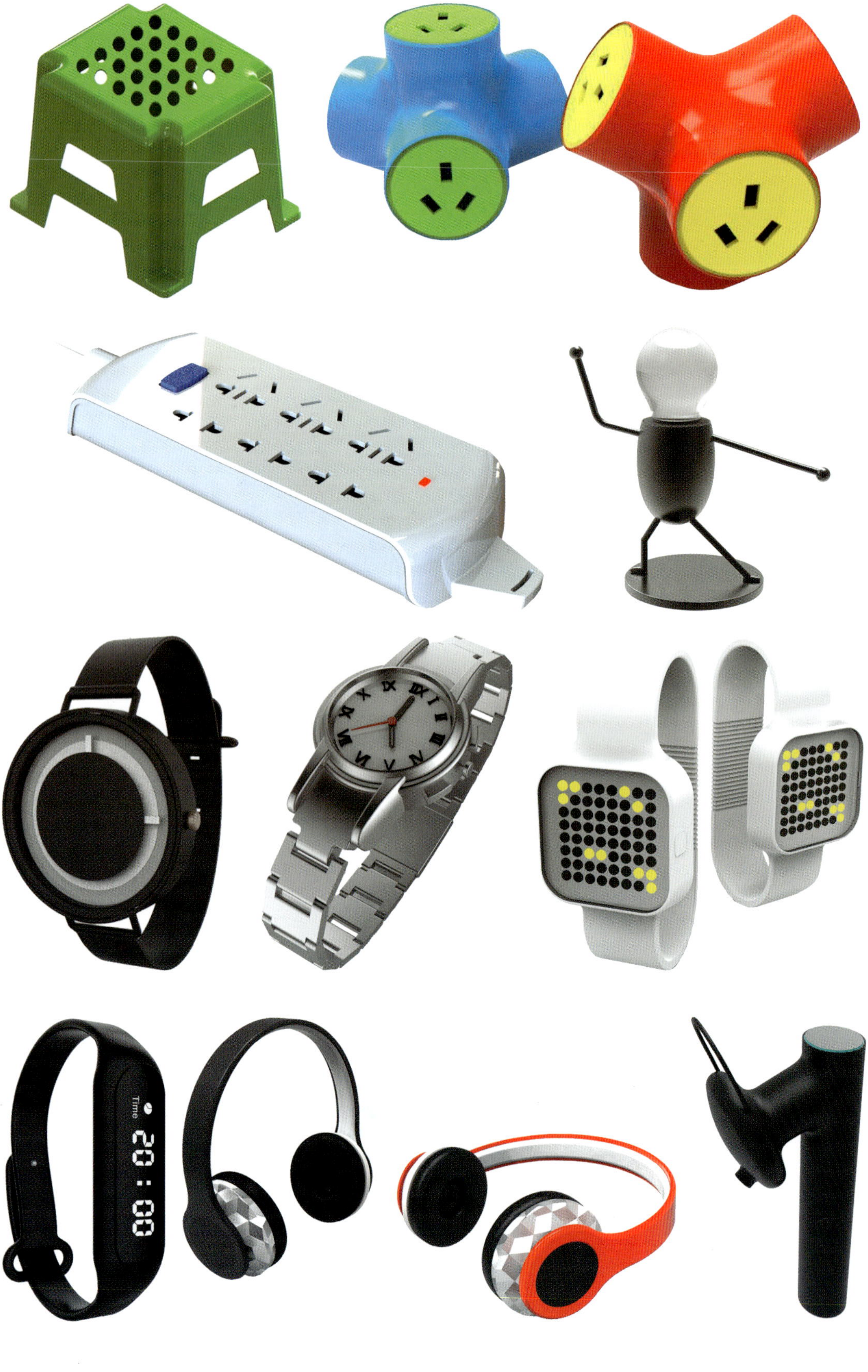
Time
20:00

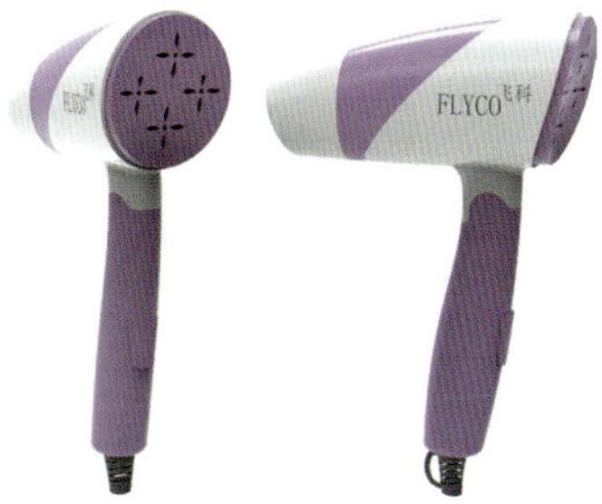
FLYCO飞科

13:18

"十四五"职业教育国家规划教材

SolidWorks 产品建模高级教程

易熙琼　主　编
何风梅　卫佩行　钟　辉　副主编

中国轻工业出版社

图书在版编目(CIP)数据

SolidWorks 产品建模高级教程/易熙琼主编. —北京:中国轻工业出版社,2025.7
ISBN 978-7-5184-2689-8

Ⅰ.①S… Ⅱ.①易… Ⅲ.①工业革命—产品设计—计算机辅助设计—应用软件—教材 Ⅳ.①TB472-39

中国版本图书馆 CIP 数据核字(2019)第 220386 号

责任编辑:陈 萍
策划编辑:陈 萍　　责任终审:张乃柬　　封面设计:锋尚设计
版式设计:砚祥志远　　责任校对:晋 洁　　责任监印:张京华

出版发行:中国轻工业出版社(北京鲁谷东街 5 号,邮编:100040)
印　　刷:北京君升印刷有限公司
经　　销:各地新华书店
版　　次:2025 年 7 月第 1 版第 6 次印刷
开　　本:787×1092　1/16　印张:19.25
字　　数:420 千字　插页:2 页
书　　号:ISBN 978-7-5184-2689-8　定价:59.00 元
邮购电话:010-85119873
发行电话:010-85119832　010-85119912
网　　址:http://www.chlip.com.cn
Email:club@chlip.com.cn
版权所有　侵权必究
如发现图书残缺请与我社邮购联系调换
251145J2C106ZBW

前　言

产品设计反映一个时代的经济、技术和文化。随着互联网和大数据时代的到来，计算机在产品设计中起着不可取代的作用，它的可修改、易保存、表现能力强和数控程度高等优势是其他工具不可替代的。中国式现代化的高质量教育体系离不开数字化融合。通过教育数字化，建设全民终身学习的学习型社会、学习型大国，才能创造出世界一流的教育和优势学科，使我们的教育更好地服务于中国式现代化的需要。因此，产品设计人员的三维建模能力成为必要的职业技能。

SolidWorks 软件是世界上第一个基于 Windows 开发的三维 CAD 系统，它基于参数化特征造型技术简单、直观，适合设计领域的初学者学习。因此，针对软件灵活运用，结合一线教师多年的教学实践及高级工程师的企业经验编写了本教材。

本教材是供读者学习 SolidWorks 产品设计的实例图书，选用的都是生产一线的日用产品和工业产品实例，经典而实用。在内容上，先针对每个实例进行概述，说明该实例的特点、设计构思、操作技巧、重点掌握内容和要用到的操作命令，使读者对其有一个整体概念，学习也更有针对性；接下来的操作步骤翔实、透彻、图文并茂，引领读者一步步完成模型的创建。这种讲解方法能够使读者更快、更深入地理解 SolidWorks 设计中的一些抽象的概念和复杂的命令及功能。通过案例、以小见大、图文并茂，增强情景感、现实感，读者能在较短时间内掌握一些造型复杂的产品的设计方法和技巧，迅速进入产品设计的实战状态。

本教材为数字化新型教材，以学生使用角度编写，能使全体受教育者享有平等的受教育机会。教材配备丰富的数字化教学资源，是广东省精品在线课程，扫描二维码可以进入“智慧课堂——超星泛雅网络教学平台”，与老师同步学习，教学案例与资源库同步更新。

SolidWorks
计算机辅助设计

本教材内容全面，条理清晰，实例丰富，讲解详细，图文并茂，适合作为高等院校工业设计专业教材或各类培训学校学员的“产品设计”课程教材，也可作为广大工程技术人员和设计工程师自学 SolidWorks 产品设计的参考书。

同时，本教材引导学生成为软件工具的主人，以“不断满足人民日益增长的美好生活需求”作为设计师的使命，树立正确的美学观和创作观，立足时代、扎根人民、深入生活，在设计过程中实践“工匠精神”，强调设计原创与知识产权，增强社会责任感和职业要求硬实力。并且，本教材与国际 SolidWorks 认证助理工程师证书考试（CSWA）接轨，附录为部分模拟试题的建模思路与实践讲解，为有考证需求的读者提供一些帮助。

本教材建设邀请了深圳市魔方云网络传媒科技有限公司林乔华软件设计师（SolidWorks 全球认证专家、CSWE 全球仅 1982 位）、广东雅洁洁具设计总监李绪军、东莞市中铭电子贸易有限公司开发经理周晓阳、东莞得利钟表有限公司总经理刘仁等多位企业、行业朋友共同参与。特别是广东汇利兴精工科技有限公司董事长、高级工程师钟辉（编写了第九章）、江苏农林职业技术学院卫佩行博士（编写了第八章）作为副主编，多次为教材内容进行修改、调整。同时，深圳云创科技（深圳）有限公司提供了 SolidWorks 认证助理工程师证书考试部分模拟题，为国际 SolidWorks 认证助理工程师证书考试提供了大力协助。

本教材内容虽为作者多年来相关教学工作的总结和体会，但因水平有限，难免有疏漏和不足之处，敬请广大读者批评指正。

易熙琼

目　录

第一章 软件入门

SolidWorks 软件是基于 Windows 平台的三维设计软件，具有 Windows 软件使用方便和操作简单的特点，其强大的设计功能可满足工业产品的设计需要。

通过本章学习，学生可初步认识 SolidWorks 软件，了解其特点、对计算机硬件环境的要求及安装方法，并通过常用术语学习和项目任务实践，体会 SolidWorks 软件进行产品设计的一般设计思想、过程与方法。

第一节 基本知识

一、软件简介

SolidWorks 最大的优势在于建模软件命令的使用简单、直观，适合设计领域的初学者学习。除此之外，它在设计、工程、制造领域中也是较好的软件系统之一。

SolidWorks 自 1995 年问世以来，以其优异的性能、易用性和创新性，极大地提高了工程师的设计效率，在与同类软件的激烈竞争中确立了它的市场地位，成为三维设计软件的标准。在航空航天、铁道、兵器、电子、机械、产品设计等领域有广泛的用户。随着其不断升级与更新，它在创新设计、方便使用和整体性能等方面都有了显著提升，包括增强了装配处理能力、复杂曲面造型能力等。

SolidWorks 软件集零件设计、钣金设计、造型设计、模具开发、有限元分析、注塑模拟、管道设计、设计验证和产品数据管理功能于一体，为三维产品设计提供了完整的解决方案，减少了设计过程中的错误，提高了产品设计的质量。SolidWorks 与 Windows 系统的无缝结合使它具有易学易用性。Windows 系统的拖放、点击、剪切、粘贴等操作同样适用于 SolidWorks 软件。参数化建模是它的另一个显著特点，主要应用于工业零部件、建筑模型等需要以尺寸为基础的模型设计，并且可以通过对参数尺寸的改变来实现对模型整体的修改，从而实现对设计的快捷修改，这一点对于从事工业设计的使用者来说具有非常大的帮助。

相对于其他三维参数化软件，SolidWorks 具有以下优点：

1. 界面简单，易操作

SolidWorks 界面整洁、简单，并提供超级专业渲染。软件具备建模的灵活性、直观的界面、容易访问命令等特点，特别是其一体化设计、并行设计和简化设计的方法，可以在团队、学科、客户和供应商之间高效沟通、协作和并行工作，并且在设计模拟、高效分析、解决复杂问题并发现问题方面有显著优势。

2. 产品线一应俱全

SolidWorks 具有强大的产品线，三维模型、产品二维图、仿真、分析、渲染、数据管理等一应俱全。并且，对于产品的二维图纸——工程图来说，工程图和三维数据信息联动，设计者做出的任意部位草图尺寸修改变化，三维模型和二维图纸都会及时同步更新。SolidWorks 也有 Simulation 仿真分析、PDM，与三维、二维图纸无缝结合。企业中用到的信息化产品 SolidWorks 基本上都有相应的模块，方便企业制造和管理。

3. 全球通用，使用者多

SolidWorks 全球使用人数为其他三维软件使用人数的总和，使用人数多，交流性大，企业、行业需求多。在庞大的用户基础上，企业与企业间使用相同软件的概率提升，交互信息图纸也有优势。

4. 物美价廉

SolidWorks 实用且便宜，对于一个中小型企业来说是不错的选择。

二、系统需求

SolidWorks 官方网站提供了软件的最新信息，并提出了适合软件使用的硬件、操作系统和对 Microsoft 产品进行优化的系统设置。详细配置如图 1-1 所示。

	SOLIDWORKS 2017 (EDU 2017-2018)	**SOLIDWORKS 2018** (EDU 2018-2019)	**SOLIDWORKS 2019** (EDU 2019-2020)
操作系统			
Windows 10，64 位	✔	✔	✔
Windows 8.1，64 位	✔	✔	✘
Windows 7 SP1，64 位	✔	✔	✔ (**寿命结束**：SW2020 SP5)
虚拟环境	支持的虚拟环境（虚拟机管理程序）		
硬件			
处理器	3.3 GHz 或更高		
内存	16 GB 或更高 PDM Contributor 或 Viewer：8 GB 或更高 PDM Web 客户端或 Web 服务器：8 GB 或更高 建议 ECC RAM		
图形卡	经过认证的卡和驱动程序		
驱动器	建议固态硬盘，获取最佳性能		
磁盘空间	PDM Contributor 或 Viewer：10 GB 或更高 PDM Web 客户端或 Web 服务器：5 GB 或更高 PDM 存档服务器或数据库服务器：50 GB 或更高 SOLIDWORKS Manage：10 GB 或更高		
软件			
Microsoft Excel 和 Word	2010、2013、2016	2010、2013、2016	2013、2016
浏览器（PDM Web2 客户端）	Microsoft Internet Explorer、Microsoft Edge、Google Chrome、Mozilla Firefox、Apple Safari		
防病毒	防病毒产品		

图 1-1

1. 操作系统

推荐的操作系统为：Microsoft Windows XP Professional，Windows 2000（Service Pack 2 or higher）。

2. 硬件配置

（1）Intel Pentium 或者 AMD Athlon TM5 CPU。

（2）显示器至少能够显示 1024 ×768 像素和 24 位色。

（3）至少为 512MB 内存，使用更大内存可提高性能，推荐内存为 1GB 或更大。注意，运行 SolidWorks 程序时尽量不要再运行其他程序。

（4）6.5GB 或更大可用硬盘空间。

（5）鼠标或其他定点设备。

可通过官网查找适用于系统的图形卡驱动程序以确保系统性能和稳定性。提供计算机供应商和驱动程序状态，可以得到“经过认证的驱动程序结果”，如图 1-2 所示。

图 1-2

三、基本功能

SolidWorks 是一套设计自动化软件，采用用户熟悉的 MS Windows 图形用户界面。使用这套简单易学的工具，设计师能快速地按照其设计思想绘制草图，运用各种特征与不同尺寸制作模型和详细工程图。特别是 SolidWorks 新增功能与插件能够使用户更加得心应手地建立模型，并提供产品数据管理的集成平台，展示可能的设计实施及设计意图。

1. SolidWorks 有特征造型的功能

一般可用草图建立一个基本特征，然后加上更多的特征，再由特征建立零件。在此过程中，可通过对特征的加减、改变或调动来自由地重新定义设计。提供了特征管理器功能，可以让用户同时查看特征管理器设计树和属性管理器。

2. SolidWorks 用三维零件模型可建立二维工程图和三维装配体

SolidWorks 中零件、装配体和工程图之间的联动功能，保证了将一个视图上的改变自动反映到其他视图，且可在设计过程中的任何时候生成工程图和装配体。

3. SolidWorks 是尺寸驱动系统，可指定尺寸和各实体之间的关系

改变尺寸能改变零件的尺寸和形状，并可保留原有设计意图。

一般情况下，我们学会软件的建模、装配体和工程图即完成了软件的入门，学会使用曲面建模、钣金设计、Top-Down 建模为软件的进阶内容，软件的运动仿真、管道设计、电器布线等功能的使用则为高阶段学习内容。本书案例及项目内容主要适合软件入门和进阶。

第二节　绘图理论

一、设计思想

产品造型也称产品建模，它研究如何以数学方法在计算机中表达物体的形状、属性及其相互关系，以及如何在计算机中模拟模型的特定状态。产品造型技术研究始于 20 世纪 60 年代，总体上经历了三个发展阶段：20 世纪 60 年代，研究重点是线框造型；20 世纪 70 年代，研究重点是自由曲面造型和实体造型；20 世纪 80 年代后，研究重点是参数化造型及特征造型。本软件主要建模思想是实体造型技术、参数化造型技术和特征造型技术。

1. 实体造型技术

实体造型就是在计算机中用一些基本元素来构造产品零件的完整几何模型。利用实体造型软件进行产品设计时，设计人员可以在计算机上直接进行三维设计，在屏幕上直接看到产品的真实三维模型。产品设计中的总趋势是：产品零件的形状结构越复杂，更改越频繁，采用三维实体设计软件进行设计的优越性越突出。

当零件在计算机中建立模型后，工程师就可以在计算机上很方便地进行后续环节设计工作，如部件的模拟装配、总体布置、管路铺设、运动模拟、干涉检查以及数控加工与模拟等。所以，在计算机集成制造和并行工程思想指导下为实现整个生产环节采用统一的生产信息模型奠定了基础。

2. 参数化造型技术

参数化设计一般是指设计对象的结构形状比较定型，可以用一组参数来约束尺寸关系。参数的求解较为简单，参数与设计对象的控制尺寸有着对应关系，设计结果的修改受到尺寸的驱动，生产中最常用的系列化标准件就属于这一类。新产品开发设计需要多次反复修改，进行零件的形状和尺寸的综合协调和优化，对于定型产品的设计，需要形成系列，以便针对用户的特点提供不同吨位、功率、规格的产品型号，参数化设计可以使产品的设计图随着某些结构尺寸的修改和使用环境的变化而自动修改图形。

3. 特征造型技术

特征是一个专业术语，它兼有两种功能和属性，包括特定的几何形状、拓扑关系、典型功能、绘图表示方法、制造技术和公差要求。特征是产品设计与制造者最关注的对象，是产品局部信息的集合。特征模型利用高一层次的有过程意义的实体（如空、槽、内腔等）来描述零件。

基于特征的设计是把特征作为产品的设计单元，并将产品描述成特征的有机集合。特征设计有突出的优点，在设计阶段就可以把很多后续环节要使用的有关信息存储到数据库中。这样便于实现并行工程，使设计绘图、计算分析、工艺性审查到数控加工等后续环节工作都能顺利完成。

二、常用术语

在产品设计实例中经常用到这些术语：

（1）三重轴。在图形区的左下角显示为 3 个立体箭头，红色代表 *X* 轴、绿色代表 *Y*

轴、蓝色代表 Z 轴。三重轴的作用只是作为观察模型的参照，不能作为作图参考几何体，系统也不会捕捉到上面。

（2）原点。三维模型中原点为两个代表 X、Y 轴蓝色箭头的交叉点，代表模型的（0，0，0）坐标，当草图为激活状态时，草图原点显示为红色，代表草图的（0，0，0）坐标。

（3）基准面。基准面用来绘制草图、生成模型的剖面视图或用于拔模特征中的中性面等，在建模过程中经常用到。系统默认有 3 个基准面，即前视基准面、上视基准面和右视基准面，它们的交点即坐标原点。基准面可以通过多种方式来生成。

（4）基准轴。用来作为旋转、阵列特征的轴线或生成基准面和特征的参考直线。

（5）临时轴。由旋转或阵列特征的轴线生成，它是实际上不存在的轴线，但可以作为其他特征的参考。

（6）平面。组成面的边线在同一个面上，它通常用来生成基准面或拔模特征中的中性面。

（7）曲面。由旋转、扫描、放样等工具或曲面工具生成的面，在复杂产品建模中曲面建模是非常重要的一种方式。

（8）顶点。边线的交点，可以作为基准面、基准轴的参考或者生成曲面。

（9）边线。两面的交线，可以作为基准面、基准轴的参考。

三、设计方法

SolidWorks 设计方法有两种：自下而上设计（Down-Top）和自上而下设计（Top-Down）。

1. 自下而上设计（Down-Top）

自下而上设计是指设计师独立于装配体设计零件，并把这些零件组合成装配体。通常，如果组装好装配体后，设计师发现模型不符合设计要求，只有手工调整每一个相关模型的尺寸。随着装配数量的增加，检测和更正这些错误会耗费大量的时间和精力。如果出现重大设计变更，就会影响到大量零部件，必须手工辨别和修正每一个零部件来满足设计的调整，所以这种设计方法一般应用在已有产品建模或标准零部件建模，其工作流程如图 1-3 所示。

图 1-3

（1）优点。建模简单，不容易出错；对工程师要求低，设计任务清晰；对硬件要求低，运输量小。

（2）缺点。不符合产品设计流程，不适合进行新产品研发；局限性强，修改仅限于单个零件，不能总览全局。

（3）适用范围。对已有二维图样进行三维转化，对已有产品的造型设计和局部修改。

2. 自上而下设计（Top-Down）

自上而下设计是指在装配体的布局草图上布置设计信息，然后把信息传递到下级零部件的产品建模方法。设计师从开始就把零部件作为系统的一部分并考虑零部件之间的相互作用，随着设计的进行，更多的细节信息成为可能并被包含到设计中。通过在一个布局草图中表达整体设计意图，就很容易做出正确的设计修改。因为设计信息包含在一个位置，而所有的子装配体都参考这个位置，一旦修改这些信息，系统会自动更新所有相关零部件。这种设计方法符合产品开发流程，适用于新产品的开发，其工作流程如图 1-4 所示。

（1）优点。符合开发产品流程，全局性强，效率高，一处修改而全局变化。在系列零件设计中效率更高：主参数修改—零部件自动更新—所有工程图自动更新，一套新的产品数据自动生成。

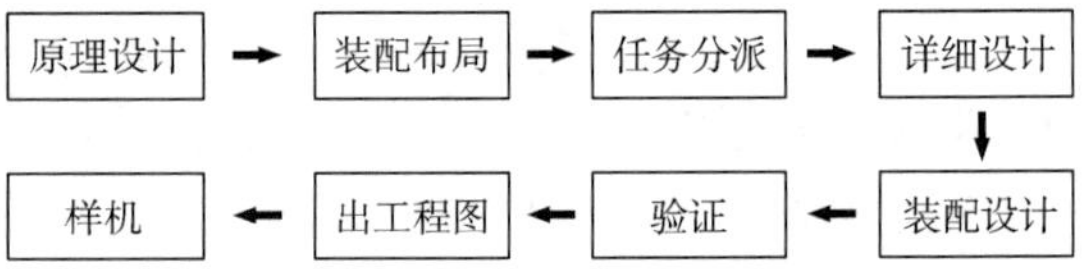

图 1-4

（2）缺点。零部件之间有大量的关联参考，增加了零部件的复杂度；对工程师要求高，由于参考关联复杂，要求工程师能熟练掌握软件，熟悉产品设计流程和变化趋势。对硬件要求高；对数据管理要求高，管理不善，易造成设计混乱。

（3）适用范围。新产品研发，由部件开始尝试，逐步推广到整机设计；系列产品设计，主产品定型后，对产品结构与参数传递进行优化，通过修改参数完成重复设计，提高设计效率。

四、操作流程

传统的 CAD 设计方法是由平面（二维）到立体（三维），如图 1-5（a）所示。工程师首先设计出图样，工艺人员或加工人员根据图样还原出实际零件。在 SolidWorks 系统中是工程师设计出三维实体零件，然后根据需要生成相关的工程图，如图 1-5（b）所示。此外，SolidWorks 系统零件设计的构造过程类似于真实制造环境下的生产过程，如图 1-6 所示。

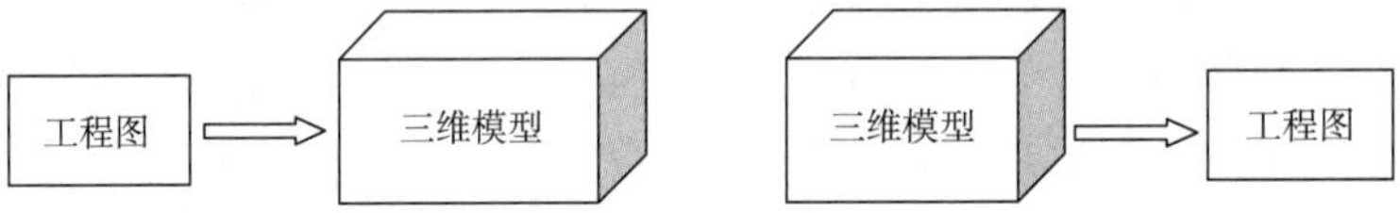

(a)传统的CAD设计方法　　(b)SolidWorks的设计方法

图 1-5

装配件是若干零件的组合，是 SolidWorks 系统中的对象，通常用来实现一定的设计功能。在 SolidWorks 系统中，用户先设计好所需零件，然后根据配合关系和约束条件将零件组装在一起，生成装配体。使用配合关系，可相对于其他零部件来精确地定位零部件，还可以定义零部件如何相对于其他零部件移动和旋转。通过继续添加配合关系，可以将零部件移动到所需位置。配合会在零部件之间建立几何关系，例如共点、垂直、相切等，每种配合关系对于特定的几何实体组合有效。如图 1-7 所示是一个简单装配体，由顶盖和底座 2 个零件组成。设计和装配过程如下：

（1）设计出两个零件。

（2）新建一个装配体文件。

（3）将两个零件分别拖入新建的装配体文件中。

（4）使顶盖底面和基座顶面“重合”，顶盖底的一个侧面和底座对应的侧面“重合”，

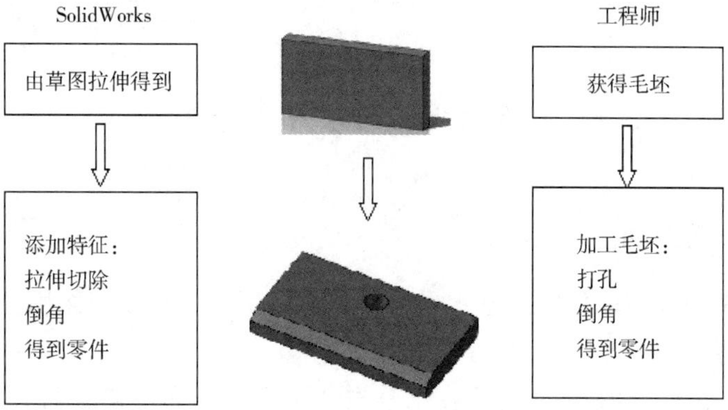

图 1-6

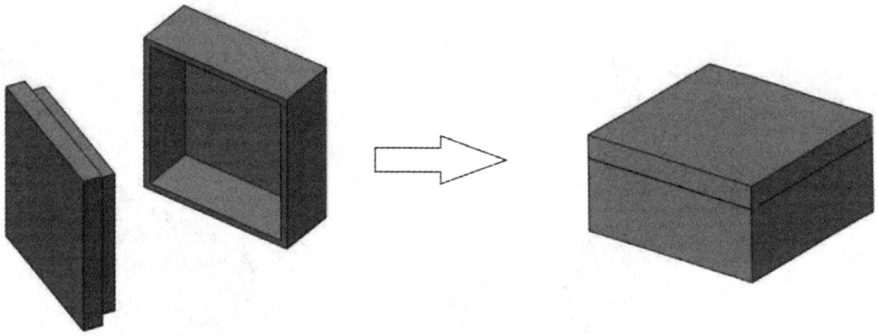

图 1-7

将顶盖和底座装配在一起，从而完成装配工作。

工程图就是常说的工程图样，在 SolidWorks 系统中的对象，用来记录和描述设计结果，是工程设计中的主要档案文件。用户由设计好的零件和装配体，按照图样的表达需要，通过 SolidWorks 系统中的命令，生成各种视图、剖面图、轴测图等，然后添加尺寸说明，得到最终的工程图。图 1-8 显示了一个零件的多个视图，它们都是由实体零件自动生成，无须进行二维绘图设计，这也体现了三维设计的优越性。此外，当对零件或装配体进行修改，则对应的工程图文件也会相应修改。

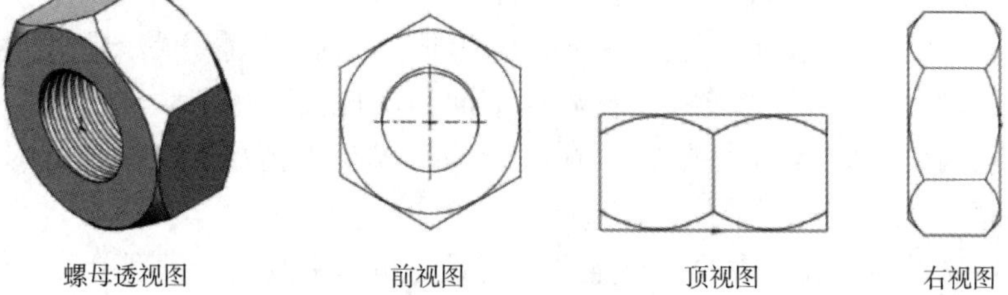

图 1-8

整个产品的开发过程中，在设计开始阶段就对产品特征进行规划，将设计者的设计思想意图融入设计过程中，全面综合考虑问题，对于缩短产品开发时间、提高产品开发的效率和质量是非常有意义的。

第三节　能力进阶

一、操作常规界面

本节通过饭勺模型在软件中的基本操作，展示常用命令和按键作用，让用户能在实践过程中熟悉软件界面。

【步骤 1】打开 SolidWorks 软件，在工具栏“文件”下面选择“打开”，找到“饭勺”模型，整个模型的界面就此打开，如图 1-9 所示。双击鼠标左键，可以将饭勺放在界面的合适位置，如图 1-10 所示。

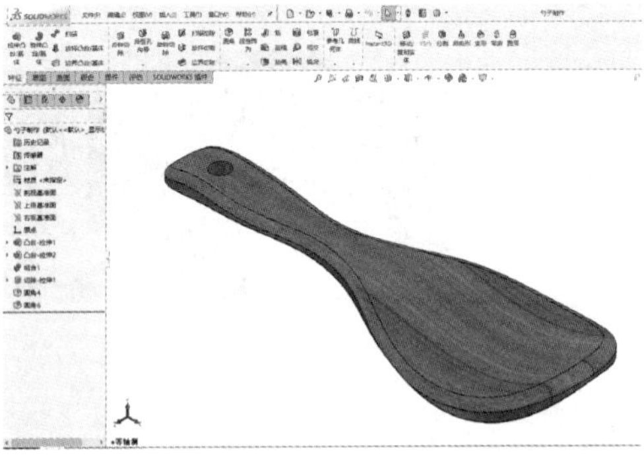

图 1-9

图 1-10

【步骤 2】滚动鼠标中键，可以控制产品在界面区域的大小；按住鼠标中键移动产品，可以 360°自由旋转产品，全方位观看产品内容；在键盘上按住“Ctrl” + “7”可以实现产品的等轴测观看效果。

二、表达材质与质量

通过饭勺模型在软件中的基本操作，掌握如何给模型赋予材质、修改单位尺寸和查询质量数值，让用户能在实践过程中掌握基本的材质和重量表达。

【步骤 1】如图 1-11 所示，通过界面最右边的“外观、布景和贴图”对话框可以更改饭勺模型材质和颜色。打开“塑料”材质球下面的文件夹，找到“软接触”材质，然后按住鼠标左键，将“白色软接触塑料”往“饭勺”模型上拖放，在出现的对话框中，点击“模型全部”，实现现有材质。

【步骤 2】通过界面最下边的“自定义”对话框可以更改饭勺模型单位，如图 1-12 所示。打开“自定义”下拉小箭头，选择“编辑文档单位”，在弹出的对话框中选择单位系统下的“MMGS”，并且修改“双尺寸长度”单位为“厘米”，小数点后为两位数。

【步骤 3】如图 1-13 所示，通过界面左端“设计树”可知，目前材质未指定。接着选

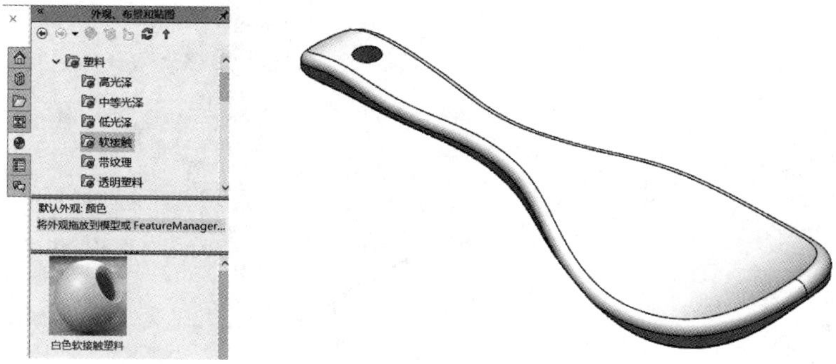

图 1-11

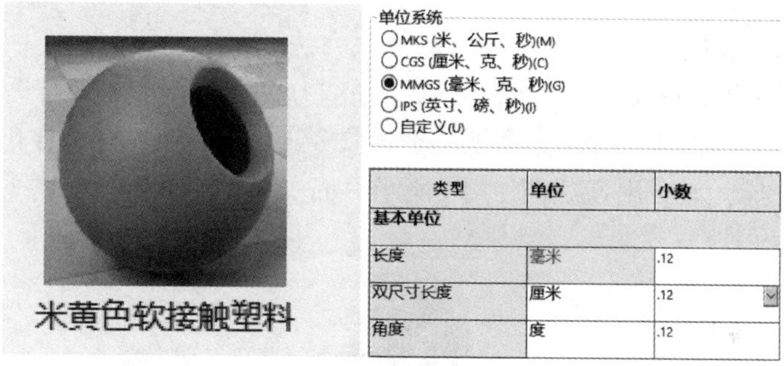

图 1-12

图 1-13

择工具栏中的“评估”工具栏，选择“质量属性”下拉小箭头，可见现有产品的质量。

【步骤 4】再次选择“设计树”下“材质”选项，点击鼠标右键，在出现的快捷菜单栏中选择“编辑材质”，在出现的对话框中选择“ABS”塑料，再次打开“评估”工具栏下“质量属性”，通过对比可知，材质改变后质量也发生了对应改变，因此可以通过赋予材质的方式获得产品质量、体积、表面积等信息，如图 1-14 所示。

三、修改模型参数

通过一个机械零件模型在软件中的基本操作，掌握如何修改模型草图及特征中的参

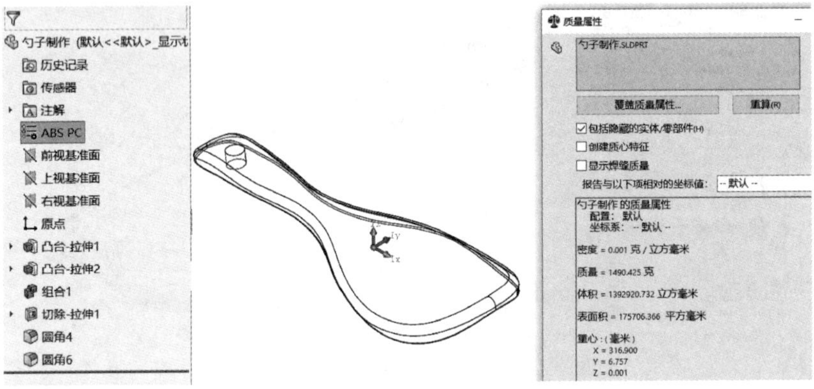

图 1-14

数，让用户能在实践过程中掌握模型参数的修改方法。

【步骤 1】打开新零件文件，可以通过界面最左边的“设计树”对话框更改零件模型尺寸。打开“凸台-拉伸 2”特征命令下的“草图”，点击鼠标右键，在出现的快捷菜单栏中选择“编辑草图”，然后出现如图 1-15 所示界面。

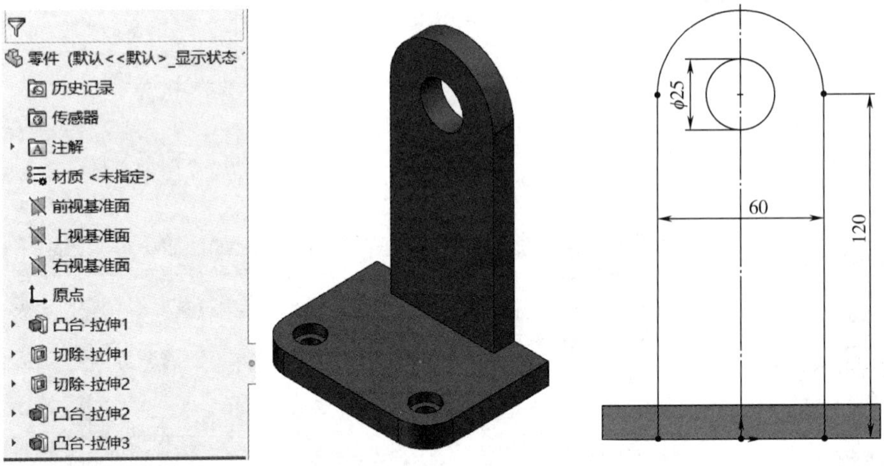

图 1-15

【步骤 2】双击草图中的尺寸高度 120，进入可编辑状态，将“120”改为“60”，然后退出草图编辑状态，按“Ctrl”+“7”，回到等轴测视图状态。由图 1-16 可见，零件高度随着数据修改而降低。

【步骤 3】选择设计树下面的“凸台-拉伸 2”特征命令，点击鼠标右键，在出现的快捷菜单栏中选择“编辑特征”，在对话栏中将拉伸长度“12”更改为“30”，如图 1-17 所示，整体零件的厚度增加。

通过对特征命令的参数编辑，可以修改特征状态的变化；通过对特征命令的“草图”编辑，可以方便修改原始草图形状和尺寸。编辑草图和编辑特征是我们在建模过程中需要多实践的操作，需要大家熟悉和掌握。

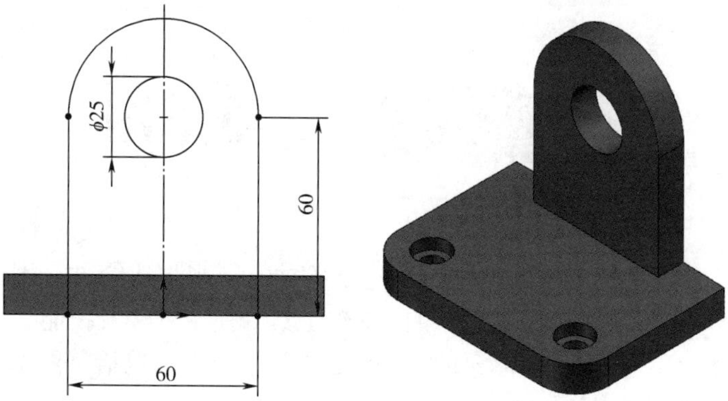

图 1-16

图 1-17

课后延伸

1. 软件发展历史及其重要意义

2. 课程内容简介

第二章　二维草图

SolidWorks 建模特点是基于二维草图上建立各种特征来生成零件。因此，学好软件必须熟练掌握草图绘制的基本知识和各种草图创建工具的使用方法及技能。

草图分为二维和三维两种，本章主要讲解二维草图绘制。包括草图基本概念、基本画法、草图约束和标注尺寸等内容。

第一节　基本知识

一、草图概念

草图是三维模型的基础，可在任何默认基准面（前视基准面、上视基准面及右视基准面）或生成的基准面上生成草图。当打开新零件文件时，首先生成草图。

新建草图有以下几种方法 ：

（1）三个基准面（前视基准面、上视基准面及右视基准面），如图 2-1 所示。默认情况下，新的草图在前视基准面上打开。

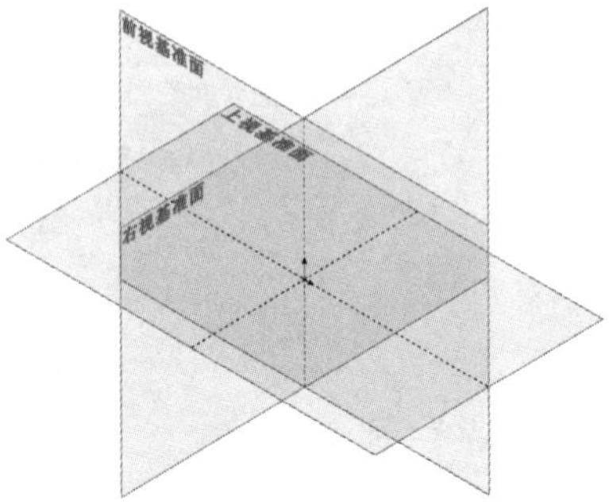

图 2-1

（2）在零件的面上绘制草图。如需要在零件上生成新特征，在所需特征的零件面上绘制草图，如图 2-2 所示。过程如下：

①选取所需绘制草图的模型平面为当前绘图面；

②单击【草图】工具栏上的草图实体工具生成新的草图；

③为草图实体标注尺寸；

④退出草图或单击【特征】工具栏上的【拉伸凸台/基体】或【旋转凸台/基体】等特征命令。

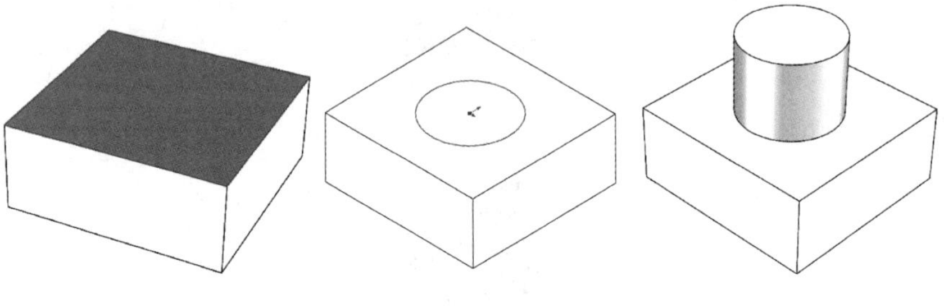

图 2-2

（3）从一个草图派生新的草图。可以从属于同一个零件的草图派生草图。从现有草图派生草图时，这两个草图将保持相同的特性，对原始草图所做的更改将反映到派生草图中（派生草图会与原草图同步变化，复制的草图不会）。过程如下：

①选择希望派生新草图的草图；

②按住 Ctrl 键并单击将放置新草图的面；

③单击【插入】→【派生草图】，草图在基准面上出现，状态栏指示正在编辑草图；

④通过拖动派生草图和标注尺寸，将草图定位在所选的面上（派生的草图是固定连接的，作为单一实体拖动）。

⑤退出草图，如图 2-3 所示。

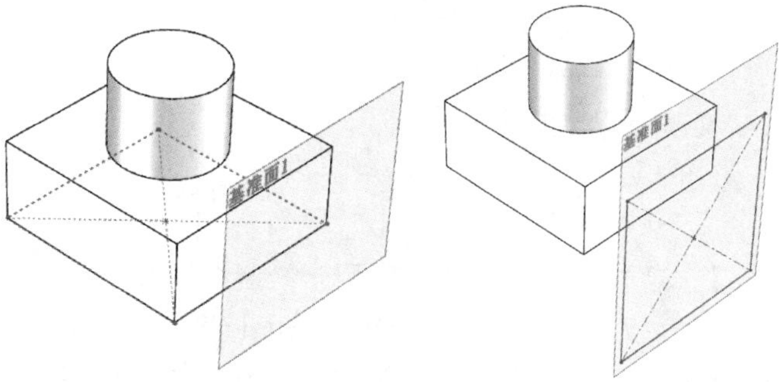

图 2-3

二、草图绘制

SolidWorks 提供了直线、矩形、圆、椭圆、样条曲线、圆角、倒角、多边形、点、文字、槽口工具等草图实体绘图工具，可以方便地绘制简单的草图。

通过 CommandManager 上的【草图】或【草图工具栏】可以选择各种草图实体绘制工具。草图工具栏并不一定包括所有的草图实体绘制工具按钮，可以根据自己的需要进行【工具栏】设置。CommandManager 上的草图、草图工具栏和所有草图工具按钮如图 2-4 所示。

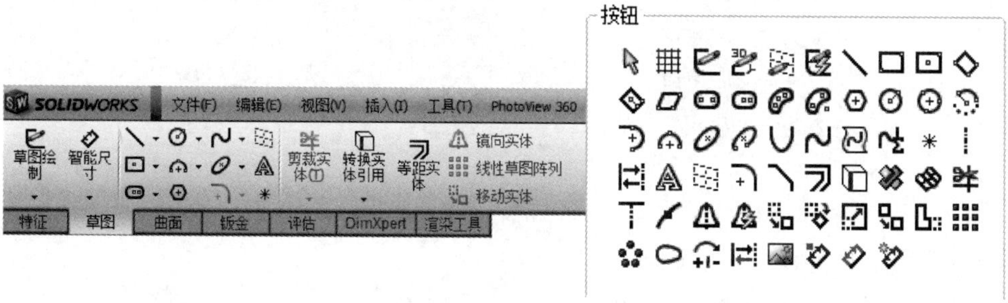

图 2-4

1. 绘制直线和中心线

在绘制的图形中，直线是最基本的图形实体。绘制一条直线操作步骤如下：

（1）单击【草图】工具栏上的直线，指针形状将变为。

（2）在插入直线 Property Manager 中，在【方向】选项选择【按绘制原样】【水平】【竖直】和【角度】之一，除【按绘制原样】外的所有选择均显示参数组。插入线条属性如图 2-5 所示。

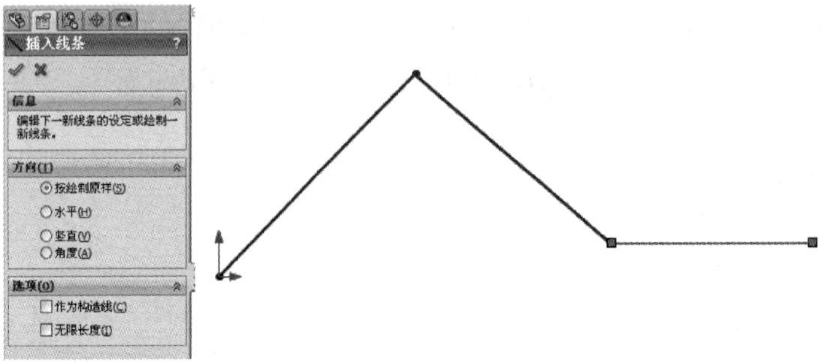

图 2-5

①【选项】:【作为构造线】用来绘制构造线，【无限长度】用来绘制无限长度直线，【添加尺寸（仅限角度方向）】用来显示长度和角度值。

②【参数】: 可根据直线方向进行操作，水平或竖直时，为长度设定数值，选择添加尺寸来显示长度值；角度时，为长度设定数值，为角度设定数值，选择添加尺寸显示长度和角度值。

(3) 在图形区域中单击并绘制直线。将指针拖动到直线的端点然后放开，释放指针，移动指针到直线的端点，然后再次单击，完成直线绘制。

2. 绘制矩形

在工具栏【矩形】选项下，生成相对于草图网格线，边为水平或竖直的矩形。矩形包含了边角矩形、中心矩形、3 点边角矩形、3 点中心矩形、平行四边形五种创建模式，选项分类如图 2-6 所示。

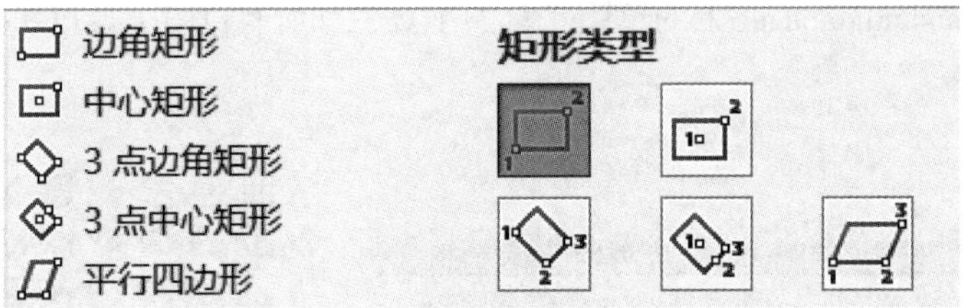

图 2-6

绘制【矩形】的操作步骤如下：

(1) 单击【草图】工具栏上的矩形，或单击【工具】→【草图绘制实体】→【矩形】，指针变为。

(2) 单击以放置矩形的第一个角落，拖动，当矩形的大小和形状正确时释放。在拖动时，矩形的尺寸会动态显示，如图 2-7 所示。

(3) 单击确定。

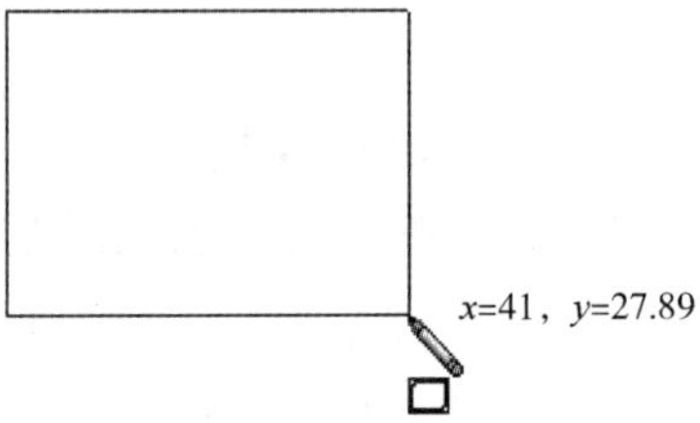

图 2-7

绘制【平行四边形】的操作步骤如下：

（1）单击【草图】工具栏上的平行四边形，或单击【工具】→【草图绘制实体】→【平行四边形】，指针形状变为。

（2）单击以放置平行四边形的第一个角，当平行四边形的一边线为正确长度和方向时拖动并释放。

（3）再次单击并拖动，直到平行四边形大小和形状正确，绘制图形如图 2-8 所示。

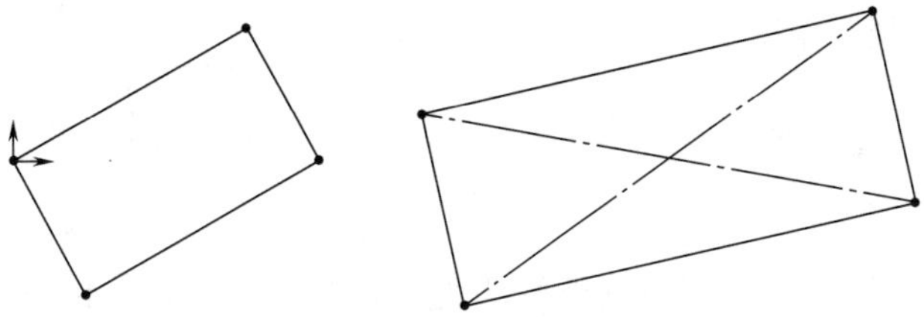

图 2-8

3. 绘制圆

圆是草图实体绘制中经常使用的图形实体。圆的绘制分【圆】和【周边圆】两种类型。

绘制圆的默认方式是指定圆心和半径，可使用圆工具绘制基于中心的圆，或可使用周边圆工具绘制基于周边的圆（多用于和其他图形相切的情况下）。

绘制基于中心的圆的操作步骤如下：

（1）单击 CommandManager 中草图，从圆弹出工具选取圆，或单击【草图】工具栏上的圆，或单击【工具】→【草图绘制实体】→【圆】，指针变为。

（2）单击图形区域以放置圆心。

（3）移动指针并单击以设定半径。

（4）单击确定，如图 2-9 所示。

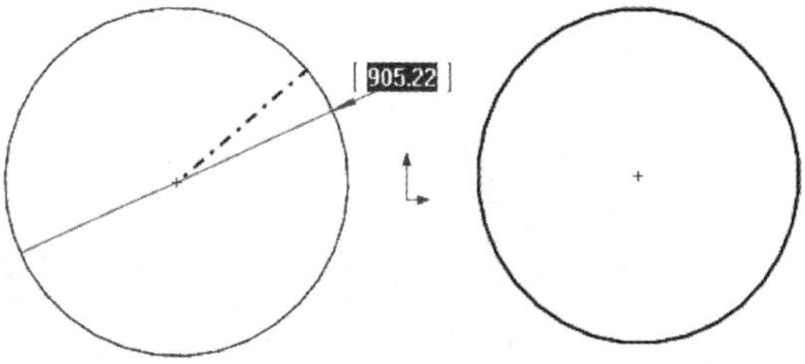

图 2-9

绘制周边圆的操作步骤如下：

（1）单击 CommandManager 中草图，从圆弹出工具选取周边圆，或单击【草图】工具栏上的弹出工具选取周边圆工具，或单击【工具】→【草图绘制实体】→【周边圆】，指针变为。

（2）单击以放置周边。

（3）往左或往右拖动来绘制圆。

（4）单击来设定圆。

（5）单击确定，如图 2-10 所示。

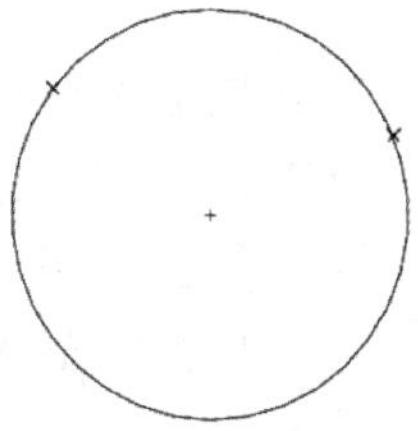

图 2-10

4. 绘制圆弧

圆弧是圆的一部分，工具栏提供了【圆心/起/终点画弧】【切线弧】和【三点圆弧】3 种绘制圆弧方法。

使用【圆心/起/终点画弧】的操作步骤如下：

（1）单击 CommandManager 中草图，从圆弧弹出工具中选择圆心/起/终点画弧，或单击【草图】工具栏上的弹出工具中选择【圆心/起/终点画弧】工具，或单击【工具】→【草图绘制实体】→【圆心/起/终点画弧】，指针变为。

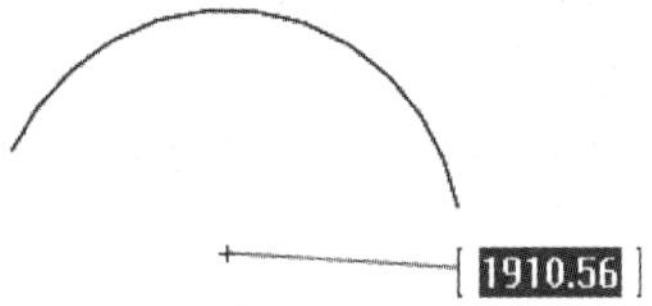

图 2-11

（2）单击以放置圆弧的圆心。

（3）释放并拖动，以设置半径和角度。

（4）单击以放置起点。

（5）释放、拖动和单击以设置终点。

（6）单击确定，如图 2-11 所示。

【三点圆弧】的绘图步骤和【圆心/起/终点画弧】类似，不过三点圆弧上的三点是圆上任意三点，【圆心/起/终点画弧】绘制圆弧的第一点是指定圆弧中心，这两种画法可以依据不同情况选择，如图 2-12 所示。

绘制【切线弧】的操作步骤如下：

（1）单击 CommandManager 中草图，从圆弧弹出工具中选择【切线弧】，或单击【草图】工具栏上的圆弧弹出工具中选择【切线弧】工具，或单击【工具】→【草图绘制实体】→【切线弧】，指针变为。

（2）在直线、圆弧、椭圆或样条曲线的终点上单击。

（3）拖动圆弧绘制所需形状，然后释放。

（4）单击确定，如图 2-13 所示。

图 2-12

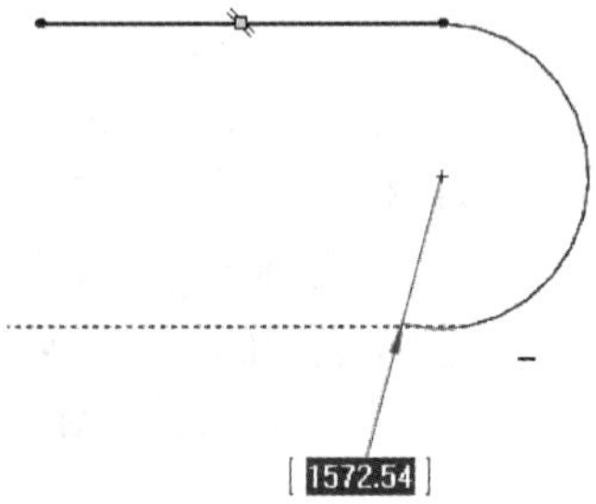

图 2-13

5. 绘制多边形

可生成 3~40 边的等边多边形。

绘制多边形的操作步骤如下：

（1）单击【草图】工具栏上的多边形，或单击【工具】→【草图绘制实体】→【多边形】，指针形状变为。

（2）根据需要在多边形 Property Manager 中设定属性，多边形属性如图 2-14 所示。

（3）单击图形区域以定位多边形中心，然后拖动多边形。

（4）单击确定。

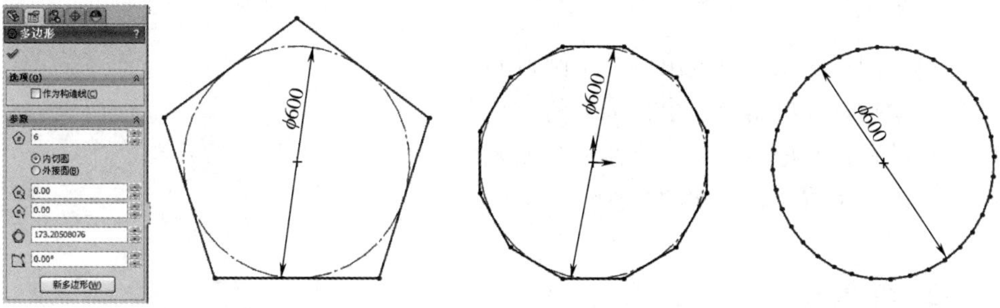

图 2-14

在打开的草图中，可以通过拖动多边形的任意边线来改变多边形的大小，通过拖动多边形的顶点或中心点来移动多边形位置。

6. 绘制椭圆

绘制一个完整椭圆，选择椭圆中心，然后拖动来设定主轴和次轴。椭圆下拉列表可以选择【椭圆】【部分椭圆】【抛物线】和【圆锥】四种方式。

绘制【椭圆】的操作步骤如下：

（1）单击【草图】工具栏上的椭圆，或单击【工具】→【草图绘制实体】→【椭圆】。

（2）单击图形区域以放置圆心。

（3）移动指针并单击以设定长轴半径。

（4）移动指针并单击以设定短轴半径。

（5）单击确定。

其他三种绘制方式与以上操作类似，具体效果如图 2-15 所示。

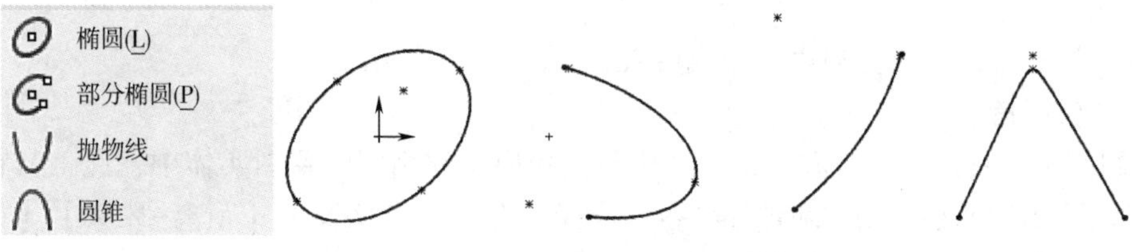

图 2-15

7. 绘制直槽口

槽口类型有四种，分别是【直槽口】【中心点直槽口】【三点圆弧槽口】和【中心点圆弧槽口】。

直槽口是先定两个半圆弧的中心点，最后定外扩点。中心直槽口是先确定槽口中心点，再定一个半圆弧的中心点，最后定外扩点。三点圆弧槽口是先定两端的圆弧点，再定中心点，以及外扩点。中心点圆弧槽口为先定弧外圆心点，再定两端圆弧点，最后再定外扩点。

绘制直槽口的操作步骤如下：

（1）单击【草图】工具栏上的直槽口图标，或单击【工具】→【草图绘制实体】→【直槽口】。

（2）单击图形区域以放置第一个半圆弧的中心点。

（3）移动指针并单击第二个半圆弧的中心点。

（4）移动指针并单击第三个点作为半径大小。

（5）单击确定后完成，如图 2-16 所示。

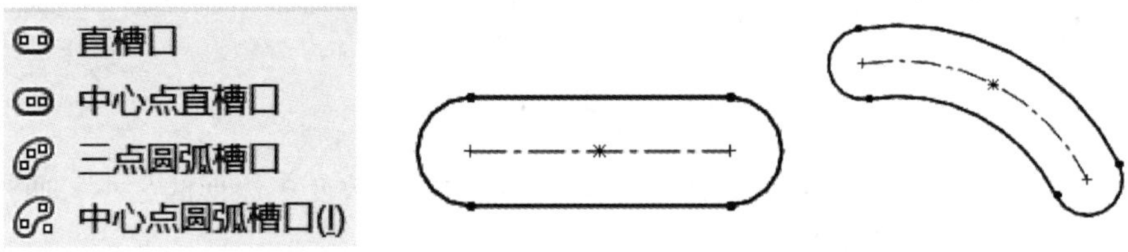

图 2-16

8. 绘制圆角

绘制圆角的操作步骤如下：

（1）单击 CommandManager 中草图，从圆角弹出工具选取圆角，或单击【草图】工具栏上的从圆角弹出工具选取圆角，或单击【工具】→【草图工具】→【圆角】。

（2）在绘制圆角 Property Manager 中设定属性。

（3）选择要圆角化的草图实体。

（4）如有必要，拖动预览以调整圆角大小。

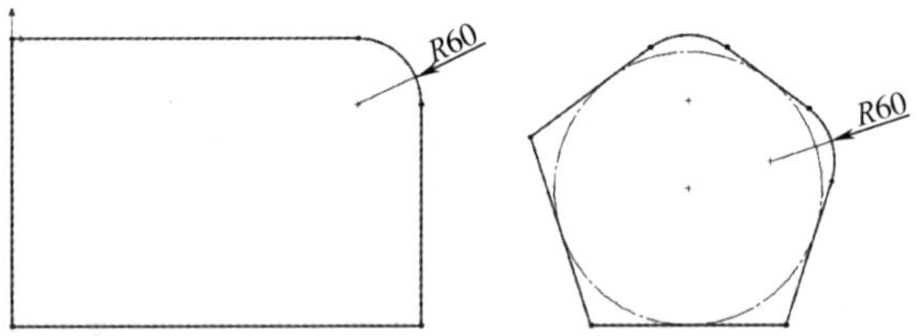

图 2-17

（5）单击确定接受圆角，完成后效果如图 2-17 所示。

9. 绘制倒角

绘制倒角工具是在二维和三维草图中将倒角应用到相邻的草图实体中，此工具在二维和三维草图中均可使用。绘制倒角在参数选择中有【角度距离】【距离-距离】【相等距离】三种形式，在图形中的运用如图 2-18 所示。

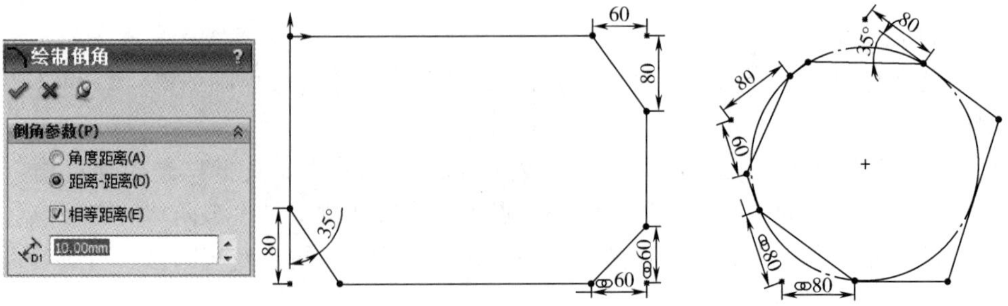

图 2-18

绘制【倒角】的操作步骤如下：

（1）在打开的草图中，单击 CommandManager 中草图，从圆角弹出工具选取倒角，或单击【草图】工具栏上的从圆角弹出工具选取倒角，或单击【工具】→【草图工具】→【倒角】。

（2）在 Property Manager 中根据需要设定倒角参数。

（3）在图形区域中选择要进行倒角的草图实体。

（4）单击确定，接受倒角。

10. 绘制文字

可以在任何连续曲线或边线组上（包括零件面上由直线、圆弧或样条曲线组成的圆或轮廓）绘制文字，并且拉伸或切除文字。文字字体中的参数调整与 Word 软件操作一致。

绘制文字的操作步骤如下：

（1）单击需要编辑的零件的面。

（2）单击 CommandManager 中草图，选择文字，或单击【草图】中文字，或单击【工具】→【草图绘制实体】→【文字】。

（3）在图形区域中选择一边线、曲线、草图或草图线段，所选项目出现在曲线下。

（4）在 Property Manager 中，在文字下键入要显示的文字。键入时，文字将出现在图形区域中。

（5）根据需要在草图文字 Property Manager 中设定属性。

（6）单击确定，如图 2-19 所示。

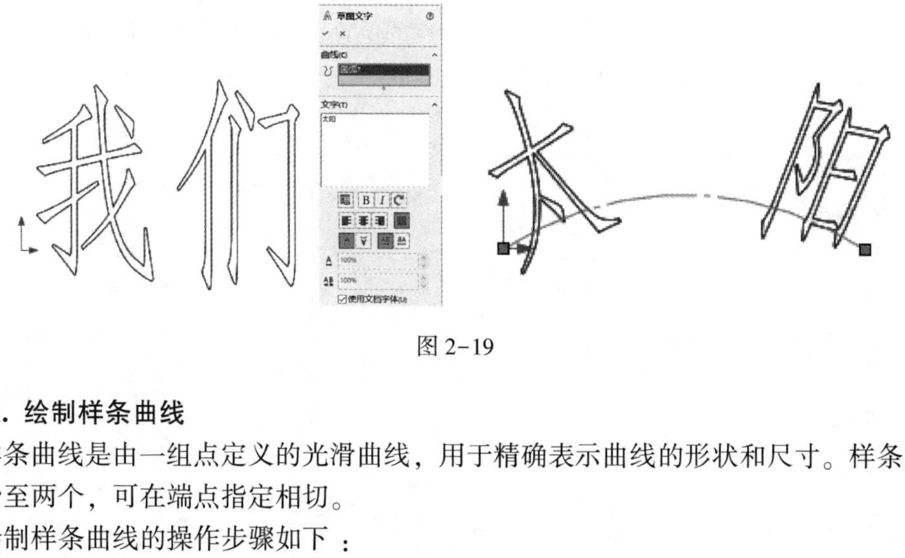

图 2-19

11. 绘制样条曲线

样条曲线是由一组点定义的光滑曲线，用于精确表示曲线的形状和尺寸。样条曲线的点可少至两个，可在端点指定相切。

绘制样条曲线的操作步骤如下：

（1）单击 CommandManager 中草图，从弹出工具中选择样条曲线，或单击【草图】中从弹出工具中选择样条曲线，或单击【工具】→【草图绘制实体】→【样条曲线】，指针变为。

（2）单击以放置第一个点并将第一个线段拖出。

（3）单击下一个点并将第二个线段拖出。

（4）为每个线段重复，然后在样条曲线完成时双击。

（5）单击确定，如图 2-20 所示。

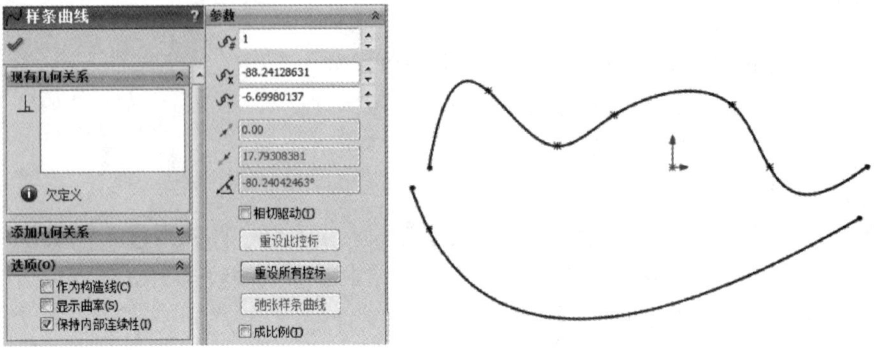

图 2-20

12. 绘制点

点命令在 SolidWorks 中很少被用到，但点命令如果运用得当，可以简化操作，提高效率。

绘制点的操作步骤如下：

（1）单击点（草图工具栏）或【工具】→【草图绘制实体】→【点】，指针形状将变为状态。

（2）在图形区域中单击以放置点，点工具保持激活，这样可继续插入点。

（3）左边属性栏中通过输入点坐标来确定点的位置，如点的坐标被设为（100，100）。

（4）单击确定，如图 2-21 所示。

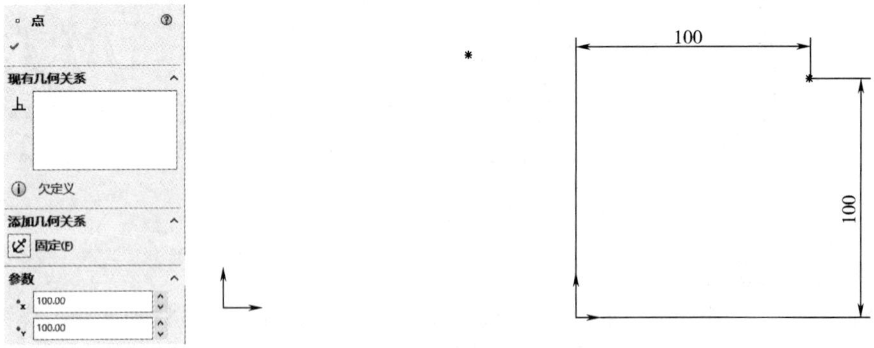

图 2-21

三、标注尺寸

通过实体绘制和编辑后，草图已经具备所需的形状，下一步工作就是定量地确定各个草图实体尺寸和相互尺寸关系。SolidWorks 具有尺寸驱动功能，能根据指定尺寸和几何关系智能更改草图的尺寸和形状。

草图标注尺寸，使草图满足设计者的要求并让草图位置固定。SolidWorks 标注尺寸共有 6 种命令，命令管理器的【草图】工具栏上的【智能尺寸】工具下拉菜单中就包含了这 6 种标注尺寸命令类型，如图 2-22 左图所示。

另外，还可以通过【尺寸/几何关系】工具栏上标注尺寸命令或菜单中的【工具】→【标注尺寸】下标注尺寸命令，菜单中的标注尺寸命令如图 2-22 右图所示。

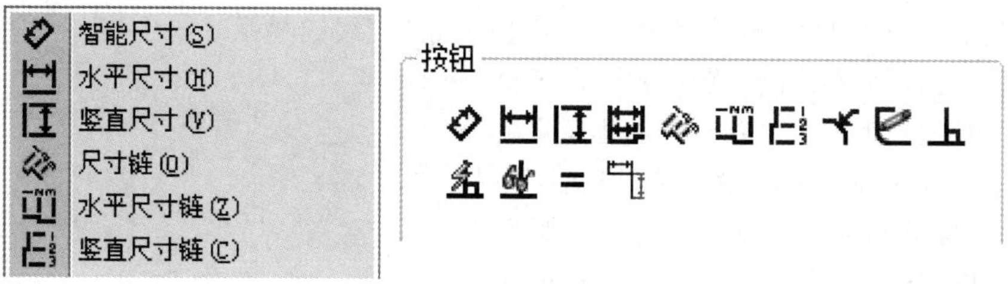

图 2-22

用户可通过以下方式来执行标注尺寸命令：

（1）单击命令管理器的【草图】工具栏上的【智能尺寸】按钮或其他尺寸标注按钮。

（2）单击【尺寸/几何关系】工具栏上的单击【智能尺寸】按钮或其他尺寸标注按钮。

（3）单击【工具】→【标注尺寸】→【智能尺寸】命令或其他命令。

常见的几种草图实体标注样式如图 2-23 所示。

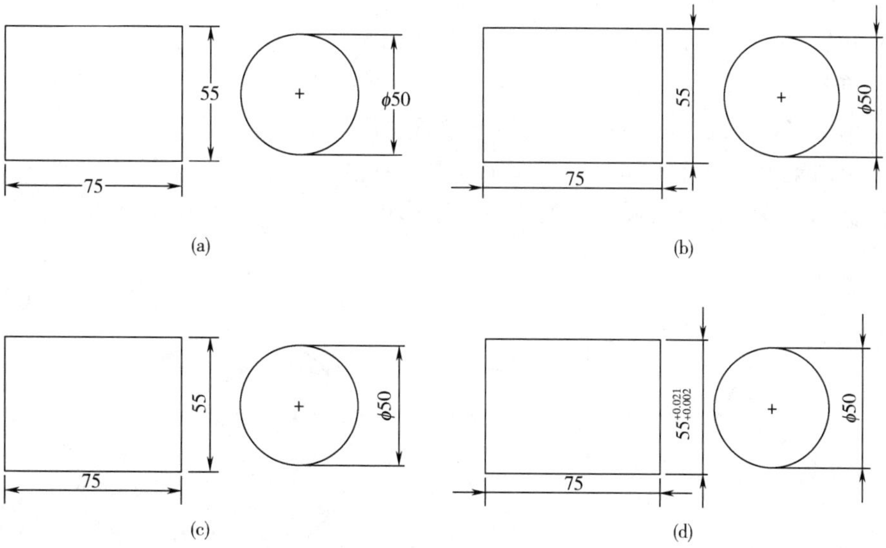

图 2-23

（a）系统默认的尺寸标注方位　（b）箭头位于尺寸界线外侧

（c）尺寸置于尺寸线之间并位于上面或左侧　（d）给尺寸标注公差

四、草图几何关系

草图的几何关系为草图实体之间或草图实体与基准面、基准轴、边线或顶点之间的几何约束，可以自动或手动添加几何关系。

选择【视图】→【草图几何关系】，可显示几何关系。当生成几何关系时，其中至少必须有一个项目是草图实体，其他项目可以是草图实体或边线、面、顶点、原点、基准面、轴或其他草图的曲线投影到草图基准面上形成的直线或圆弧。

一般说来，用户在绘制草图过程中程序会自动添加其几何约束关系。自动添加几何关系依赖于推理、指针显示或草图捕捉和快速捕捉。如图 2-24 所示为在绘制图形时 2 个圆形在绘制过程中实现了相切的几何关系。推理线与指针、草图捕捉及几何关系合用以图形显示草图实体如何相互影响。

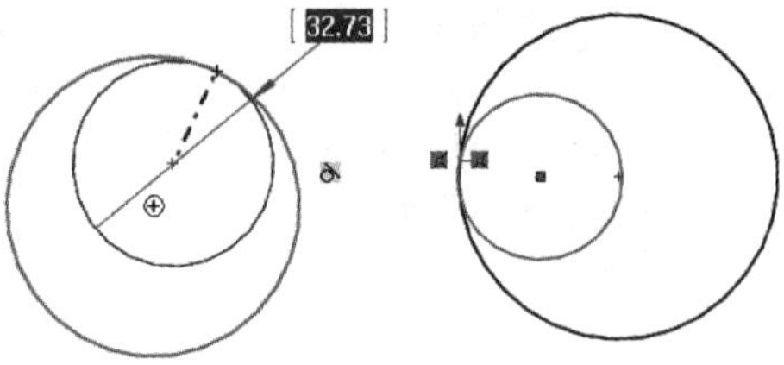

图 2-24

(1) 推理线。推理线为在绘图时出现的虚线，当指针接近高亮显示的提示时，推理线相对于现有草图实体进行引导。

(2) 指针。指针显示表示什么时候指针位于几何关系上，什么工具为激活及尺寸。

(3) 草图捕捉。草图捕捉默认情况下为打开，当绘制草图时，草图捕捉图标显示。若想消除选择草图捕捉，单击【工具】→【选项】→【系统选项】→【几何关系/捕捉】，然后消除选择激活捕捉。

当“自动添加几何关系”的选项（系统选项）未被设置时，这就需要用户手动添加几何约束关系。用户可通过以下方式来执行添加几何关系命令。

(1) 单击 CommandManager 草图上的添加几何关系。

(2) 单击【尺寸/几何关系】工具栏上的添加几何关系。

(3) 单击菜单栏中【工具】→【几何关系】→【添加】。

(4) 所选实体为 2 个圆弧，添加几何关系选择“同心”，如图 2-25 所示，几何关系添加完毕。

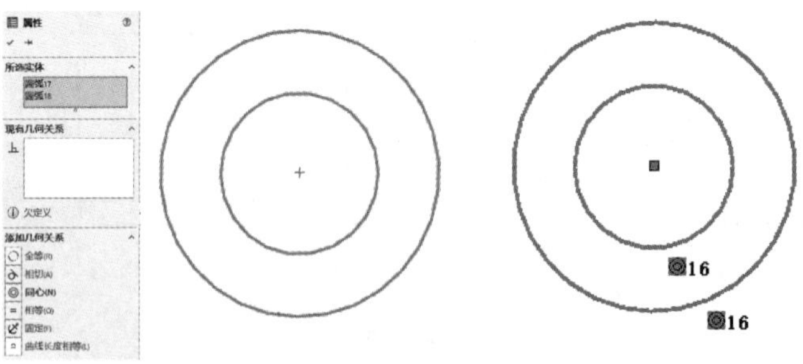

图 2-25

根据所选的草图内容不同，则“添加几何关系”操控板中的几何关系选项也会不同。用户可为几何关系选择的草图曲线，产生的几何关系特点可以参考图 2-26 所示。

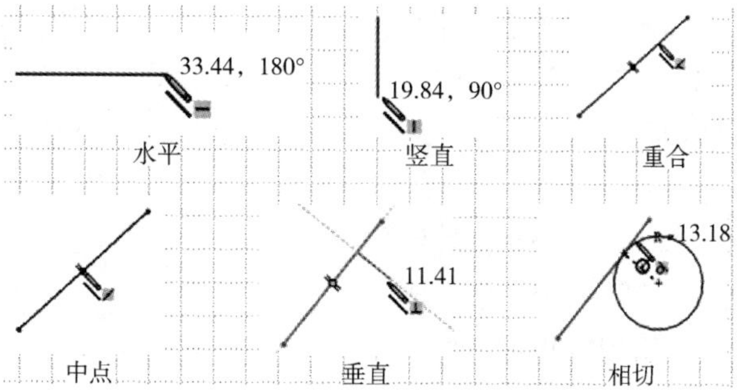

几何关系	适用对象	结果
水平或垂直	一条或多条直线，两个或多个点	直线会变成水平或竖直，点会在水平或竖直方向上对齐
共线	两条或多条直线	实体位于同一条直线上
全等	两个或多个圆弧	实体的半径相等
垂直	两条直线	两条直线互相垂直
平行	两条和多条直线	直线保持平行
相切	圆弧、椭圆和样条曲线，直线和圆弧，直线和曲面	两个实体保持相切
同心	两个或多个圆弧，一个点和一个圆弧	圆或圆弧共用相同的圆心
中点	一个点和一条直线	使点位于直线段的中心
交叉	一个点和两条直线	使点位于两直线的交点
重合	一个点和一条直线、圆弧或椭圆	使点位于直线、圆弧或椭圆上
相等	两条或多条直线，两个或多个圆弧	使直线段长度或圆弧半径相等
对称	一条中心线合两个点、直线、圆弧和椭圆	实体会保持与中心线等距离，并位于与中心线垂直的一条直线上
固定	任何实体	实体的大小和位置固定
穿透	一个草图点和一个基准轴、边线、直线或样条曲线	草图点与基准轴、边线或曲线在草图基准面上穿透的位置重合
合并点	两个草图点或端点	两个点合并成一个点

图 2-26

五、草图约束

草图的状态显示于 SolidWorks 窗口底端的状态栏上，草图的约束分为尺寸约束和几何约束。尺寸约束是指控制草图大小的参数驱动尺寸，当尺寸约束改动时草图也随之更改。几何约束用来控制草图中几何图形元素的定位方向及几何图形元素之间的相互关系。

草图按设计意图标注尺寸和添加几何关系后，草图实体的自由度被限制。依据所限制程度，可以把草图设定为完全定义、过定义、欠定义、无法找到解和发现无效的解五种状态。

1. 完全定义

当草图的约束度等于草图的自由度时，草图中的所有草图实体被完全限制在当前的位置上，这种情况称为完全定义。完全定义的草图中所有的直线和曲线及其位置均有尺寸或几何关系或两者关系说明，图形颜色为黑色。

2. 欠定义

当约束度小于自由度时，草图实体还可以在某个方向上移动或旋转，这种情况称为欠定义。草图中的一些尺寸或几何关系未定义，可以随意改变，可以拖动端点、直线或曲线，直到草图实体改变形状，图形颜色为蓝色。如图 2-27 显示了两种状态。

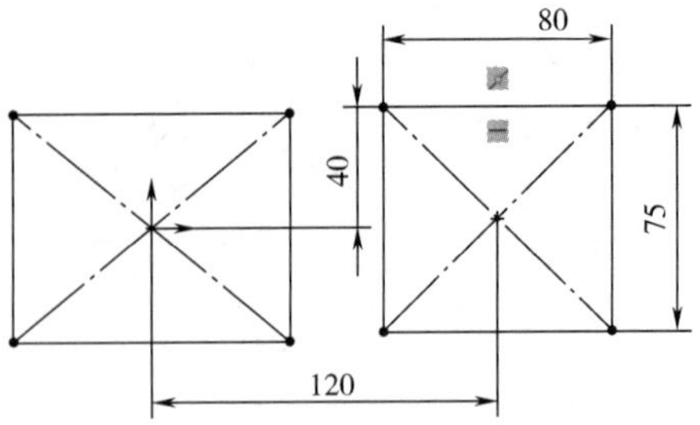

图 2-27

3. 过定义

当约束度大于自由度时，这种情况称为过定义。过定义是有些尺寸或几何关系或两者处于冲突中或多余，颜色为红色。

4. 无法找到解

草图未解出，显示导致草图不能解出的几何体、几何关系和尺寸，颜色为粉红色。

5. 发现无效的解

草图虽解出但会导致无效的几何体，如零长度线段、零半径圆弧或自相交叉的样条曲线，如图 2-28 所示。

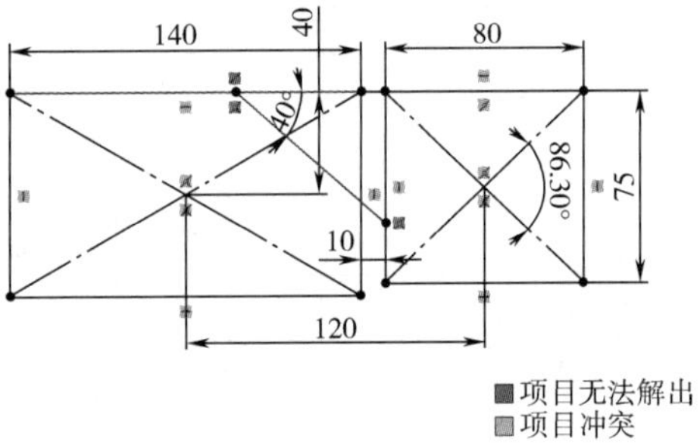

图 2-28

一般情况下，完全定义是绘图的最好状态，可以方便实现下一阶段的实体特征操作；如果是欠定义状态，可以实现实体特征，但在尺寸变化时，草图变化较大，影响三维效果；出现过定义的情形下，需要回到草图状态，依据尺寸和几何关系两部分内容查找问题所在，解决冲突和矛盾，才能实现实体特征。

六、草图编辑

1. 等距实体

等距实体是指在距草图实体相等距离的位置上生成一个与草图实体相同形状的草图。

在生成等距实体时，系统会自动在每个原始实体和相对应的等距实体之间建立几何关系，如果原始实体改变，则等距实体生成的曲线会随之改变。

等距实体的操作步骤为：

（1）选择一个或多个草图实体、一个模型面、一条模型边线或外部草图曲线。

（2）单击【等距实体】按钮，在弹出的等距实体属性管理器中设置距离量和方向等属性即可，如图 2-29 所示。

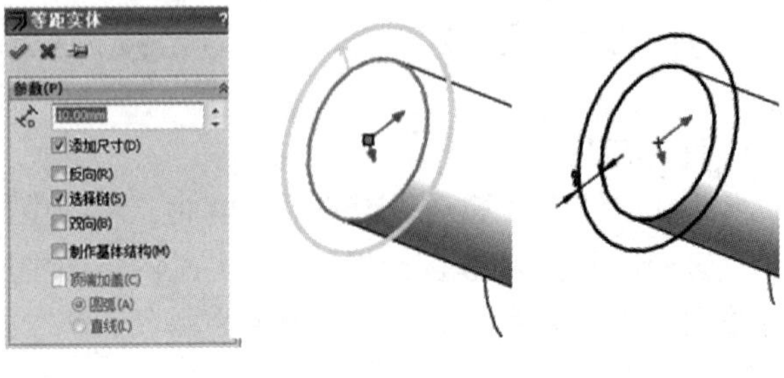

图 2-29

2. 转换实体引用

通过转换实体引用功能可将边、环、面、外部草图曲线、外部草图轮廓、一组边线或一组外部草图曲线投影到草图基准面中，在草图上生成一个或多个实体。

步骤如下：

(1) 进入绘图面，点击【草图】→【草图绘制】，激活为绘图状态。

(2) 单击需要转换的模型边线、环、面、曲线、外部草图轮廓、一组边线或一组曲线。

(3) 在对话框中确认需要转换的对象，单击“√”按钮，如图 2-30 所示。

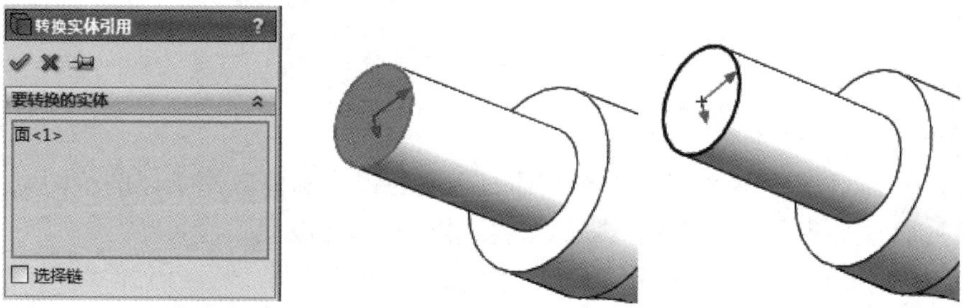

图 2-30

3. 草图裁剪

草图裁剪可以达到两种效果：一是裁剪直线、圆弧、圆、椭圆、样条曲线或中心线，使其截断于另一个实体；二是删除一条直线、圆弧、圆、椭圆、样条曲线或中心线。

裁剪草图实体的步骤为：单击“裁剪”按钮，然后在草图上移动鼠标到计划删除的草图线段上，这时线段显示为红色高亮度，单击鼠标，则将选中的部分删除，如图 2-31 所示。

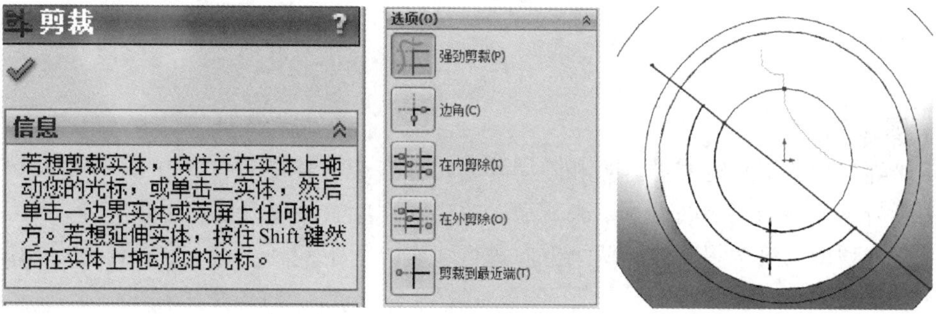

图 2-31

4. 草图延伸

草图延伸是指将草图实体延伸到另一个草图实体，经常用在增加草图实体（直线、中心线或圆弧）长度情况。

延伸操作步骤为：首先单击“草图延伸”按钮，然后将鼠标移动到要延伸的草图实体上，此时所选实体显示为红色，而绿色的线条指示实体将延伸的方向，如果要向相反的方向延伸实体，则将鼠标移到实体的另一半上，单击该草图实体接受预览效果，此时草图实体延伸到与下一个可用的草图实体相交，如图 2-32 所示。

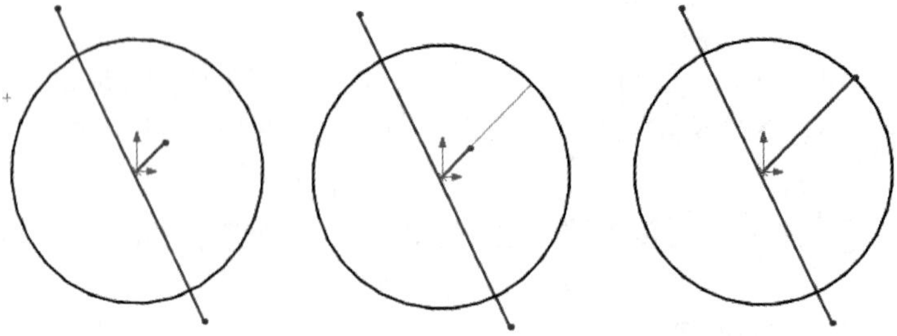

图 2-32

5. 镜像

SolidWorks 可以沿中心线镜像草图实体，生成的镜像实体与原实体的草图点之间都有一个对称关系。如果改变原实体，则其镜像实体也将随之改变。

使用镜像工具时，首先必须用草图绘制工具栏上的“中心线”按钮绘制一条中心线作为对称轴，然后单击“镜像”按钮，选择相应的被镜像实体和镜像中心线即可，如图 2-33 所示。

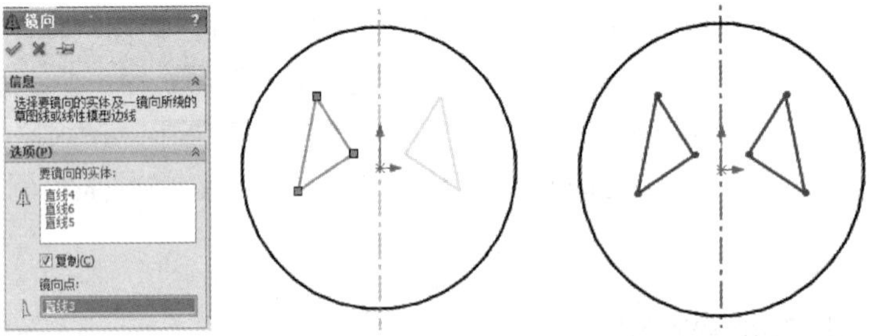

图 2-33

6. 阵列

常用阵列绘图工具有线性阵列和圆周阵列两种方式。SolidWorks 中的阵列是参数化的，阵列的参数与阵列结果一同保存下来，通过改变阵列参数可以方便地更改阵列。

线性阵列可以将草图实体延两个方向进行多次等间距复制。生成线性阵列草图的操作步骤如下：

（1）在打开的草图中，单击 CommandManager 中草图，从弹出工具选取线性草图阵列，或单击【草图】工具栏上的从弹出工具选取线性草图阵列，或单击【工具】→【草图工具】→【线性阵列】。

（2）在 Property Manager 中，在“要阵列的实体”下选择要阵列的草图实体 。

（3）为“方向 1”设定值（X-轴）。设置草图实体之间的距离，选择添加尺寸以显示实体之间的尺寸，设置草图实体的数量，设置阵列草图实体的角度。

（4）为“方向 2”进行重复（Y-轴）。

（5）单击确定，如图 2-34 所示。

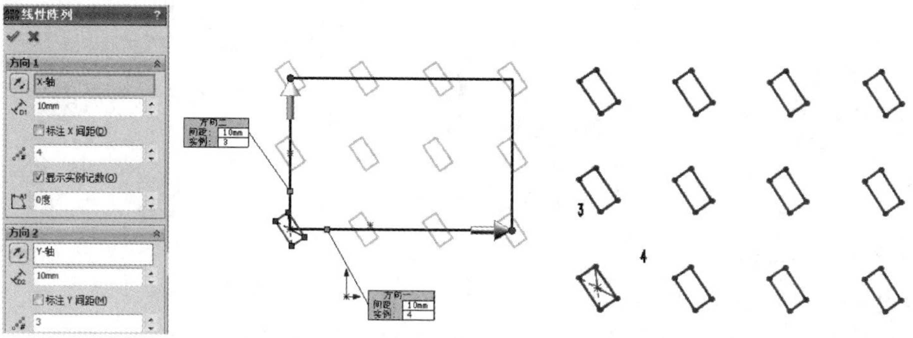

图 2-34

圆周阵列可以将草图实体围绕中心点按照相等的角度进行连续复制。生成圆周阵列草图的操作步骤如下：

（1）在打开的草图中，单击 CommandManager 中草图，从弹出工具选取圆周草图阵列，或单击【草图】工具栏上的从弹出工具选取圆周草图阵列，或单击【工具】→【草图工具】→【圆周阵列】。

（2）在 Property Manager 中，在“要阵列的实体”下选择要阵列的草图实体。

（3）在“参数”下，在图形区域中拖动选择点选取除了草图原点之外的阵列中心。此外，可在中心点 *X* 和中心点 *Y* 中设定数值。设置间距以指定阵列中的总度数；选择等间距以排成实例彼此间距相等的阵列；选择添加间距尺寸以显示阵列实例之间的尺寸；设置阵列实例的数量。选择显示实例记数以显示阵列中的实例数；设置半径以指定阵列的半径。设置圆弧角度以指定从所选实体的中心到阵列的中心点或顶点的夹角。

（4）单击确定，如图 2-35 所示。

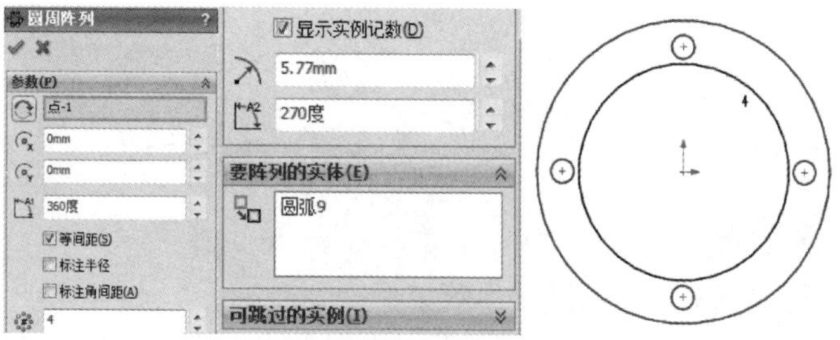

图 2-35

7. 分割草图实体

分割实体绘制工具可以通过添加一个分割点将草图实体分割为两个实体，可以使用两个分割点来分割一个圆、完整椭圆或闭合样条曲线。

分割草图实体的操作步骤如下：

（1）在打开的草图中，单击 CommandManager 草图上的分割实体，或单击【草图】工具栏上的分割实体，或单击【工具】→【草图工具】→【分割实体】，指针变成。

（2）单击草图实体上的分割位置，该草图实体被分割成两个实体，并且这两个实体之间会添加一个分割点，如图 2-36 所示。

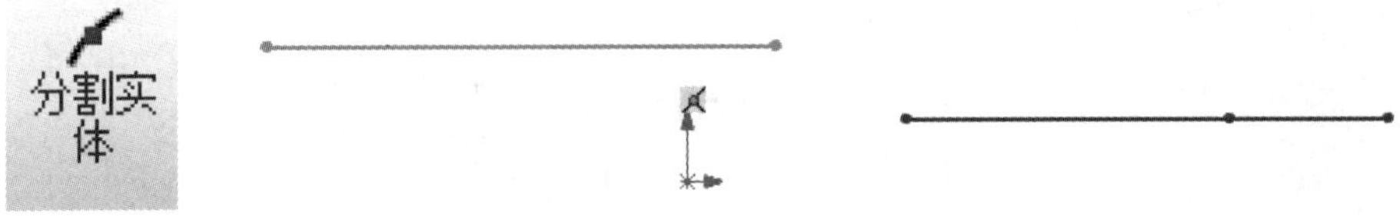

图 2-36

8. 移动草图实体

移动草图实体的操作步骤如下：

（1）在草图模式中，单击 CommandManager 中草图，从弹出工具选取移动实体，或单击【草图】工具栏上的从弹出工具选取移动实体，或单击【工具】→【草图工具】→【移动】。

（2）在 Property Manager 中的“要移动的实体”下，为草图项目或注解选择草图实体，为保留几何关系进行选择。

（3）在“参数”下，选择“从/到”，单击起点来设定基点，然后拖动将草图实体定位，或选择“*X/Y*”，然后为 Δ*X* 和 Δ*Y* 设定数值，以将草图实体定位。

（4）单击确定，如图 2-37 所示。

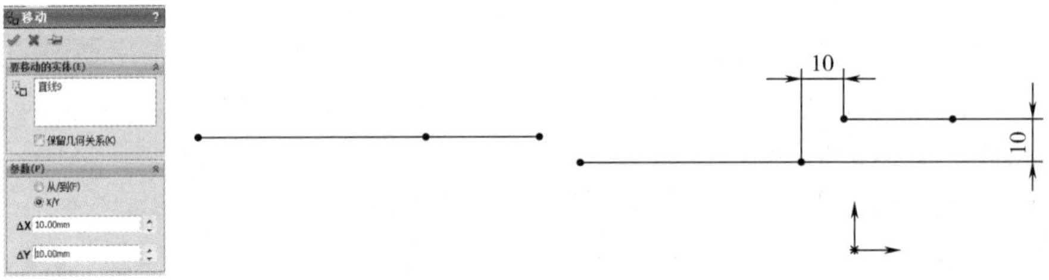

图 2-37

9. 复制草图实体

复制草图实体的操作步骤如下：

（1）在草图模式中，单击 CommandManager 中草图，从弹出工具选取复制实体，或单击【草图】工具栏上的从弹出工具选取复制实体，或单击【工具】→【草图工具】→【复制】。

（2）在 Property Manager 中的“要复制的实体”下，为草图项目或注解选择草图实体，为保留几何关系进行选择。

（3）在“参数”下，选择“从/到”，单击起点来设定基点，然后拖动将草图实体定位。或选择“*X/Y*”然后为 Δ*X* 和 Δ*Y* 设定数值以将草图实体定位。

（4）单击确定，如图 2-38 所示。

10. 旋转草图实体

旋转草图实体的操作步骤如下：

（1）在草图模式中，单击 CommandManager 中草图，从弹出工具选取旋转实体，

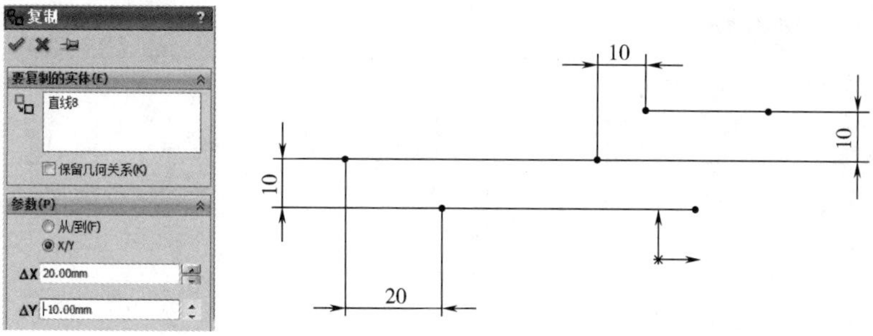

图 2-38

或单击【草图】工具栏上的从弹出工具选取旋转实体，或单击【工具】→【草图工具】→【旋转】。

（2）在 Property Manager 中的“要旋转的实体”下，为草图项目或注解选择草图实体，为保留几何关系进行选择。

（3）在“参数”下，单击基点（已定义的旋转点）来设定基点，然后单击图形区域来设定旋转中心，为角度设定数值。

（4）单击确定，如图 2-39 所示。

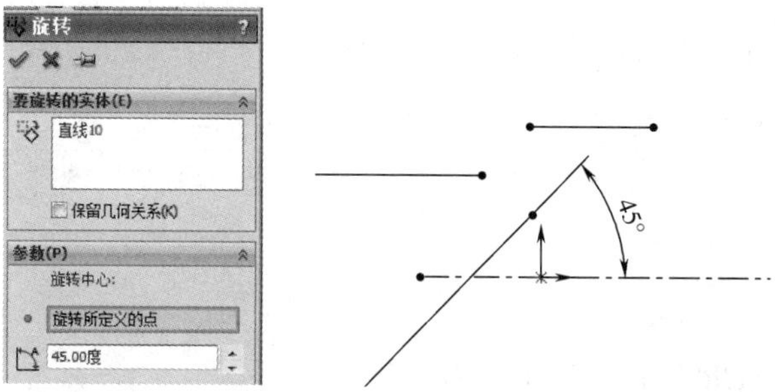

图 2-39

11. 缩放实体比例

缩放实体比例的操作步骤如下：

（1）在编辑草图模式中，单击 CommandManager 中草图，从弹出工具选取按比例缩放实体，或单击【草图】工具栏上的从弹出工具选取按比例缩放实体，或单击【工具】→【草图工具】→【缩放比例】。

（2）在 Property Manager 中的“要缩放比例的实体”下，为草图项目或注解选择草图实体。

（3）在“参数”下，单击基点（已定义的比例缩放点）来设定基点，然后单击图形区域来设定比例缩放点，设定比例因子的值。选择复制以包括原有草图实体和按比例缩放的副本，为份数设定一个数值。

（4）单击确定，如图 2-40 所示。

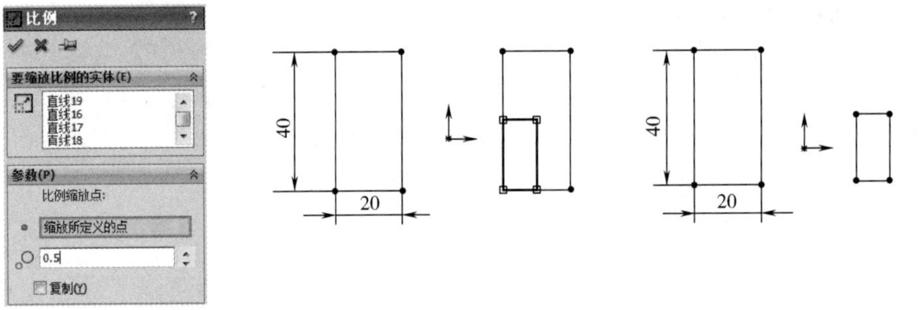

图 2-40

第二节　能力进阶

一、饭勺正视图

任务分析

图 2-41 所示是一个饭勺的俯视图，图形主要由直线和圆弧绘图命令完成，通过定义几何关系和标注尺寸完善草图。

绘图思路：绘制辅助线—绘制圆弧—镜像—圆弧—定义关系—标注尺寸—完成制作。

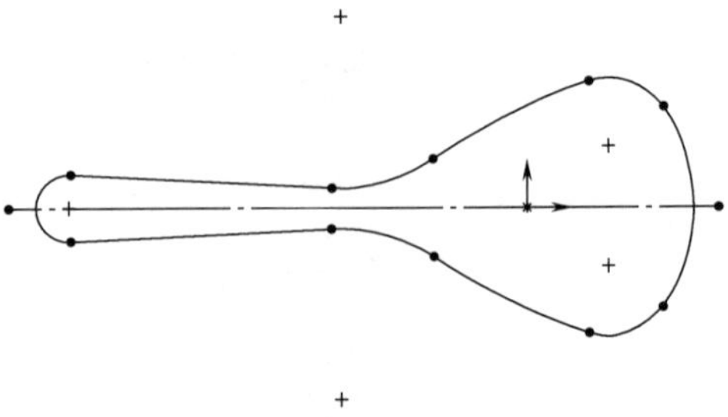

图 2-41

操作步骤

【步骤 1】启动 SolidWorks 软件，创建一个新的零件文件。

【步骤 2】绘制构造线。选择“前视基准面”，使其正视于屏幕。单击“草图”工具栏中的“中心线”命令，绘制一条构造线，如图 2-42 所示。

图 2-42

【步骤 3】绘制两端圆弧。单击“草图”工具栏中的“圆弧”→“圆心/起/终圆弧”命令，绘制两条圆弧，如图 2-43 所示。

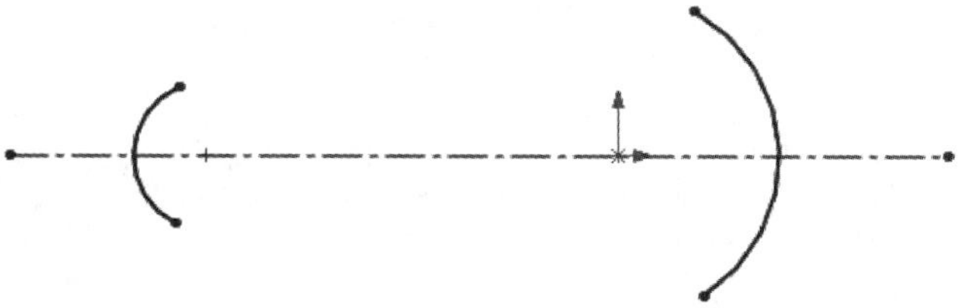

图 2-43

【步骤 4】标注尺寸。单击“草图”工具栏中的“智能尺寸”命令，单击右侧圆弧并给定半径 60mm，单击左侧圆弧并给定半径 12mm，如图 2-44 所示。接着点击左侧圆弧与右侧圆弧，下拉尺寸线给定尺寸。在左侧的“尺寸”中，单击“引线”标题框下“圆弧条件”选项下第一圆弧条件选择“最大”，第二圆弧条件选择“最大”，其他按照图示默认状态，单击属性管理器中的“确定”图标。双击尺寸线，修改两端的距离为 236mm，如图 2-45 所示。

图 2-44

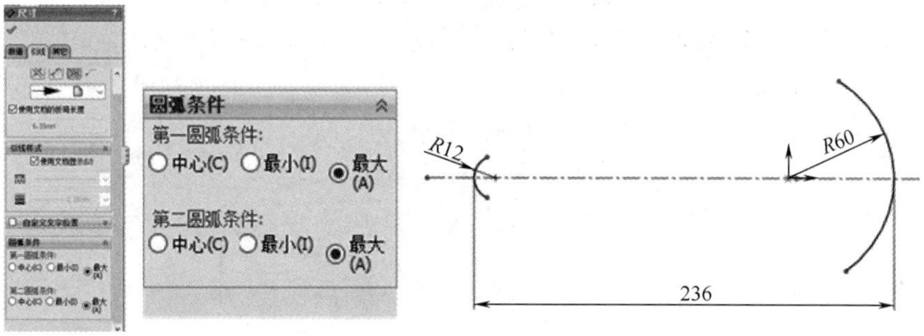

图 2-45

【步骤 5】绘制轮廓线。单击工具栏中的“直线”和“圆弧”→“切线弧”命令，分 4 段来绘制饭勺的侧面轮廓线，如图 2-46 所示。

【步骤 6】添加几何关系。单击工具栏中“添加几何关系”命令，在所选实体选项下选择最右端的两条圆弧，添加“相切”关系，其他按照图示默认状态，单击属性管理器中的“确定”图标，如图 2-47 所示。

【步骤 7】镜像轮廓线。单击工具栏中的“镜像实体” 镜向实体 命令，在选项下“要镜像的实体”中选择上一步所绘制的轮廓线，“镜像点”选择构造线，其他按照图示默认状态，单击属性管理器中的“确定”图标，如图 2-48 所示。

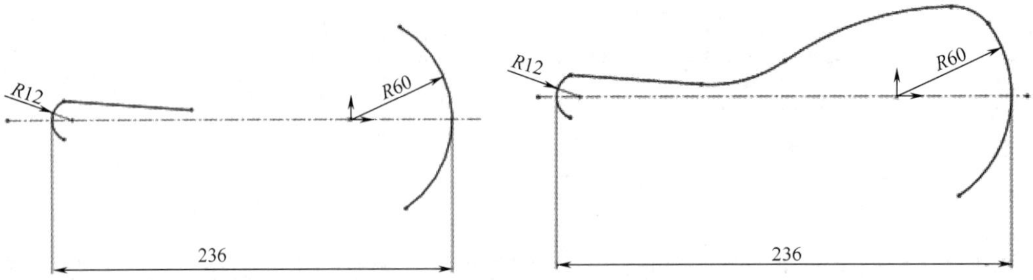

图 2-46

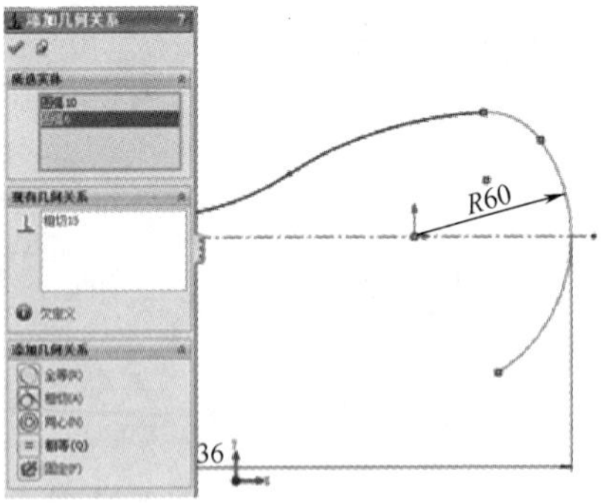

图 2-47

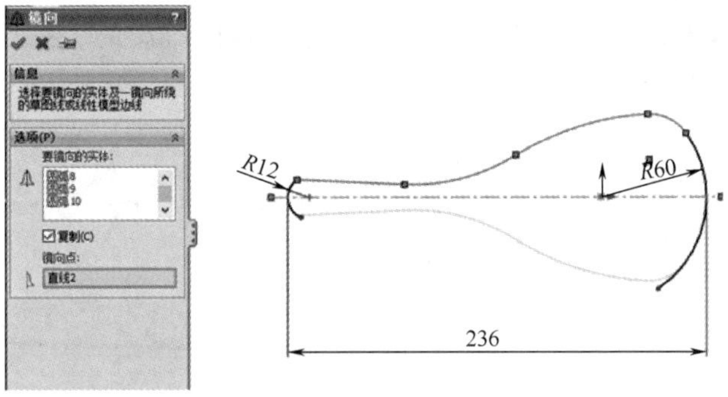

图 2-48

【步骤 8】添加几何关系。将镜像形成的图形最右端端点与右端圆弧下端点通过【添加几何关系】-【合并】关系实现右端图形封闭效果，如图 2-49 所示。

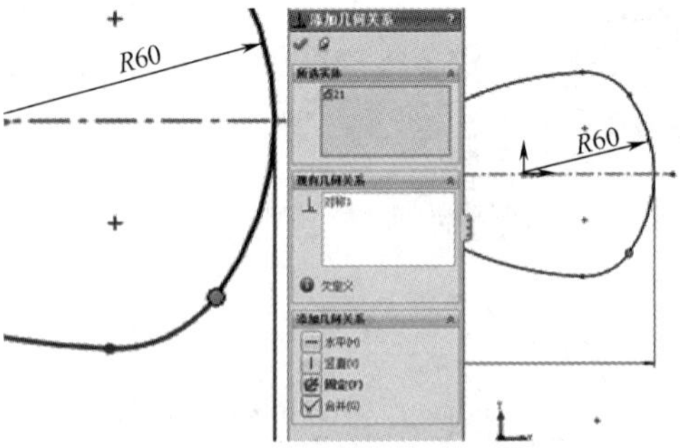

图 2-49

【步骤 9】标注尺寸。单击工具栏中的“智能尺寸”命令，分别单击侧边圆弧给定半径为 24，240，60mm，完成 3 段圆弧尺寸；点击两条直线边缘，给定角度为 6°，如图 2-50 所示。点击半径为 60mm 的圆弧的两个圆心，给定距离 134mm，如图 2-51 所示。单击属性管理器中的“确定”。单击工具栏中的“智能尺寸”命令，点击饭勺右边最上端圆弧与最下端圆弧，给定尺寸；在左侧的“尺寸”中，单击“引线”“圆弧条件”选项，第一圆弧条件选择最大，第二圆弧条件选择最大，其他按照图示默认状态，单击属性管理器中的“确定”图标。双击尺寸线，修改尺寸为90mm，结果如图2-52所示。

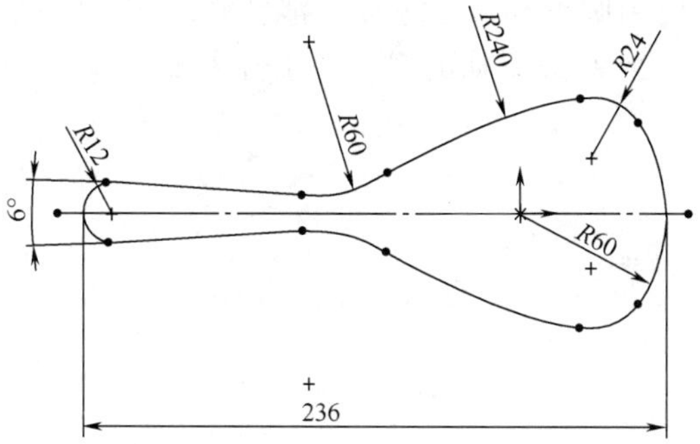

图 2-50

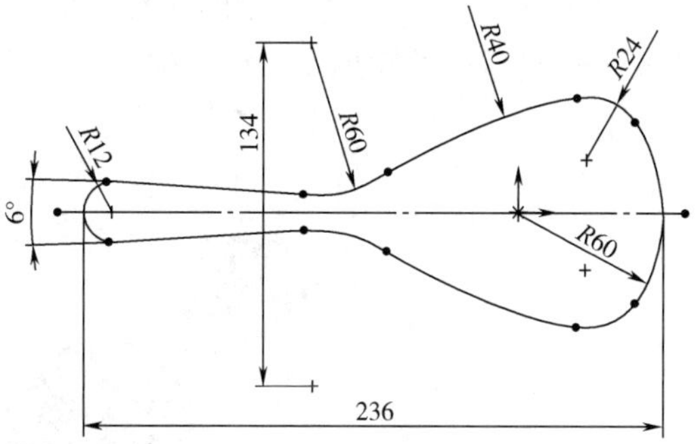

图 2-51

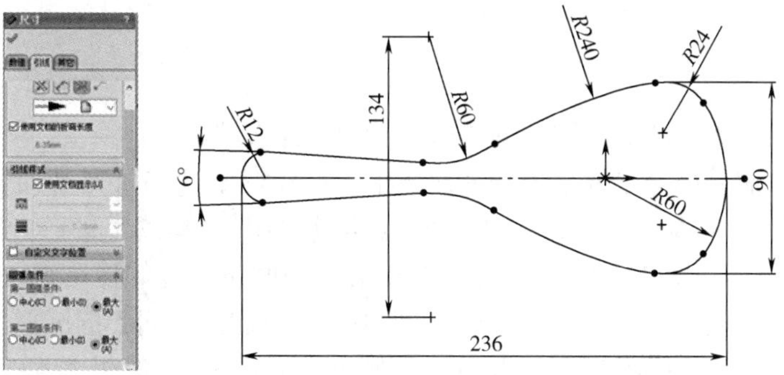

图 2-52

【步骤 10】添加几何关系。通过“添加几何关系”命令，选择饭勺左端弧线与倾斜线，添加相切关系，其他按照图示默认状态，单击属性管理器中的“确定”，最终结果如图2-53所示，完成饭勺制作。

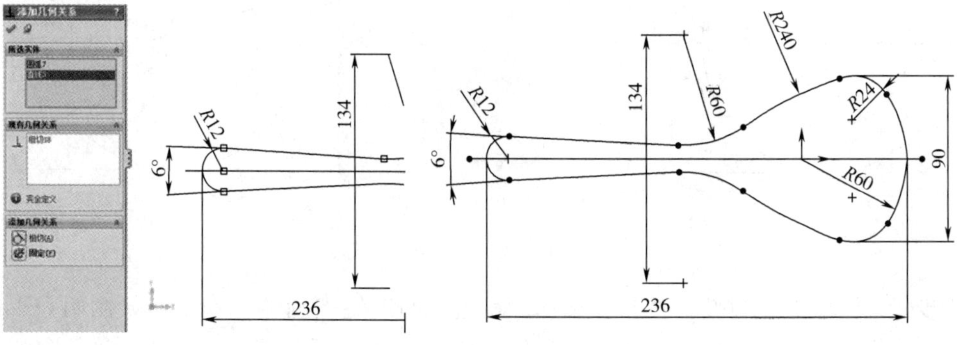

图 2-53

二、公章文字

任务分析

图 2-54 所示是一个公章的底部平面图，主要由圆形和文字组成。涉及直线、圆弧做图形的辅助线。绘图思路：绘制辅助线—绘制圆—绘制圆弧辅助线—文字输入及调整—完成制作。

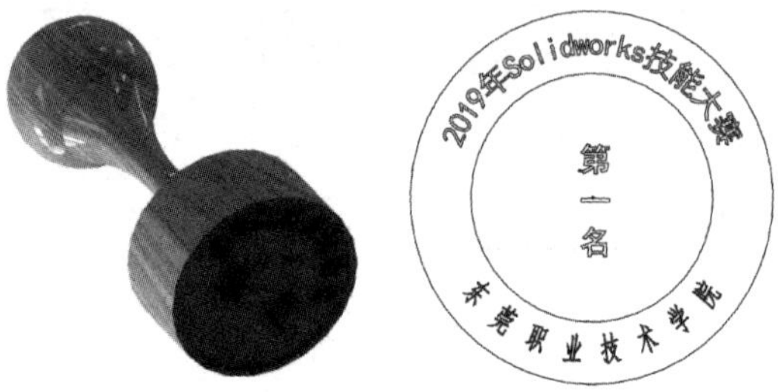

图 2-54

操作步骤

【步骤 1】启动 SolidWorks 后，创建一个新的零件文件。

【步骤 2】绘制草图。选取草图基准面，单击设计树中【前视基准面】作为绘图基准面。单击位于【CommandManager】下面的选项卡【草图】，草图工具栏将出现选取草图实体绘制工具，单击【直线】按钮，以原点为中心绘制两条垂直的构造线。接着单击【圆】按钮，选择默认中心点绘圆方式，并以原点为中心，绘制两个同心的圆形。单击【智能尺寸】按钮，标注尺寸，小圆直径为 40mm，大圆直径为 60mm，如图 2-55 所示。

【步骤 3】单击【直线】按钮，绘制一条构造线，并标注尺寸角度为 20°；单击【镜像实体】，将 20°的直线镜像，如图 2-56 所示。

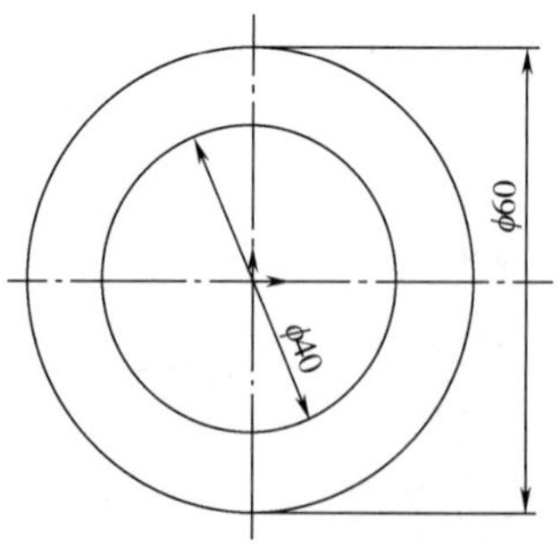

图 2-55

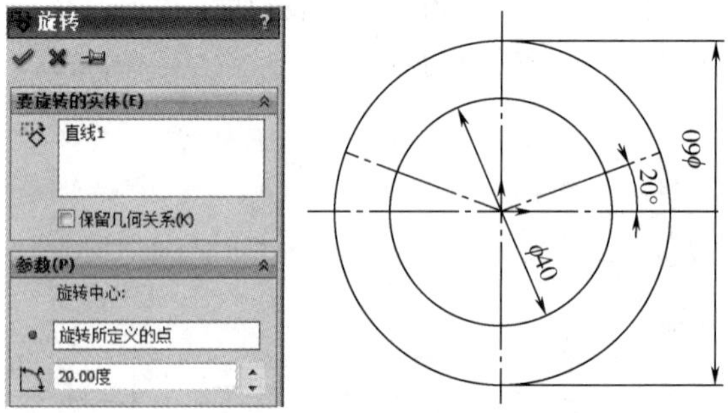

图 2-56

【步骤 4】单击【圆弧】按钮，选择“圆心/起点/终点画弧”命令，绘制两条以原点为中心的圆弧，并标注尺寸，上圆弧半径为 23mm，下圆弧半径为 28mm，两条圆弧均设置为构造线，如图 2-57 所示。

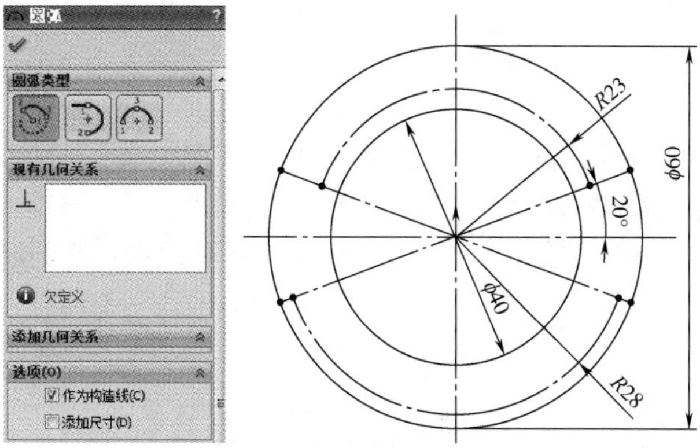

图 2-57

【步骤 5】单击【文字】按钮，在【草图文字】参数栏【曲线】中选取上一步骤绘制的圆弧作为文字路径，文字输入需要的内容，并打开【字体】参数栏，调整文字大小，如图 2-58 所示。

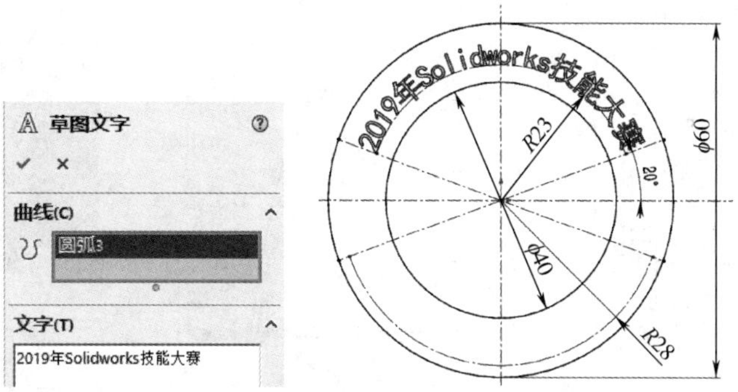

图 2-58

【步骤 6】同理，将其他文字内容输入后放置在合适位置，完成案例的制作。每条文字都需要独立执行一次输入命令，方便在图形中调整位置。大段文字的排版可以依据 Word 软件的习惯和规律，软件属性一致，最终结果如图 2-59 所示。

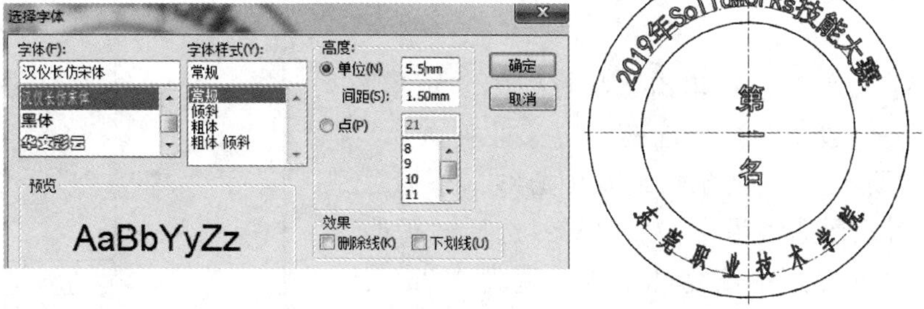

图 2-59

三、音箱正视图

任务分析

图 2-60 所示是一个音箱的正视图，图形主要由矩形、椭圆、圆形、线性阵列命令来完成，辅助添加几何关系和标注尺寸，实现图形的绘制。

绘图思路：绘制辅助线—绘制矩形—绘制椭圆—修剪线条—绘制圆形—线性阵列—标注尺寸—完成制作。

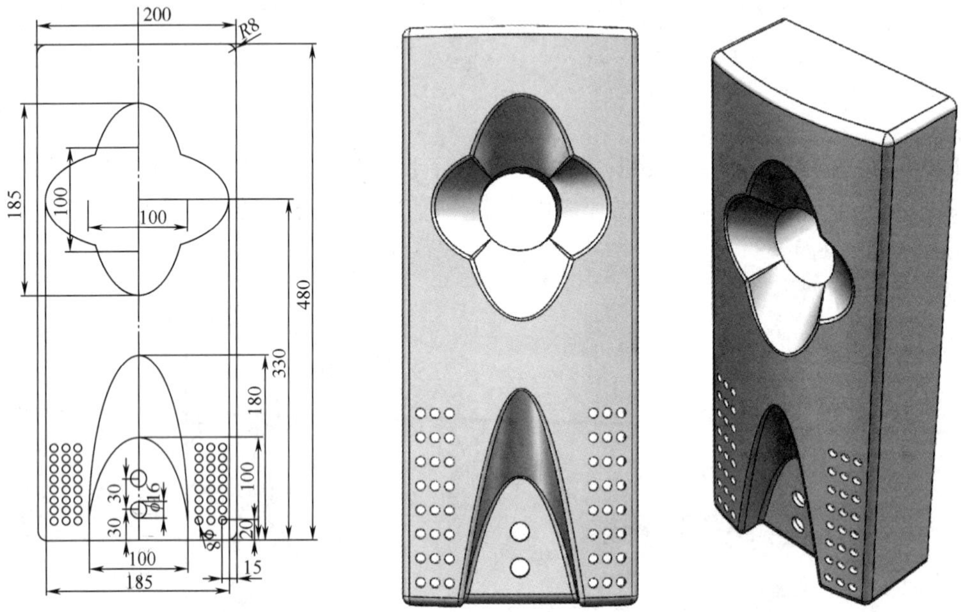

图 2-60

操作步骤

【步骤 1】新建文件。启动 SolidWorks 软件，创建一个新的零件文件。

【步骤 2】绘制构造线。在左侧的设计树中选择“前视基准面”正视于屏幕作为绘图面，单击工具栏中的“中心线”命令，绘制一条构造线，如图 2-61 所示。

【步骤 3】绘制矩形。单击工具栏中的“矩形”命令，绘制一个边角矩形；选择“定义几何关系”命令，点击矩形的左右两条边线及中心线，添加对称关系，使得矩形边线沿中心线对称；选择“智能尺寸”命令，标注矩形高为 480mm，宽为 200mm；接着单击工具栏中的“圆角”命令，将矩形四个角倒圆角，半径为 8mm，如图 2-62 所示。

图 2-61

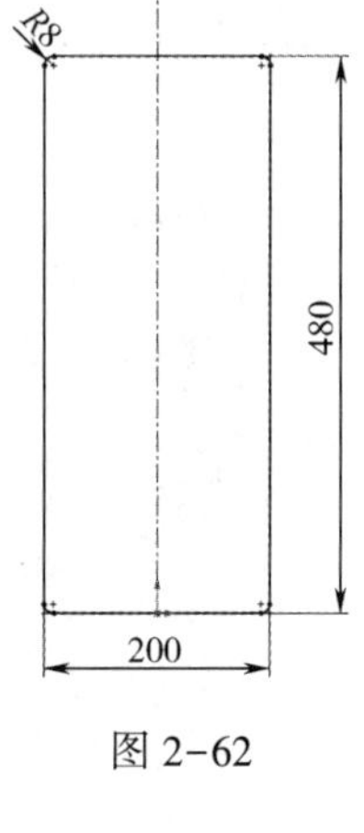

图 2-62

【步骤 4】绘制椭圆。单击工具栏中的“椭圆”命令，绘制一个短轴为 100mm、长轴为 185mm 的椭圆 1，椭圆圆心落在构造线上，圆心与原点距离 330mm；同理，再绘制一个与椭圆 1 垂直的椭圆 2，尺寸大小与椭圆 1 相同，如图 2-63 所示。

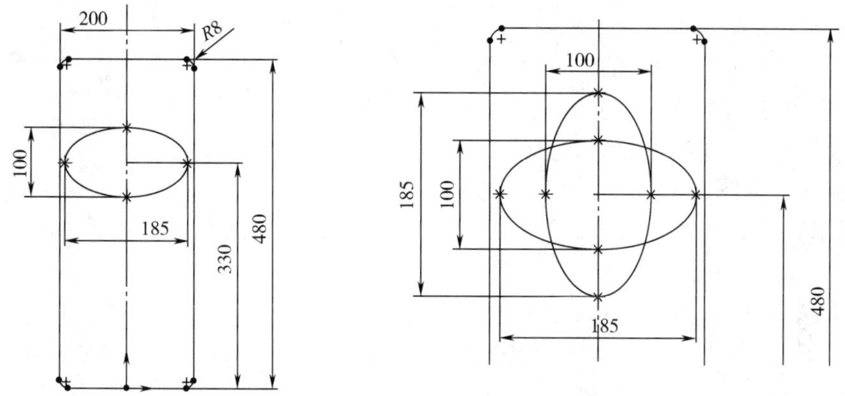

图 2-63

【步骤 5】剪裁实体。单击工具栏中的“剪裁实体”命令，裁剪去除椭圆 1 与椭圆 2 相交平面内的曲线，结果如图 2-64 所示。

【步骤 6】添加几何关系。单击工具栏中“添加几何关系”命令，“所选实体”选项中，选择水平椭圆的左右两个端点及中心线，在“现有几何关系”添加“对称”关系，其他按照图示默认状态，单击属性管理器中的“确定”图标，如图 2-65 所示。

【步骤 7】绘制椭圆。单击工具栏中的“椭圆”命令，绘制一个圆心与原点重合、长轴为 360mm、短轴为

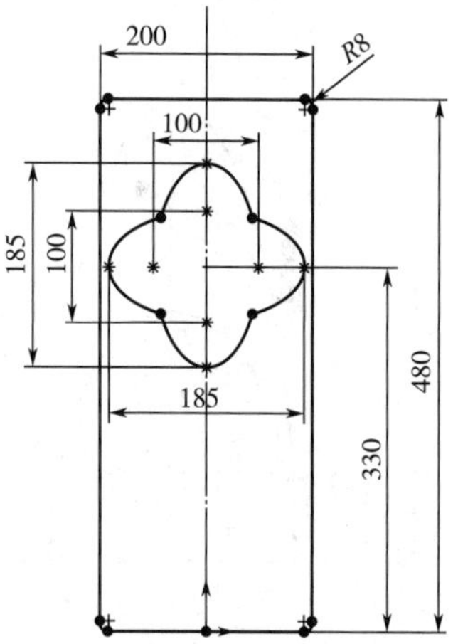

图 2-64

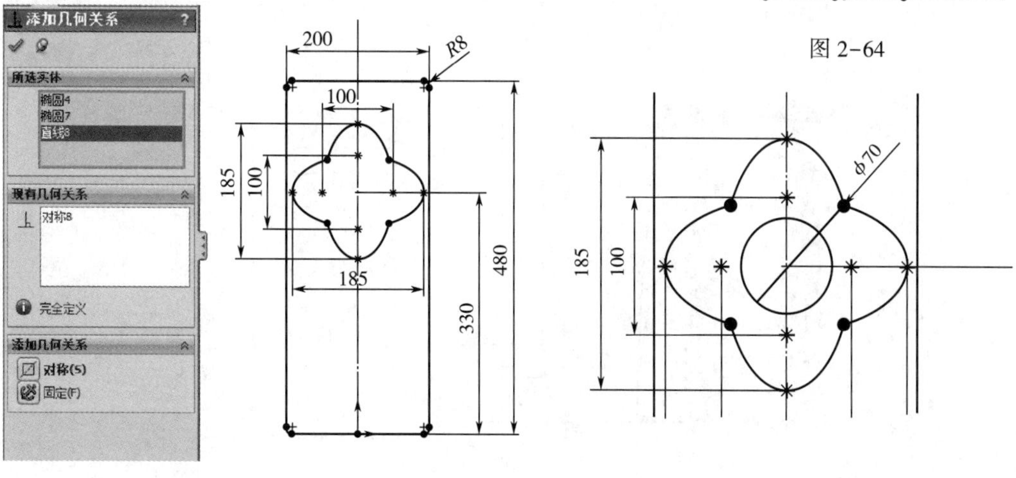

图 2-65

100mm 的椭圆；接着单击工具栏中的“剪裁实体”命令，剪裁去除矩形外的曲线；同理，单击工具栏中的“椭圆”命令，绘制一个圆心与原点重合、高 200mm、宽 100mm 的椭圆；接着单击工具栏中的“剪裁实体”命令，剪裁去除矩形外的椭圆，如图 2-66 所示。

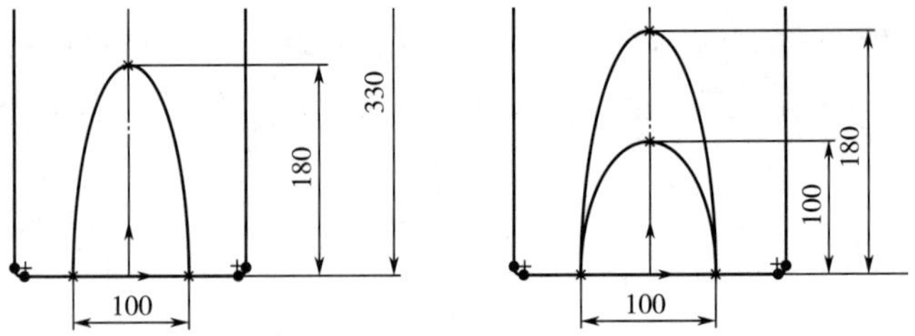

图 2-66

【步骤 8】绘制圆形。单击工具栏中的“圆”命令，绘制两个直径为 16mm 的圆，圆心间距为 30mm，如图 2-67 所示。

【步骤 9】线性阵列。单击工具栏中的“圆”命令，绘制一个直径为 8mm 的圆，位置如图 2-68 所示。单击工具栏中的“线性阵列”命令，在“方向 1”选择 *X* 轴，“阵列的方向”选择反向，“D1”给定 12mm，“阵列数目”给定 3；在“方向 2”选择 *Y* 轴，“D2”给定 10mm，“阵列数目”给定 8，其他按照图示默认状态，单击属性管理器中的“确定”，形成一组 3 列 8 行的阵列图形，如图 2-69 所示。

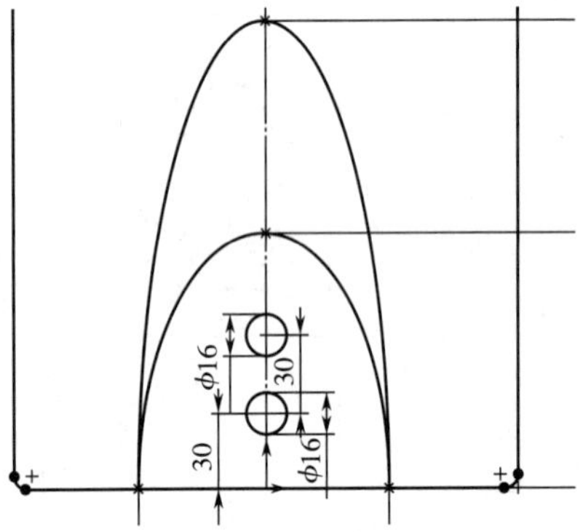

图 2-67

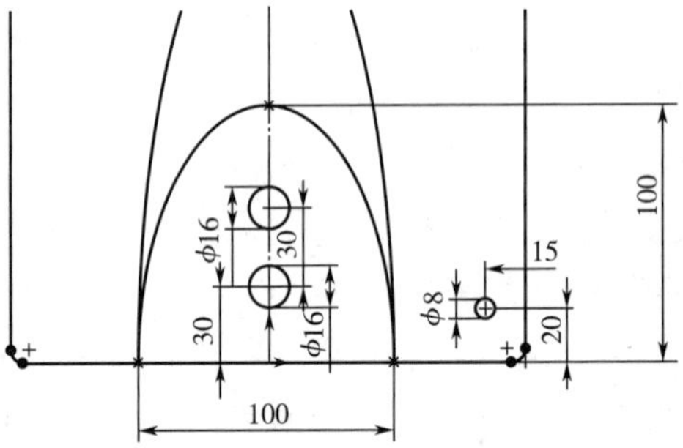

图 2-68

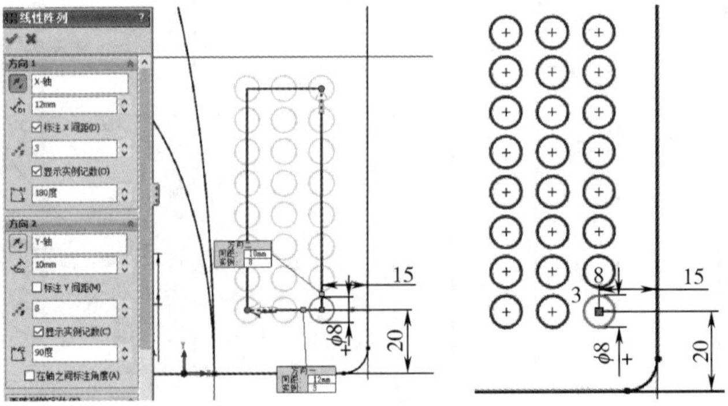

图 2-69

【步骤 10】镜像特征。单击工具栏中的“镜像实体”命令，在选项下“要镜像的实体”中选择线性阵列图形，“镜像点”选择构造线，其他按照图示默认状态，单击属性管理器中的“确定”，如图 2-70 所示，完成音箱正面草图绘制。

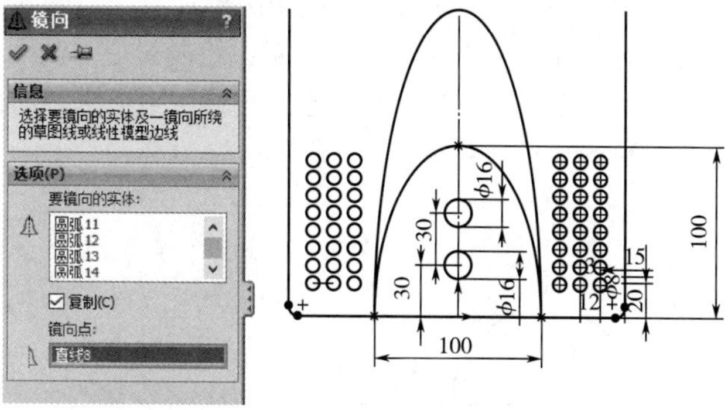

图 2-70

拓展练习

（1）请依据图 2-71 所示，运用圆形、弧线、多边形等命令，完成零件俯视图，并标注好对应尺寸完全定义草图。注意：先绘制过原点的两条辅助线。

（2）请依据图 2-72 所示，运用直线、圆形、弧线、直槽口等命令绘制零件侧视图，并标注好对应尺寸完全定义草图。注意：从原点位置开始绘图。

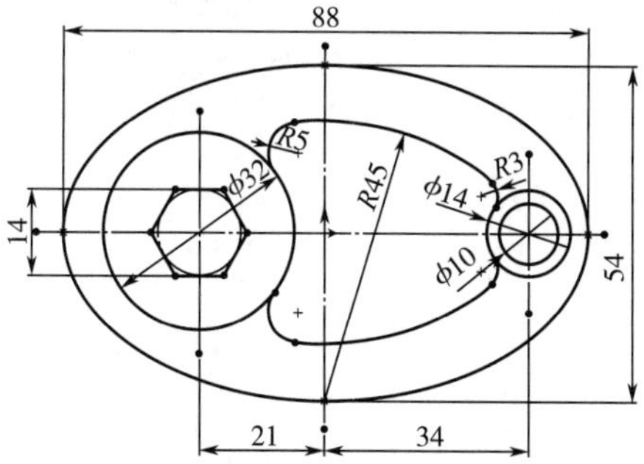

图 2-71

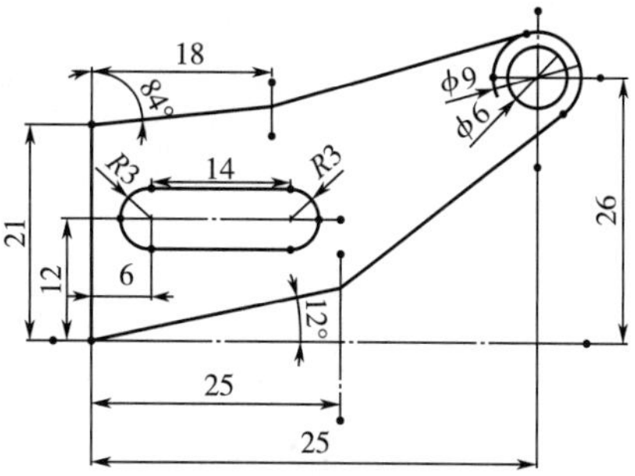

图 2-72

（3）请依据图 2-73 所示，运用圆形、弧线、圆周阵列等命令绘制零件侧视图，并标注好对应尺寸完全定义草图。注意：先绘制过原点的两条辅助线。

（4）请依据图 2-74 所示，运用圆形、直线、镜像等命令绘制零件侧视图，并标注好对应尺寸完全定义草图。注意：绘制过原点的两条辅助线。

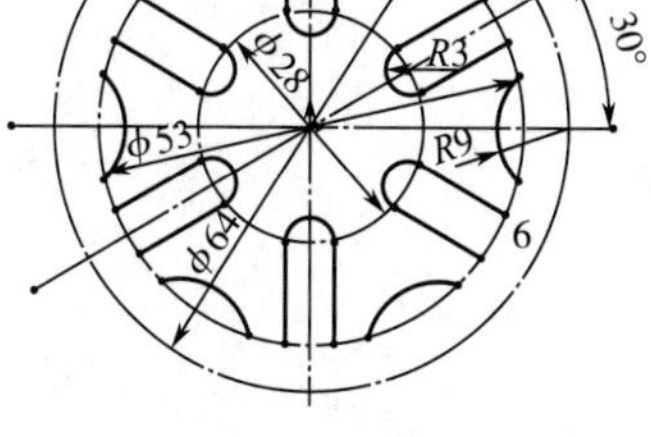

图 2-73

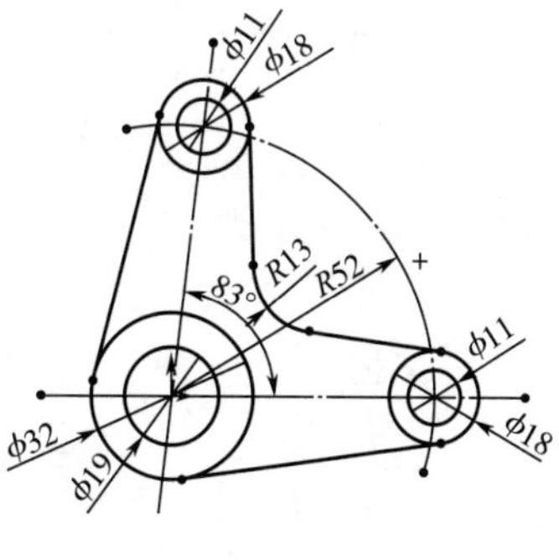

图 2-74

（5）请依据图 2-75 所示，运用圆形、直线、圆弧、镜像等命令绘制零件侧视图，并标注好对应尺寸完全定义草图。注意：绘制过原点的两条辅助线。

（6）请依据图 2-76 所示，选择叉子、勺子或刀的任一侧面，运用样条曲线、圆弧等命令绘制草图，尺寸自定义。

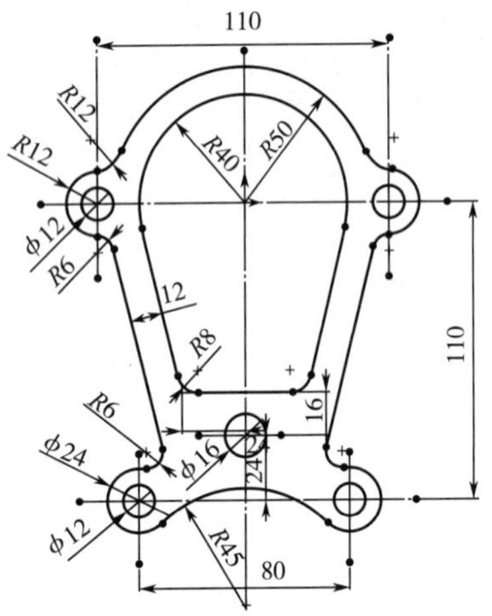

图 2-75

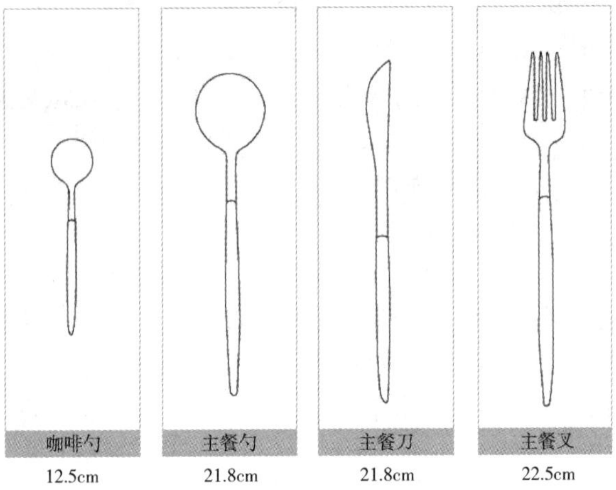

图 2-76

课后延伸

1. 手柄图的画法

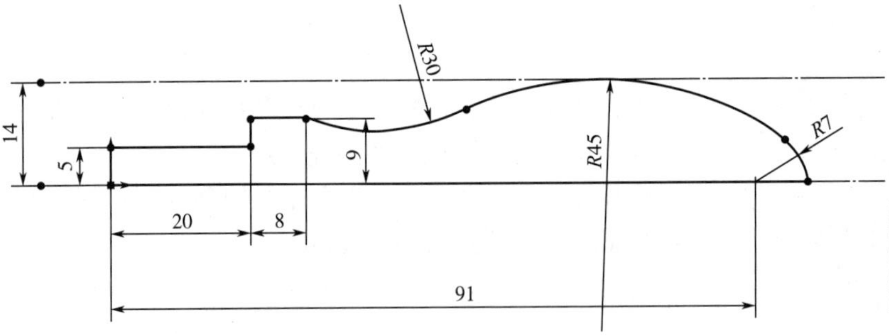

2. 零件侧视图的画法

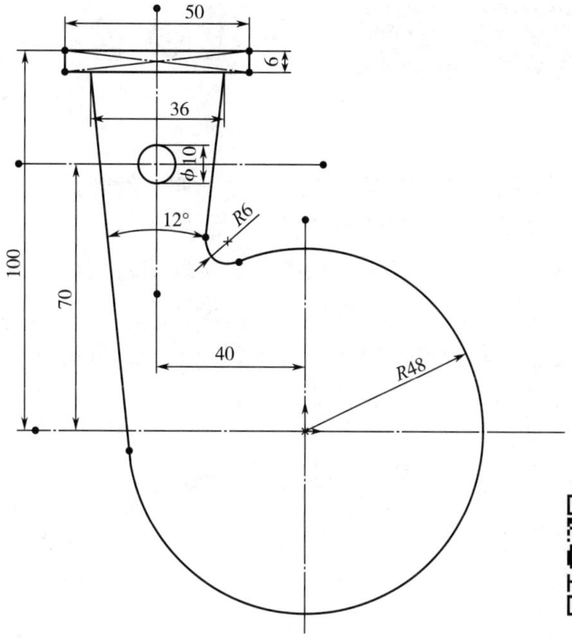

3. 吊钩侧视图的画法

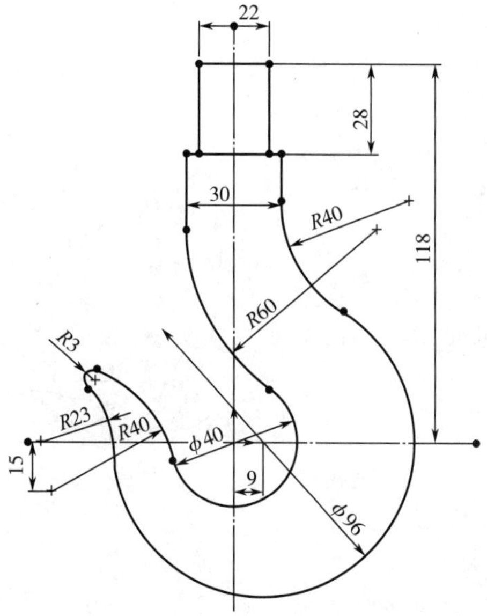

第三章 三维模型

SolidWorks 提供了基于特征的实体建模功能。通过拉伸、旋转、薄壁特征、抽壳、特征阵列、圆角、筋以及打孔等操作来实现产品的设计。

通过对特征和草图的动态修改，可以用拖动的方式实现实时设计修改。特征树往后回退可提高特征编辑性能，快速建模的菜单结构可提高建模速度。零件建模时提供了自动尺寸标注、草图共享、草图着色、套合样条曲线、可扩展的设计、分离的实体设计等。通过本章学习，可以掌握基本的实体建模方法和特征命令。

第一节 基本知识

一、基准设置

（一）基准面

在创建草图时，必须先选择一个草图平面，系统默认提供的三个基准面分别是前视基准面、上视基准面和右视基准面。这三个视图的位置是固定的，当需要在空间其他位置创建草图时，则需要创建出所需的基准面。

基准面是一个可以无限延伸的平面，利用它可以绘制草图，生成模型的剖面视图，作为拔模特征中的中性面等，同时，它也可以作为零件装配参考面，如图 3-1 所示。

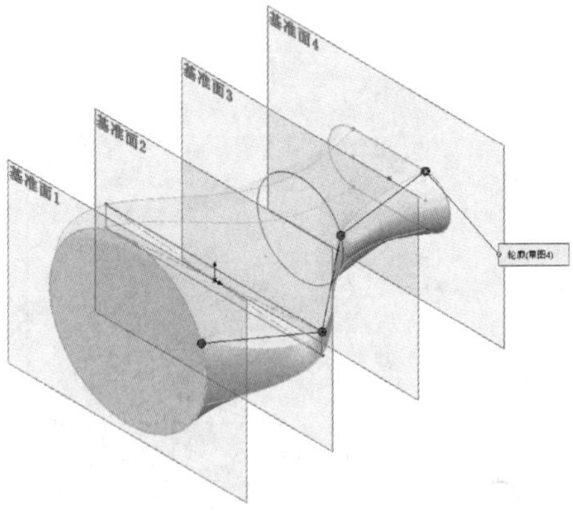

图 3-1

1. 使用环境

（1）作为草图绘制平面，若三维实体在空间上无合适的草图绘制平面可供使用时，可创建辅助基准面作为草图绘制平面。

（2）尺寸标注参考。

（3）生成模型的剖面视图、产生拔模特征的中立面。如：利用基准面剖切壳体，得到一个视图，来清楚地显示其内部构造。

（4）作为视图定向的参考。基准面可成为三维物体方向决定的参考平面。

（5）作为装配时零件相互配合的参考面。零件在装配时可能会利用许多的平面来定义配合、对齐等，同样可以将基准面作为其参考依据。

2. 创建方法

利用 2~3 个参考要素即可创建新的基准面，常规创建模式如表 3-1 所示。

表 3-1　　　　**基准面创建示范图**

序号	方　式	图　示
1	通过直线/点	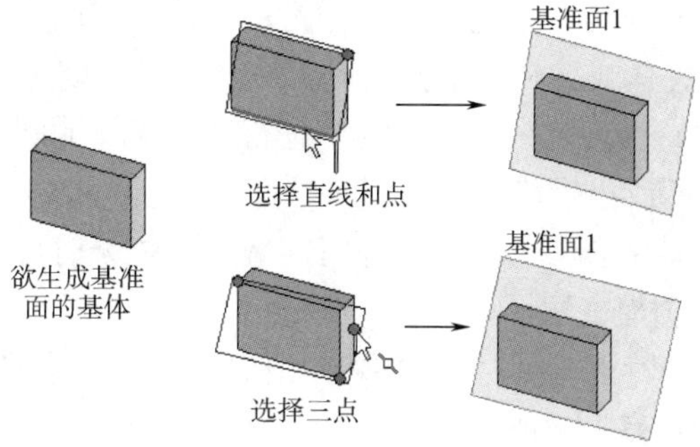
2	选择点和平行面	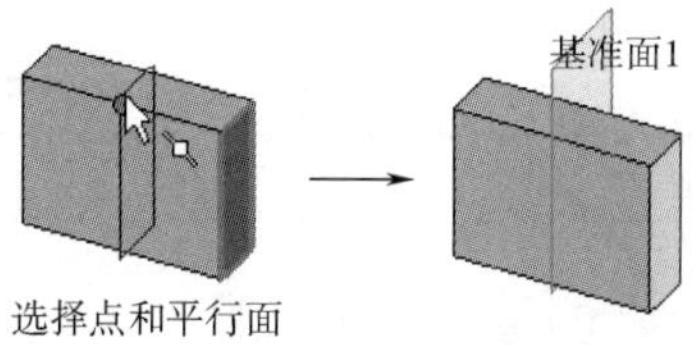
3	选择平面与线	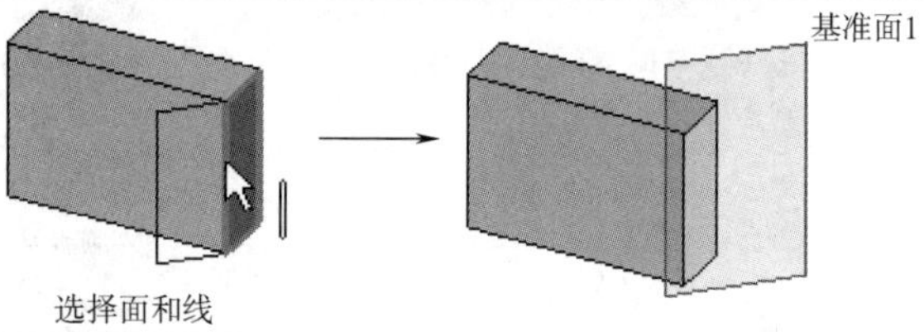
4	选择平面和距离	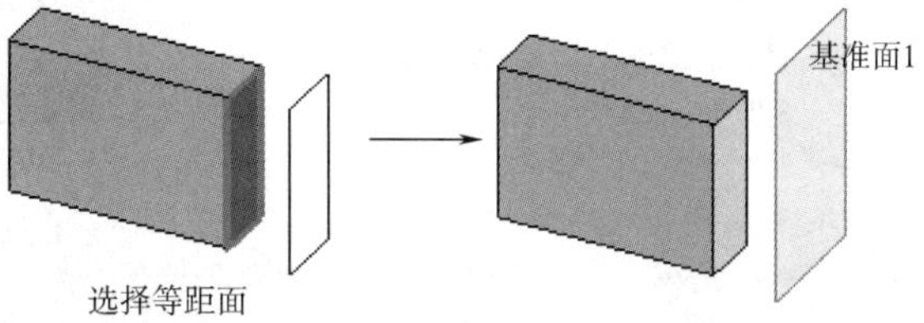
5	选择曲线、面和点	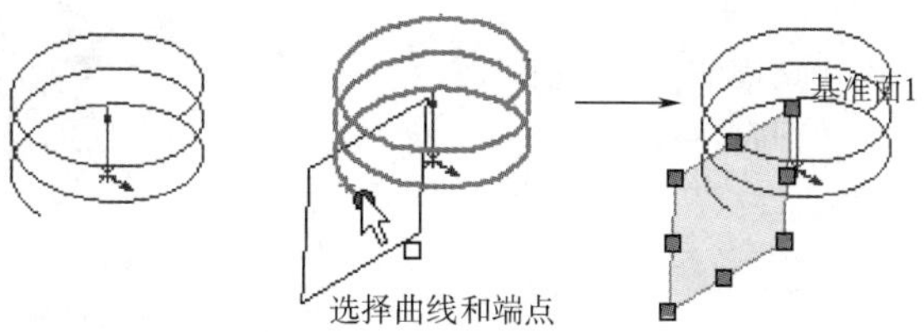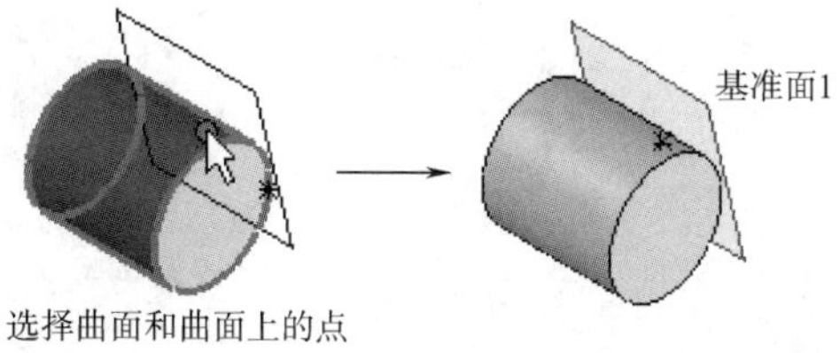

（二）基准轴

基准轴是一个可以无限长的轴线，利用它可以创建圆周阵列中心线，建立基准或者其他的参考线、装配参考线等。

1. 使用环境

基准轴用蓝色中心线表示，它主要有以下应用场合：

（1）作为中心线。可以作为回转体，如圆柱体、圆孔、旋转体等特征的中心线，拉伸一个圆柱体或旋转一个截面成为旋转体时，则自动隐藏了一个基准轴。

（2）作为阵列轴。当需要进行特征实体的圆周阵列时，需要选择对应的阵列轴，可以绘制草图或依据旋转体来创建。

（3）配合参考轴。当弹簧或螺纹等配合时可以建立基准轴作为配合的参考轴。

2. 创建方法

单击特征工具栏上“参考几何体”下“基准轴”命令，弹出基准轴对话框，常见创建模式如表 3-2 所示。

表 3-2　基准轴创建示范图

序号	方　式	图　示
1	一条直线、边线、轴，零件边线或草图直线均可以创建基准轴	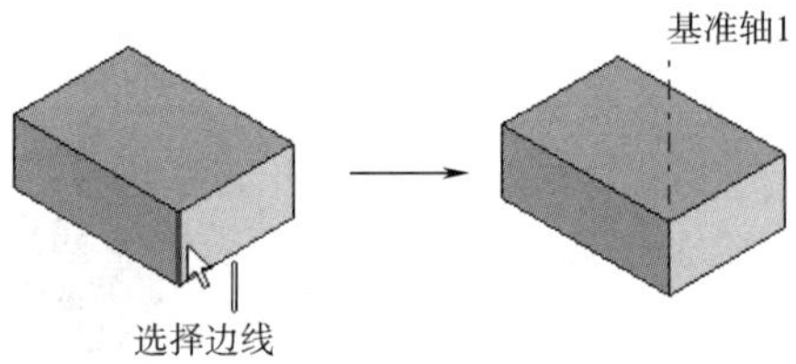
2	两个平面，平面相交，其交线即为基准轴	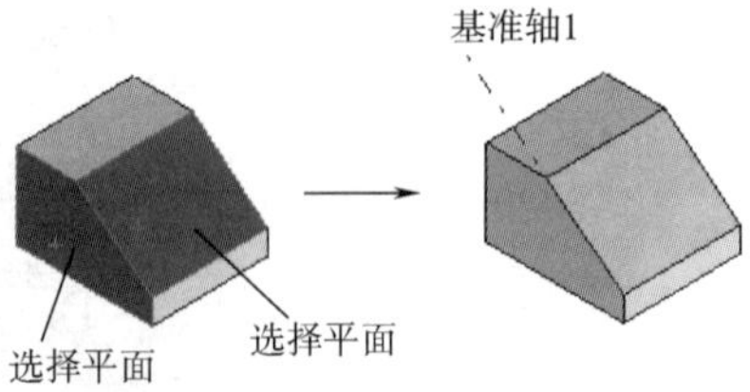
3	两点/顶点，两点成线，连接即成基准轴	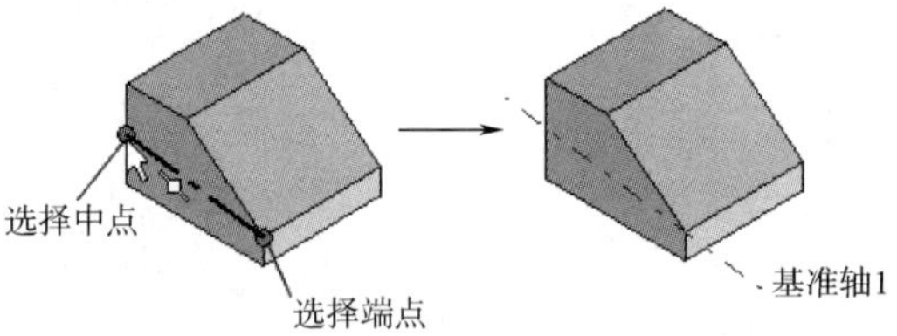
4	圆柱/圆锥面，一个圆柱或圆锥面的中心作为基准面	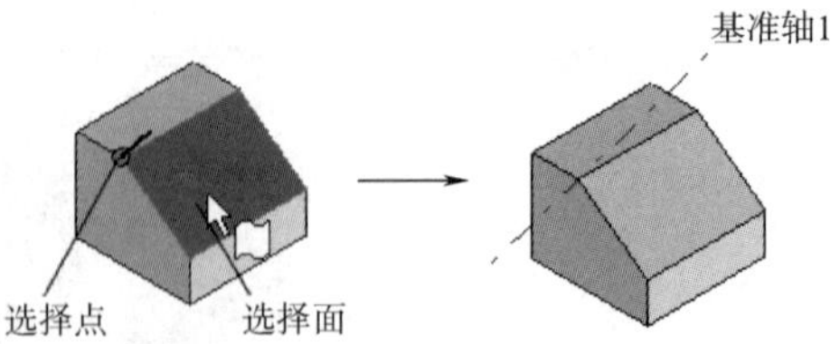
5	点和面/基准面，选择一个点和一个基准面，创建通过点且垂直于基准面的基准轴	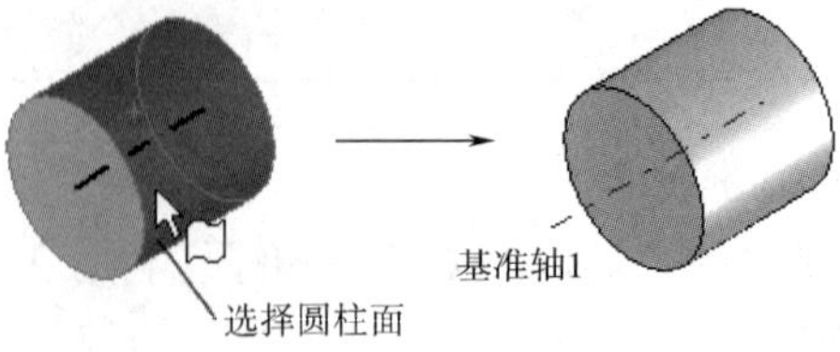

（三）基准点

参考点主要被用来进行空间定位，可以用于创建一个曲面造型，辅助创建基准面或基准轴。基准点是三维设计中经常用到的辅助特征，通常用来辅助定位、查找模型特殊点等。SolidWorks 共提供了 6 项基准点的创建方法，分别是圆弧中心参考点、面中心参考点、交叉处参考点、投影参考、在草图点上、沿曲线距离或多个参考，具体案例如表 3-3 所示。

表 3-3　　基准点创建示范图

序号	方　式	图　示
1	圆弧中心参考点	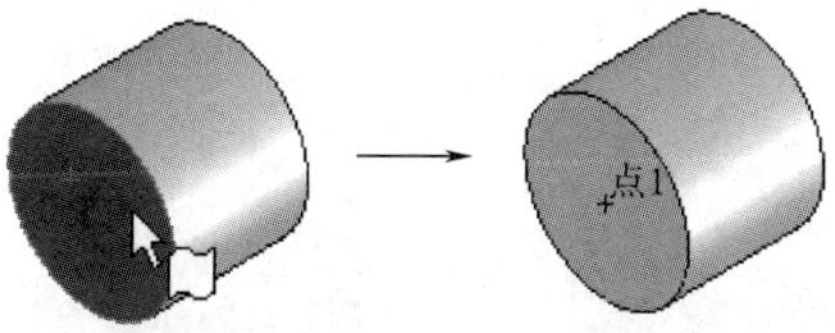
2	面中心参考点	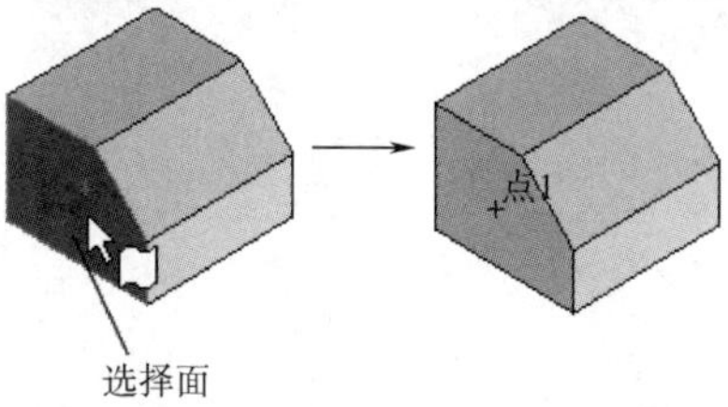
3	交叉处参考点	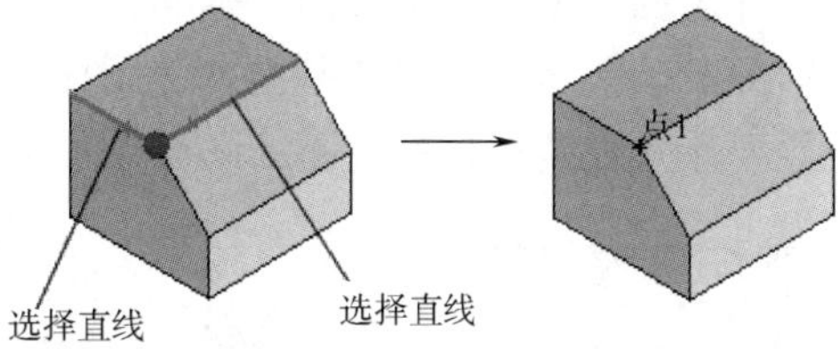
4	投影参考	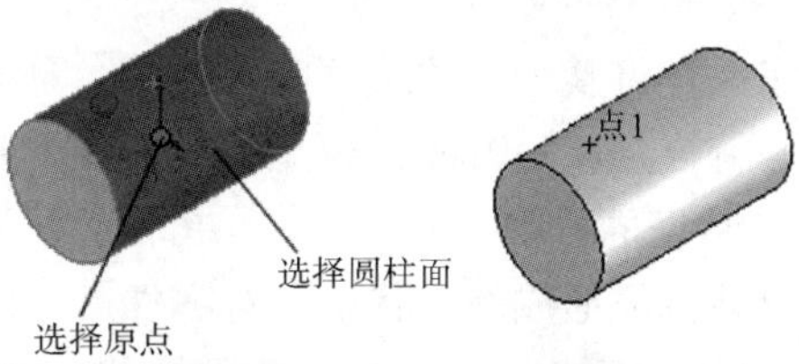
5	在草图点上	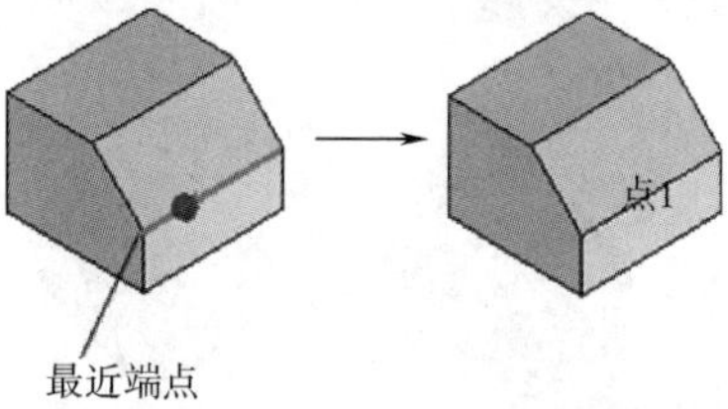
6	沿曲线距离 或多个参考	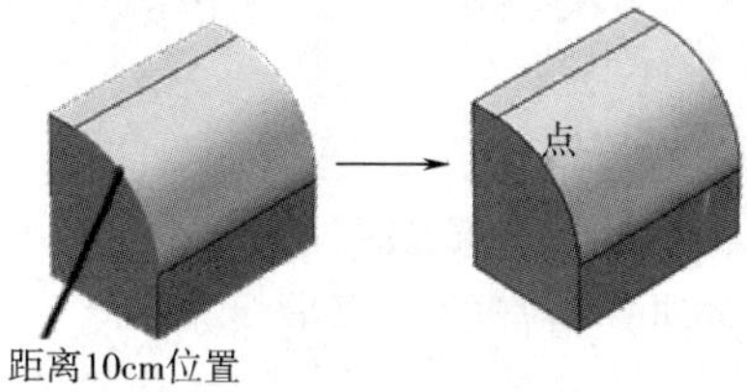

(四) 坐标系

当需要添加新坐标系到零件或装配体时，或编辑现有坐标系时，坐标系 Property Manager 将会出现。单击坐标系（参考几何体工具栏）或【插入】→【参考几何体】→【坐标系】。

坐标系可以与测量和质量属性工具一同使用，或者用作生成阵列的基准，也可用于将 SolidWorks 文件输出至 IGES、STL、ACIS、STEP、Parasolid、VRML 和 VDA。

创建坐标系的方法：

(1) 单击坐标系（参考几何体工具栏）或【插入】→【参考几何体】→【坐标系】。

(2) 使用坐标系 Property Manager 建立坐标系，如图 3-2 所示。

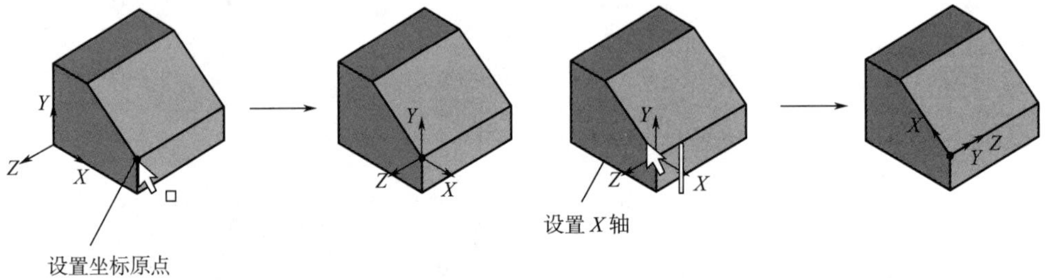

图 3-2

本节讲述了 SolidWorks 基准面、基准轴、坐标系和参考点的创建方法，使用户能够根据不同的情况具体使用对应参考基准。使用比较合理的基准，能够为以后的建模提供许多方便，这需要用户在建模过程中不断总结、积累。

二、实体建模特征

(一) 拉伸凸台/基体

拉伸特征是将整个草图或草图中的某个草图轮廓沿一定方向延伸一段距离后所形成的特征。拉伸特征是 SolidWorks 模型中最常用的建模特征。

1. 拉伸特征的分类

按照拉伸特征形成的形状以及对零件产生的作用，可以将拉伸特征分为实体或薄壁拉伸、凸台/基体拉伸、切除拉伸、曲面拉伸，如图 3-3 所示。

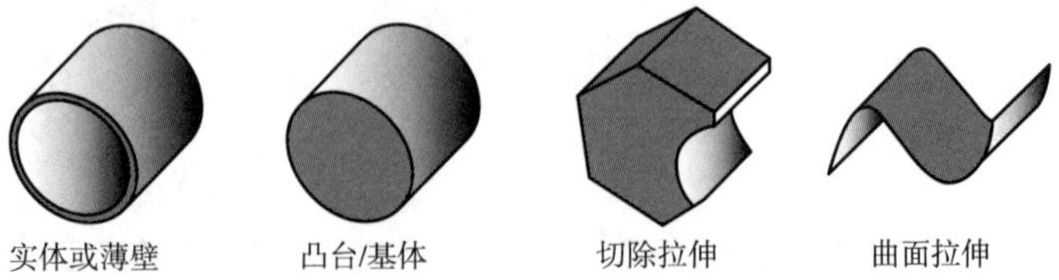

图 3-3

2. 拉伸特征的操作步骤

建立【拉伸】特征的操作步骤如下：

（1）选择所需绘图面，绘制所需草图。

（2）单击以拉伸工具之一：

①单击【特征】工具栏上的【拉伸凸台/基体】按钮，或选择下拉菜单【插入】→【凸台/基体】→【拉伸】命令。

②单击【特征】工具栏上的【拉伸切除】按钮，或选择下拉菜单【插入】→【切除】→【拉伸】命令。

③单击【曲面】工具栏上的【拉伸曲面】按钮，或选择下拉菜单【插入】→【曲面】→【拉伸】命令。

（3）出现【拉伸】属性管理器，如图 3-4 所示，设定以下选项后单击【确定】按钮。

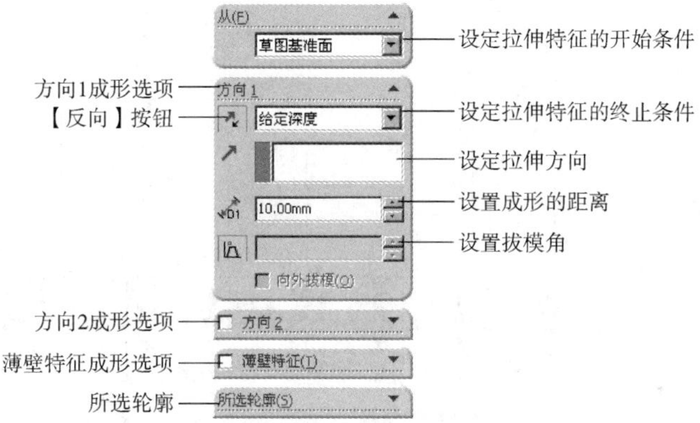

图 3-4

3. 拉伸特征的选项

（1）反向。单击【反向】按钮，以与预览中所示方向相反的方向延伸特征。

（2）拉伸方向。【拉伸方向】，在图形区域中选择方向向量拉伸草图。

（3）设定拉伸特征的开始条件。拉伸特征有 4 种不同形式的开始类型，如图 3-5 所示。

①【草图基准面】：从草图所在的基准面开始拉伸。

②【曲面/面/基准面】：从这些实体之一开始拉伸，为【曲面/面/基准面】选择有效的实体。

③【顶点】：从选择的顶点开始拉伸。

④【等距】：与当前草图基准面等距的基准面上开始拉伸，在【输入等距值】中设定等距距离。

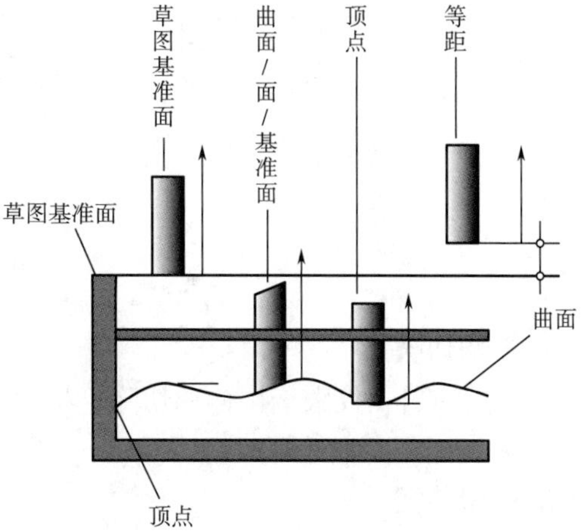

图 3-5

4. 拉伸特征的终止条件

设定拉伸特征的终止条件，拉伸特征有 7 种不同形式的终止类型，如图 3-6 所示。

①【给定深度】：从草图的基准面拉伸特征到指定的距离。

②【完全贯穿】：从草图的基准面拉伸特征直到贯穿所有现有的几何体。

③【成形到顶点】：从草图的基准面拉伸特征到一个与草图基准面平行且穿过指定顶点的平面。

④【成形到下一面】：从草图的基准面拉伸特征到相邻的下一面。

⑤【成形到一面】：从草图的基准面拉伸特征到一个要拉伸到的面或基准面。

⑥【到离指定面指定的距离】：从草图的基准面拉伸特征到一个面或基准面指定距离平移处。

⑦【两侧对称】：从草图的基准面开始，沿正、负两个方向拉伸特征。

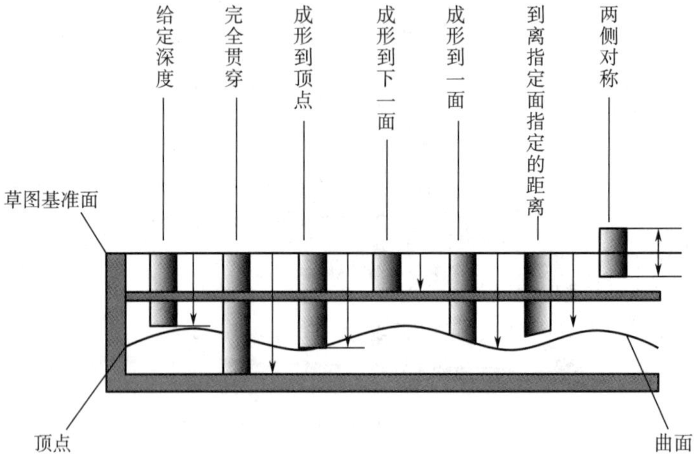

图 3-6

5. 拉伸特征的拔模

【拔模开/关】：设定拔模角度，如图 3-7 所示。

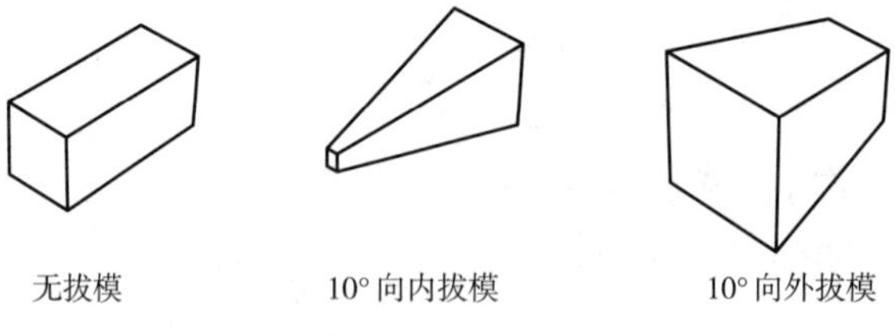

图 3-7

6. 反侧切除

【反侧切除】：仅限于拉伸的切除，移除轮廓外的所有材质。默认情况下，材料从轮廓内部移除，如图 3-8 所示。

7. 薄壁特征

选中【薄壁特征】复选框，则拉伸得到的是薄壁体，在薄壁特征中，可以选择薄壁特征厚度对于草图的方向类型，如图 3-9 所示。

图 3-8

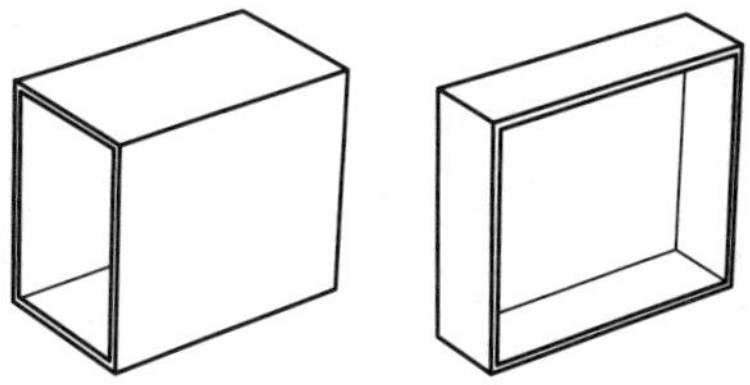

图 3-9

①【单向】：设定从草图以一个方向（向外）拉伸的厚度。

②【两侧对称】：设定同时以两个方向从草图拉伸的厚度。

③【两个方向】：设定不同的拉伸厚度，【方向 1 厚度】和【方向 2 厚度】。

④【自动加圆角】：在每一个具有直线相交夹角的边线上生成圆角。指定圆角半径，设定圆角的内半径。

⑤【顶端加盖】：为薄壁特征拉伸的顶端加盖，生成一个中空的零件。

⑥【加盖厚度】：选择薄壁特征从拉伸端到草图基准面的加盖厚度。

（二）旋转凸台/基体

旋转特征是轮廓围绕一个轴旋转一定角度而得到的特征。旋转特征的草图中包含一条构造线，草图轮廓以该构造线为轴旋转，即可建立旋转特征。另外，也可以选择草图中的草图直线作为旋转轴建立旋转特征。轮廓不能与中心线交叉，如果草图包含一条以上中心线，应选择想要用作旋转轴的中心线。

1. 旋转特征的分类及操作

旋转特征起源于机加工中的车削加工，大多数轴盘类零件可以使用旋转特征来建立。设计中常用旋转特征来完成下面这些零件的建模，如表 3-4 所示。

表 3-4　　旋转特征创建类型示范图

序号	创建内容	案例示范
1	球或含有球面的零件	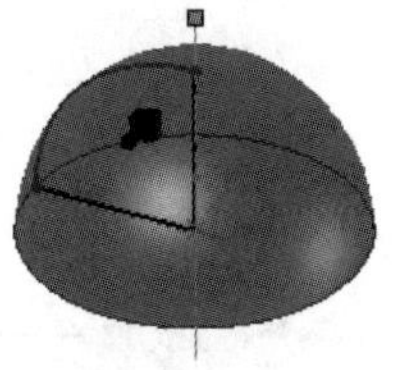
2	有多个台阶的轴、盘类零件	

续表

序号	创建内容	案例示范
3	“O”型密封圈	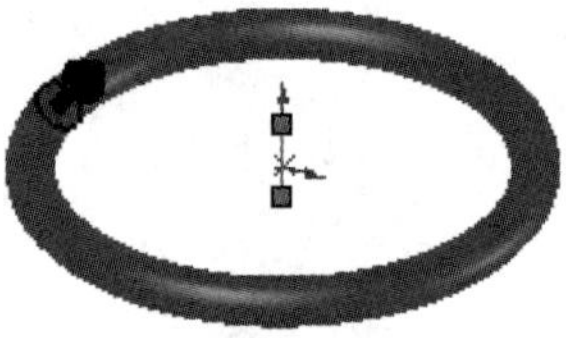
4	侧轮廓复杂的轮毂类零件	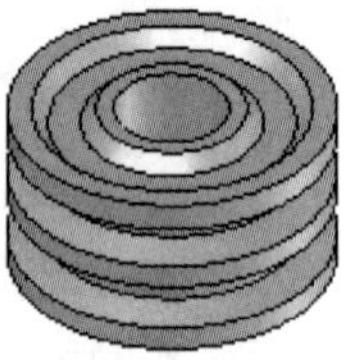

2. 建立【旋转】特征的操作步骤

（1）生成一个草图，包含一个或多个轮廓和一条中心线、直线或边线作为特征旋转所绕的轴。

（2）单击旋转工具中的一种：

①单击【特征】工具栏上的【旋转凸台/基体】或选择下拉菜单【插入】→【凸台/基体】→【旋转】命令。

②选择下拉菜单【插入】→【曲面】→【旋转】命令。

③单击【特征】工具栏上的【旋转切除】按钮，或选择下拉菜单【插入】→【切除】→【旋转】命令。

④单击【曲面】工具栏上的【旋转曲面】按钮，或选择下拉菜单【插入】→【曲面】→【旋转】命令。

（3）出现【旋转】属性管理器，如图 3-10 所示，设定各选项，然后单击【确定】按钮。

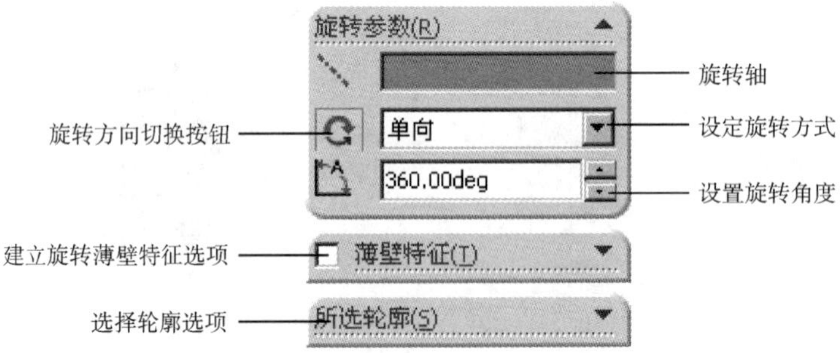

图 3-10

3. 确定旋转的选项

根据旋转特征的类型设定属性管理器选项。

（1）【旋转轴】：选择一条特征旋转所绕的轴。根据所生成的旋转特征的类型，可能为中心线、直线或一条边线。

①【旋转类型】：从草图基准面定义旋转方向，单击【反向】按钮来反转旋转方向。

②【单向】：从草图以单一方向生成旋转。

④【两侧对称】：对称地从草图基准面以顺时针和逆时针方向生成旋转。

④【双向】：从草图基准面以顺时针和逆时针方向生成旋转，两个方向的角度总和不能超过 360°。

⑤【角度】：定义旋转角度。默认角度为 360°，角度以顺时针从所选草图测量。

（2）薄壁特征

【类型】：定义厚度的方向。选择以下选项之一：

①【单向】：从草图以单一方向添加薄壁特征，单击【反向】按钮来反转薄壁特征添加的方向。

②【两侧对称】：通过使用草图为中心，在草图两侧均等应用薄壁特征。

③【双向】：在草图两侧添加薄壁特征。

④【方向 1 厚度】：从草图向外添加薄壁体积。

⑤【方向 2 厚度】：从草图向内添加薄壁体积。

（3）所选轮廓

【所选轮廓】指在图形区域中选择轮廓来生成旋转，当使用多轮廓生成旋转时使用此选项。

（三）扫描

1. 扫描定义

通过沿着一条路径移动轮廓（截面）来生成基体、凸台、切除或曲面特征，如图 3-11 所示。

2. 遵循规则

（1）对于基体或凸台扫描特征轮廓必须是闭环的，对于曲面扫描特征则轮廓可以是闭环的，也可以是开环的。

（2）路径可以为开环的或闭环的。

（3）路径可以是一张草图中包含的一组草图曲线、一条曲线或一组模型边线。

（4）路径的起点必须位于轮廓的基准面上。

（5）不论是截面、路径或所形成的实体，都不能出现自相交叉的情况。

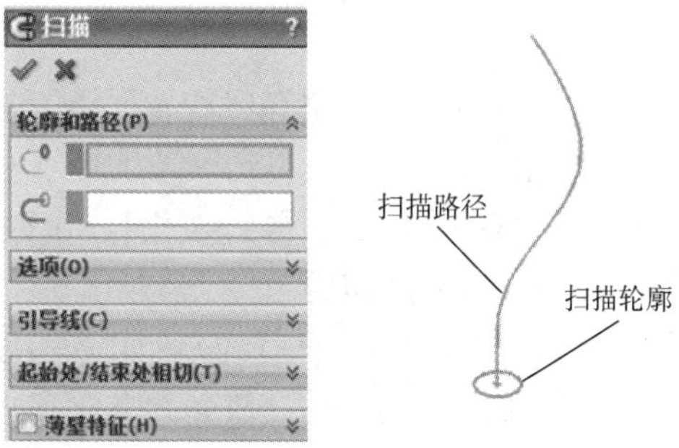

图 3-11

3. 扫描轮廓

轮廓为一个普通的平面草图，决定了扫描过程中任意截面的形状。通过添加引导线，可以使轮廓在扫描过程中改变形状，如图 3-12 所示。

可以将轮廓草图中的某个点与一条引导线建立联系，这样就可以通过这条引导线来控制这个点在扫描过程中的变化，只要轮廓草图中的几何约束关系合理，就可以达到控制轮廓变化的目的，如图 3-13 所示。

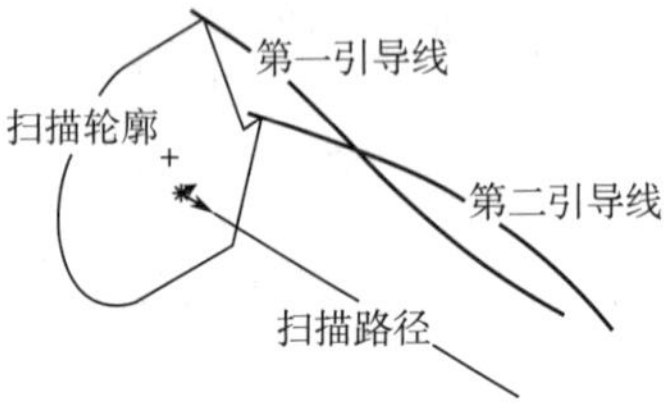

图 3-12

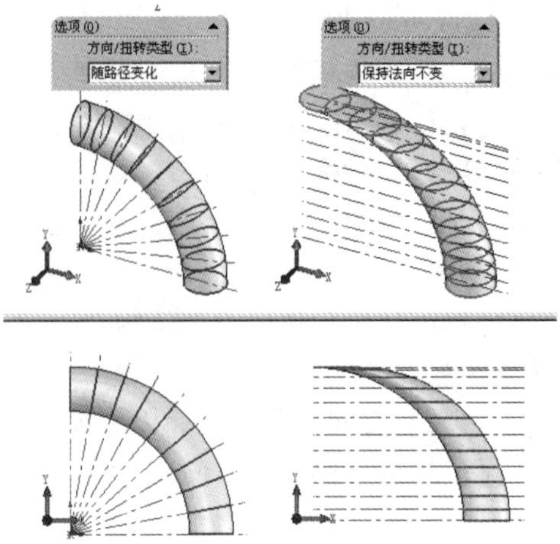

图 3-13

4. 截面方向变化对扫描结果的影响

控制截面方向的方法：使扫描中间截面始终平行于轮廓草图的基准面；使用扫描路径控制截面方向，即扫描中间截面与路径的夹角保持不变。通常情况下，我们需要选择合适的扫描路径，其中一个重要原因就是控制中间截面的方向。

扭转是指在扫描过程中某个中间截面参照 X 轴方向发生了旋转。最明显的变化是某些在轮廓草图添加了“水平”和“竖直”的直线在扫描过程中不再平行或垂直于系统的默认坐标系。

在扫描的“方向/扭转类型”中有四个选项供选择：

①【随路径变化】：由路径控制中间截面的方向和扭转。

②【保持法向不变】：由轮廓草图的基准面决定中间截面的方向，并且截面不会发生扭转。

③【随路径和第一引导线变化】：由路径控制截面的方向，由第一引导线到路径的向量控制截面的扭转。

④【随第一和第二引导线变化】：由路径控制截面的方向，由第一引导线到第二引导线的向量控制截面的扭转。

“随路径变化”选项是我们平时最常用也是最难把握的，以下是对项目的理解：

使用直线作为路径时，截面的方向和扭转都不会发生；使用平面曲线作为路径时，截面方向会发生变化，但不会发生扭转；使用空间曲线作为路径时，截面方向会发生变化，并同时产生扭转。扭转很难控制，建议尽量避免这种情况出现。

5. 扫描切除特征

扫描切除是切割命令，执行的原理及参数与扫描命令一致，如图 3-14 所示。

操作步骤：

（1）在一个基准面上绘制一个闭环的非相交轮廓。

（2）使用草图、现有的模型边线或曲线生成轮廓将遵循的路径。

（3）单击菜单栏中的“插入”→“切除”→“扫描”命令。

（4）弹出“切除-扫描”属性管理器，同时在右侧的图形区中显示生成的切除扫描特征。

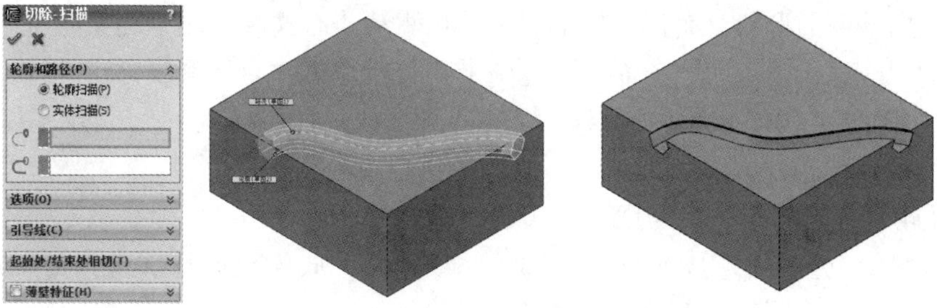

图 3-14

（5）单击“轮廓”按钮，然后在图形区中选择轮廓草图。

（6）单击“路径”按钮，然后在图形区中选择路径草图。如果预先选择了轮廓草图或路径草图，则草图将显示在对应的属性管理器方框内。

（7）在“选项”选项组的“方向/扭转类型”下拉列表框中选择扫描方式。

（8）其余选项同“凸台/基体”扫描。

（9）切除扫描属性设置完毕，单击“确定”按钮，效果如图 3-15 所示。

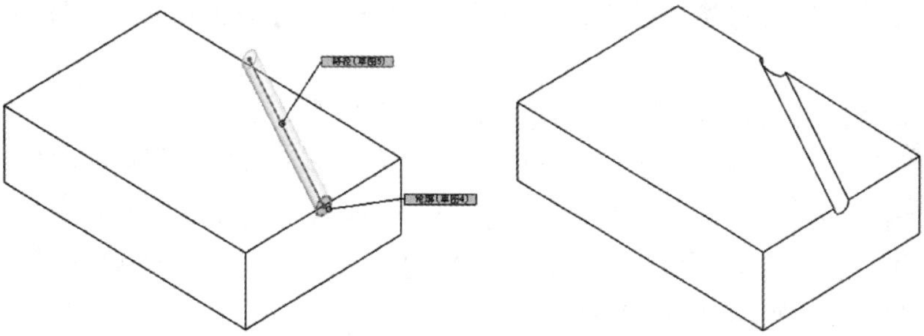

图 3-15

（四）放样凸台/基体

1. 放样凸台/基体

放样特征与扫描特征不同，放样可以有多个草图截面，截面之间的特征形状按照“非均匀有理 B 样条”算法实现光顺，如图 3-16 所示。这是一种几乎无所不能的模型构建方法。

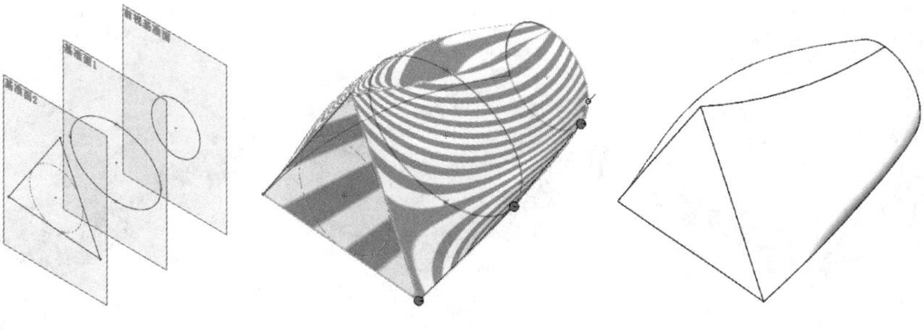

图 3-16

只要创建出足够密集的截面草图，结果就可以十分精确。由于各个截面草图是这个位置上模型法向截面的形状，而且它们都能参数化驱动；而这些截面草图又是基于同样多的可参数化的工作面所确定的草图面，因此整个特征就是充分的可参数化。

单击“特征”工具栏中的“放样”按钮，或执行“插入”→“凸台/基体”→“放样”菜单命令。出现“放样”对话框，其中的可控参数如下：

(1)【轮廓】选项组，决定用来生成放样的轮廓。

①【轮廓】：选择要连接的草图轮廓、面或边线。放样根据轮廓选择的顺序而生成，对于每个轮廓，都需要选择想要放样路径经过的点。

②【移动】：上移和下移，调整轮廓的顺序。

(2)【起始/结束约束】选项组：对轮廓草图的光顺过程应用约束，以控制开始和结束轮廓的相切。

(3)【开始约束和结束约束】：应用约束，以控制开始和结束轮廓的相切。

(4)【引导线】选项组，设置放样引导线，从而使轮廓截面依照引导线的方向进行放样。

①【引导线】：选择引导线来控制放样。

②【移动】：上移和下移，调整引导线的顺序。

(5)【引导线】选项组，设置放样引导线，从而使轮廓截面依照引导线的方向进行放样。

①【中心线】：使用中心线引导放样形状，在图形区域中选择一个草图。

②【截面数】：在轮廓之间并绕中心线添加截面，移动滑杆来调整截面数。

(6)【草图工具】选项组，使用 Selection Manager 以帮助选取草图实体。

【拖动草图】：激活拖动模式。当编辑放样特征时，可从任何已为放样定义轮廓线。

(7)【选项】选项组，控制放样的显示形式。

(8)【薄壁特征】选项组，控制放样薄壁的厚度，从而生成薄壁放样特征。

2. 放样切割

在两个或多个轮廓之间通过移除材质来切除实体模型。使用放样切割命令的操作步骤如下：

(1) 在两个不同基准面上创建两个草图，每个基准面包含一个封闭的草图。

(2) 选择工具栏“特征”→“放样切割”命令，在出现的对话框属性框中选择草图 1 和草图 2，点击“确定”，完成放样切割命令，效果如图 3-17 所示。

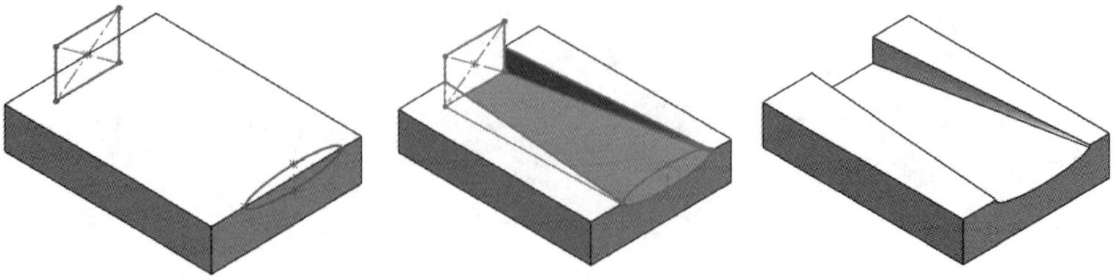

图 3-17

（五）边界凸台/基体

1. 边界凸台/基体定义

边界凸台/基体定义为以双向在轮廓之间添加材料，生成实体特征。可以指定草图曲线、边线、面以及其他草图实体控制边界特征的形状。选择实体定义双向边界特征时，可以选定曲线感应选项，控制选定的实体，影响造型设计。边界特征实现建模效果如图 3-18 所示。

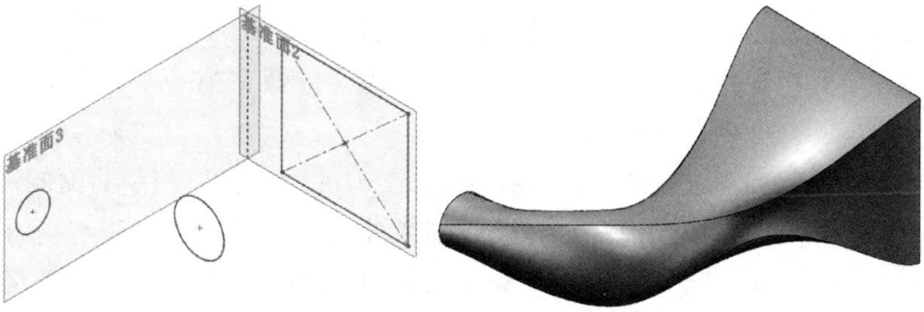

图 3-18

2. 操作方法

单击【特征】工具栏中的【边界凸台/基体】按钮，或者选择【插入】→【凸台/基体】→【边界凸台/基体】菜单命令，在【属性管理器】中弹出【边界】属性设置框，如图 3-19 所示。

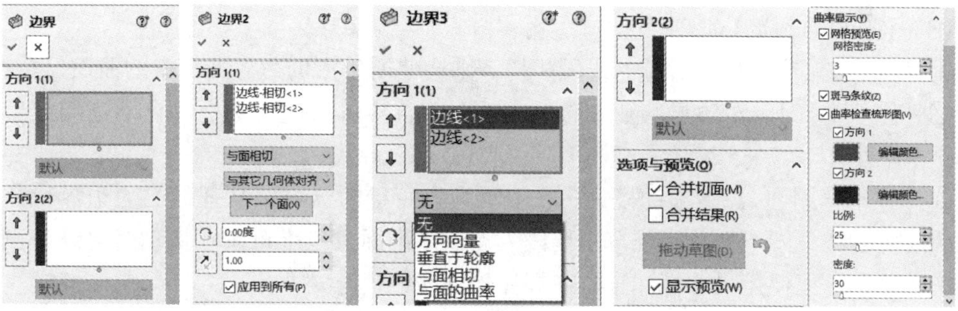

图 3-19

（1）【方向 1】选项组

①【曲线】：确定用于以此方向生成边界特征的曲线。选择要连接的草图曲线、面或边线。边界特征根据曲线选择的顺序生成，对于每条曲线，选择想要边界特征路径经过的点。

②【上移】：调整曲线的顺序，选择曲线并调整顺序。

③【下移】：调整曲线的顺序，选择曲线并调整顺序。如果预览显示的边界特征不满意，可以重新选择或重新排序草图，以连接曲线上不同的点。

④【相切类型】：设置边界特征的相切类型，有 5 种方式，依据不同选项时出现。

a.【无】：没应用相切约束（曲率为零）。

b.【方向向量】：根据用于方向向量的所选实体而应用相切约束。选择“方向向量”，然后设置“拔模角度”和“相切感应（%）”。

c.【垂直于轮廓】：当曲线没有附加边界特征到现有几何体时可用。垂直曲线应用相切约束，设置“拔模角度”和“相切感应（%）”。

d.【与面相切】：在将边界特征附加到现有几何体时可用。使相邻面在所选曲线上相切，设定“相切感应（%）”。

e.【与面的曲率】：在将边界特征附加到现有几何体时可用。在所选曲线处应用平滑、具有美感的曲率连续曲面，设定“相切感应（%）”。

⑤【默认】：当在该方向至少有三条曲线时可用，近似在第一个和最后一个轮廓之间的抛物线。

⑥【对齐】：仅适用于单方向情况。控制 iso 参数的对齐，以控制曲面的流动。

⑦【拔模角度】：应用拔模角度到开始或结束曲线。对于单方向边界特征，拔摸角度适用于所有相切类型。对于双方向边界特征，如果连接到具有拔模的现有实体，拔模角度将不可用，因为系统会自动应用相同拔模到相交曲线的边界特征。

⑧【相切长度】：不适用于为相切类型为“无”的任何曲线。控制对边界特征的影响量，相切长度的效果限制到下一部分。

⑨【应用到所有】：仅适用于单方向情况。显示为整个轮廓控制所有约束的控标，取消选择此复选框来显示可允许单个线段控制的多个控标。

（2）【方向 2】选项组，该选项组中的参数用法和【方向 1】选项组基本相同。两个方向可以相互交换，无论选择曲线为方向 1 还是方向 2 都可以获得相同的结果。

（3）【选项与预览】选项组

①【合并切面】：如果对应的线段相切，则会使所生成的边界特征中的曲面保持相切。

②【闭合曲面】：沿边界特征方向生成一个闭合实体。此复选框会自动连接最后一个和第一个草图。

③【拖动草图】：激活拖动模式。在编辑边界特征时，可以从任何已为边界特征定义了轮廓线的三维草图中拖动三维草图线段、点或基准面，三维草图在拖动时更新。也可以编辑三维草图，以使用尺寸标注工具来标注轮廓线的尺寸。

④【显示预览】：对边界进行预览。显示边界特征的上色预览。取消选择此复选框以便只查看曲线。

（4）【显示】选项组，该选项组的属性效果如图 3-20 所示。

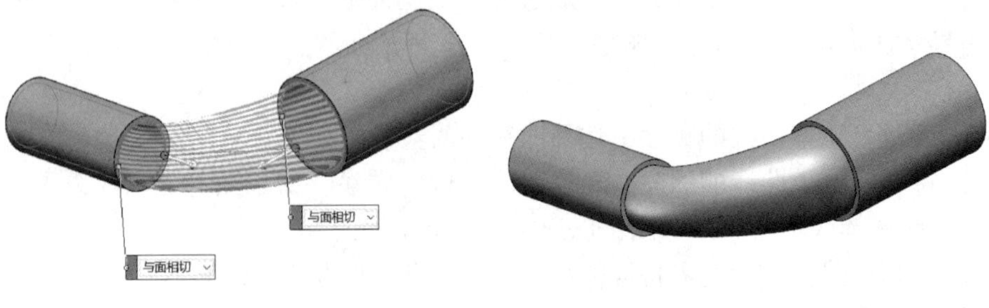

图 3-20

①【网格预览】：对边界进行预览。

②【网格密度】：调整网格的行数。

③【斑马条纹】可以查看曲面中标准显示难以分辨的小变化。斑马条纹模仿在光泽表面上反射的长光线条纹。有了斑马条纹，可以方便地查看曲面中小的褶皱或疵点，并且可以检查相邻面是否相连或相切，或具有连续曲率。

④【曲率检查梳形图】：按照不同的方向显示曲率梳形图。

a.【方向 1】：切换沿方向 1 的曲率检查梳形图显示。

b.【方向 2】：切换沿方向 2 的曲率检查梳形图显示。方向 1 和方向 2 至少选其一。

c.【比例】：调整曲率检查梳形图的大小。

d.【密度】：调整曲率检查梳形图的显示行数。

三、实体编辑特征

（一）圆角

圆角特征，可以以一个面的所有边线、所选的多组面、所选的边线或边线环生成圆角。绘制的草图圆角在零件成形之前使用，“圆角”特征命令可以在零件成形之后的任何时候使用，一般是在实物即将完成时的完善阶段用。

圆角特征包括下列类型：恒定大小圆角，变量大小圆角，面圆角，完整圆角。

在生成圆角特征时应注意：

（1）要先添加大圆角，后添加小圆角。当有多个圆角汇聚于一个顶点时，应先生成较大的圆角。

（2）如果有拔模特征，则在生成圆角前先添加拔模。

（3）添加装饰用的圆角应在其他几何体完成后再添加。如果添加过早，则系统每次重建零件时都需要花费较长的时间来处理该特征。

（4）要加快零件重建的速度，尽量使用圆角命令来处理多个相同半径的圆角。但是，当改变圆角的半径时，在同一操作中生成的所有圆角都会改变。变半径圆角特征是使沿着边线创建的圆角的半径能够改变。点击变半径参数，分别输入选中边两端需要设置圆角的半径值，如图 3-21 所示。

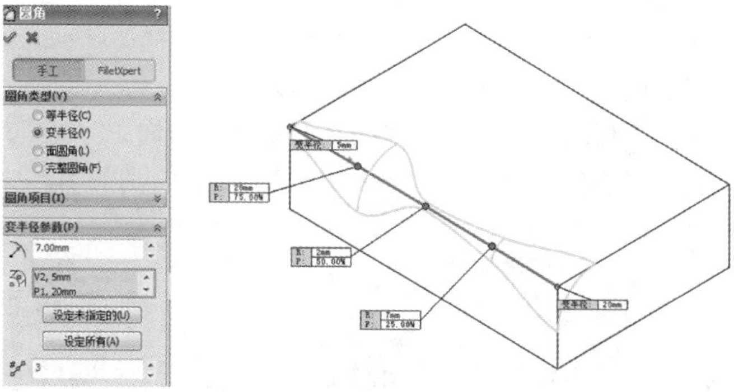

图 3-21

（二）线性阵列

按线性或圆周阵列复制所选的源特征，可以生成线性阵列、圆周阵列、曲线驱动的阵列、填充阵列，或使用草图点或表格坐标等方式生成阵列。

【线性阵列】：沿一条或两条直线路径以线性阵列的方式生成一个或多个特征的多个实例。

【圆周阵列】：绕一轴心以圆周阵列的方式生成一个或多个特征的多个实例。

【镜像】：可以使用镜像创建一个或多个特征的副本，绕面或基准面镜像。

【曲线驱动的阵列】：曲线驱动的阵列工具可以沿平面或三维曲线生成阵列。若想定义阵列，可使用任何草图线段，或沿平面的边线（实体或曲面）。可将阵列基于开环曲线或者闭环曲线。

【草图驱动的阵列】：使用草图中的草图点可以指定特征阵列。源特征在整个阵列扩散到草图中的每个点。对于孔或其他特征，可以运用由草图驱动的阵列。

【表格驱动的阵列】：使用 $X-Y$ 坐标指定特征阵列。使用 $X-Y$ 坐标的孔阵列是由表格驱动的阵列的常见应用。可以与由表格驱动阵列使用其他源特征（例如凸台）。还可以保存和装入特征阵列的 $X-Y$ 坐标，并将其应用到新零件。

【填充阵列】：通过填充阵列特征，可以选择由共有平面的面定义的区域或位于共有平面的面上的草图。该命令使用特征阵列或预定义的切割形状来填充定义的区域。

【变量阵列】：在平面和非平面曲面上阵列特征，并更改每个阵列实例的尺寸和参考。

【装饰图案】：利用装饰图案功能，可以出于装饰目的定义并显示孔阵列，而不显示完全镶嵌的实体模型。它极大地缩短了重建时间，因为阵列几何体只是装饰性的。

以上详细阐述了各种阵列的定义，其详细用法需要在实际中运用。在此，对最常用的线性阵列和圆周阵列的参数做一个详细说明。

1. 线性阵列

线性阵列是以一个或两个线性方向阵列特征、面及实体，界面如图 3-22 所示。

（1）阵列方向。设置阵列方向，可以选择线性边线、直线、轴或者尺寸。

①反向：改变阵列方向。

②间距：设置阵列实例之间的间距。

③实例数：设置阵列实例之间的数量。

④只阵列源：只使用源特征而不复制“方向 1”选项。

⑤组的阵列实例：在“方向 2”选项组中生成的线性阵列。

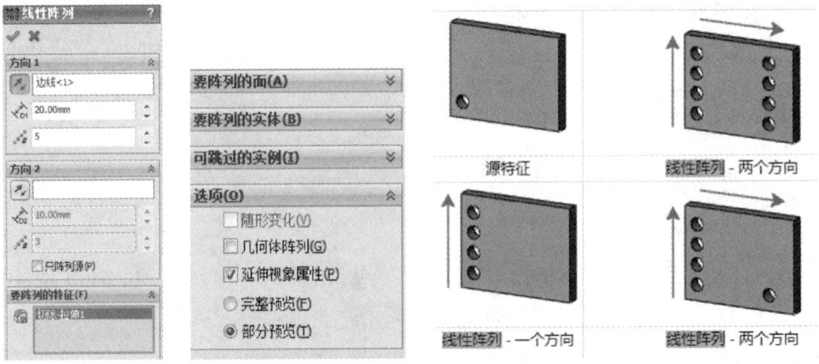

图 3-22

（2）选项组

①【要阵列的特征】选项组：可以使用所选择的特征作为源特征，以生成线性阵列。

②【要阵列的面】选项组：可以使用构成源特征的面生成阵列。在图形区域中选择源特征的所有面，这对于只输入构成特征的面而不是特征本身的模型很有用。

③【要阵列的实体】选项组：可以使用在多实体零件中选择的实体生成线性阵列。

④【可跳过的实例】选项组：可以在生成线性阵列时跳过在图形区域中选择的阵列实例。

⑤【选项】：包括所有实体、所选实体，并有自动选择单选框。

a. 随形变化：允许重复时更改阵列。

b. 几何体阵列：只使用特征的几何体生成线性阵列，而不阵列和求解特征的每个实例。

c. 延伸视象属性：将 SolidWorks 的颜色、纹理和装饰螺纹数据延伸到所有阵列实例。

(3) 线性阵列命令的修改操作。如果要对制作好的草图阵列进行修改，则可以利用编辑线性草图排列和复制工具。

①在对话框设计树中，右击阵列草图，在弹出的快捷菜单中选择“编辑草图”命令。

②如果要更改阵列实例的数目，利用“选择”工具选择一个实例。

③执行“工具”→“草图绘制”→“编辑线性草图排列和复制”菜单命令。

④在弹出的“线性草图排列和复制”对话框中更改一个方向或两个方向上的排列数目，然后单击“确定”按钮。

2. 圆周阵列

圆周阵列是将源特征围绕指定的轴线复制多个特征。圆周阵列的属性设置如图 3-23 所示。

单击“特征”工具栏中的“圆周阵列”按钮或者选择“插入”→“阵列/镜像”→“圆周阵列”菜单命令，弹出“圆周阵列”属性管理器，如图 3-23 所示。

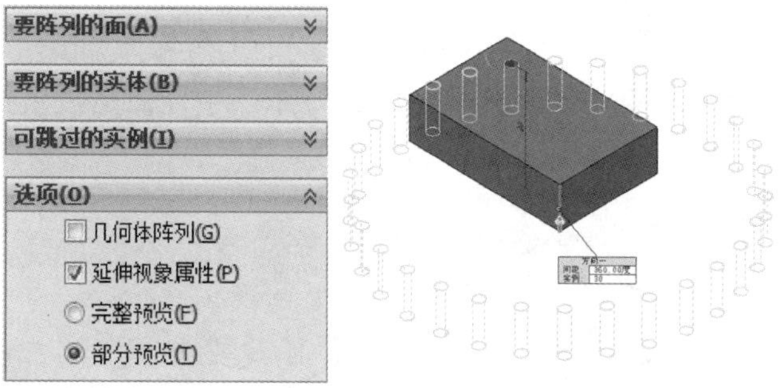

图 3-23

①阵列轴：在图形区域中选择轴、模型边线或者角度尺寸，作为生成圆周阵列所围绕的轴。

②等间距：自动设置总角度为 360°，其他属性设置不再赘述。

(三) 筋

1. 定义

所谓筋一般叫作加强筋，只在零件上增加强度的部分。生成筋特征之前必须先绘制一个与零件相交的草图，该草图既可以是开环的，也可以是闭环的。

其实筋就是从开环或闭环绘制的轮廓所生成的特殊类型拉伸特征。它在轮廓与现有零件之间添加指定方向和厚度的材料。可使用单一或多个草图生成筋，也可以用拔模生成筋特征，或者选择一个要拔模的参考轮廓。

2. 筋特征命令的操作步骤

（1）在基准面上绘制使用筋特征的轮廓，基准面可以与零件交叉或者与现有基准面平行或成一定角度。

（2）单击特征工具栏上的筋或单击“插入”→“特征”→“筋”。

（3）在“筋”属性管理器中，设定属性管理器选项，单击“确定”，生成筋，如图 3-24 所示。

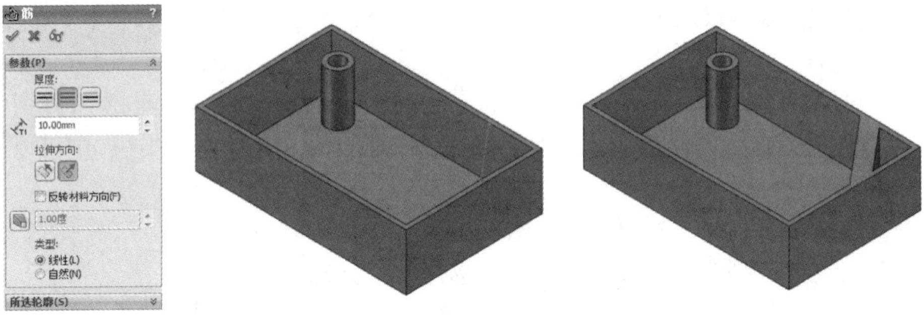

图 3-24

（四）拔模

为了方便零件采用模具方式制造，一般将零件的竖直面改为一个倾斜面，从而方便零件从模腔中抽出，因此将竖直面转换为倾斜面是工程零件设计中的常用手段，这种绘制方式就称为拔模。竖直面与倾斜面之间的夹角称为拔模角。拔模操作的对象称为拔模面，它是实体中的某一个面，如图 3-25 所示。中性面是拔模操作中的参考面，在拔模操作中中性面不发生变化，如图 3-26 所示。

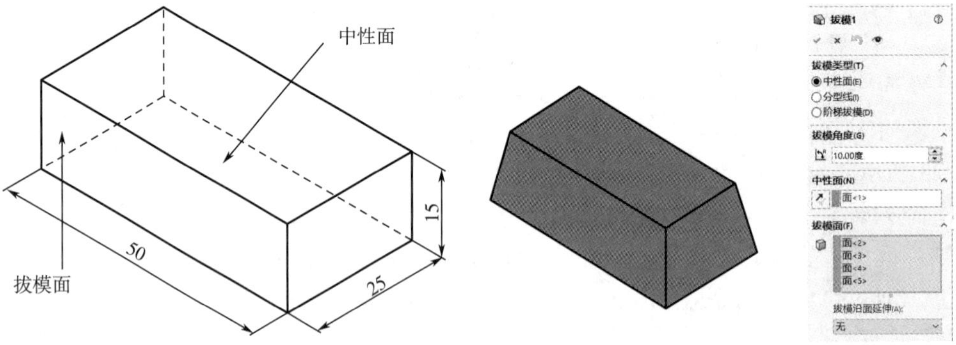

图 3-25

1. 操作要领

选择中性面，指定拔模方向和参考特征，然后选择拔模类型，指定拔模面。

2. 操作类型

①中性面：以中性面为拔模参考。

②分型线：以分型线为拔模参考。

③阶梯拔模：以中性面为拔模参考，使用分型线控制拔模操作范围。

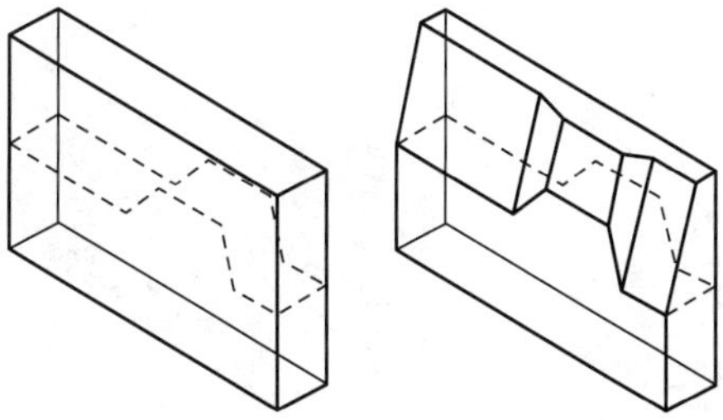

带分型线的模型　　分型线拔模　　具有阶梯拔模的分型线

图 3-26

（五）抽壳

抽壳是从实体移除材料来生成一个薄壁特征。抽壳特征是零件建模中的重要特征，能使一些复杂工作简单化。当在零件的一个面上使用抽壳工具进行抽壳操作时，系统会掏空零件的内部，使所选择的面敞开，并在剩余的面上生成薄壁特征。

创建抽壳特征时，首先需要选取开口平面，系统允许选取多个开口平面，然后输入薄壳厚度，即可完成抽壳特征的创建。抽壳时通常指定各个表面厚度相等，也可对某些表面厚度单独进行指定，这样抽壳特征完成后，各个零件表面厚度不相等。

单击【特征】选项卡中的【抽壳】按钮，显示【抽壳】属性面板，如图 3-27 所示。

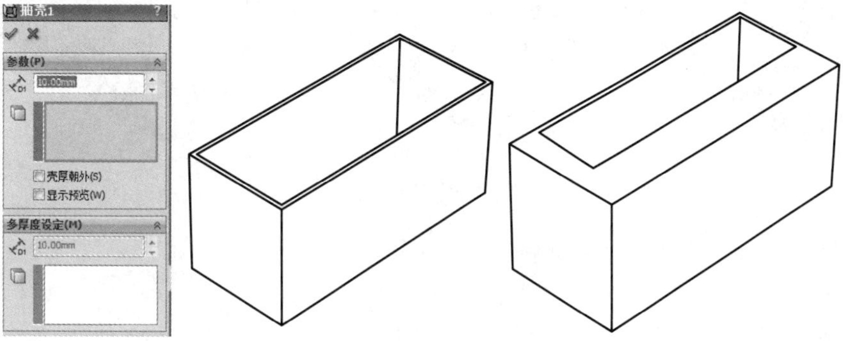

图 3-27

从【抽壳】属性面板中可以看到，主要抽壳参数为厚度、抽壳面、抽壳方式等，其列表主要包括以下选项：

①【抽壳厚度】：确定抽壳完成后壳体的厚度。

②【抽壳面】：抽壳参考平面，抽壳操作从这个平面开始。

③【壳厚朝外】：以抽壳面侧面为基准，抽壳厚度从壳厚外部来增加零件尺寸。

（六）包覆

1. 定义

包覆特征是将草图包裹到平面或非平面。可从圆柱、圆锥或拉伸的模型生成一个平面，也可选择一个平面轮廓来添加多个闭合的样条曲线草图。包覆特征支持轮廓选择和草图再用，可以将包覆特征投影至多个面上，如图 3-28 所示。

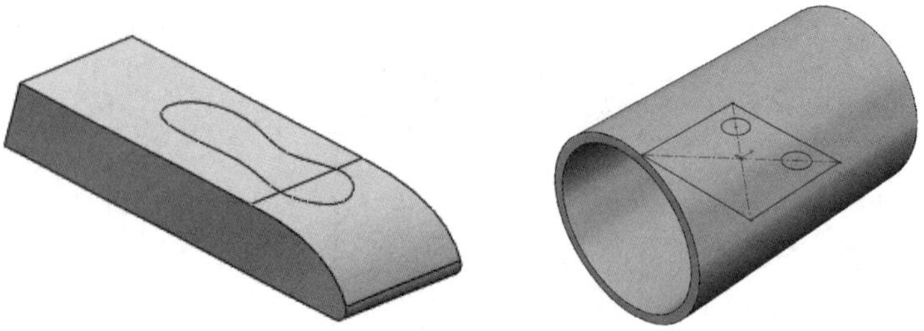

图 3-28

2. 生成包覆特征的步骤

（1）在 Feature Manager 设计树中选取想包覆的草图，包覆的草图只可包含多个闭合轮廓，不能从包含有任何开放性轮廓的草图生成包覆特征。

（2）单击特征工具栏上的【包覆】按键，或单击插入→特征→包覆。

（3）编辑包覆参数。

①【包覆参数】：有三种模式，效果如图 3-29 所示。

图 3-29

a. 浮雕：在面上生成一个突起特征。

b. 蚀雕：在面上生成一个缩进特征。

c. 刻划：在面上生成一个草图轮廓的压印。

②【包覆草图的面】：在图形区域为包覆草图的面选择一个非平面的面。

③【深度】：为包覆图形设定一定的厚度，可在【反向】下面打√，切换深度方向。

④【拔模方向】：选择浮雕或蚀雕时可以选取一条直线、线性边线或基准面来设定拔模方向。对于直线或线性边线，拔模方向是选定实体的方向；对于基准面，拔模方向与基准面正交，如图 3-30 所示。

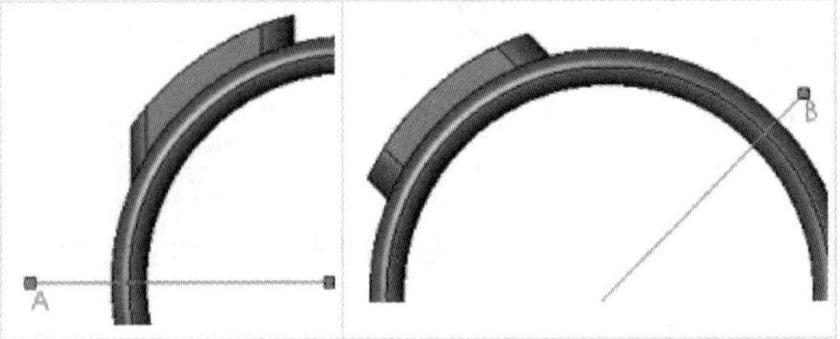

拔模方向-基准面A　拔模方向-基准面B

图 3-30

⑤【源草图】：即预期想包覆的草图。

（4）在包覆参数中输入数值，点击“确定”后完成，如图 3-31 所示。

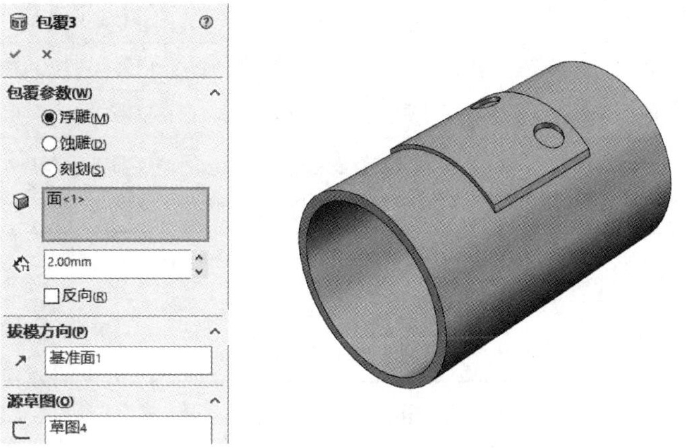

图 3-31

（七）相交

1. 定义

通过相交实体、曲面或平面来修改现有几何体，或使用相交工具新建几何体。该命令可以向实体添加打开的曲面几何体，从模型删除材料，或者从闭合型腔创建几何体。可以合并利用相交工具定义的实体或加盖若干曲面以定义闭合体积，如图 3-32 所示。

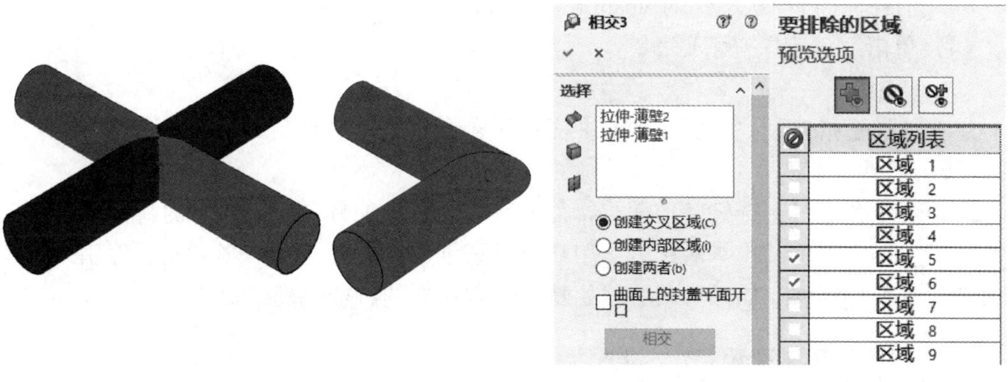

图 3-32

2. 实现相交特征的操作步骤

（1）在一个零件文件中，创建两个以上独立的实体。

（2）要打开 Property Manager，打开一个包含实体、曲面或平面的零件，然后单击相交【tool_intersect. gif（特征工具栏）】或【插入】→【特征】→【相交】。

（3）在所提供的属性栏选择所需属性参数。

①【选择】：见表 3-5。

表 3-5　【选择】参数

	实体、曲面或平面	选择要相交的实体、曲面或平面
	创建相交区域	显示所选项并创建彼此相交的区域
	创建内部区域	从截面相交内的闭合（空心）包络体创建并显示内部区域
	创建上述二者	显示所选项并创建相交区域以及内部（空心）区域
	覆盖曲面上的平面开口	对于带有平坦开口的曲面，请在单击“相交”时关闭开口
	InterI_ sect	从通过联合或相交所选项创建的每个闭合体积来定义一个独特的区域，可以在要排除的区域中排除一个或多个区域

②【预览选项】：见表 3-6。

表 3-6　【预览选项】参数

	显示包含的区域	显示作为实体包含在内的区域，将隐藏所有其他区域
	显示排除的区域	显示作为透明项排除在外的区域，将隐藏所有其他区域
	同时显示包含和排除的区域	同时显示包含和排除的区域，包含的区域显示为实体，排除的区域显示为透明项

③【区域列表】：单击相交后，显示可以从最终结果中排除的区域。

④【选择所有】：选择所有区域以便进行排除。

⑤【合并结果】：形成所包括区域的联合。如有可能，接触的区域将形成一个实体，清除后，为所包括的每个区域创建一个单独的实体。

⑥【消耗曲面】：从零件的 Feature Manager 设计树中删除曲面。

(4) 单击“确定”，完成命令。

(八) 镜像

镜像特征是指以某一平面或者基准面作为参考面，对称复制一个或者多个特征，如图 3-33 所示。

操作镜像命令时，选好基准面，特征中有实体镜像工具，在要镜像的特征中选择实体特征即可。如果零件结构是对称的，用户可以只创建零件模型的一半，然后使用镜像特征的方法生成整个零件。如果修改了原始特征，则镜像的特征也随之更改。

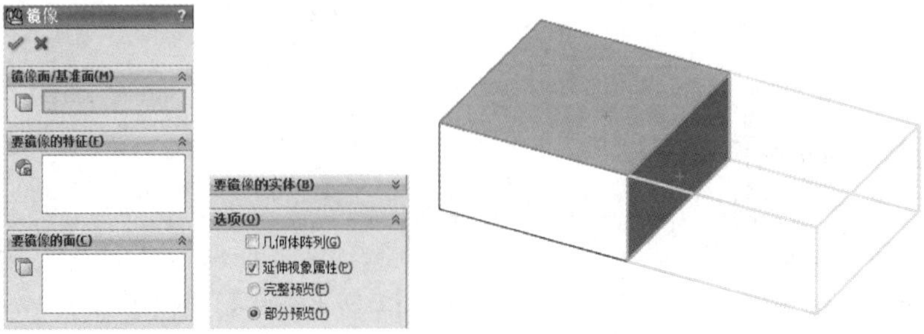

图 3-33

四、实体变形特征

（一）圆顶

1. 定义

可在同一模型上同时生成一个或多个圆顶特征，如图 3-34 所示。

2. 参数

①【到圆顶的面】：选择一个或多个平面或非平面。

②【距离】：设定圆顶扩展的距离的值，单击以生成一个凹陷圆顶（默认为凸起）。

③【约束点或草图】：通过选择一个包含点的草图来约束草图的形状，以控制圆顶。当用户使用一个包含点的草图为约束时，距离被禁用。

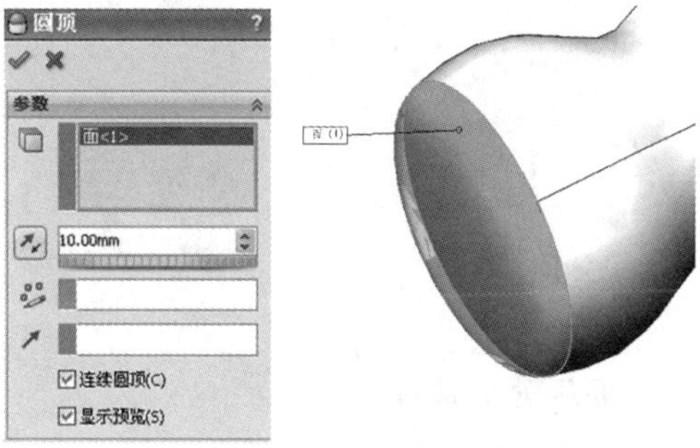

图 3-34

④【方向】：单击方向，然后从图形区域选择一个方向向量，以垂直于面以外的方向拉伸圆顶。用户可使用线性边线或由两个草图点所生成的向量作为方向向量。

⑤【连续圆顶】：为多边形模型指定连续圆顶。连续圆顶的形状在所有边均匀向上倾斜，如果用户消除连续圆顶形状，则垂直于多边形的边线上升。连续圆顶对于四边形或在用户使用约束点、草图或方向向量时不可使用。

⑥【显示预览】：检查预览。在圆柱和圆锥模型上，可将距离设定为“0”。软件会使用圆弧半径作为圆顶的基础来计算距离，这将生成一个与相邻圆柱或圆锥面相切的圆顶。

3. 操作步骤

（1）单击特征工具栏中的圆顶或单击【插入】→【特征】→【圆顶】。

（2）在 Property Manager 中，参数按上述说明操作，单击“确定”，效果如图 3-35 所示。

图 3-35

（二）分割

1. 定义

为剪裁工具几何体选取草图、基准面或曲面，然后单击“切除零件”来进行分割。

2. 操作步骤

（1）单击分割（特征工具栏）或单击【插入】→【特征】→【分割】。

（2）使用剪裁工具分割零件，请选择剪裁曲面，然后单击切除零件，分割线就会出现在零件上，显示分割生成的不同实体。标注框在图形区域出现，一次最多可为 10 个实体显示。单击下 10 个或上 10 个为零件在所有标注框中滚动。

（3）在所产生实体下，选择要保存的实体或单击自动指派名称，所有已保存的实体将会出现在图形区域中，并列在 Feature Manager 设计树的实体下，软件将自动命名所有实体，也可更改名称。

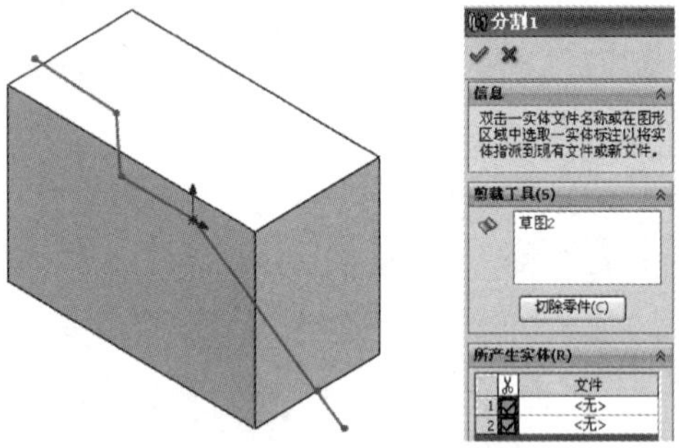

图 3-36

（4）双击文件下面的实体名称，在对话框中为新零件键入名称，然后单击“保存”。新零件名称将出现在所产生实体列表中和标注框中。未保存的实体不会被分割，仍然包含原来的零件。如果在保存分割的零件后再为之消除选择复选框，此零件将不再保存为单独的实体，它将与原零件保留在一起。

（5）单击“√”，结束命令，如图 3-36 所示。

3. 处理分割零件

（1）新零件。新的零件是派生的，它们包含对父零件的参考，每个新零件包含单一特征，命名为 Stock-<父零件名> -n->。可以向指定的库零件、分割特征或实体重新附加派生零件。如果更改原始零件的几何体，新零件将更改。如果更改分割特征几何体，将不会创建新的派生零件。软件将更新现有派生的零件，从而保留父子关系。对于多实体零件，各种分割的零件列在 Feature Manager 设计树的实体下，如图 3-37 所示。

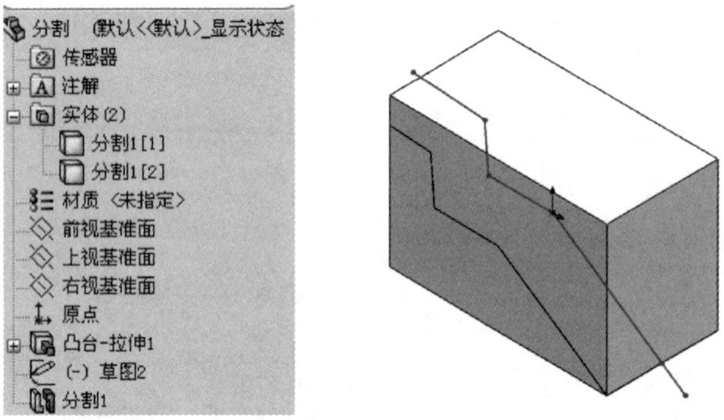

图 3-37

（2）原始零件。原始零件包含所有其原始特征加上称为分割的新特征。如果在所产生实体下选择了消耗切除实体，则在图形区域中显示的实体为原始实体减去新零件。如果原始零件中的所有实体都保存为分割实体，则没有实体显示。要查看原始实体，则将 Feature Manager 设计树中的退回控制棒移至分割特征之上或压缩分割特征。如果删除原始零件中的分割特征，则新零件仍然存在，但新零件中的外部参考引用的状态为悬空。

4. 保存分割实体

可在使用保存实体特征分割模型后保存实体。这将允许从一个分割零件保存实体到不同的文件夹或以不同的名称保存到同一文件夹，也可从分割零件生成装配体。

5. 从多实体零件保存实体

（1）单击【插入】→【特征】→【保存实体】。

（2）在图形区域中或所产生零件下选择要保存的实体，标注显示多实体零件的默认路径、文件名称及位置。

（3）在所产生零件下，双击文件下的每个文件名称来打开另存为对话框，可以为每个零件选择新的位置和文件名，还可单击自动指派名称来选择和命名所有的实体。

（4）若想生成装配体，则在生成装配体下单击“浏览”，选择一个文件夹将装配体保存为 SplitAssembl 类型（ *. sldasm)，并键入一个文件名称。

（5）单击“√”，结束命令 。

（三）组合

1. 定义

在多实体零件中，运用组合命令可以指定多实体零件中要添加、减除或重叠的实体。只能将同一个多实体零件文件中包含的各个实体进行组合，无法组合两个单独的零件。可以使用插入零件的方式创建一个多实体零件，将一个零件放置到另一个零件文件中，然后使用多实体零件上的组合特征命令。

2. 操作方式

在多实体零件中，单击【插入】→【特征】→【组合】。

3. 操作类型

①添加：将所有所选实体相组合，以生成一个单一实体，如图 3-38 所示。

②减去：从所选主实体中移除重叠材料，如图 3-39 所示。

③共同：移除除了重叠以外的所有材料，如图 3-40 所示。

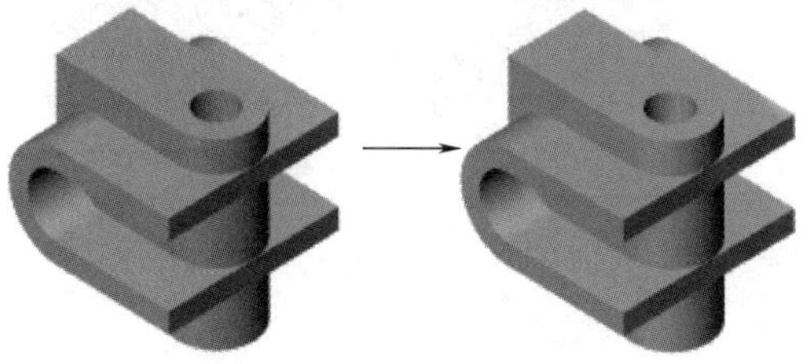

图 3-38

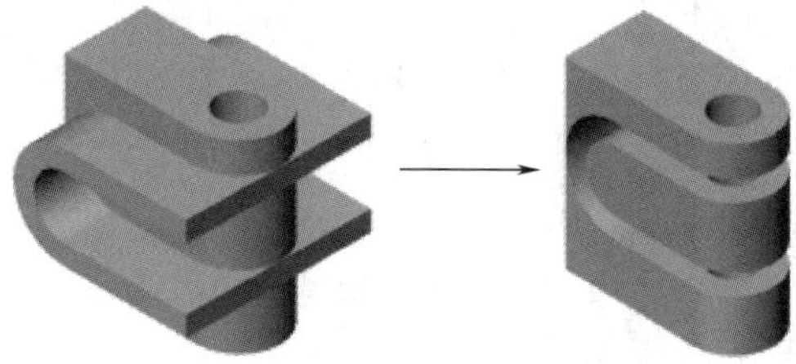

图 3-39

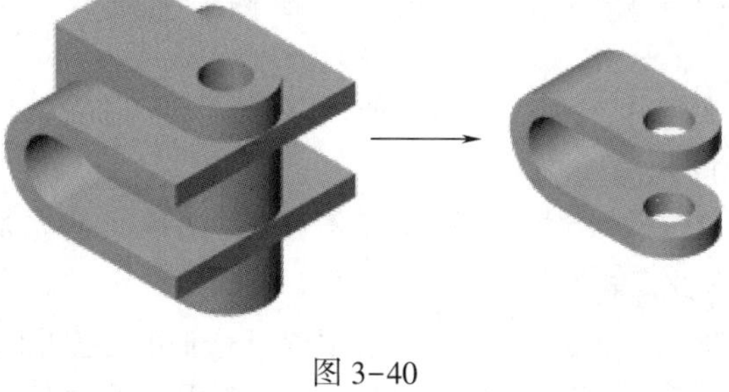

图 3-40

4. 属性

①要组合的实体：当操作类型为添加或共同时可用。

②主要实体：当操作类型为减除时可用。

③要减除的实体：当操作类型为减除时可用。

（四）弯曲

弯曲特征以直观的方式对复杂的模型进行变形。弯曲特征通过可预测的、直观的工具修改复杂的应用模型，这些应用包括概念、机械设计、工业设计、冲模以及铸模等。弯曲特征可修改单体或多体零件。弯曲类型包括：折弯、扭曲、锥削、伸展，如图 3-41 所示。

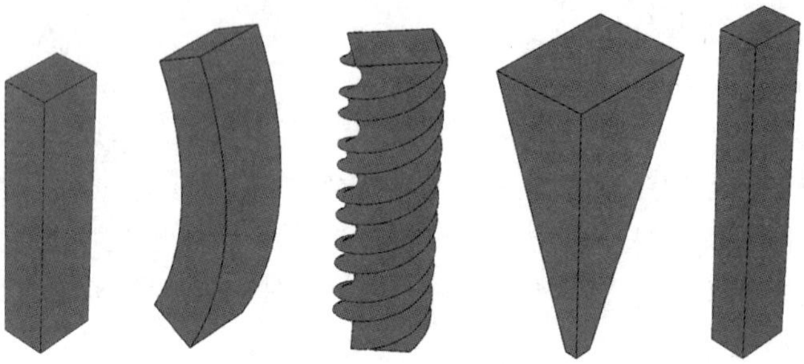

图 3-41

1. 折弯

选择【插入】→【特征】→【弯曲】命令，弹出【弯曲】属性管理器。在【弯曲输入】选项组中，单击【折弯】单选按钮，属性设置如图 3-42 所示。

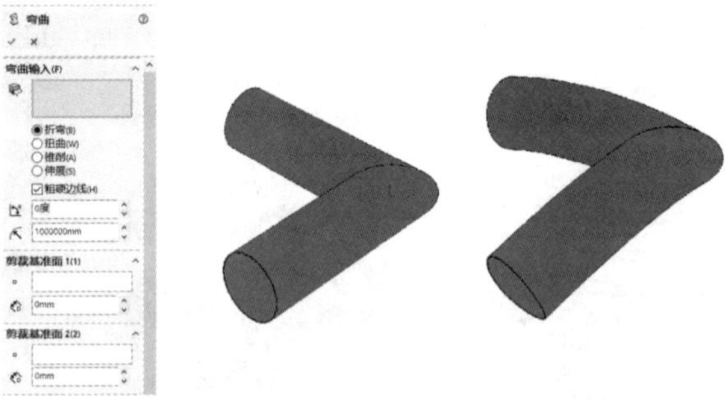

图 3-42

（1）【弯曲输入】选项组

①【粗硬边线】：生成如圆锥面、圆柱面以及平面等分析曲面，通常会形成剪裁基准面与实体相交的分割面。

②【角度】：设置折弯角度，需要配合折弯半径。

③【半径】：设置折弯半径。

（2）【剪裁基准面 1】选项组

①【为剪裁基准面 1 选择一参考实体】：将剪裁基准面 1 的原点锁定到模型上的所选点。

②【基准面 1 剪裁距离】：沿三重轴的剪裁基准面轴（蓝色 Z 轴），从实体的外部界限移动到剪裁基准面上的距离。

（3）【剪裁基准面 2】选项组。【剪裁基准面 2】选项组的属性设置与【剪裁基准面 1】选项组基本相同，在此不再赘述。

（4）【三重轴】选项组。使用这些参数来设置三重轴的位置和方向。

①【为枢轴三重轴参考选择一坐标系特征】：将三重轴的位置和方向锁定到坐标系上。

②【X 旋转原点】【Y 旋转原点】【Z 旋转原点】：沿指定轴移动三重轴位置（相对于三重轴的默认位置）。

③【X 旋转角度】【Y 旋转角度】【Z 旋转角度】：围绕指定轴旋转三重轴（相对于三重轴自身），此角度表示围绕零部件坐标系的旋转角度，且按照 Z，Y，X 顺序进行旋转。

（5）【弯曲选项】选项组

【弯曲精度】：控制曲面品质，提高品质，提高弯曲特征的成功率。

2. 扭曲

选择【插入】→【特征】→【弯曲】命令，弹出【弯曲】属性管理器。在【弯曲输入】选项组中，单击【扭曲】单选按钮，如图 3-43 所示。

【角度】：设置扭曲的角度。其他选项组的属性设置不再赘述。

3. 锥削

选择【插入】→【特征】→【弯曲】命令，弹出【弯曲】属性管理器。在【弯曲输入】选项组中，单击【锥削】单选按钮，如图 3-44 所示。

【锥剃因子】：设置锥削量。调整【锥剃因子】时，剪裁基准面不移动。其他选项组的属性设置不再赘述。

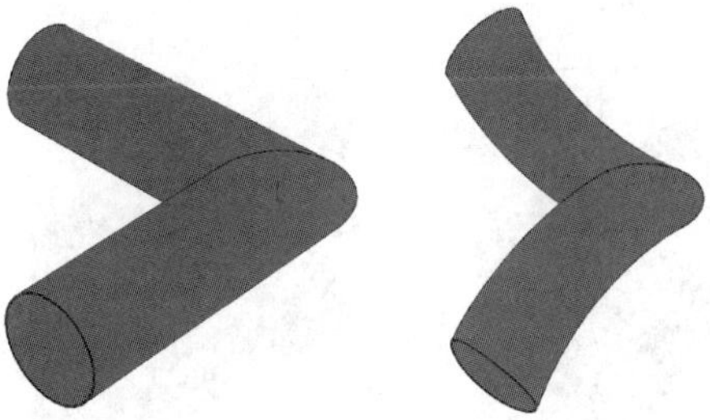

图 3-43

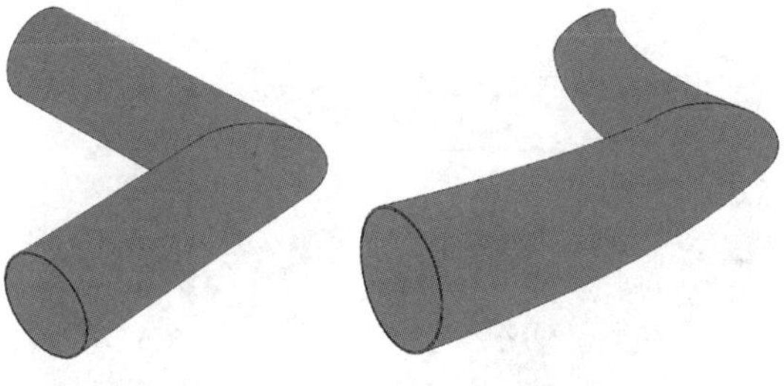

图 3-44

4. 伸展

选择【插入】→【特征】→【弯曲】命令，弹出【弯曲】属性管理器。在【弯曲输入】选项组中，单击【伸展】单选按钮，如图 3-45 所示。

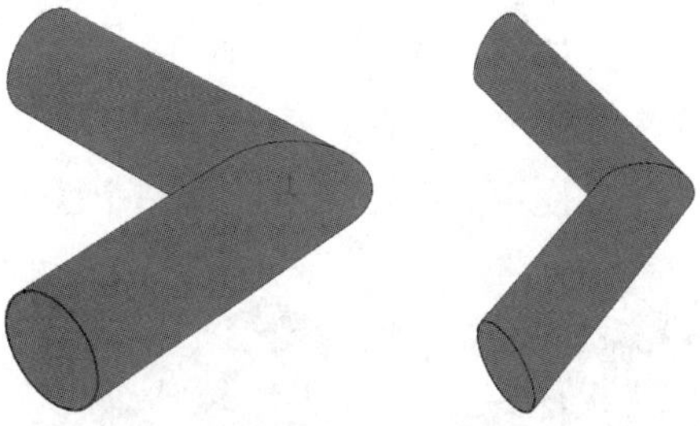

图 3-45

（五）切割

依据所知的特征命令，本节总结切割命令类型及样例，为了清楚各种切割特征的特点并能够灵活运用，用户可使用特征来切割实体模型，模型可以为单一零件或多实体零件。

显示想切割的基体模型，如图 3-46 所示。根据不同的切割工具特征来生成草图比较，可以选择的特征取决于基体模型和预期切割产生的形状。

图 3-46

（1）拉伸切除。以一个或两个方向拉伸所绘制的轮廓来切除一个实体模型，如图 3-47 所示。

（2）旋转切除。通过绕轴心旋转绘制的轮廓来切除实体模型，如图 3-48 所示。

（3）扫描切除。沿开环或闭合路径通过扫描闭合轮廓来切除实体模型，如图 3-49 所示。

（4）放样切割。在两个或多个轮廓之间通过移除材质来切除实体模型，如图 3-50 所示。

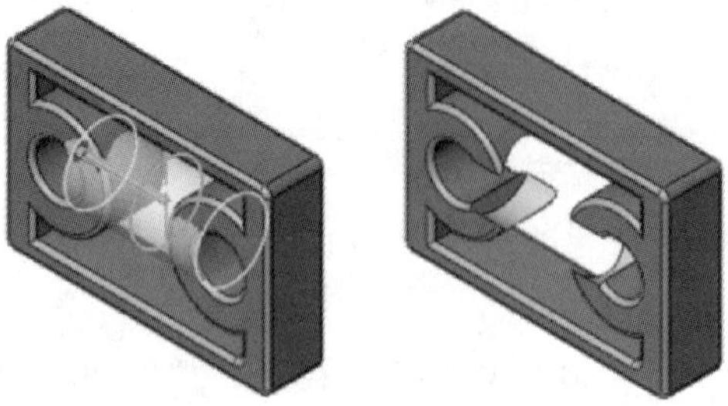

图 3-47

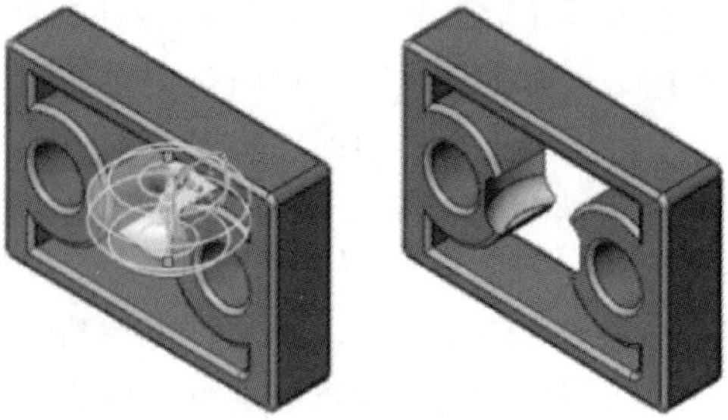

图 3-48

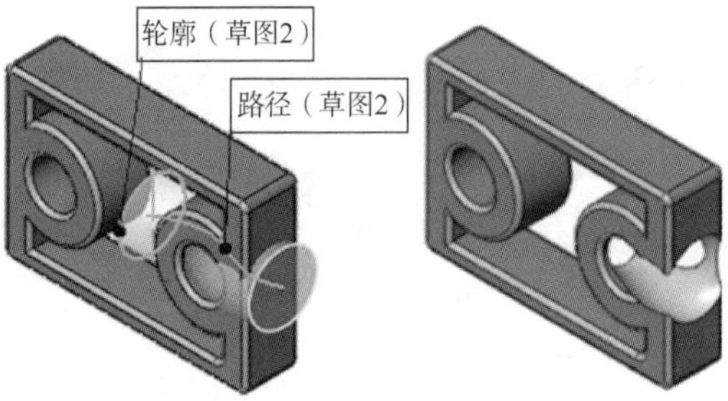

图 3-49

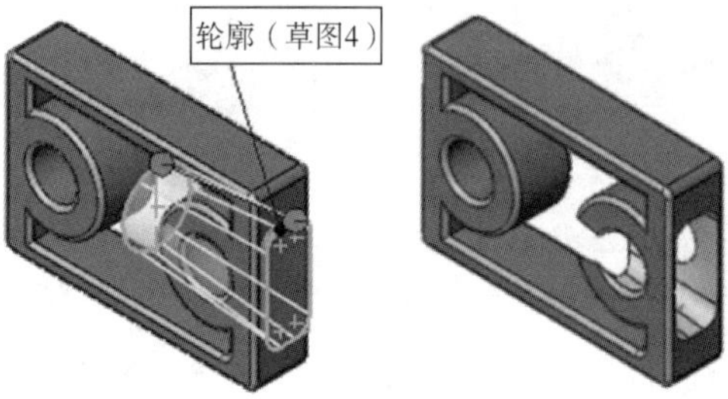

图 3-50

（5）加厚切除。由加厚一个或多个相邻曲面来切除实体模型，相邻的曲面必须先缝合，如图 3-51 所示。

（6）使用曲面切除。用一个曲面将材料切除来切除实体模型，如图 3-52 所示。

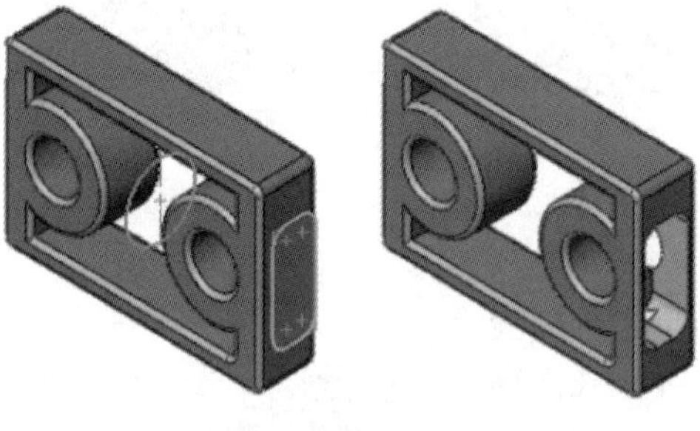

图 3-51

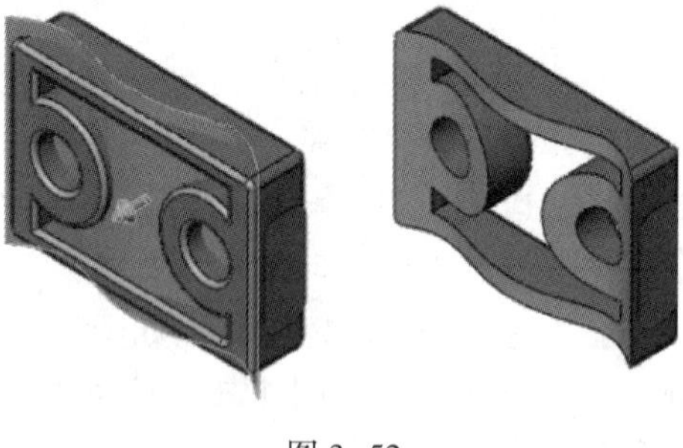

图 3-52

第二节　能力进阶

一、机械零件

任务分析

本三维模型（见图 3-53）主要用拉伸特征来实现。首先绘制底部轮廓的草图并拉伸实体，然后运用拉伸切除命令完成底部孔位的制作，接着绘制背部轮廓的草图并拉伸实体，最后绘制中间部分轮廓的草图并拉伸实体，完成模型创建，如图 3-54 所示。

绘图思路：底部—背部—中间支撑结构。

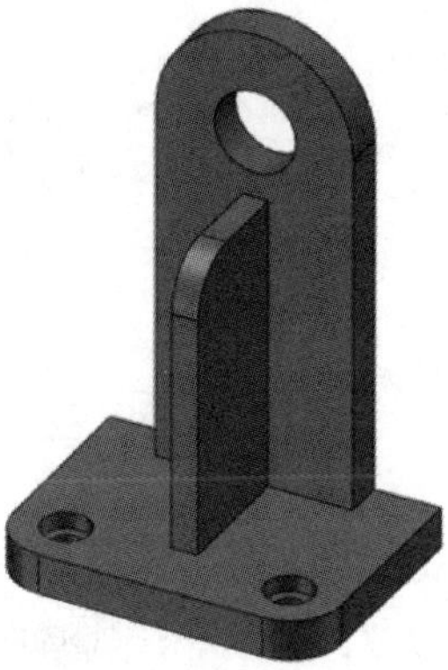

图 3-53

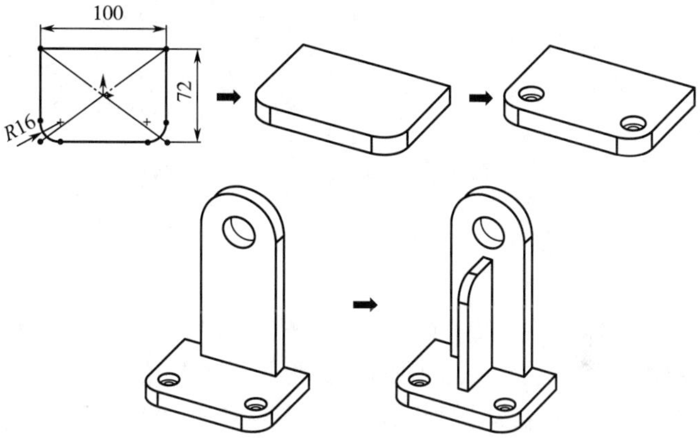

图 3-54

底板操作步骤

【步骤 1】启动软件。单击菜单栏中的“文件”→“新建”命令，创建一个新的零件文件。

【步骤 2】绘制草图。在左侧的 Feature Manager 设计树中，选择“上视基准面”作为绘图面，正视于屏幕。单击“草图”工具栏中“矩形”特征命令下的“中心矩形”，选择“原点”位置，绘制一个长为 100mm、宽为 72mm 的矩形；接着选择“圆角”命令，将前两个直角转化为圆角，半径为 16mm，如图 3-55 所示。

【步骤 3】拉伸实体。单击“特征”工具栏中的“拉伸凸台/基体”图标，在“方向 1”选项下“终止条件”中选择“给定深度”，在“等距距离”选项中输入 12mm，其他按照图示默认状态，单击属性管理器中的“确定”图标，如图 3-56 所示。

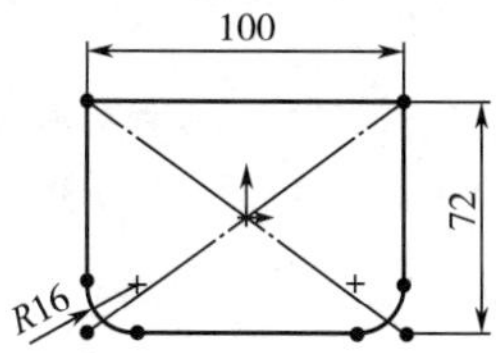

图 3-55

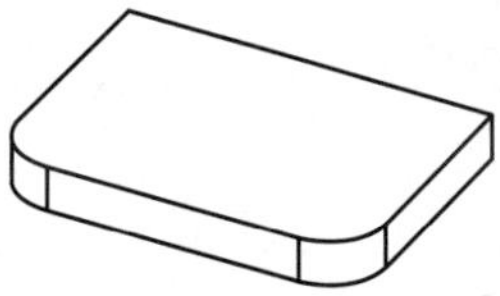

图 3-56

【步骤 4】绘制草图。选择上一步生成的实体顶面作为绘图面，单击“草图”工具栏中的“圆形”命令，选择实体圆弧边线的圆心为绘图原点，绘制两个直径为 15mm 的圆，如图 3-57 所示。

【步骤 5】拉伸切除实体 1。单击“特征”工具栏中的“拉伸切除”图标，在“方向 1”选项下“终止条件”中选择“给定距离”，在“等距距离”选项中输入 5mm，其他按照图示默认状态，单击属性管理器中的“确定”图标，如图 3-58 所示。

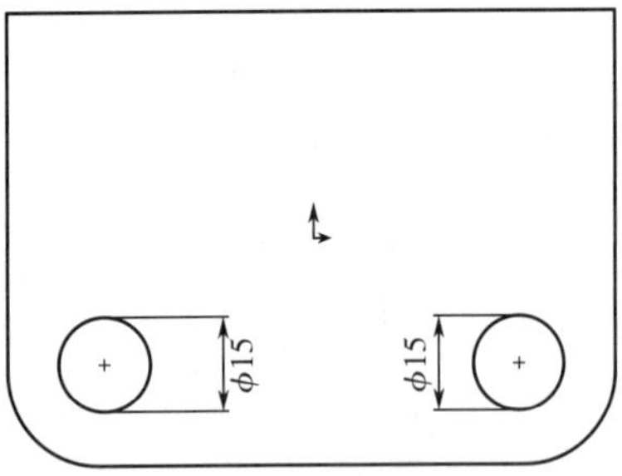

图 3-57

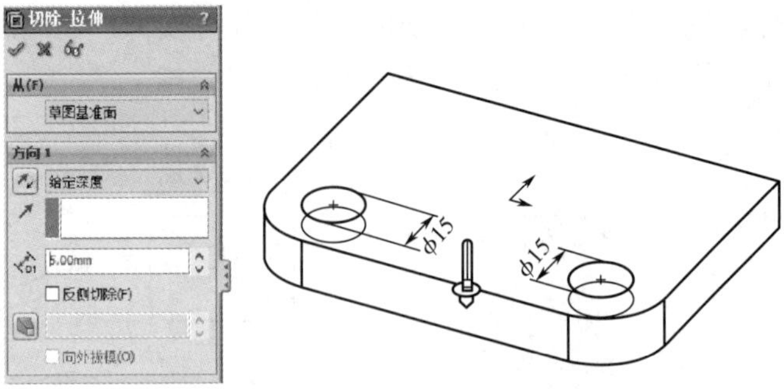

图 3-58

【步骤 6】拉伸切除实体 2。选择拉伸切除的孔位正面，使其作为绘图面，正视于屏幕，单击“草图”工具栏中的“圆形”命令，选择实体圆形边线的圆心为绘图原点，绘制一个直径为 9mm 的圆形，退出草图；单击“特征”工具栏中的“拉伸切除”图标，在“方向 1”选项下“终止条件”中选择“完全贯穿”，其他按照图示默认状态，单击属性管理器中的“确定”图标，如图 3-59 所示。

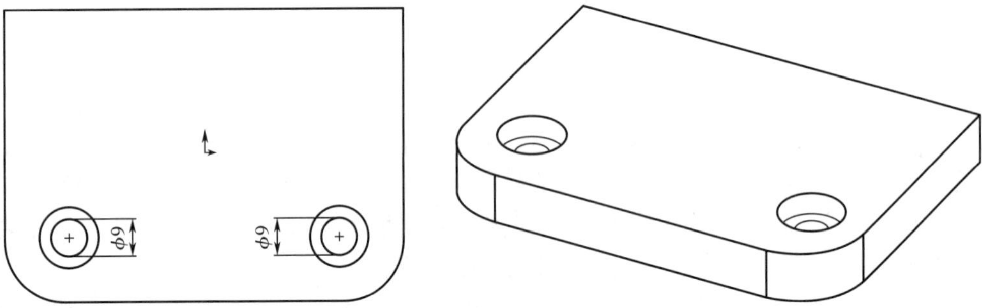

图 3-59

背板操作步骤

【步骤 1】绘制草图。选择“底部零件背面”作为绘图面，进入草图编辑状态。单击“草图”工具栏中的“中心线”命令，绘制一条通过原点垂直方向中心线；单击“草图”工具栏中的“矩形”“三点圆弧”“剪裁实体”“圆形”命令，绘制出具有尺寸的背部轮廓线，如图 3-60 所示。

【步骤 2】拉伸实体。单击“特征”工具栏中的“拉伸凸台/基体”图标，在“方向 1”选项下“终止条件”中选择“给定深度”，在“等距距离”选项中输入 12mm，其他按照图示默认状态，单击属性管理器中的“确定”图标，如图 3-61 所示。

中间支撑板操作步骤

【步骤 1】绘制草图。选择“右视基准面”作为绘图面，正视于屏幕。单击“草图”工具栏中的“矩形”“圆角”命令，绘制出具有尺寸的轮廓线。

【步骤 2】拉伸实体。单击“特征”工具栏中的“拉伸凸台/基体”图标，在“方向 1”选项下“终止条件”中选择“两侧对称”，在“等距距离”选项中输入 8mm，其他按照图示默认状态，单击属性管理器中的“确定”图标，结果如图 3-62 所示。

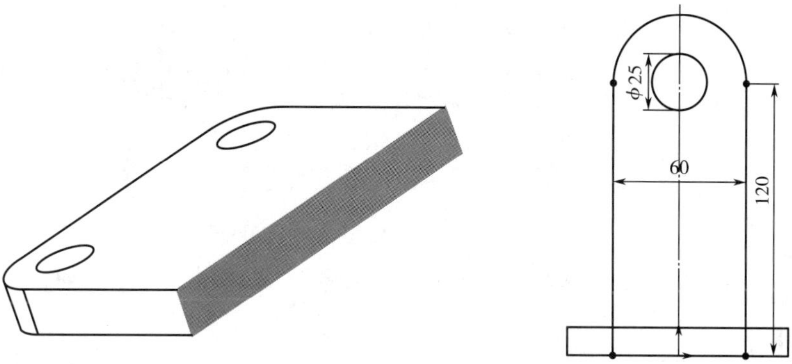

图 3-60

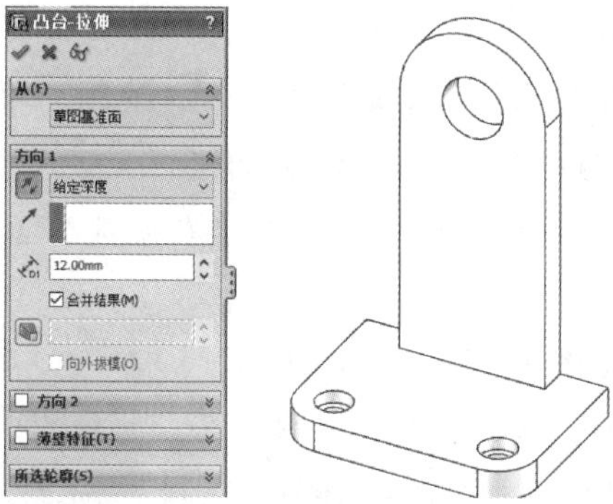

图 3-61

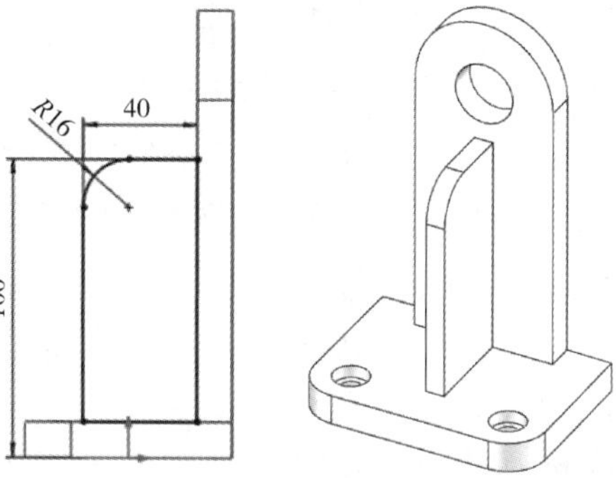

图 3-62

二、艺术花瓶

任务分析

这是一个具有优美曲线造型的艺术花瓶，如图 3-63 所示。主要用扫描特征完成，需要用引导线来控制边线效果。首先在前视基准面绘制一条直线作为扫描路径，再在前视基准面、右视基准面分别绘制一条样条曲线作为引导线，在上视基准面绘制一个椭圆作为扫描轮廓，然后执行扫描命令，完成花瓶制作。

绘图思路：路径草图 1—轮廓草图 2—引导线草图 3、4—扫描特征—抽壳特征—圆角特征，如图 3-64 所示。

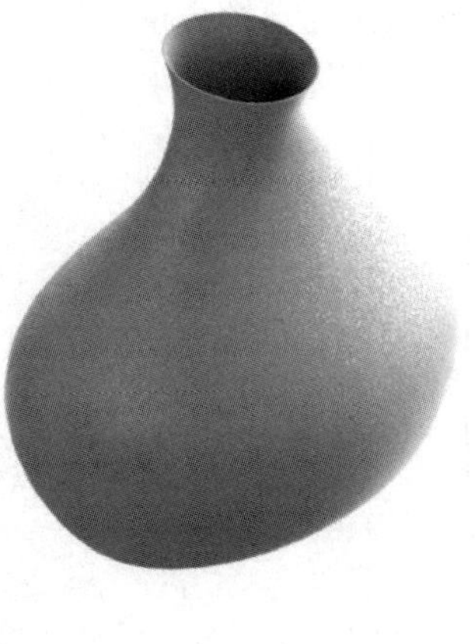

图 3-63

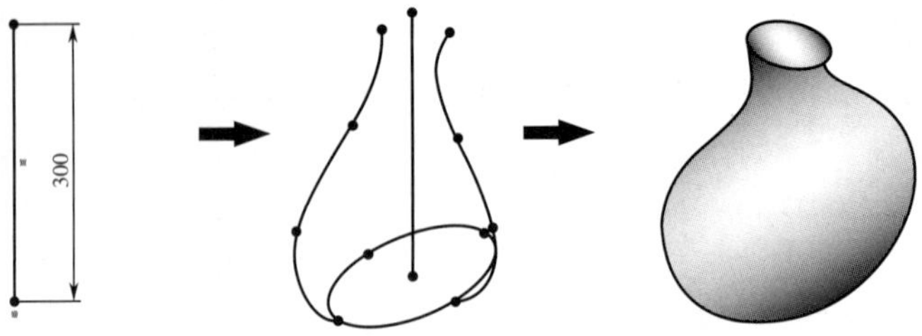

图 3-64

操作步骤

【步骤 1】启动软件。单击菜单栏中的“文件”→“新建”命令，创建一个新的零件文件。

【步骤 2】绘制草图 1。在左侧的 Feature Manager 设计树中，选择“前视基准面”正视于屏幕，作为绘图面。单击“草图”工具栏中的“直线”命令，绘制一条通过原点的直线，长为 300mm，然后点击“确定”图标✔，形成草图 1，如图 3-65 所示。

【步骤 3】绘制草图 2。在左侧的 Feature Manager 设计树中，选择“前视基准面”正视于屏幕，作为绘图面。单击“草图”工具栏中的“样条曲线”命令，绘制与草图 1 等长的自由曲线，然后点击“确定”图标✔，形成草图 2，如图 3-66 所示。

【步骤 4】绘制草图 3。在左侧的 Feature Manager 设计树中，选择“右视基准面”正视于屏幕，作为绘图面。单击“草图”工具栏中的“样条曲线”命令，绘制与草图 1 等长的自由曲线，然后点击“确定”图标，形成草图 3，如图 3-67 所示。

【步骤 5】绘制草图 4。在左侧的 Feature Manager 设计树中，选择“上视基准面”正视于屏幕，作为绘图面。单击“草图”工具栏中的“椭圆”命令，绘制一个椭圆，然后点击“确定”图标，形成草图 4，如图 3-68 所示。点击“草图”工具栏中的“显示/删除几何关系”命令，选择“添加几何关系”命令，点击椭圆短轴的端点与草图 2 的下端点，添加一个“重合”或者“穿透”关系，使得两条线连接在一起；再次点击椭圆长轴的端点与草图 3 的下端点，添加一个“重合”或者“穿透”关系，使得两条线连接在一起，如图 3-69 所示。

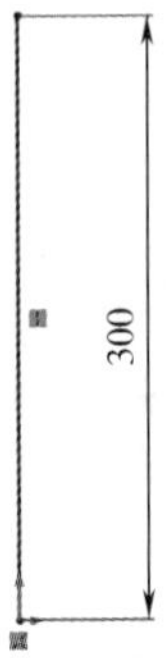

图 3-65

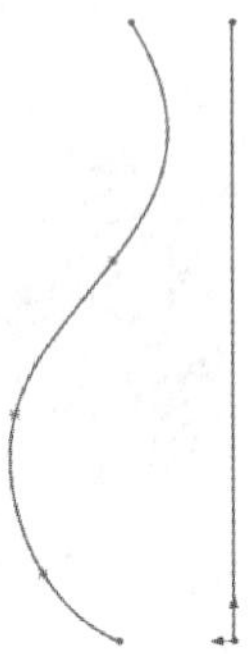

图 3-66

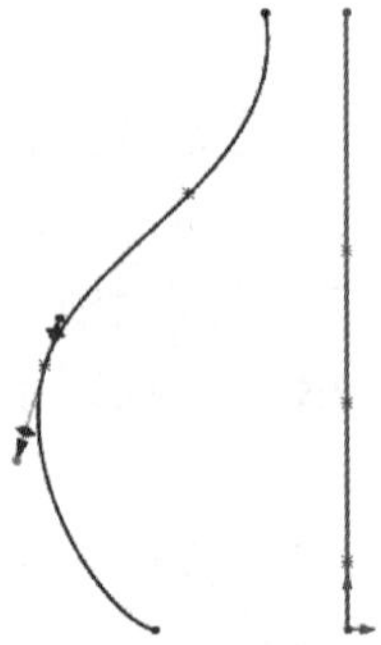

图 3-67

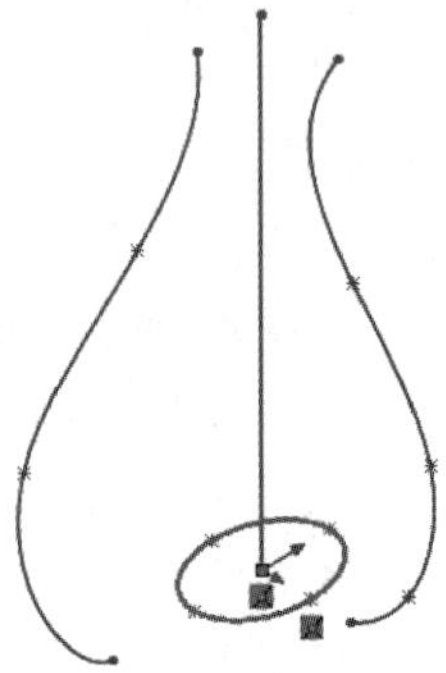

图 3-68

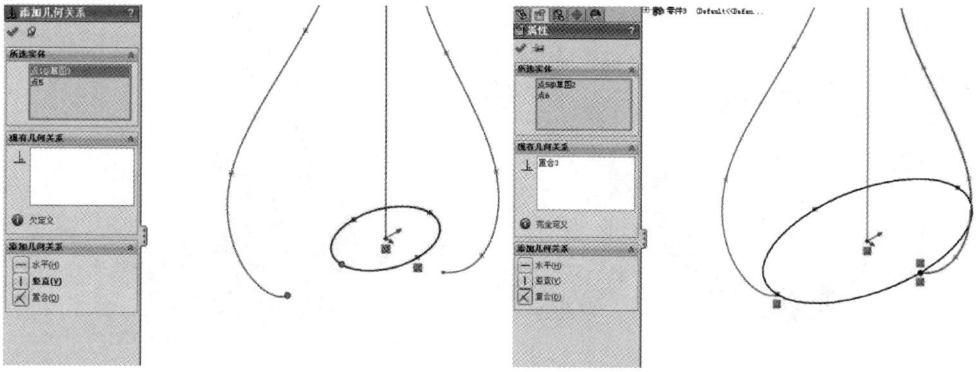

图 3-69

【步骤 6】扫描实体。单击“特征”工具栏中的“扫描”命令 扫描，在“扫描”属性栏的“轮廓”选项中，用鼠标选择草图 4 椭圆；在“路径”一栏中，用鼠标选择草图 1 中的垂直直线，在“引导线”一栏中，选择草图 2、草图 3，其他参数按照图示默认状态，单击属性管理器中的“确定”图标，如图 3-70 所示。

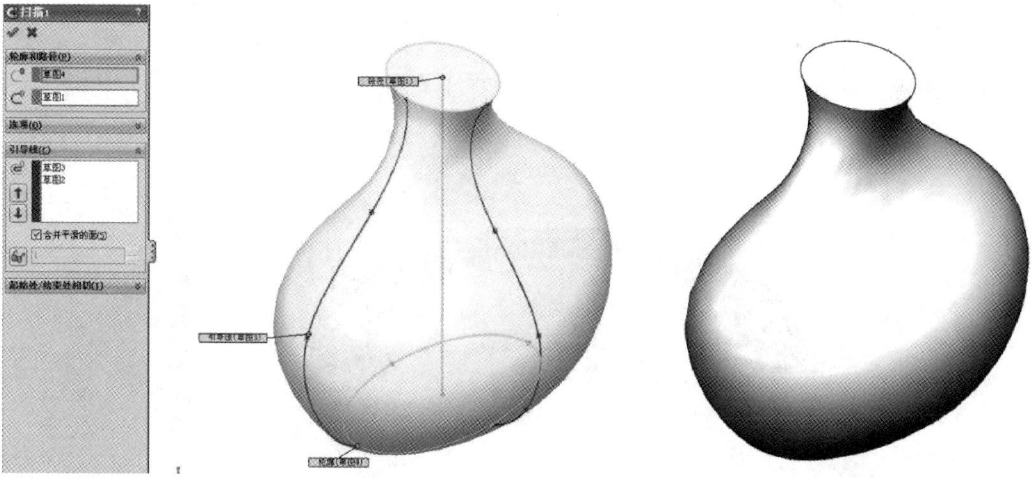

图 3-70

【步骤 7】抽壳实体。单击“特征”工具栏中的“抽壳”命令，在“抽壳”属性栏的“厚度”选项中，输入 1mm；在“移除的面”选项中，用鼠标选择花瓶的顶面，其他参数按照图示默认状态，单击属性管理器中的“确定”图标，如图 3-71 所示。

【步骤 8】圆角。单击“特征”工具栏中的“圆角”命令，“圆角类型”选择“恒定大小圆角”，“圆角参数”中输入“半径”为 1mm；其他参数为默认不变，完成花瓶边缘的圆润效果制作。

在完成简单模型制作基础上，还可以通过“拉伸—切除”将杯口做出造型，或者用包覆特征做一些印花图案作为装饰效果，如图 3-72 所示。

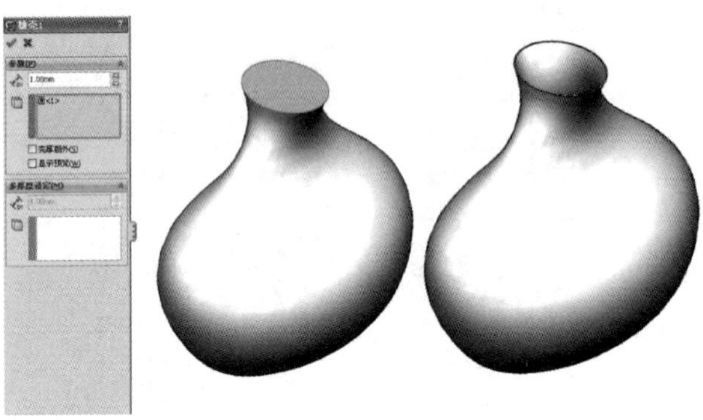

图 3-71

图 3-72

三、门把手

任务分析

门把手的模型如图 3-73 所示，主要用放样特征完成。首先在上视基准面绘制一个六边形作为草图轮廓 1，然后在右视基准面绘制草图轮廓 2，执行放样命令，完成门把手制作。

绘图思路：轮廓草图 1—轮廓草图 2—放样特征，如图 3-74 所示。

图 3-73

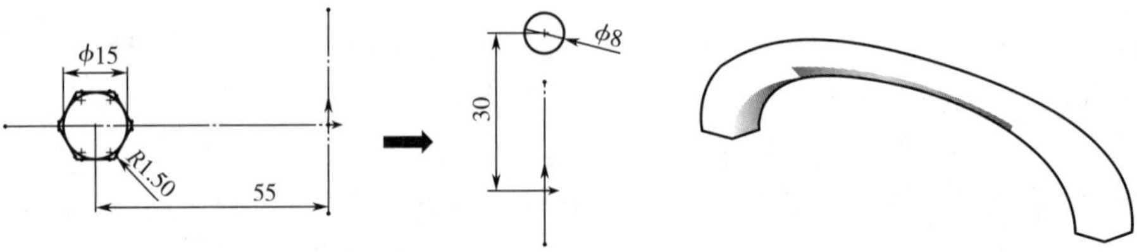

图 3-74

操作步骤

【步骤 1】启动软件。单击菜单栏中的“文件”→“新建”命令，创建一个新的零件文件。

【步骤 2】绘制草图。在左侧的 Feature Manager 设计树中，选择“上视基准面”作为绘图面，进行草图绘制。单击“草图”工具栏中的“中心线”“多边形”“圆角”命令，绘制出具有一个倒圆角的六边形，如图 3-75 所示。

【步骤 3】单击“草图”工具栏中的“镜像实体”命令，将六边形沿着垂直中心线镜像一个六边形，如图 3-76 所示。

【步骤 4】选择“右视基准面”作为绘图面，进入草图绘制。单击“草图”工具栏中的“圆形”命令，绘制出具有尺寸的轮廓线，如图 3-77 所示。

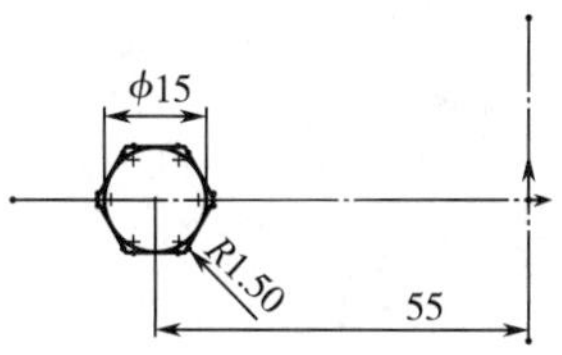

图 3-75

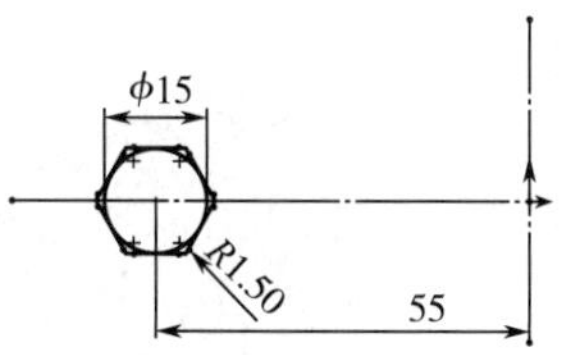

图 3-76

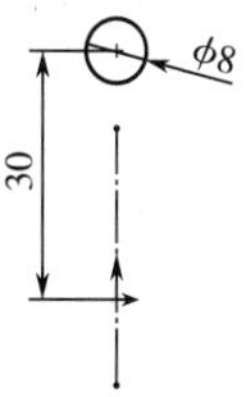

图 3-77

【步骤 5】放样实体。单击“特征”工具栏中的“放样凸台/基体”命令，在“放样”属性栏的“轮廓”选项中，用鼠标选择草图 1 轮廓图和草图 2 轮廓图，在“起始/结束约束”下“结束约束”选择“垂直于轮廓”，其他参数按照图示默认状态，单击属性管理器中的“确定”图标，如图 3-78 所示。

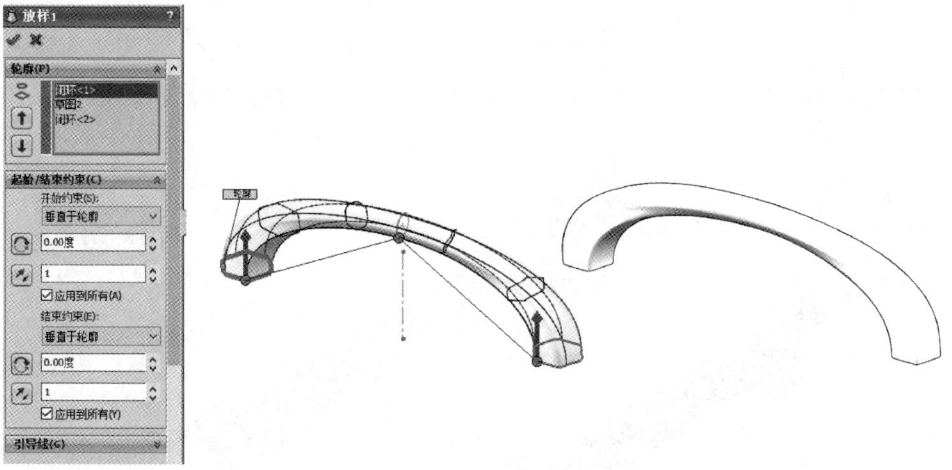

图 3-78

制作类似把手，还可以用放样特征完成一半把手部分，通过镜像特征实现另外一半效果，如图 3-79 所示。

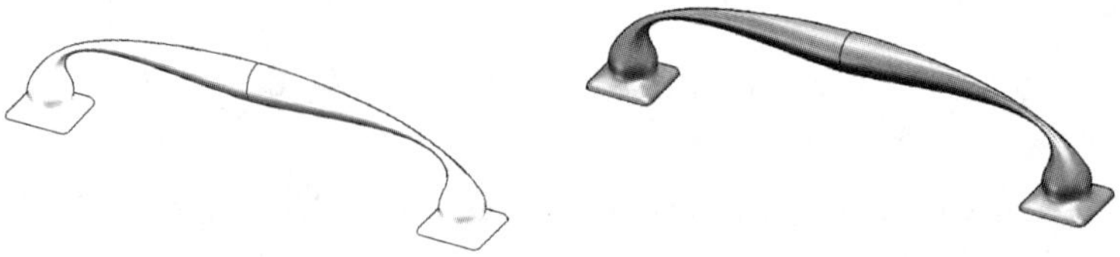

图 3-79

拓展练习

（1）请依据图 3-80 所示零件透视图尺寸，运用圆形命令绘制草图，运用拉伸凸台/基体、拉伸切除/基体、倒角命令完成三维模型的创建。注意：选择前视图基准面开始绘图。

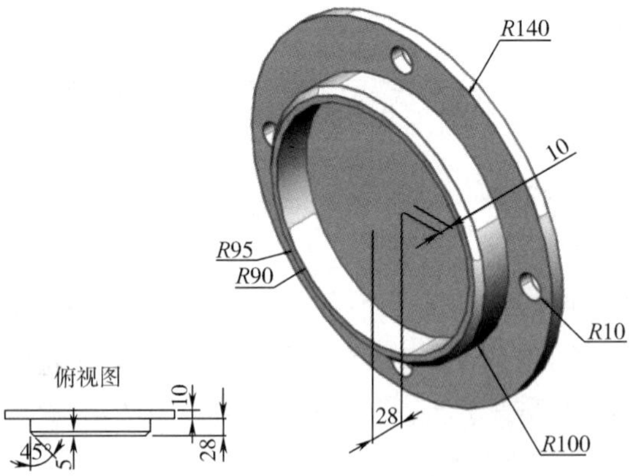

图 3-80

（2）请依据图 3-81 所示扳手透视图尺寸，运用圆形、多边形、直线等命令绘制草图，运用拉伸凸台/基体命令完成三维模型的创建。注意：选择前视图基准面开始绘图。

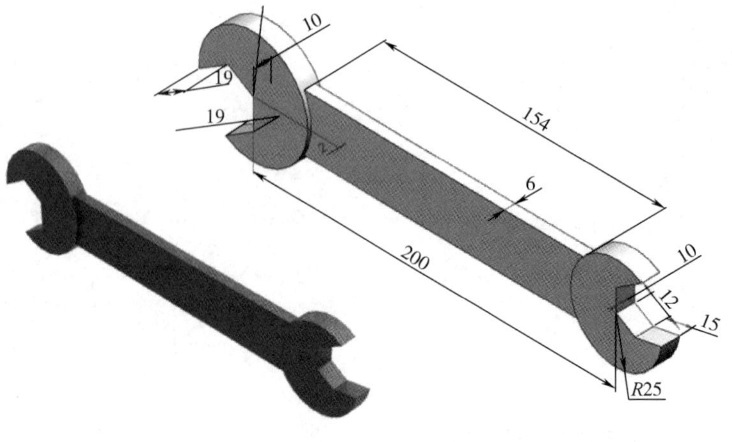

图 3-81

（3）请依据图 3-82 所示花瓶造型，运用扫描、抽壳、圆角、拉伸切除等特征命令完成一个 80cm 高的异形花瓶。注意：使用扫描命令时运用两条引导线来控制瓶身。

（4）请依据图 3-83 所示印章造型，自己设定尺寸，运用旋转、拉伸、拉伸切除、圆角等特征命令完成建模。注意：绘制文字草图时建议使用较粗的字体，避免文字交叉后拉伸特征命令出错。

图 3-82

图 3-83

（5）请依据图 3-84 所示把手造型，自己设定尺寸，运用放样、镜像、圆角特征命令完成建模。注意：把手部分可以两次放样，然后镜像另外一半。

（6）请依据图 3-85 所示餐叉造型，自己设定尺寸，运用组合特征命令完成建模。注意：先在上视图绘制正面草图，然后在前视图绘制侧面轮廓图，使用组合特征即可。

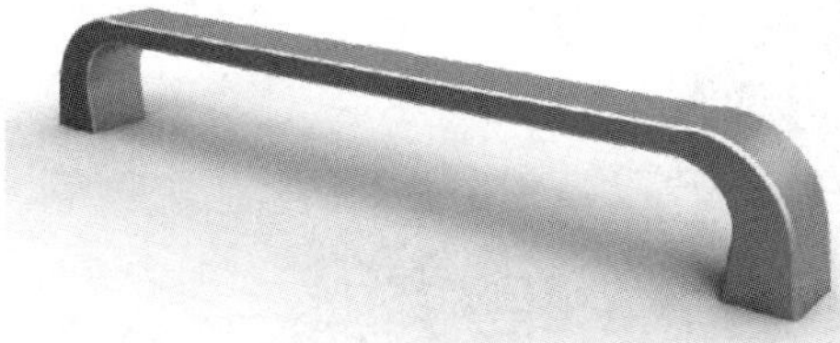

图 3-84

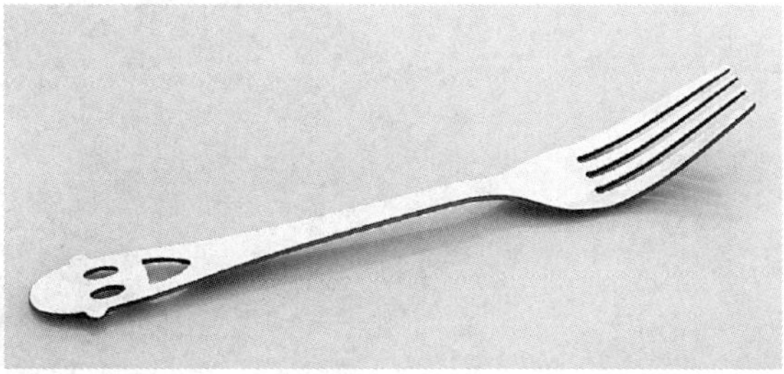

图 3-85

（7）请依据图 3-86 所示茶几造型，自己设定尺寸，运用拉伸、放样、圆角特征命令完成建模。注意：倾斜的腿部可以用放样特征完成，并通过镜像特征复制另外一半。

（8）请依据图 3-87 所示组合家具造型，自己设定尺寸，运用拉伸、拉伸切除、旋转、圆角特征命令完成建模。注意：规则的花瓶造型可以直接用旋转特征命令。

图 3-86

图 3-87

课后延伸

1. 酒杯的制作

2. 果盘的制作

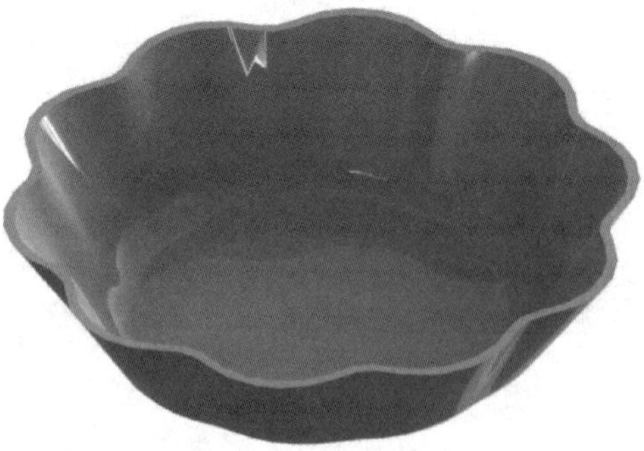

3. 爵士帽的制作

4. 雨伞的制作

第四章 装配体

装配体是在一个 SolidWorks 文件中两个或多个零件（也称为零部件）的组合，并通过零部件之间几何关系的配合来确定零部件的位置和方向。

装配体设计是三维设计中的一个重要环节，不仅可实现产品的装配，还提供了多种统计、计算和检查工具，如质量特征、干涉检查等，还可以方便地生成装配体爆炸图，清晰地表示装配体中各零件之间的位置关系。

第一节 基本知识

一、综述

SolidWorks 软件中，装配体的零部件可以是独立的零件，也可以是其他的装配体——子装配体。大多数情况下，零件和子装配体的操作方法是相同的。零部件被链接（不是复制）到装配体文件，装配体文件的扩展名为“*.sldasm”。

装配体文件中保存了两方面的内容：一是进入装配体中各零件的路径，二是各零件之间的配合关系。一个零件放入装配体中时，这个零件文件会与装配体文件产生链接关系。在打开装配体文件时，SolidWorks 会根据各零件的存放路径找出零件，并将其调入装配体环境。所以装配体文件不能单独存在，要和零件文件一起存在才有意义。

装配既然要表达产品零部件之间的配合关系，必然存在着参照与被参照的关系。在装配设计中有一个基本概念——“地”零件，即相对于基准坐标系静态不动的零件。一般将装配体中起支承作用的零件或子装配体作为“地”零件，即位置固定的零件，不可以进行移动或转动操作。装配环境下另一个重要概念就是——“约束”。当零件被调入装配体中时，除了第一个调入的之外，其他的都没有添加约束，位置处于任意的“浮动”状态。在装配环境中，处于“浮动”状态的零件可以分别沿三个坐标轴移动，也可以分别绕三个坐标轴转动，即共有六个自由度。由图 4-1 可见在一个装配体中的各零件状态和配合关系。

二、设计方式

1. 由下而上设计法

在三维建模阶段，将产品的各部分零件创建出模型，然后将零件插入装配体，依设计要求将它们配合，是传统的由下而上设计法。因为零部件是各自设计的，它们之间的交互关系与重新计算的行为较由上而下设计法简单。使用由下而上设计法可以专注于单个零件的设计工作。当不需要产生控制相对于其他零件的尺寸参考关系时，则此方法为绝佳。

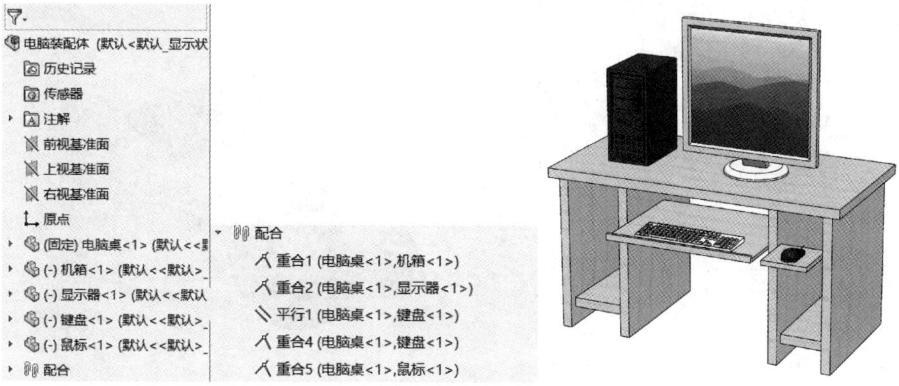

图 4-1

2. 由上而下设计法

由上而下设计法不同之处在于从装配体中开始设计工作。可以使用一个零件的几何关系来协助定义另一个零件或产生组装零件之后才加入的加工特征。可以将一个零件插入装配体，然后根据此零件建立一个固定装置。使用由上而下设计法在关联中产生固定装置，此法可以透过产生原来零件的几何限制条件来控制夹具的尺寸。如果更改了零件的尺寸，固定装置会自动更新。

三、配合关系

一个装配体机构只有添加了约束，使其自由度与原动件的个数相等，才能具有确定的运动规律。在 SolidWorks 中，通过使用配合关系来限制零件的某些自由度，这些配合关系可以添加在零件与装配体中的参考基准面之间，也可以在零件之间添加配合关系，使得虚拟的模型能够模拟实际机构的运动状态。

一个零件插入装配体文件当中，该零件在模型空间具有 6 个自由度，即沿坐标系 3 个坐标轴的移动和旋转。配合关系即用来限制零件的自由度，使得零件在其运动方向上具有自由度。

1. 标准配合关系

标准配合包括如下几何关系：重合/共线/共点配合、相互平行、相互垂直、互为相切、锁定、同轴心、距离、角度，如图 4-2 所示。配合对齐分为同向对正和反向对正。

①【重合】：用于使所选对象之间实现重合。

②【平行】：用于使所选对象之间实现平行。

③【垂直】：用于使所选对象之间实现相互垂直定位。

④【相切】：用于使所选对象之间实现相切。

⑤【同轴心】：用于使所选对象之间实现同轴。

⑥【锁定】：用于使两个零件锁定，即使两个零件之间位置固定，但与其他的零件之间可以相互运动。

⑦【距离】：用于使所选对象之间实现距离定位。

⑧【角度】：用于使所选对象之间实现角度定位。

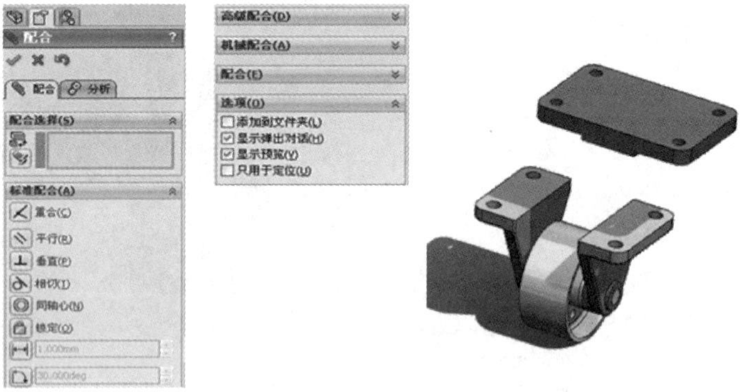

图 4-2

2. 装配体的高级配合

高级配合包含以下几个关系：对称配合、宽度配合、路径配合、线性/线性耦合、限制配合（行程范围、角度范围）等，如图 4-3 所示。

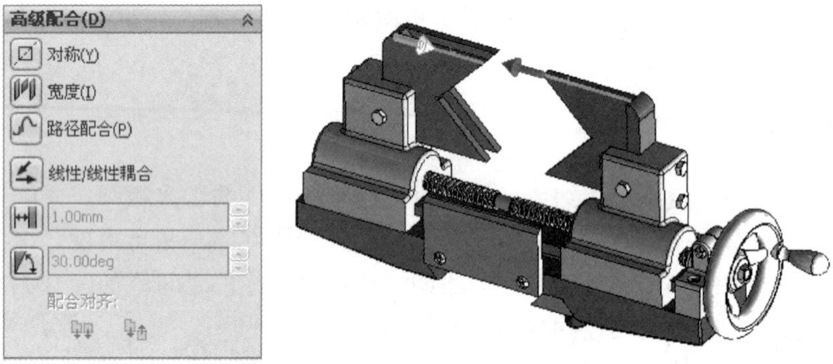

图 4-3

①【对称配合】：强制使两个相似的实体关于平面对称，但它并不创建镜像零件，如图 4-4 所示。对称配合中可使用以下实体：点，例如顶点或草图点；直线，例如边线、轴或草图直线；基准面或平面；相等半径的球体；相等半径的圆柱。

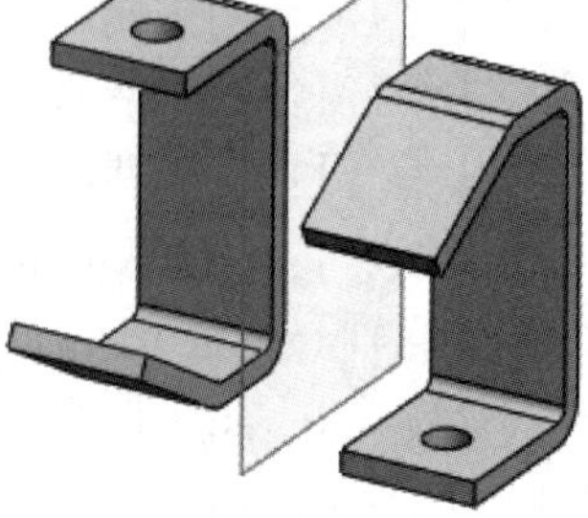

图 4-4

②【宽度配合】：使薄片位于宽度选择的中心，如图 4-5 所示。宽度选择可以是两个平行平面或两个非平行平面（带或不带拔模）。薄片选择可以是两个平行平面或两个非平行平面（带或不带拔模）或一个圆柱面、轴。

③【路径配合】：将零部件上所选的点约束到路径。可以在装配体中选择一个或多个实体来定义路径。可以定义零部件在沿路径经过时的纵倾、偏转和摇摆，如图 4-6 所示。

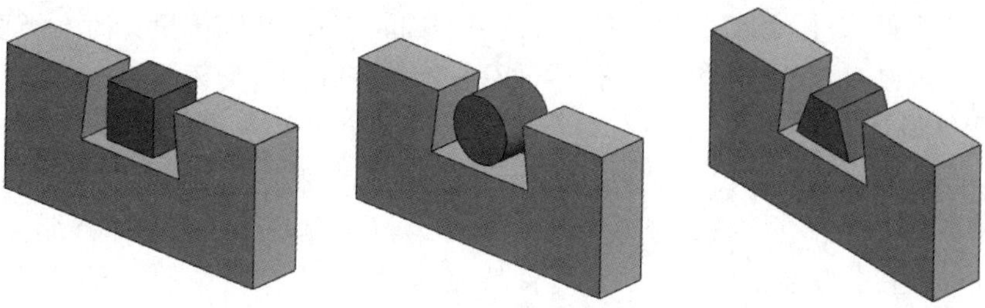

图 4-5

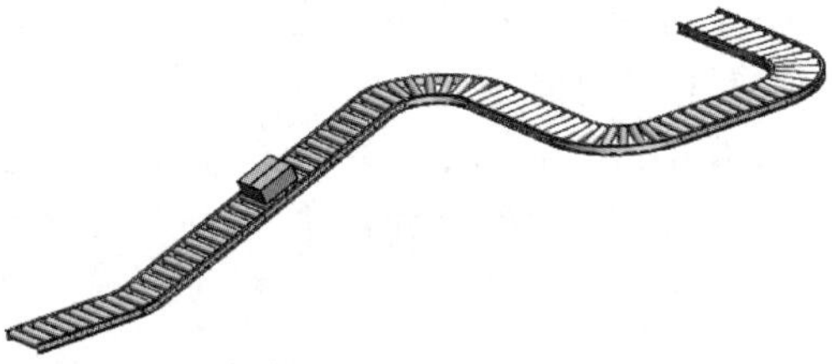

图 4-6

3. 查看配合条件

显示装配体中一个或多个零部件或次装配体的配合条件列表。当配合条件变多时，这是一个非常有用的工具。点选零件，单击鼠标右键，再选择检视配合条件，如图 4-7 所示。

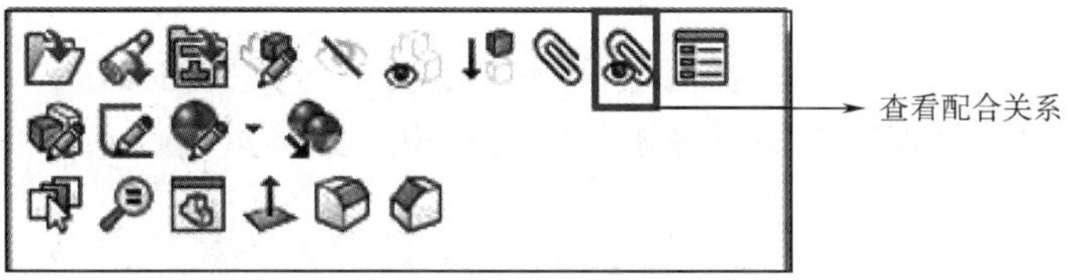

图 4-7

四、配合编辑

1. 进入装配体

进入装配体环境有两种方法：第一种是新建文件时，在弹出的【新建 SolidWorks 文件】对话框中选择【装配体】模板，单击【确定】按钮即可新建一个装配体；第二种是在零件环境中，选择菜单栏【文件】→【从零件制作装配体】命令，切换到装配体环境。

装配体界面同样具有菜单栏、工具栏、设计树、控制区和零部件显示区。在左侧的控制区中列出了组成该装配体的所有零部件。在设计树最底端还有一个配合的文件夹，包含了所有零部件之间的配合关系。

装配环境与零件环境的不同之处在于装配环境下的零件空间位置存在参考与被参考的

关系，体现为“固定零件”和“浮动零件”。在装配环境中选择零件，通过右键快捷菜单，可以设置零件为【固定】或者【浮动】。在 SolidWorks 装配体设计时，需要对零件添加配合关系，限制零件的自由度，以使零件符合工程实际的装配要求。

2. 装配体设计树

装配体设计树在装配体窗口显示以下项目：装配体名称、光源和注解文件夹、装配体基准面和原点、零部件（零件或子装配体）配合组与配合关系、装配体特征（切除或孔）和零部件阵列、在关联装配体中生成的零件特征等。

单击零部件名称前的“+”号，可以展开或折叠每个零部件，以查看其中的细节。如要折叠设计树中所有的项目，可双击其顶部的装配体图标。在一个装配体中可多次使用相同的零件，每个零件之后都有一个后缀<*n*>，*n* 表示了装配体中同一种零件的数量。每添加一个相同零件到装配体中，数目 *n* 都会增加 1，如图 4-8 所示，万向节的装配体中就包含了两个短销。

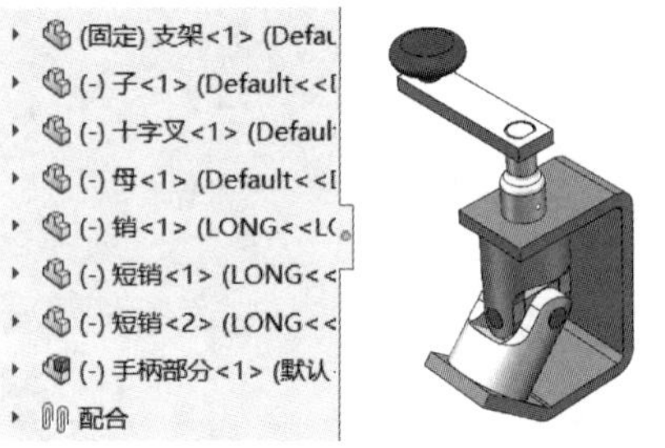

图 4-8

任何一个零件都有一个前缀标记，此前缀标记表明了该零件与其他零件之间关系的信息，前缀标记有以下几种类型：

①无前缀：表明对此零件添加了【配合】命令，处于完全约束状态，不可进行拖动。

②（固定）：表明此零件位置固定，不能移动和转动。出现【固定】的前缀有两种情况：一是第一个调入装配体中的零件，二是在零件处于【浮动】或不完全约束的状态下右击零件，在弹出的快捷菜单中选择【固定】。

③（-）：表明对此零件没有添加配合约束或所添加的配合不足以完全消除零件的 6 个自由度，零件处于【浮动】或不完全约束的状态，可以进行拖动操作。

④（+）：表明对此零件添加了过多的配合约束，处于过定位状态，应删除一些不必要的配合。

⑤（?）：表明出现了不可能实现或者错误的配合。右击该节点，在弹出的对话框中选择【什么错?】，可以查看错误配合的种类和原因。

3. 操作步骤

（1）确定装配体的固定零件（“地”零件），并将其第一个调入装配体环境中。

（2）将其他零件调入装配体环境。此时，尚未添加配合关系的零件可以在图形区中随意移动或旋转，处于浮动状态。

（3）使用配合工具为零件之间添加配合关系。依次进行（2）、（3）两步，直到完成所有零件的装配设定，形成装配体。

五、干涉检查

在产品设计中，干涉检查是一个重要的环节，是避免设计失败的有效工具。SolidWorks 为用户提供了高效的干涉检查工具。在装配体完成之后，用户可以轻松、愉快地检查零部件之间的干涉情况（干涉的位置和干涉的体积），如图 4-9 所示。

1. 静态干涉检查

在一个复杂的装配体中，如果想用视觉来检查零部件之间是否有干涉的情况是件困难的事。有了干涉检查，可以：

（1）决定零部件之间的干涉。

（2）将干涉的真实体积显示为上色体积。

（3）更改干涉和非干涉零部件的显示设定，以更好地查看干涉。

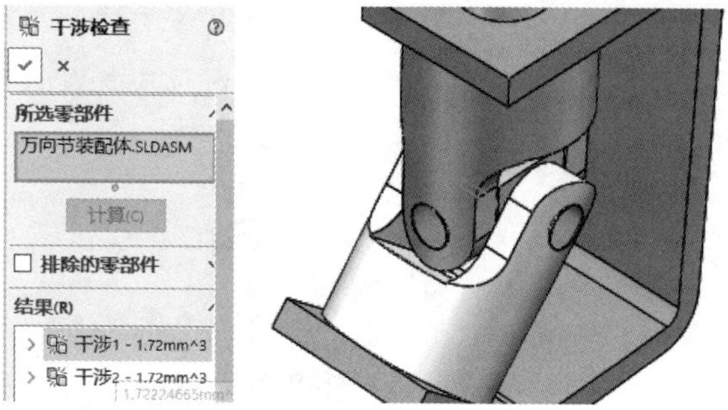

图 4-9

（4）选择以忽略要排除的干涉，如压入配合以及螺纹扣件干涉等。

（5）选择以包括多体零件实体之间的干涉。

（6）选择以子装配体作为单一零部件处理，因此不会报告子装配体零部件之间的干涉。

（7）区分重合干涉和标准干涉。

2. 动态干涉检查

（1）碰撞检查。在移动或旋转零部件时检查其与其他零部件之间的冲突。软件可以检查与整个装配体或所选的零部件组之间的碰撞，可以发现对所选的零部件的碰撞，或对由于与所选的零部件有配合关系而移动的所有零部件的碰撞，如图 4-10 所示。

（2）物资动力。是碰撞检查中的一个选项，允许以现实的方式查看装配体零部件的移动。

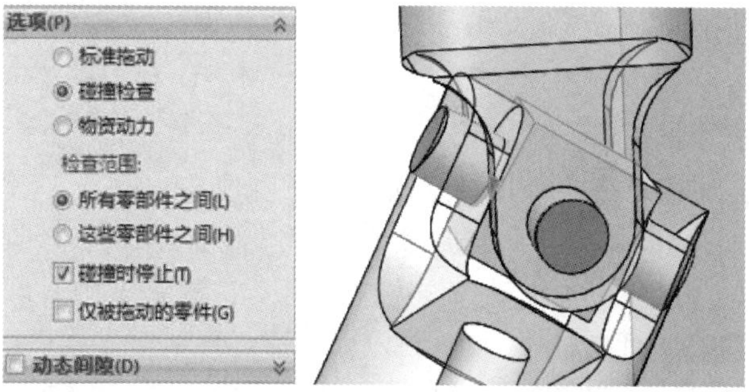

图 4-10

（3）动态间隙。在移动或旋转零部件时动态检查零部件之间的间隙。当移动或旋转零部件时，出现一个尺寸指示所选零部件之间的最小距离。另外，可阻止两个零部件在相互间指定距离内移动或旋转。

六、爆炸视图

1. 爆炸图的定义

爆炸图为显示分散但已定位的装配体，以便说明在装配时各零件是如何组装在一起的。可以通过在图形区域中选择和拖动零件来生成爆炸视图，从而生成一个或多个爆炸步骤，如图 4-11 所示。在爆炸视图中可以：

（1）均分爆炸成组零部件（器件、螺垫等）。

（2）附加新的零部件到另一个零部件的现有爆炸步骤。如果要添加一个零件到已有爆炸视图的装配体中，这个方法很有用。如果子装配体有爆炸视图，可在更高级别的装配体中重新使用此爆炸视图。

（3）添加爆炸直线以表示零部件关系。

（4）装配体爆炸时，不能给装配体添加配合。

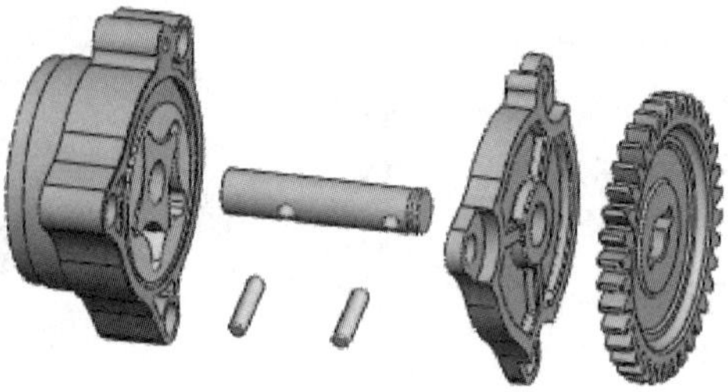

图 4-11

2. 生成爆炸视图（装配体）

爆炸视图保存在生成它的配置中。欲爆炸及解除爆炸视图：

（1）在 Configuration Manager 选项卡上，展开所需的配置或单击爆炸视图（装配体工具栏）或【插入】→【爆炸视图】。

（2）选取一个或多个零部件以包括在第一个爆炸步骤中。在 Property Manager 中，零部件显示在爆炸步骤的零部件中。有一个三重轴出现在图形区域中，如图 4-12 所示。要移动或对齐三重轴：

图 4-12

①拖动中央球形可来回拖动三重轴。

②Alt+拖动中央球形或臂杆将三重轴丢放在边线或面上。

③以使三重轴对齐该边线或面。右键单击中心球并选择对齐到、与零部件原点对齐、与装配体原点对齐。

（3）拖动三重轴臂杆来爆炸零部件。

（4）在设置下，单击“完成”，Property Manager 清除且为下一爆炸步骤作准备。

（5）根据需要生成更多爆炸步骤，然后单击，爆炸视图特征 ExplView 显示在 Configuration Manager 中的生成爆炸视图的配置下。每一个配置都可以有一个爆炸视图。

3. 编辑爆炸步骤

在 Property Manager 中的爆炸步骤下，右键单击爆炸步骤，然后单击编辑步骤。三重轴显示在图形区域，拖动控标显示在零部件上。

（1）根据需要重新定位零部件。

①要沿当前轴移动零部件，请拖动控标。

②要更改零部件爆炸所沿的轴，请单击三重轴上的一个轴，然后单击“应用”。爆炸距离保持相同，但沿新轴应用。

（2）根据需要进行以下更改：

①选择零部件以添加到爆炸步骤。

②通过用右键单击并选取删除，从步骤中删除零部件。

③更改设置。

④更改选项。

(3) 单击“应用”来预览更改。

(4) 单击↶，撤销不必要的更改。

(5) 单击“完成”，以完成此操作。

4. 注意事项及配合技巧

(1) 最佳配合是把多数零件配合到一个或两个固定的零件。避免使用链式配合，否则更容易产生错误，如图 4-13 所示。

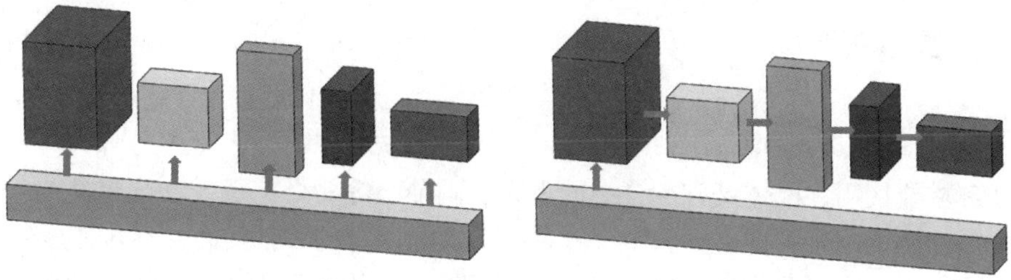

图 4-13

(2) 对于带有大量配合的零件，使用基准轴、基准面为配合对象，可使配合方案清晰，更不容易产生错误，如图 4-14 所示。

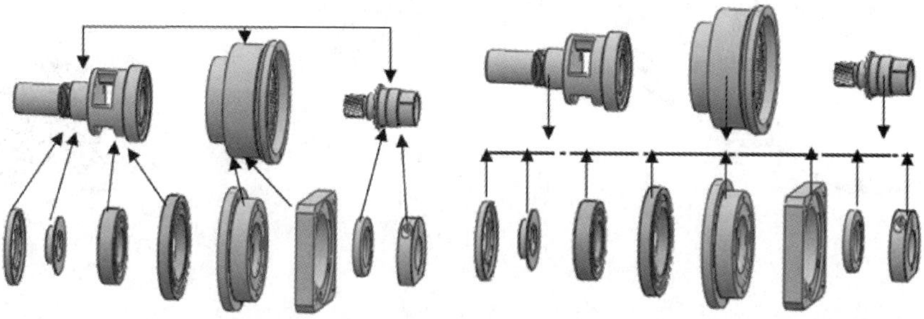

图 4-14

(3) 尽量避免循环配合，否则会造成潜在的错误且很难排除。大部分循环参考发生在与关联特征配合的时候，有时也会发生在与阵列零部件配合的时候。如果装配体需要至少两次重建才能达到正确的结果，那么装配体中很可能存在循环参考。

(4) 尽量避免冗余配合。尽管 SolidWorks 允许冗余配合（距离和角度配合除外），冗余配合使配合解算速度更慢，配合方案更难理解，一旦出错，更难排查。

(5) 一旦出现配合错误，尽快修复，添加配合不会修复先前配合问题。

(6) 在添加配合前将零部件拖动到大致正确位置和方向，因为这会给配合解算应用程序更佳机会将零部件捕捉到正确位置。

(7) 尽量减少限制配合的使用。限制配合解算速度更慢，更容易导致错误。

(8) 如果有可能减少自由度，尽量完全定义零部件的位置。带有大量自由度的装配体解算速度更慢，拖动时容易产生不可预料的结果。

(9) 对于已经确定位置或定型的零部件，使用固定代替配合能加快解算速度。

(10) 如果零部件引起问题，与其诊断每个配合，相反删除所有配合并重新创建常常更容易。

(11) 绘制零件时，尽量完全定义所有草图，不建议由 CAD 中直接复制草图进行建模。不精确的草图更容易产生配合错误，且极难分析错误的原因。

第二节　能力进阶

一、玩具猴头装配

任务分析

本任务主要使用装配体基础配合中的重合、同轴心等命令完成。装配思路为：导入两个零件—添加两个配合关系—导入 1 个零件—再次与固定的零件配合—逐步完成制作。

依据零件爆炸图（见图 4-15），可以清晰了解零件的装配关系，装配步骤和顺序没有限制。零件下载及操作视频可以扫描二维码。

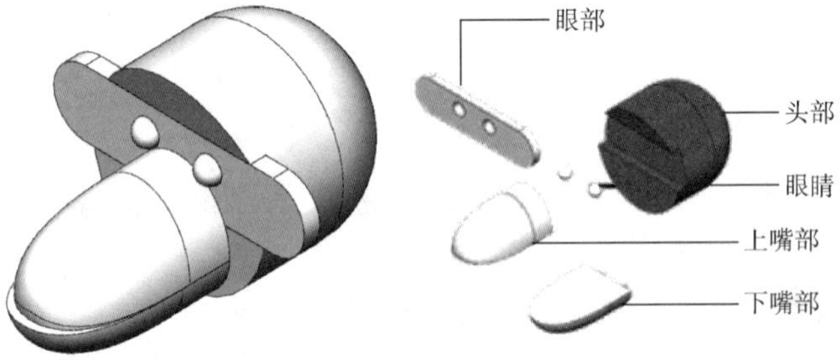

图 4-15

操作步骤

【步骤 1】新建文件。启动 SolidWorks，创建一个新的装配体文件。单击菜单栏中“文件”下面的“另存为”命令，弹出“另存为”对话框，在“文件名”文本框中输入“玩具猴头”，单击“保存”按钮，保存文件。

【步骤 2】插入零部件。单击“装配体”工具栏中的“插入零部件”工具，显示“插入零部件”属性管理器。在“要插入的零件/装配体”选项中，单击“浏览”按钮，在弹出的“打开”对话框中找到“头部 . sldprt”文件，打开该文件，单击确定，完成头部的插入。重复上述步骤，打开“眼部 . sldprt”文件，在绘图区单击，完成眼部文件的插入，如图 4-16 所示。

【步骤 3】配合头部与眼部零部件。单击“装配体”工具栏中的“配合”工具，显示“配合”属性管理器，分别选择眼部的后侧平面和头部的凹槽平面作为“要配合的实体”，在“标准配合”选项栏中选择“重合”配合，单击配合工具栏中的确定按钮，生成“重合 1”配合，如图 4-17 所示。继续选择眼部的下侧平面和头部凹槽的下侧

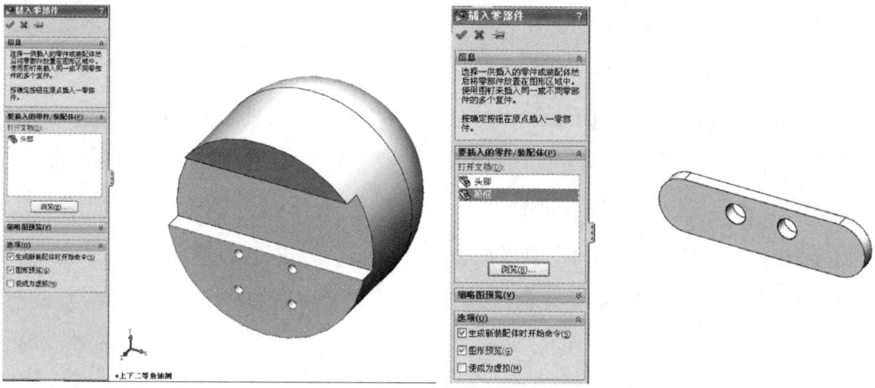

图 4-16

平面作为“要配合的实体”，在“标准配合”选项栏中选择重合(C)配合，单击配合工具栏中的“确定”按钮，生成“重合 2”配合，如图 4-18 所示。继续选择头部的右视

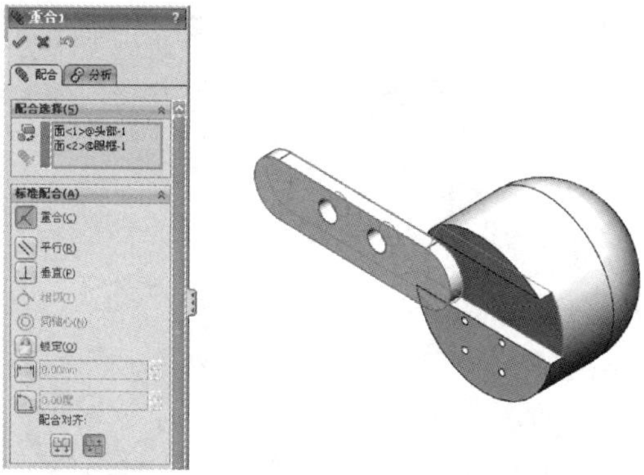

图 4-17

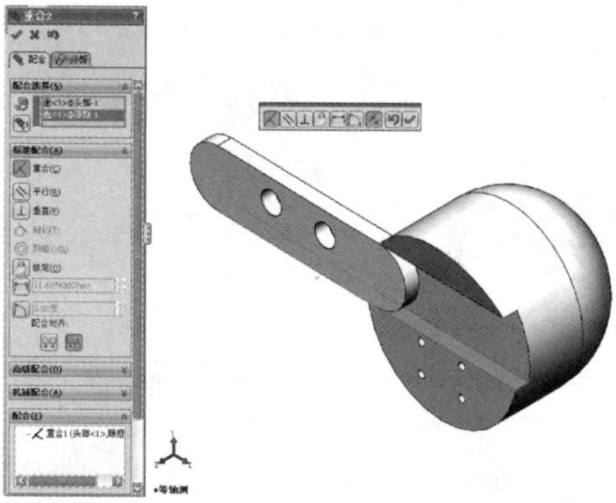

图 4-18

基准面和眼部的右视基准面作为“要配合的实体”，在“标准配合”选项栏中选择重合(C)配合，单击配合工具栏中的“确定”按钮，生成“重合 3”配合，如图 4-19 所示。

【步骤 4】插入嘴部零部件。单击“装配体”工具栏中的“插入零部件”工具，显示“插入零部件”属性管理器。在“要插入的零件/装配体”选项中，单击“浏览”按钮，在弹出的“打开”对话框中找到“上嘴部.sldprt”文件，打开该文件，完成上嘴部的插入。重复上述步骤，打开“下嘴部.sldprt”文

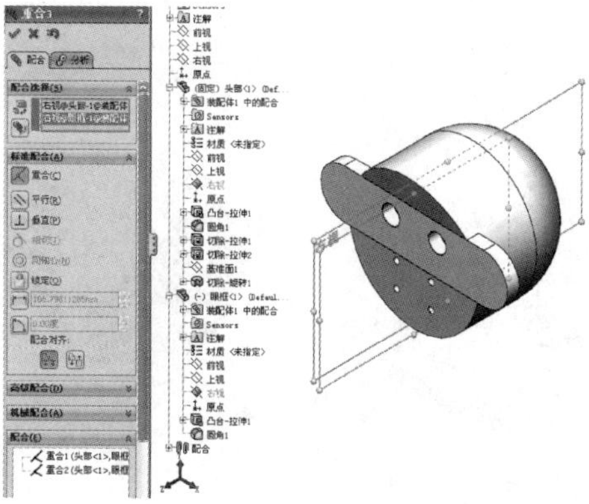

图 4-19

件，在绘图区单击，完成嘴部文件的插入，如图 4-20 所示。

【步骤 5】配合嘴部零部件。单击“装配体”工具栏中的“配合”工具，显示“配合”属性管理器，分别选上嘴部的后侧平面和头部的前下侧平面作为“要配合的实体”，在“标准配合”选项栏中选择重合(C)配合，单击配合工具栏中的“确定”按钮，生成“重合 4”配合，如图 4-21 所示。继续选择头部的右视基准面和上嘴部的右视基准面作为“要配合的实体”，在“标准配合”选项栏中选择重合(C)配合，单击配合工具栏中的“确定”按钮，生成“重合 5”配合，如图 4-22 所示。继续选择头部的圆孔内表面和上嘴部的下侧圆柱平面作为“要配合的实体”，在“标准配合”选项栏中选择同轴心(N)配合，单击配合工具栏中的“确定”按钮，生成“同心 1”配合，如图 4-23 所示。继续选择上嘴部的下侧平面和下嘴部的上侧平面作为“要配合的实体”，在“标准配合”选项栏中选择重合(C)配合，单击配合工具栏中的“确定”按钮，生成“重合 6”配合，如图 4-24 所示。继续选择下嘴部的后侧平面与头部前下侧平面作为“要配合的实体”，在“标准配合”选项栏中选择重合(C)配合，单击配合工具栏中的“确定”按钮，生成“重合 7”配合，如图 4-25 所示。继续选择上嘴部的右视基准面和下嘴部的右视基准面作为“要配合的实体”，在“标准配合”选项栏中选择重合(C)配合，单击配合工具栏中的“确定”按钮，生成“重合 8”配合，如图 4-26 所示。

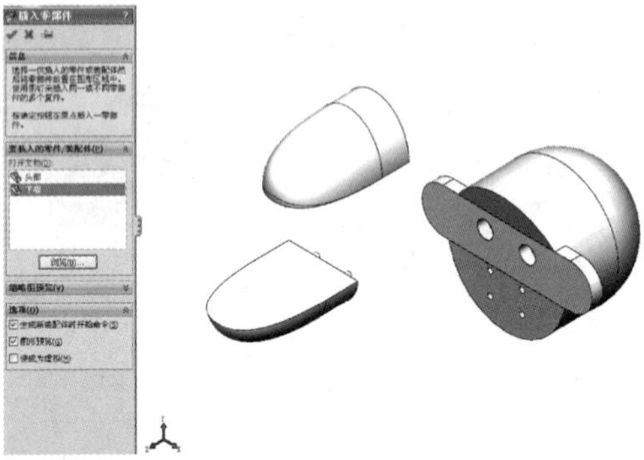

图 4-20

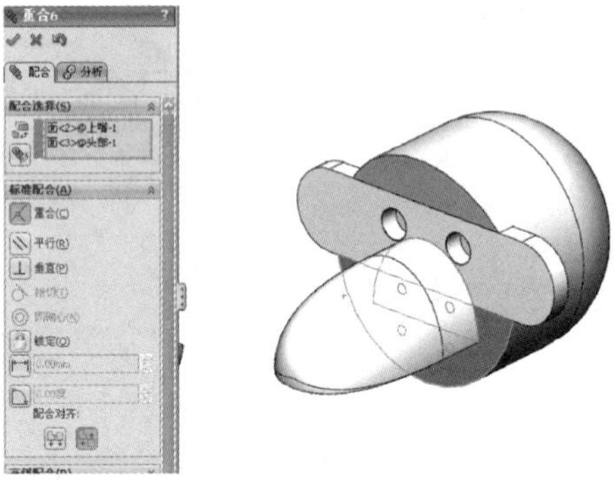

图 4-21

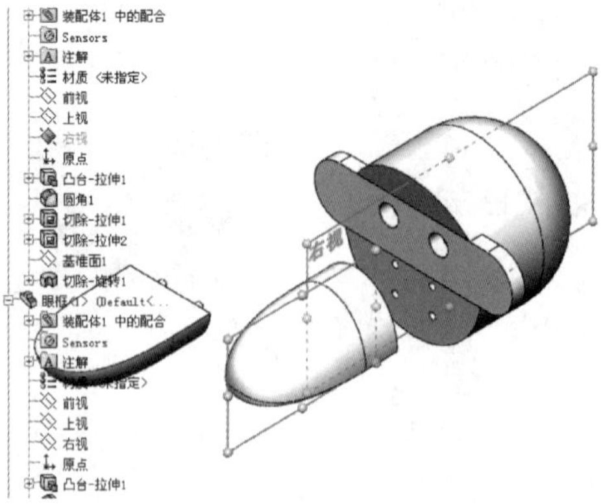

图 4-22

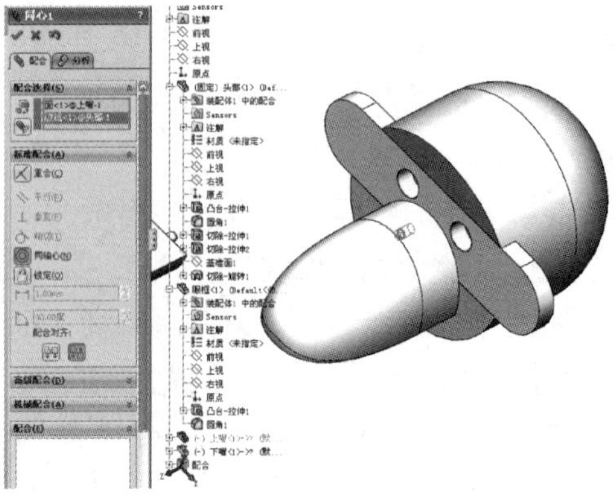

图 4-23

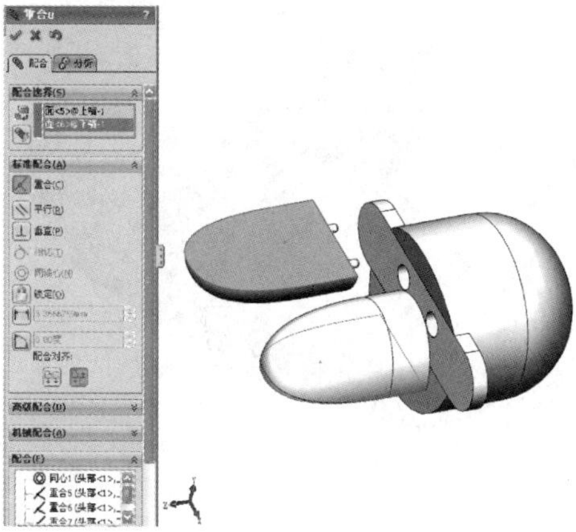

图 4-24

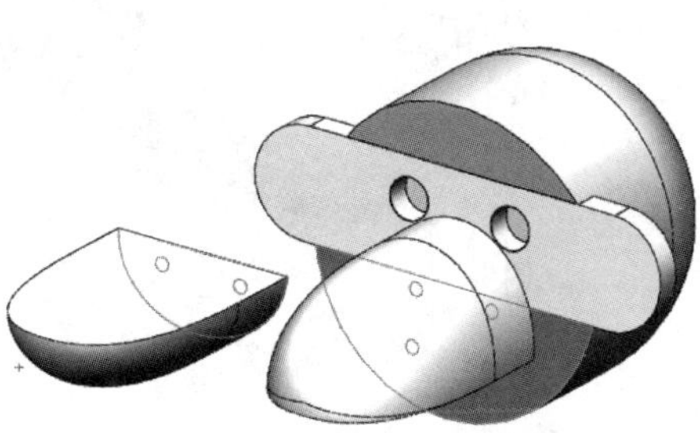

图 4-25

【步骤 6】插入眼睛零部件。单击“装配体”工具栏中的“插入零部件”工具，在弹出的“打开”对话框中找到“眼睛 . sldprt”文件，打开该文件，完成眼睛的插入。

【步骤 7】配合眼睛零部件。单击“装配体”工具栏中的“配合”工具，显示“配合”属性管理器，分别选眼部的圆孔内表面和眼睛的外平面作为“要配合的实体”，在“标准配合”选项栏中选择同轴心(N)配合，单击配合工具栏中的“确定”按钮，生成“同心 2”配合，如图 4-27 所示。继续选择眼部的前侧平面和眼睛的前视基准面作为“要配合的实体”，在“标准配合”选项栏中选择重合(C)配合，单击配合工具栏中的“确定”按钮，生成“重合 9”配合，完成眼睛的装配，如图 4-28 所示。按住 Ctrl 键移动眼睛零部件，完成眼睛零部件的复制。将眼睛 2 按上述方法配合。

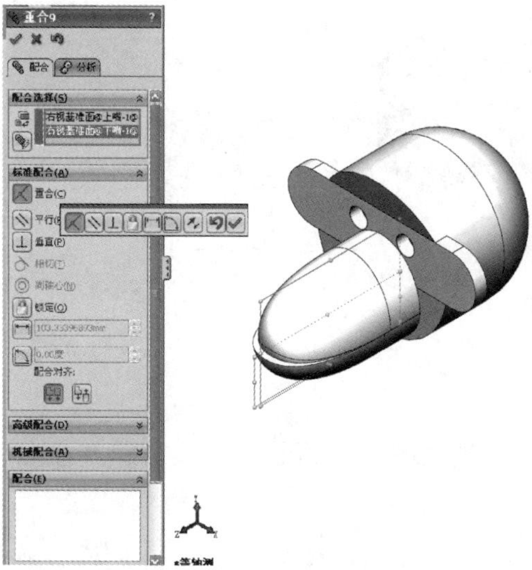

图 4-26

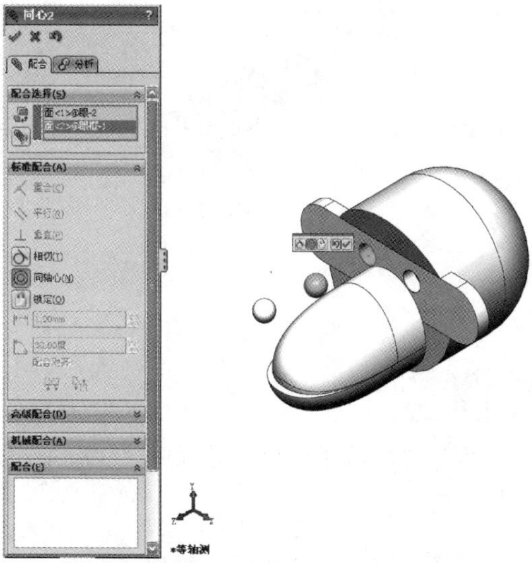

图 4-27

至此，玩具猴头部装配完成，保存文件，配合效果如图 4-29 所示。

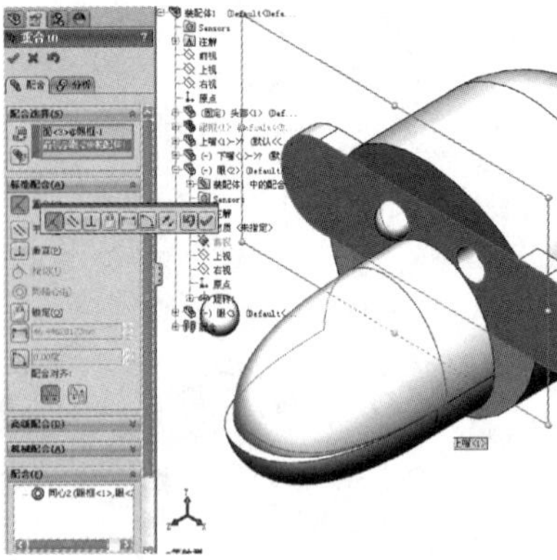

图 4-28

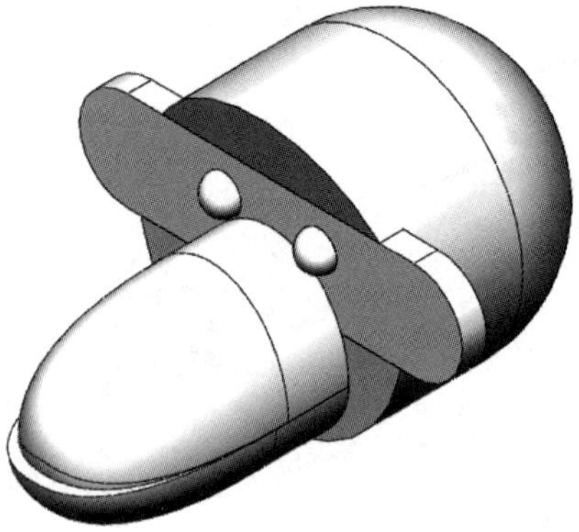

图 4-29

二、万向节装配

任务分析

本案例是一款常见的机械零件装配体，主要使用基础装配中的重合、平行、对称和高级配合中的宽度等命令完成零件装配，并通过干涉检查命令检查装配体的运动情况。

采用以下装配思路：导入手柄基础零件—建立手柄部位的小装配 1—导入基座零件—逐步添加装配关系—干涉检查—修改零件参数—再次干涉检查—完成制作。

零件下载及操作视频可以扫描图 4-30 中的二维码。

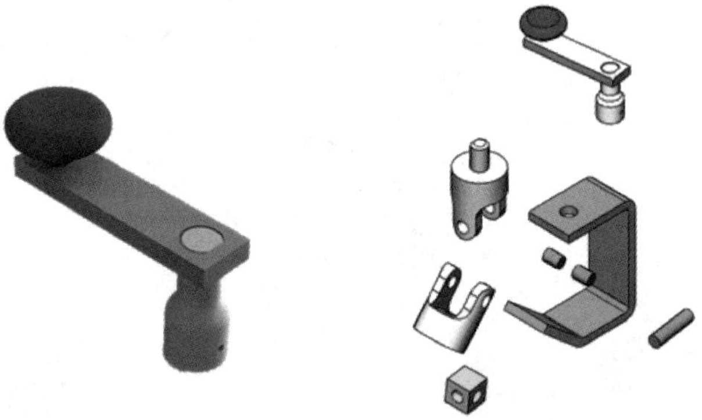

图 4-30

操作步骤

【步骤 1】新建文件。启动 SolidWorks 软件，创建一个新的装配体文件，并命名为“手柄装配”。

【步骤 2】插入零部件。单击“装配体”工具栏中的“插入零部件”工具，显示“插入零部件”属性管理器。在“要插入的零件/装配体”选项中，单击“浏览”按钮，在弹出的“打开”对话框中找到“曲臂 . sldprt”文件，打开该文件，单击“确定”，完成曲臂的插入。重复上述步骤，打开“曲柄旋钮 . sldprt”文件，在绘图区单击，完成曲柄旋钮文件的插入，如图 4-31 所示。

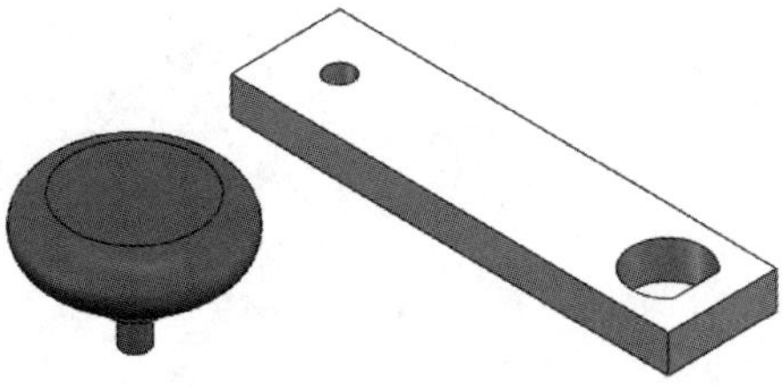

图 4-31

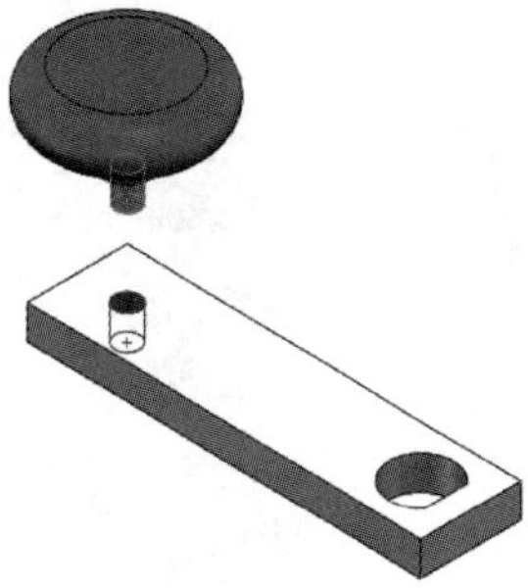

图 4-32

【步骤 3】配合曲臂与曲柄旋钮零部件。单击“装配体”工具栏中的“配合”工具，显示“配合”属性管理器，分别选择曲柄旋钮的圆柱部分和曲臂的小孔作为“要配合的实体”，在“标准配合”选项栏中选择同心1配合，单击配合工具栏中的“确定”按钮，生成“同心 1”配合，如图 4-32 所示。继续选择曲柄旋钮的圆柱上平面和曲臂的上平面作为“要配合的实体”，在“标准配合”选项栏中选择重合(C)配合，单击配合工具栏中的“确定”按钮，生成“重合 1”配合，如图 4-33 所示。

图 4-33

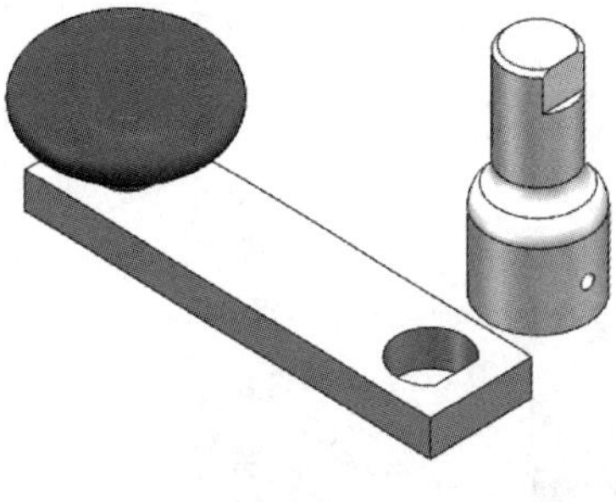

图 4-34

【步骤 4】配合曲臂与曲柄轴零部件。单击“装配体”工具栏中的插入“曲臂轴 . sldprt”文件，如图 4-34 所示。单击“装配体”工具栏中的“配合”工具，显示“配合”属性管理器，分别选择曲臂轴的圆柱部分和曲臂的大孔作为“要配合的实体”，在“标准配合”选项栏中选择同心1配合，单击配合工具栏中的“确定”按钮，生成“同心 2”配合，如图 4-35 所示。继续选择曲臂轴的缺口平面和曲臂的大孔的缺口平面作为“要配合的实体”，在“标准配合”选项栏中选择平行1配合，单击配合工具栏中的“确定”按钮，生成“平行 1”配合，如图 4-36 所示。继续选择曲臂轴的顶面和曲臂的顶面作为“要配合的实体”，在“标准配合”选项栏中选择重合(C)配合，单击配合工具栏中的“确定”按钮，生成“重合 2”配合，如图 4-37 所示，完成手柄部分的装配。

【步骤 5】新建文件。再次创建一个新的装配体文件，并命名为“万向节装配体”，保存文件。

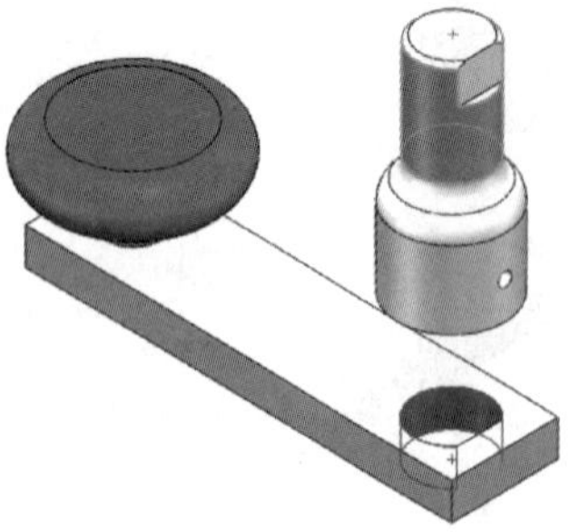

图 4-35

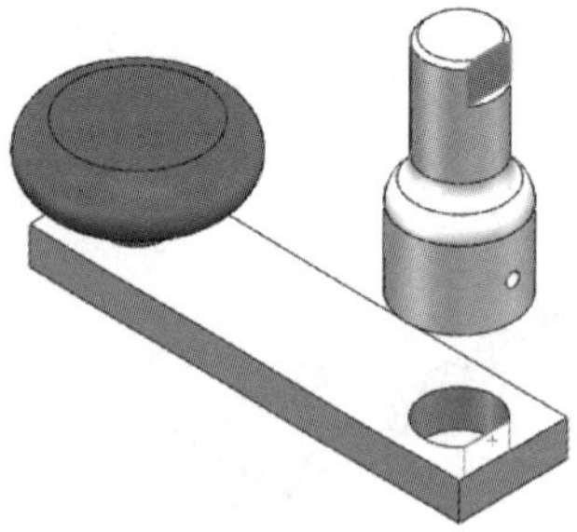

图 4-36

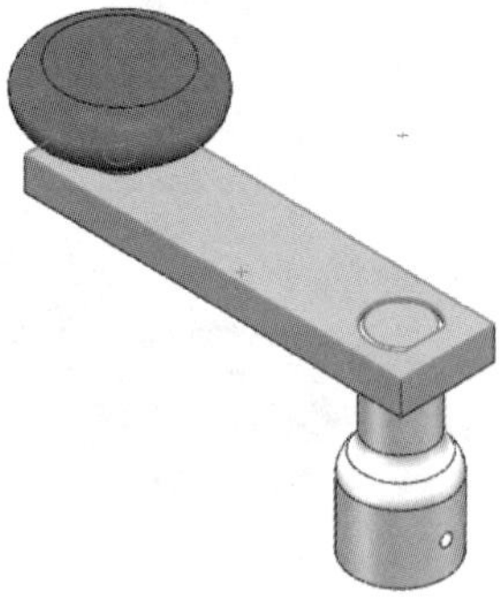

图 4-37

【步骤 6】单击“装配体”工具栏中的“插入零部件”工具，显示“插入零部件”属性管理器。在“要插入的零件/装配体”选项中，单击“浏览”按钮，在弹出的“打开”对话框中找到“支架 . sldprt”文件，打开该文件，单击“确定”按钮，完成支架的插入。重复上述步骤，打开“子轭 . sldprt”文件，在绘图区单击，完成子轭文件的插入，如图 4-38 所示。单击“装配体”工具栏中的“配合”工具，显示“配合”属性管理器，分别选择支架的孔部内壁和子轭圆柱外壁作为“要配合的实体”，在“标准配合”选项栏中选择同心1配合，单击配合工具栏中的“确定”按钮，生成“同心 1”配合，如图 4-39 所示。继续选择子轭的上部圆柱顶部和支架顶的下表面作为“要配合的实体”，在“标准配合”选项栏中选择重合(C)配合，单击配合工具栏中的“确定”按钮，生成“重合 1”配合，如图 4-40 所示。

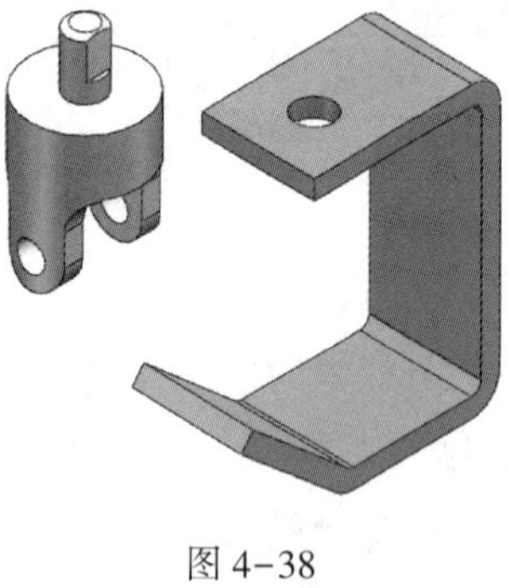

图 4-38

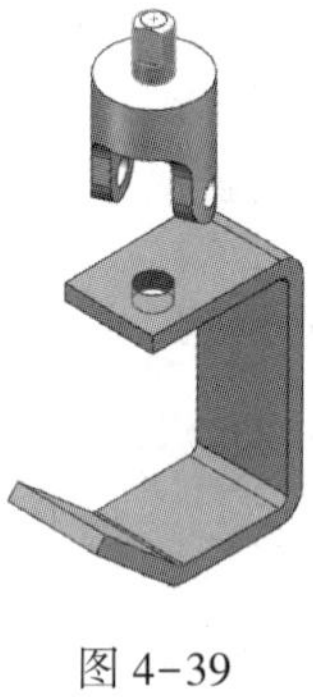

图 4-39

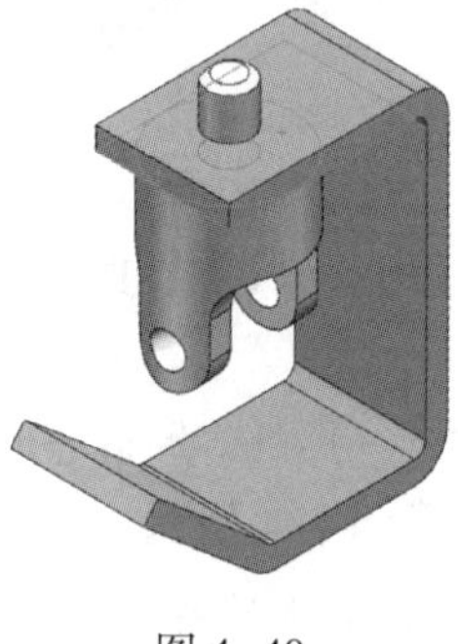

图 4-40

【步骤 7】插入零部件。打开“十字叉 . sldprt”文件，完成十字叉零件的插入。单击“装配体”工具栏中的“配合”工具，显示“配合”属性管理器中“高级配合”下的“宽度”配合命令，分别选择子轭零件的两个孔部内侧面作为“宽度选择”，在“薄片选择”选项栏中选择十字叉零件的两个孔部外侧面，单击配合工具栏中的“确定”按钮，生成“宽度 1”配合，如图 4-41 所示。继续选择十字叉的孔部内壁和子轭的孔内壁作为“要配合的实体”，在“标准配合”选项栏中选择同心1配合，单击配合工具栏中的“确定”按钮，生成“同心 1”配合，如图 4-42 所示。

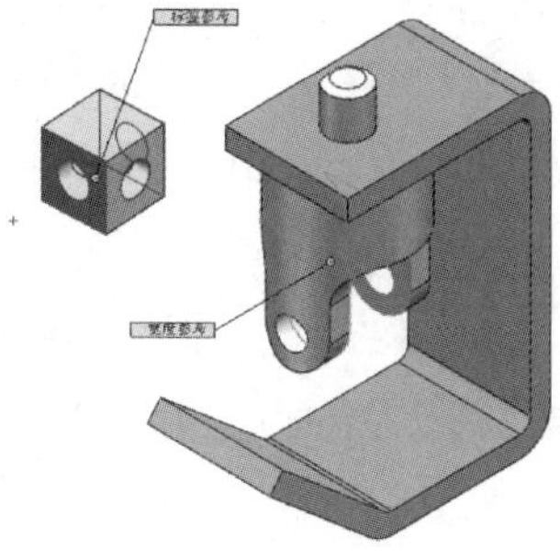

图 4-41

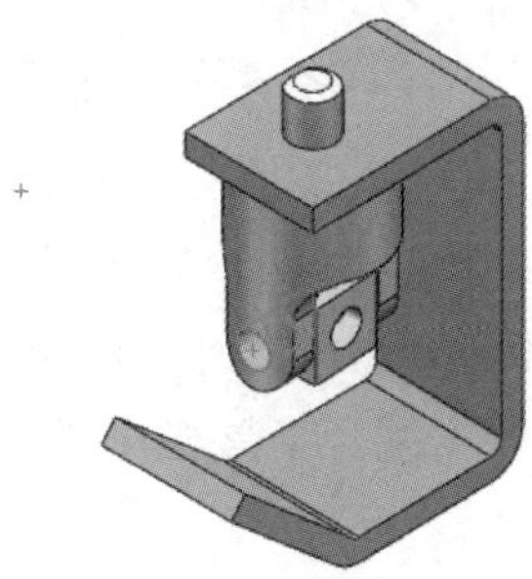

图 4-42

【步骤 8】插入零部件。打开“母轭 . sldprt”文件，完成母轭零件的插入，如图 4-43 所示。单击“装配体”工具栏中的“配合”工具，显示“配合”属性管理器中“高级配合”下的“宽度”配合命令，分别选择母轭零件的两个孔部内侧面作为“宽度选择”，在“薄片选择”选项栏中选择十字叉零件的两个孔部外侧面，单击配合工具栏中的“确定”按钮，生成“宽度 2”配合，如图 4-44 所示。继续选择十字叉的孔部内壁和母轭的孔内壁作为“要配合的实体”，在“标准配合”选项栏中选择配合，单击配合工具栏中的“确定”按钮，生成“同心 2”配合，如图 4-45 所示。继续选择母轭的端部面和支架的斜切面作为“要配合的实体”，在“标准配合”选项栏中选择配合，单击配合工具栏中的“确定”按钮，生成“平行 1”配合，如图 4-46 所示。

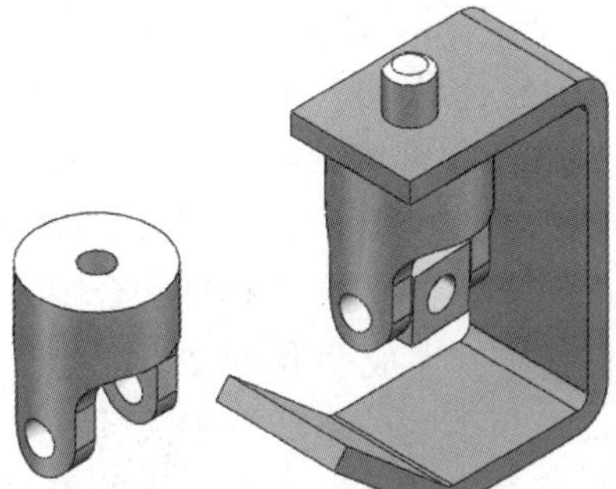

图 4-43

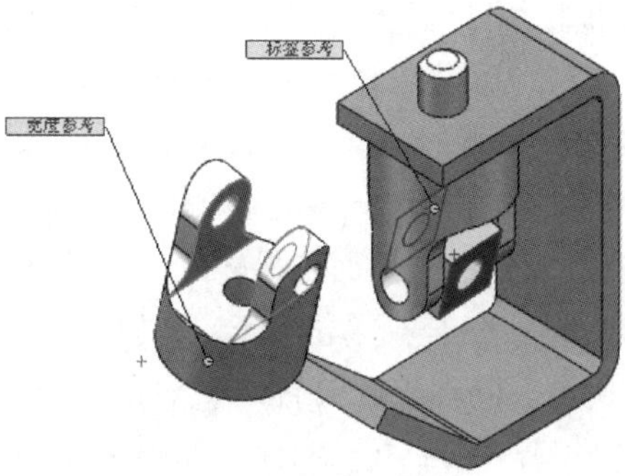

图 4-44

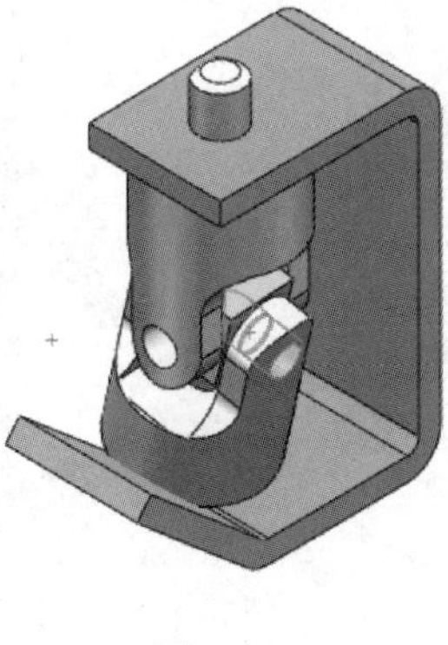

图 4-45

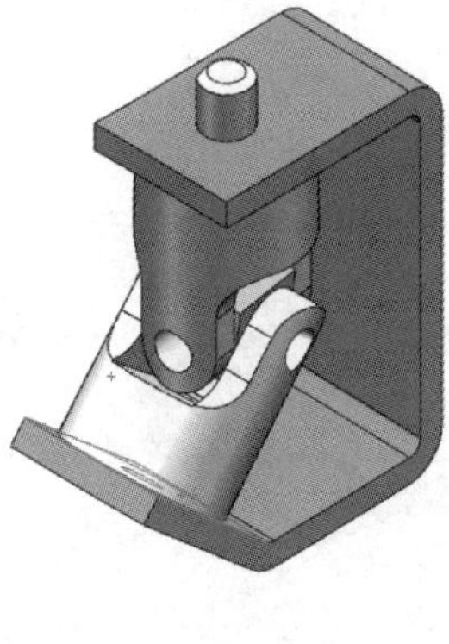

图 4-46

【步骤 9】插入零部件。打开“长销 . sldprt”文件，完成长销零件的插入，如图 4-47 所示。单击“装配体”工具栏中的“配合”工具，显示“配合”属性管理器中“标准配合”下的“同心”配合命令，选择长销的外壁和十字叉的孔内壁作为“要配合的实体”，单击配合工具栏中的“确定”按钮，生成“同心 4”配合，如图 4-48 所示。继续选择长销的端部面和母轭的外表面作为“要配合的实体”，在“标准配合”选项栏中选择配合，单击配合工具栏中的“确定”按钮，生成“相切 1”配合，如图 4-49 所示。

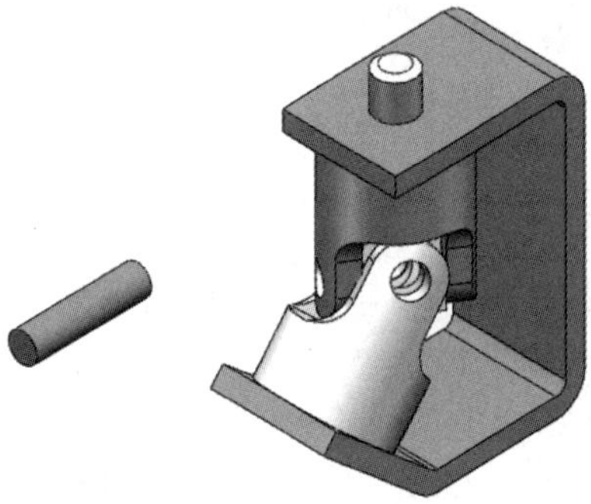

图 4-47

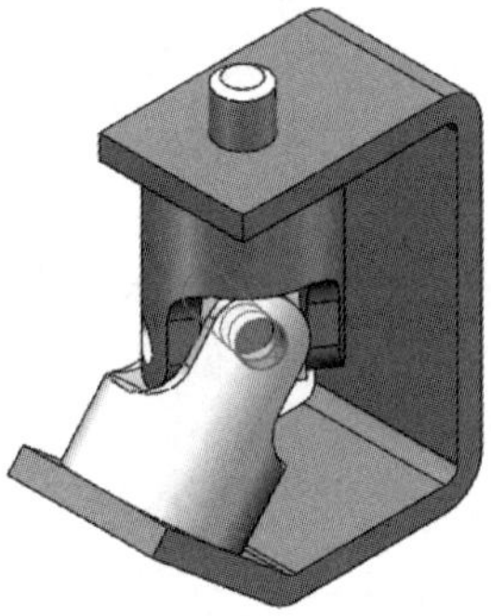

图 4-48

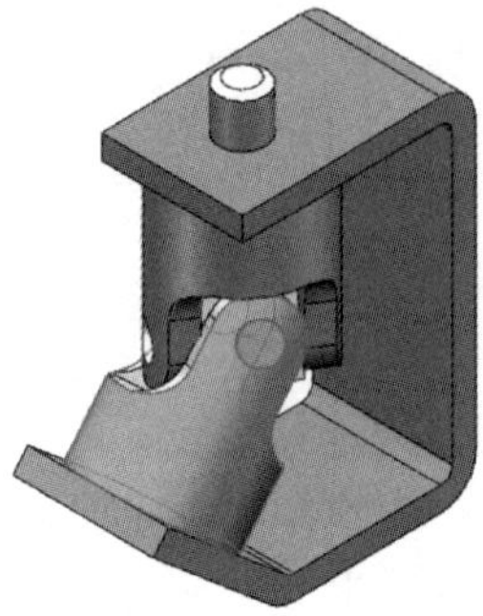

图 4-49

【步骤 10】插入零部件。打开“短销 . sldprt”文件，完成短销零件的插入，如图 4-50 所示。单击“装配体”工具栏中的“配合”工具，显示“配合”属性管理器中“标准配合”下的“同心”配合命令，选择短销的外壁和十字叉的孔内壁作为“要配合的实体”，单击配合工具栏中的“确定”按钮，生成“同心 5”配合，如图 4-51 所示。继续选择短销的端部面和母轭的外表面作为“要配合的实体”，在“标准配合”选项栏中选择配合，单击配合工具栏中的“确定”按钮，生成“相切 2”配合，如图 4-52 所示。同理，再次插入“短销 . sldprt”文件，选择短销的外壁和十字叉的另外一个孔内壁生成“同心 6”配合，如图 4-53 所示。继续选择短销的端部面和母轭的外表面生成“相切 3”配合，如图 4-54 所示。

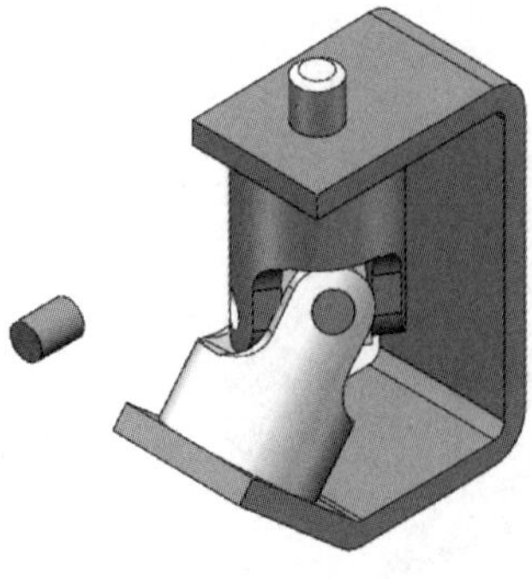

图 4-50

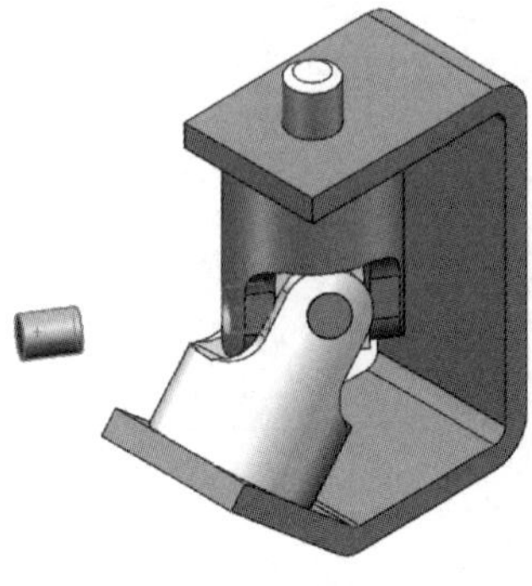

图 4-51

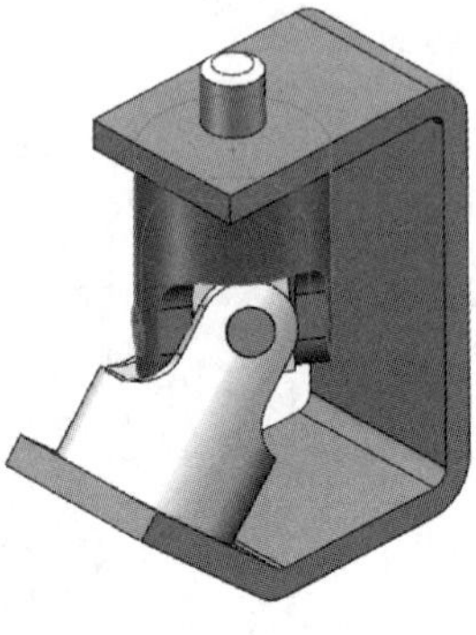

图 4-52

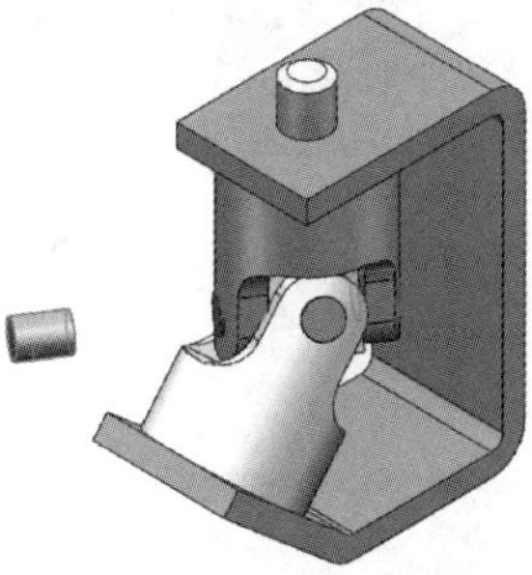

图 4-53

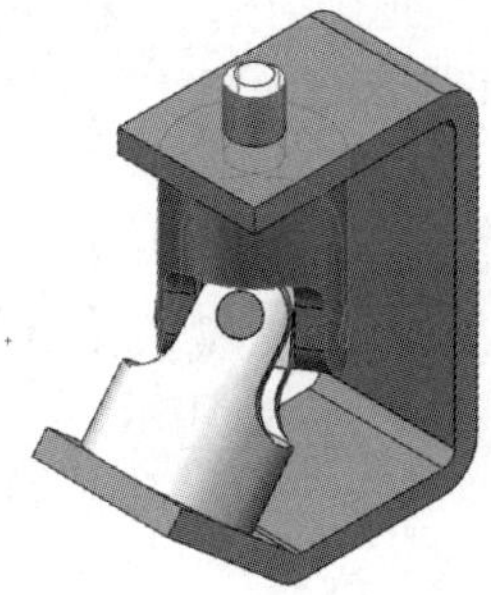

图 4-54

【步骤 11】插入装配体。打开“手柄装配 . sldasm”文件，完成手柄装配体的插入，如图 4-55 所示。单击“装配体”工具栏中的“配合”工具，显示“配合”属性管理器中“标准配合”下的“同心”配合命令，选择曲臂轴的外壁和子轭的轴外壁作为“要配合的实体”，单击配合工具栏中的“确定”按钮，生成“同心 7”配合，如图 4-56 所示。继续选择曲臂轴的内壁缺口和子轭的轴外壁缺口作为“要配合的实体”，单击配合工具栏中的“确定”按钮，生成“平行 1”配合，如图 4-57 所示。继续选择曲臂轴的下端面和支架的上端面作为“要配合的实体”，单击配合工具栏中的“确定”按钮，生成“重合 6”配合，如图 4-58 所示，完成万向节的全部装配。

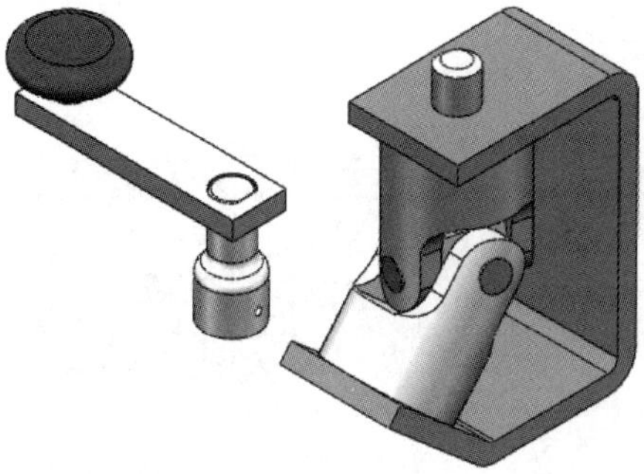

图 4-55

图 4-56

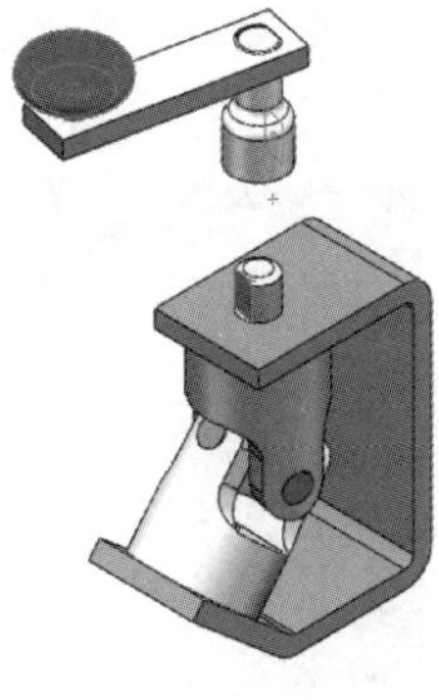

图 4-57

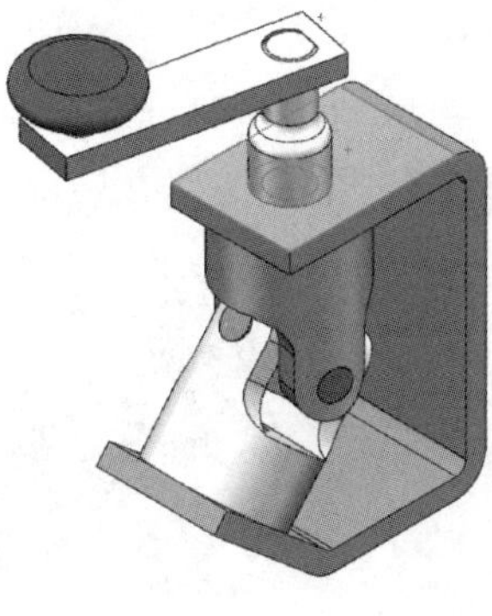

图 4-58

【步骤 12】爆炸视图。选择设计树下的子目录“配置”，单击鼠标右键，在出现的快捷菜单中打开“万向节配置”中“新爆炸视图”，如图 4-59 所示。选择“手柄”部分，按照图标所示的十字坐标拖动零件到某一位置，形成“爆炸步骤 1”，如图 4-60 所示。逐步拖动其他零件至图上位置，拉开零件间的距离，形成有 7 个步骤的爆炸视图，如图 4-61 所示。再次点击鼠标右键，在出现的快捷菜单中选择“解除爆炸”，装配体又可以恢复成爆炸前模型，如图 4-62 所示。

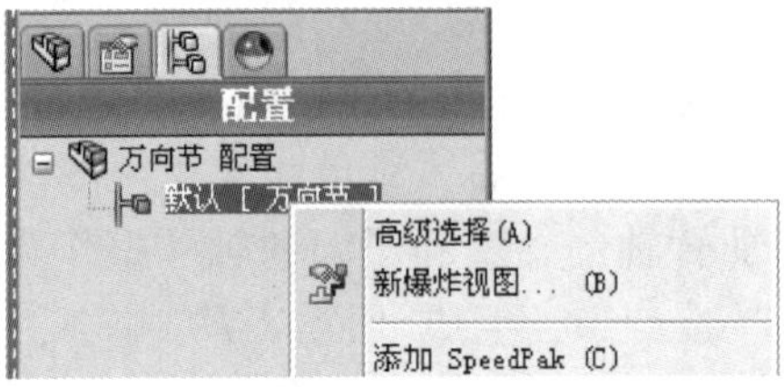

图 4-59

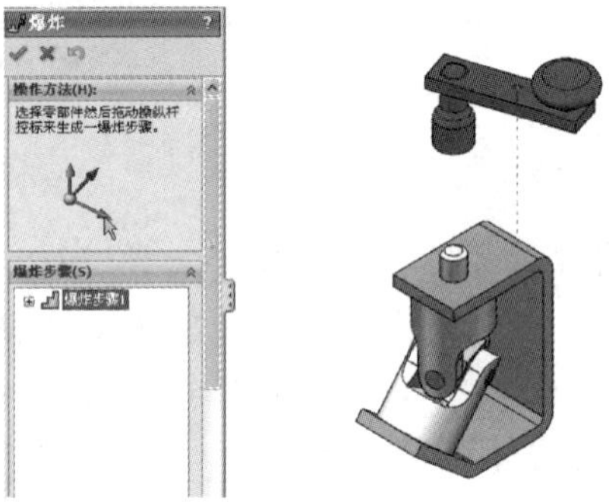

图 4-60

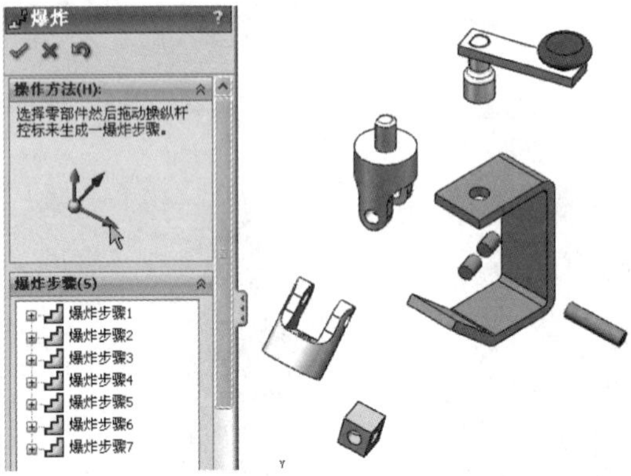

图 4-61

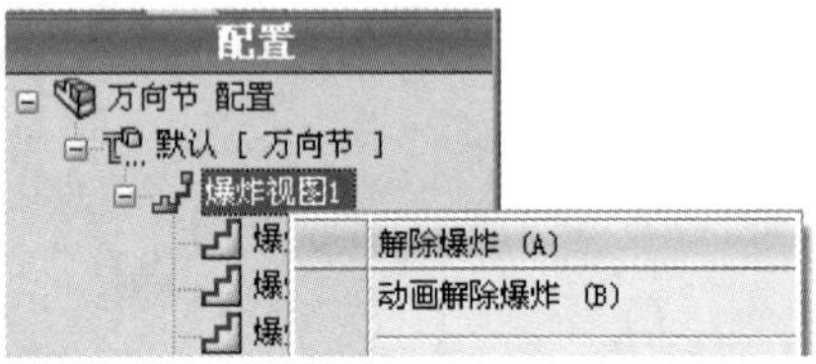

图 4-62

拓展练习

（1）请依据图 4-63 所示 U 盘爆炸视图，运用重合关系将 U 盘主体与 U 盘盖进行装

图 4-63

配，并用爆炸视图移动到指定位置。U 盘源文件下载及操作视频可以扫描图 4-63 中的二维码下载。

（2）请依据图 4-64 所示锤头透视图，运用同心、重合关系将锤头与手柄部件进行装配。锤头源文件及操作视频可扫描图 4-64 中的二维码下载。

图 4-64

（3）请依据图 4-65 所示滑轮组合图，运用重合、同心、距离、平行等配合命令将各部件组成如图所示整体状态。滑轮各部件源文件可扫描图 4-65 中的二维码下载，有简单提示配合步骤。

图 4-65

（4）请依据图 4-66 所示磨床组合图，运用重合、平行、同心等配合命令将各部件组成如图所示整体状态，磨床手柄可以在底座上 360°转动。磨床各部件源文件可扫描图 4-66 中的二维码下载。

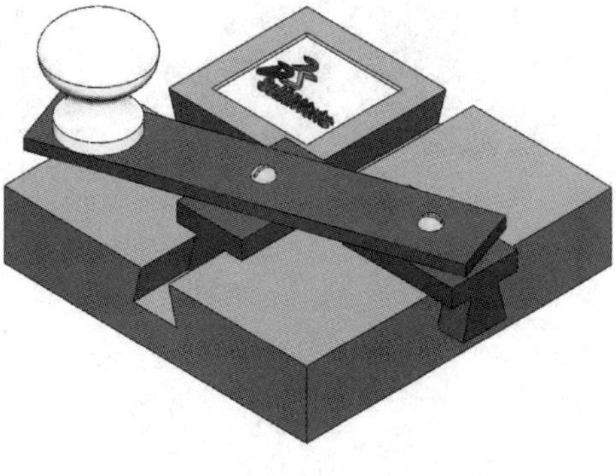

图 4-66

（5）请依据图 4-67 所示香水瓶组合图，运用重合、同心等配合命令将各部件组成如图所示整体状态，并呈现一张爆炸视图。香水瓶各部件源文件可扫描图 4-67 中的二维码下载。

图 4-67

（6）请依据图 4-68 所示办公室组合图，运用重合、距离等配合命令将办公室电脑、鼠标等放置在办公桌上，形成一张办公室状态图。办公组件源文件可扫描图 4-68 中的二维码下载。

图 4-68

第五章 工程图

SolidWorks 软件可以使二维几何草图转换生成工程图，也可将三维零件模型或装配体模型转换成二维工程图。零件、装配体和工程图是互相链接的文件，通过对零件或装配体所做的任何更改会导致工程图文件的相应变更。工程图文件的扩展名为“. slddrw”，新工程图名称使用的是所插入的第一个模型的名称，该名称出现在标题栏中。

工程图分为两个功能层次：工程图和出详图。工程图部分提供有关产品视图的基本操作功能，包括标准三视图、局部视图、剖视图等多种视图的建构与编辑命令。出详图提供针对产品工程信息的描述功能，包括形位公差、表面粗糙度等多种工程属性注解方法。工程图和出详图共同完成产品的工程图纸建立。

第一节　基本知识

一、工程图模板

1. 打开工程图模板

（1）单击标准工具栏上的新建。

（2）单击工程图，单击确定。新的工程图出现在图形区域中，且模型视图 Property Manager 出现。下一步，我们需要通过更改一些文本属性来编辑图纸格式。因为目前使用的是图纸格式，还没有在工程图中插入模型，所以取消 Property Manager。

（3）编辑图纸格式。图纸格式通常包括页面大小和方向、标准文字、边界、标题栏等。图纸格式可自定义并保存，供将来使用。工程图文件的每张图纸可有不同的格式，模板为形成新文档的基础。工程图模板可包括预定义的视图、多个工程图图纸等。工程图模板具有扩展名“. drwdot”。

2. 编辑工程图模板

（1）绘制标题栏。选择“编辑”→“图纸格式”，或在特征树中的“图纸格式”节点单击右键，选择“编辑图纸格式”，进入图纸格式编辑状态，图框变为蓝色。删除原有标题栏，根据企业标准绘制新的标题栏，并添加几何关系使标题栏右侧和下侧与图框对齐。使用文字命令填写好标题栏中的固定内容。

（2）建立自定义的系统属性。选择“文件”→“属性”，在“摘要信息”对话框“自定义”页面的“名称”框内输入标题栏中的一项固定内容，在“数值”框中输入该项固定内容所对应的内容，单击“添加”按钮，将该项属性添加到“属性”框中。依次定义标题栏中的各项固定内容的属性值。

（3）链接系统属性与注释。在标题栏中选择一个空注释，在属性管理器的“文字格式”选项中单击按钮，出现“链接到属性”对话框，选择链接方式为“来自文件”，在下拉列表框中选择与该空注释对应的固定内容，单击“确定”。该属性值出现在标题栏中的对应位置。

（4）在标题栏中双击文字。单击视图工具栏上的局部放大，然后拖动选择右下角的标题栏。再次单击局部放大，将此工具关闭。文字出现在编辑框中，将文字改为公司的名称。单击文字区域外面来保存更改。再次单击文字，在 Property Manager 中，单击字体并更改字体、大小或样式，然后单击确定。

（5）可以使用格式化工具栏来更改字体、大小或样式。如果看不到格式化工具栏，请单击视图、工具栏、格式化。

（6）单击文字区域外面来保存更改。

（7）单击视图工具栏上的整屏，显示全图。

（8）用右键单击工程图纸中的任何地方，然后选择编辑图纸以退出编辑图纸格式模式。

3. 保存工程图纸模板

若要将修改后的格式定为标准模板，方便下次使用，我们需要单击文件，保存图纸格式。选择“文件”→“另存为”，保存类型选择“工程图模板（＊.drwdot）”，系统将提示保存在 templates 文件夹下，与系统已有的模板存放在一起，点击“保存”后完成。

4. 工程图打印

选择“文件”→“打印”，出现“打印”对话框：

①【页面设置】：设置打印比例、纸张大小、打印方向和颜色等。一般在“比例”方式中选择“调整比例以套合”，使图纸按照打印的纸张进行适当缩放。

②【页眉/页脚】：利用自定义方式设置页眉和页脚的位置、格式和内容。

③【线粗】：与“线型”工具栏中的“线粗”按钮中的名称对应。

④【边界】：设定打印区域与纸张的边界距离。

⑤【打印范围】：选择“选择”，出现“打印所选区域”对话框，图形区中出现一个显示打印区域的方框，按住方框边界可移动方框改变打印的区域。用小打印机打印较大的图纸时，可分区打印再采用粘贴的方法形成整张图纸。

⑥【打印预览】：设定完成打印选项后，单击观察打印的结果。

二、标准三视图

标准三视图是指从三维模型的前视、右视、上视 3 个正交角度投影生成的 3 个正交视图。在标准三视图中，主视图与俯视图及侧视图有固定的对齐关系。俯视图可以竖直移动，侧视图可以水平移动。利用标准三视图命令将产生零件的三个默认正交视图，其主视图的投射方向为零件或装配体的前视，投影类型按前面章节中修改图纸设定中选定的第一视角或第三视角投影法。

生成标准三视图的方法有：标准方法、从文件中生成和拖放生成三种，下面主要介绍标准方法。利用标准方法生成标准三视图的操作步骤为：

（1）打开零件、装配体文件或打开含有所需模型视图的工程图文件。

（2）新建工程图文件，并指定所需的图纸格式。

（3）单击【工程图】工具栏上“标准三视图”按钮，或选择菜单栏中的【插入】→【工程视图】→【标准三视图】命令。

（4）选择模型。选择方法有：当零件图文件打开时，生成零件工程图，可单击零件的一个面或图形区域中任何位置；当装配体文件打开时，如要生成装配体视图，可单击图形区域中的空白区域，也可以单击设计树中的装配体名称；如要生成装配体零部件视图，单击零件的面或在设计树中单击单个零件或子装配体的名称。当包含模型的工程图打开时，在设计树中单击视图名称或在工程图中单击视图。

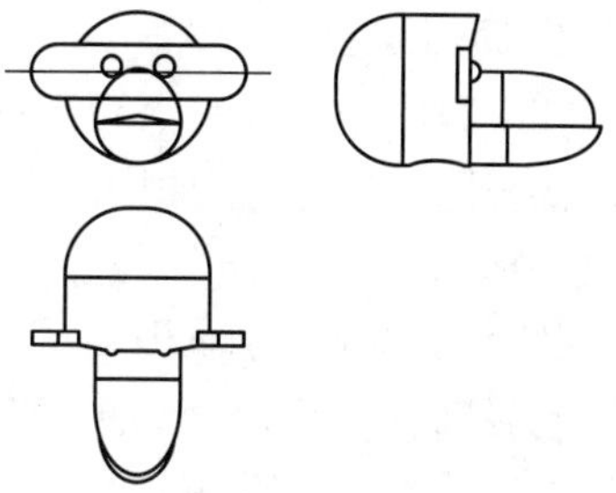

图 5-1

（5）工程图窗口出现，并且出现标准三视图，如图 5-1 所示。

三、派生视图

派生视图是指从标准三视图、模型视图或其他派生视图中派生出来的视图，包括剖视图、辅助视图、局部视图、投影视图等。

1. 剖视图

我们可以用一条剖切线来分割父视图在工程图中生成一个剖视图，如图 5-2 所示。剖视图可以是直切剖面或者是用阶梯剖切线定义的等距剖面，剖切线还可以包括同心圆弧。

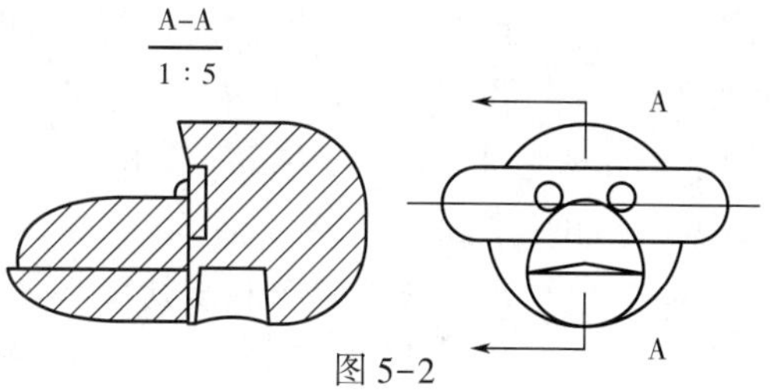

图 5-2

生成剖视图的步骤：

（1）绘制剖面线。单击，在视图的剖切位置绘制剖切线，注意剖切线不要超出视图框。

（2）放置剖视图。完成剖切线的绘制后，其两端出现剖切箭头，指示剖切方向，鼠标指针带有一个视图框，在属性管理器中选择“翻转方向”，可改变剖切方向。按住 Ctrl 键可将剖视图移动到任意位置。

（3）改变剖视图属性。选择剖视图，控制区中出现剖视图属性管理器，可在其中设定剖视图的各种属性，如反转剖视方向、更改剖视标示文字、剖视图比例等。将鼠标移动到剖切箭头上双击可改变剖切方向，鼠标在剖切箭头的字母上双击可输入剖视标示字母。更改后选择剖视图，单击工具栏上标识以更新视图。

（4）单击以放置视图。如有必要可编辑视图标号，更改视图的方向或修改剖面视图，如图 5-3 所示。

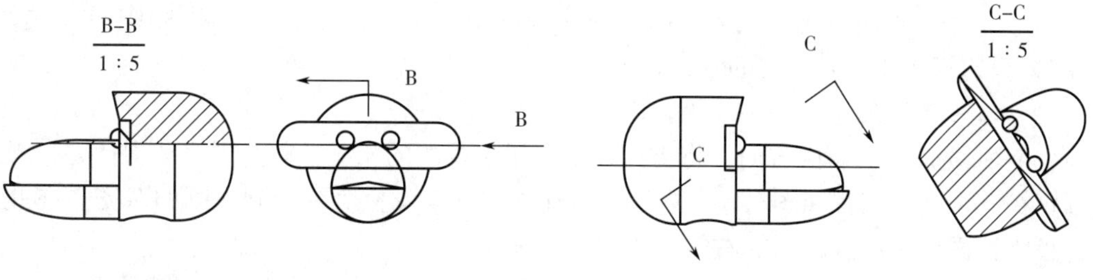

图 5-3

2. 局部视图

在工程图中生成一个局部视图来显示一个视图的某个部分（通常是放大比例显示）。此局部视图可以是正交视图、空间（等轴测）视图、剖视图、裁剪视图、爆炸装配体视图或另一局部视图。

放大的部分使用草图（通常是圆或其他闭合的轮廓）进行闭合。可设定默认局部视图比例缩放系数，此决定局部视图的比例为父视图的系数。如图 5-4 所示，左边的活动视图显示绘制的轮廓（圆）和轮廓标号（A）。右边的局部视图显示局部视图标号，此显示轮廓标号（A）和比例（1 : 5）。

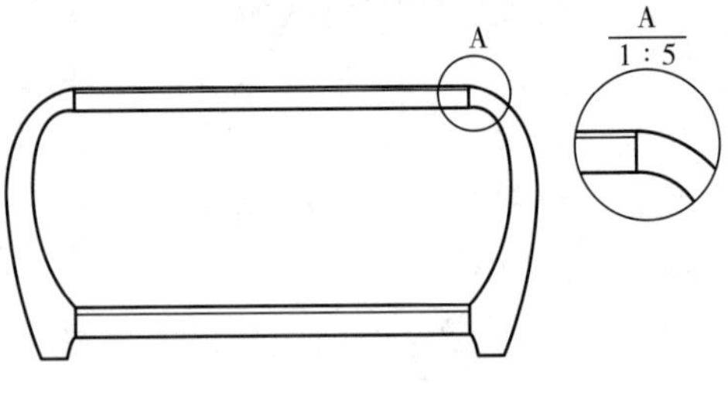

图 5-4

局部视图在 Feature Manager 设计树中展开的所有零部件和特征都可使用。

生成局部视图的步骤：

（1）单击工程图工具栏上的局部视图，或单击“插入”→“工程图视图”→“局部视图”。

（2）局部视图 Property Manager 出现，圆工具被激活。

（3）绘制一个圆。

（4）当移动指针时，视图的预览在选取拖动工程视图显示内容时会显示。当视图位于所需的位置时，单击以放置视图。可以编辑视图标号，而且可在必要时修改视图。若想移除输入工程图的任何草图，将之从 Feature Manager 设计树中删除。

3. 投影视图

投影视图通过八种可能投影之一折叠现有视图而生成，所产生的视向受在工程图图纸属性中定义的第一角或第三角投影法设定的影响。

投影视图为正交视图以下列工具生成：

（1）标准三视图。前视视图为模型视图，其他两个视图为投影视图，使用在图纸属性中所指定的第一角或第三角投影法。

（2）模型视图。在插入正交模型视图（前视、右视、左视、上视、下视以及后视）时，投影视图 Property Manager 出现，这样可从工程图纸上的任何正交视图插入投影的视图。

（3）投影视图。从任何正交视图插入投影的视图，可生成爆炸装配体视图的投影视图，但不可从局部视图生成。

生成投影视图的步骤：

（1）单击工程图工具栏上的投影视图，或单击“插入”→“工程视图”→“投影视图”。投影视图 Property Manager 出现。

（2）在图形区域中选择一个投影用的视图。

（3）如要选择投影的方向，将指针移动到所选视图的相应一侧。当移动指针时，视图的预览在选取拖动工程视图时显示内容，可通过快捷工具栏命令控制视图的对齐。在此例中，投影视图位于所选视图的右边，如图 5-5 所示。

（4）当视图位于所需位置时，单击以放置视图。投影视图放置在图纸上，与用来生成它的视图对齐。根据系统默认，只能沿投影的方向来移动投影视图。如有必要，可更改视图的对齐。

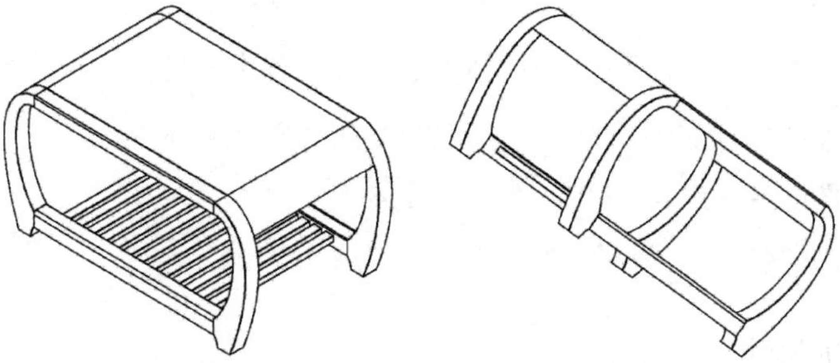

图 5-5

四、装配体工程图

1. 装配体工程图

导入装配体模型的步骤：

（1）打开装配体文件。

（2）建立一个工程图文件，单击按钮。

（3）切换到装配体窗口，在图形区的空白处单击鼠标左键，装配体模型导入工程图中。注意：如果在装配体窗口图形区内的零件上单击，将只有被选中的零件导入工程图中。

2. 隐藏/显示零部件

（1）隐藏零部件

①在视图的空白处单击右键，选择“属性”，在“工程视图属性”对话框中选择“隐藏/显示零部件”选项卡，在图形区的视图上选择要隐藏的零件，单击“应用”或“确定”。

②在视图中选择要隐藏的零件，单击右键，选择“显示/隐藏”→“隐藏零部件”。

③在特征树中选择某视图中的某零件节点，单击右键，选择“显示/隐藏”→“隐藏零部件”。

（2）显示隐藏零部件

①进入“工程视图属性”对话框，在隐藏零件的列表中选择要显示的零部件，用删除键从列表中删除，单击“确定”。

②在特征树中选择某视图中的某零件节点，单击右键，选择“显示/隐藏”→“显示零部件”。

3. 装配体剖视图

单击，在视图中绘制剖切线，出现“剖面范围”对话框，设定后单击视图放置位置。

（1）排除的零部件。列表中显示生成的剖视图中将不剖切的零部件。在视图中选择某零件，该零件的名称会出现在列表中。

（2）自动打剖面线。设定按照切换 90°的方式标注装配体中相邻剖切零件。

（3）更改剖面线。用鼠标单击剖面线，激活“区域剖面线/填充”属性管理器，取消对“材质剖面线”复选框的选择，可设置剖面线的样式、比例（数值越小剖面线间距越大）和角度，并设定所选剖面线的应用范围。

4. 零件序号

插入序号的步骤：

（1）插入零件序号。单击，在视图中依次选择各个零件。

（2）插入成组的零件序号。单击，依次选择零件组中的零件。

（3）自动零件序号。选择一个视图，单击。

（4）零件序号的对齐。框选要对齐的零件序号，单击“对齐”工具栏中相应的对齐方式按钮。

5. 零件序号的属性

选择一个或所有零件序号，在属性管理器中可设定零件序号的边界样式、零件序号文字。

（1）“项目数”即零件序号，对应于装配体特征树中的次序；“数量”表示该零件在装配体中的数目。

（2）改变零件序号的字体。选择零件序号，通过“字体”工具栏进行修改。

（3）改变零件序号字符。零件序号中的项目数与装配体生成的过程相对应，即对应于装配体特征树中的次序，而工程图中是按顺时针方向依次增加零件序号，因此需要进行调整。选择一个零件序号，在属性管理器中的“零件序号文字”列表中选择“自定义”，然后从左至右依次输入新的零件序号。零件序号中的次序设定结果将决定材料明细表中的零件排列顺序。

6. 材料明细表

（1）插入材料明细表。在图形区选择视图，单击“插入”→“表格”→“材料明细表”，在“材料明细表”属性管理器中单击表模板按钮，在“选择材料明细表”对话框中选择模板。在属性管理器中设置材料明细表定位点位置、材料明细表类型选择“仅限顶层”，项目号的起始值与增量值。

（2）编辑材料明细表。在材料明细表中单击，打开“单元格”属性管理器。

①表格格式：设置标题行位置、边框、文字格式。

②列属性：编辑列标题文字，调整列位置。

③行属性：调整行位置。

④材料明细表内容。

⑤整列宽：鼠标拖动垂直表线，向左减小左列宽度，向右增大左列宽度。

⑥调整行高：鼠标拖动水平表线，向上减小上行高度，向下增大上行高度。

⑦插入列、行：右击单元格，选择“插入”所需行或列。

⑧在单元格中输入文字：双击单元格输入文字，在单元格外单击结束。

（3）移动材料明细表。在材料明细表内任意位置单击，激活明细表，用鼠标点住明细表左上角的移动图标拖动。

（4）保存材料明细表。设置材料明细表的格式和样式后，可将其保存为材料明细表模板，右击材料明细表，选择“保存为模板”。

第二节　能力进阶

一、A3 图纸模板

任务分析

本工程图为常见的 A3 图框，如图 5-6 所示，需要使用草图绘制和标注几何关系命令设置图纸线框和标题框大小，并通过编辑图纸和修改图纸内容实现 A3 图纸模板制作。

绘图思路：编辑图纸—绘制图框外框尺寸—绘制内框尺寸—绘制标题栏—添加文字—完成制作。

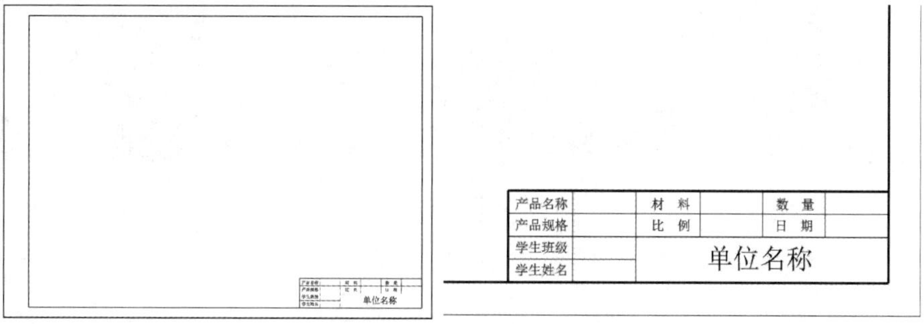

图 5-6

操作步骤

【步骤 1】启动 SolidWorks，单击“新建”按钮，在弹出的“新建 SolidWorks 文件”对话框中选择“工程图”复选框，单击“确定”，创建一个新的 A3 图纸工程图文件。

【步骤 2】编辑图纸内容。先将模型视图选框关闭，在图纸空白处单击鼠标右键，选择“编辑图纸格式”，如图 5-7 所示。将所有内容框选后单击删除键，按照国标格式画出图纸格式。

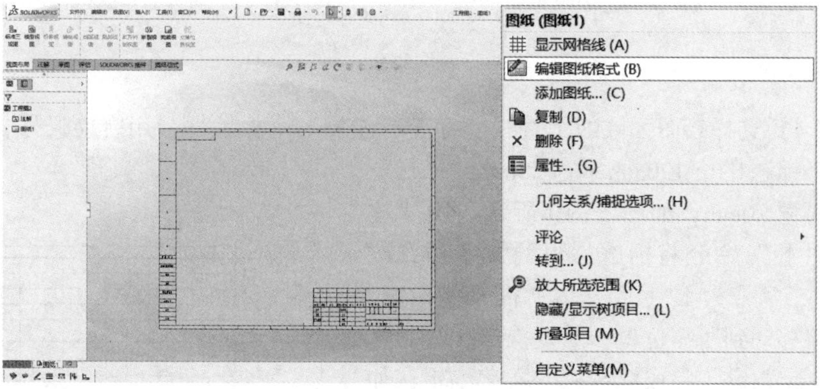

图 5-7

【步骤 3】首先在图纸边缘绘制一个矩形线框，并用智能尺寸标注其长为 420mm，宽为 297mm，并为处于不完全约束状态下的所有线条添加“固定”几何约束，如图 5-8 所示。将外框线条设置为“轮廓实体层”，所有的线型都可以在图层管理器中进行设置。具体方法为：长按 Ctrl 键，选择粗细应该相同的边线，再到图层管理器中选择粗实线（或细实线），则看到框选的边线发生了变化，如图 5-9 所示。

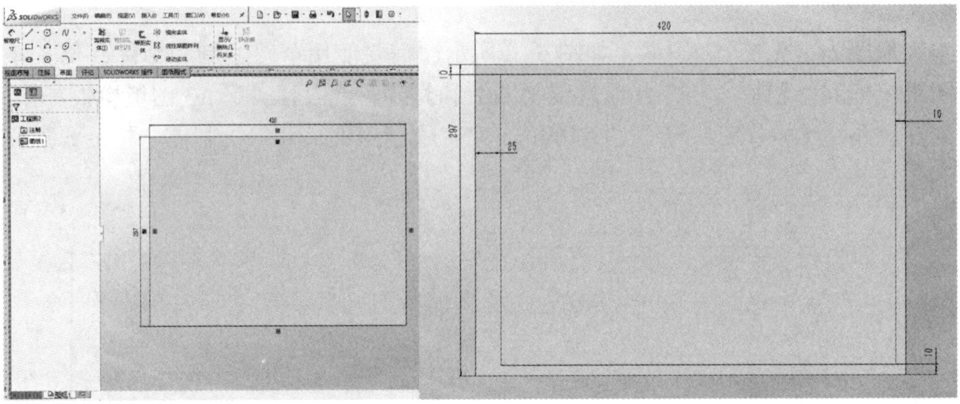

图 5-8

图 5-9

【步骤 4】选择绘图区域的“直线”命令，绘制一个标题框，用智能尺寸标注标题框尺寸，整个标题栏长 120mm，宽 28mm，每行宽 7mm，每列宽 20mm，如图 5-10 所示。用“注解”→“注释”命令将标题栏里的文字样式改为“宋体”，字号为 12 号；输入所需文字内容，然后将文字移动到所需位置。重复操作，复制文字后编辑文字内容，完成标题栏的文字编辑，如图 5-11 所示。

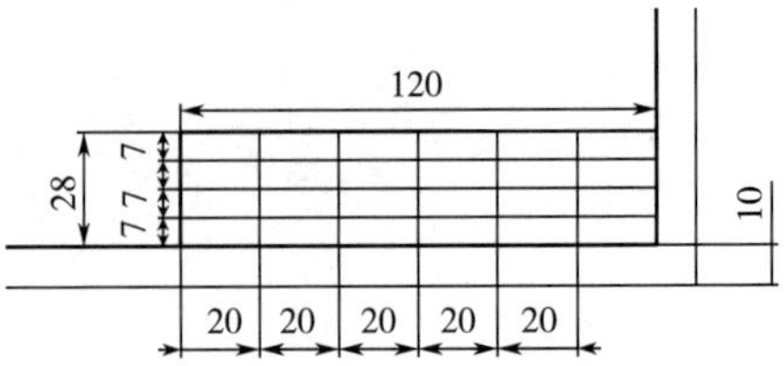

图 5-10

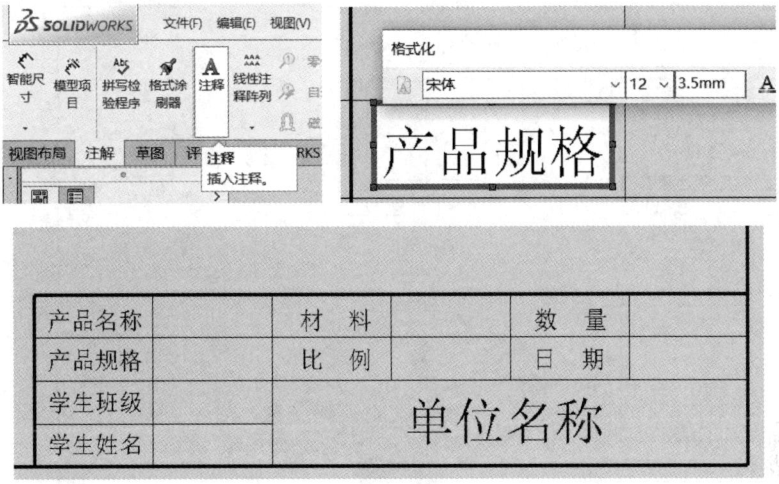

图 5-11

【步骤 5】退出编辑图纸状态，将文件“另存为”，文件名为“A3 模板”，保存格式为“工程图模板”，单击“保存”，完成模板的制作，如图 5-12 所示。

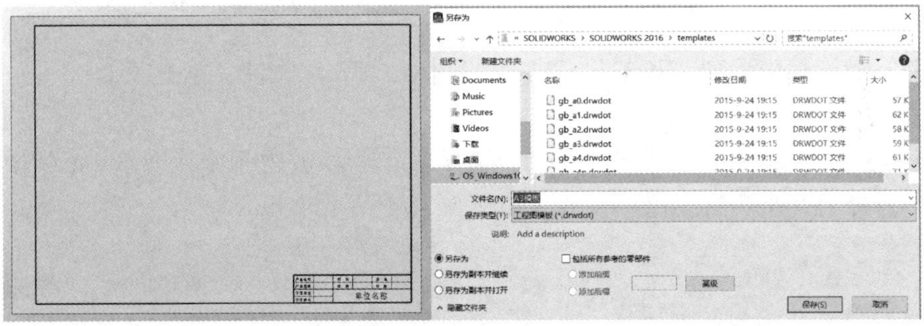

图 5-12

二、长茶几三视图

任务分析

本任务是一款长茶几工程图，通过三视图、剖视图（见图 5-13）体现长茶几的基本尺寸和结构。

绘图思路：导入三视图—基本尺寸—剖视图—标题栏填入产品内容。

操作步骤

【步骤 1】启动 SolidWorks，单击“新建”按钮，在弹出的“新建 SolidWorks 文件”对话框中选择“工程图”复选框中的“A3 图纸”模板。

【步骤 2】单击“工程图”工具栏中的“视图布局”工具，点击“标准三视图”图标，出现其属性管理器。在“要插入的零件/装配体”选项中单击“浏览”按钮，在弹出

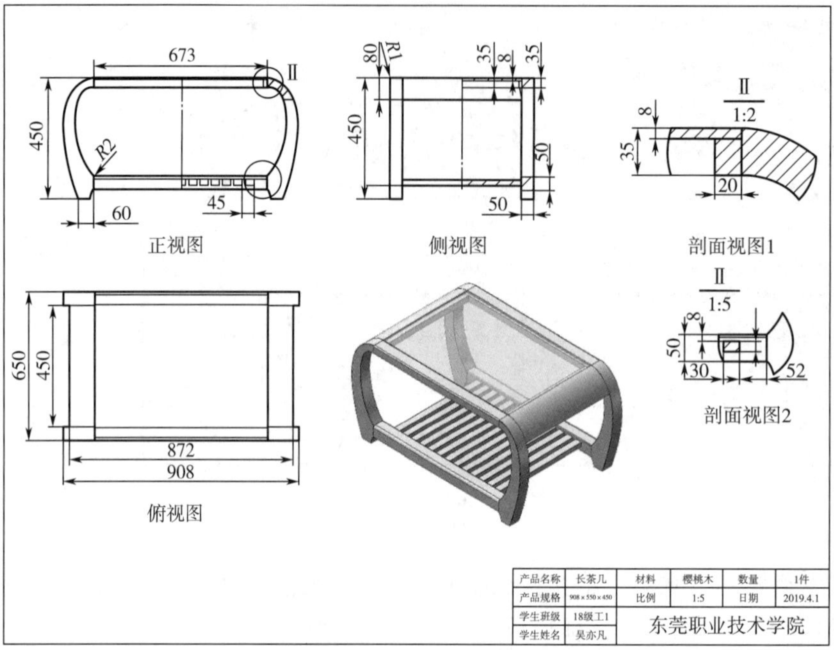

图 5-13

的“打开”对话框中找到“长茶几.sldprt”文件，打开该文件，单击“确定”✓，完成长茶几模型的插入，如图 5-14 所示。

【步骤 3】点击右边“视图调色板”，选择“等轴测”视图拖入图纸中，并通过“显示模型”选择为“带边线上色”模式，如图 5-15 所示。

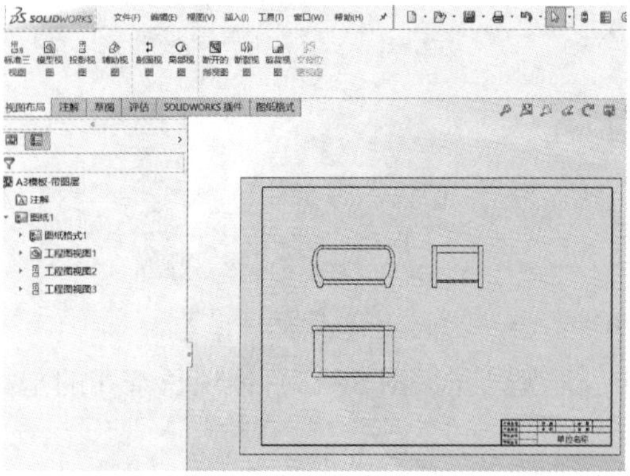

图 5-14

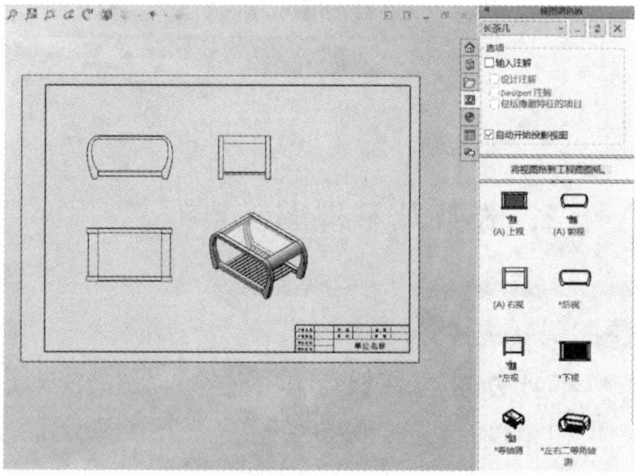

图 5-15

【步骤 4】剖视图。点击“视图布局”工具栏下的“剖视图”命令，选择俯视图进行水平方向的剖切，获得正视图的剖视图；对正视图进行竖直方向的剖切，获得侧视图的剖视图，如图 5-16 所示。

【步骤 5】剪裁视图。点击“草图”工具栏下的“矩形”绘图工具，在剖视图上绘制

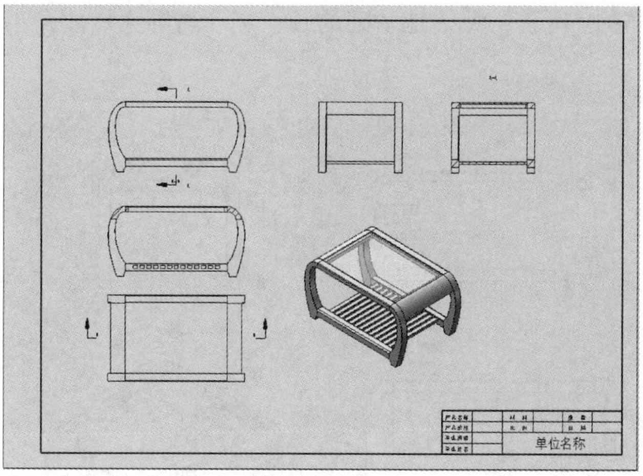

图 5-16

一个矩形，然后点击“视图布局”工具栏下的“剪裁视图”命令，选择剪裁一半剖视图，然后将剖视图与正视图对齐，形成一半剖面一半完整的视图效果，如图 5-17 所示。同理，将侧视图与之对应的剖视图结合起来，形成一半剖面一半完整的视图效果，如图 5-18 所示。

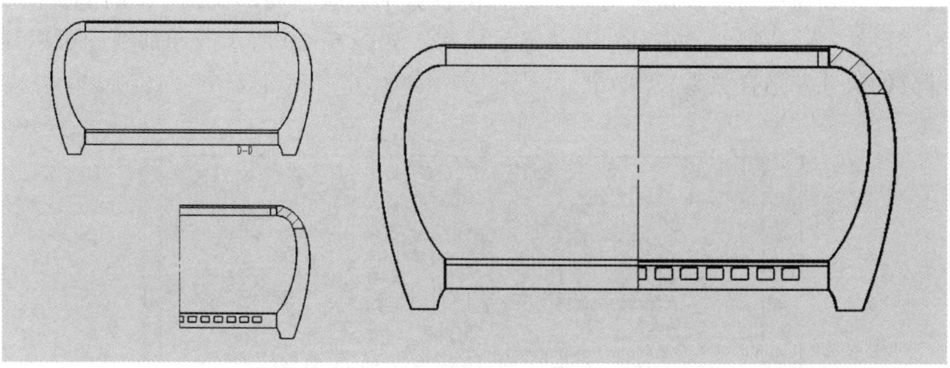

图 5-17

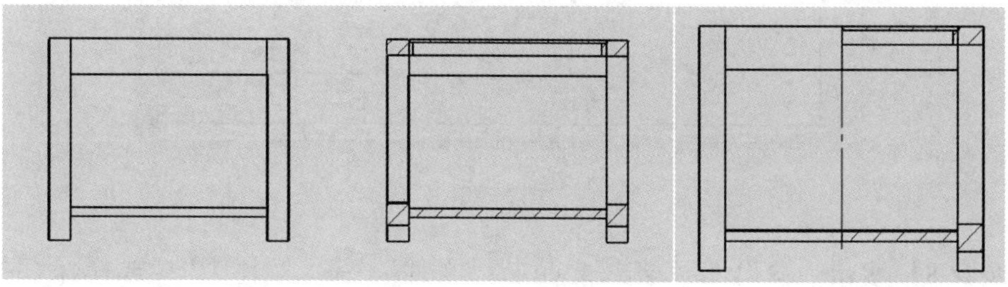

图 5-18

【步骤 6】标注尺寸。点击“注解”工具栏下的“智能尺寸”，将所需要的大尺寸手动标示出来，如图 5-19 所示。关键是基础的长、宽、高等大尺寸，小尺寸可以通过剖视图展现出来。

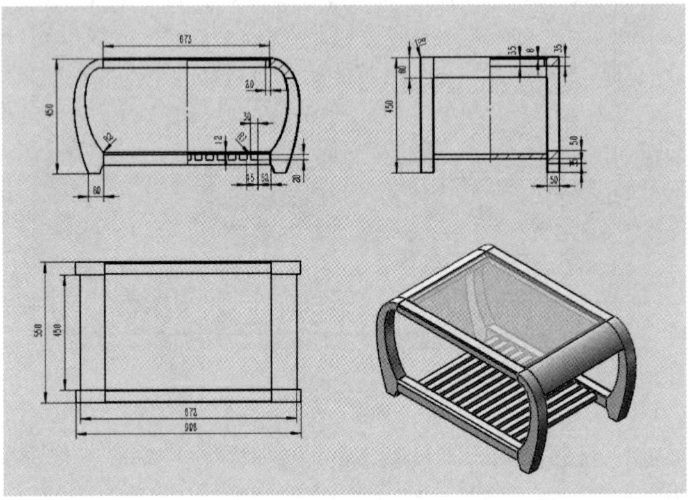

图 5-19

【步骤 7】局部视图。点击“视图布局”工具栏下的“局部视图”，在长茶几的正视图位置对茶几腿与桌面、茶几腿与下栏结合位置分别选取为局部视图 1、局部视图 2，并通过智能尺寸，将所需要的小尺寸手动标示出来，如图 5-20 所示。局部视图可以显示出细节部分的尺寸及结合关系。

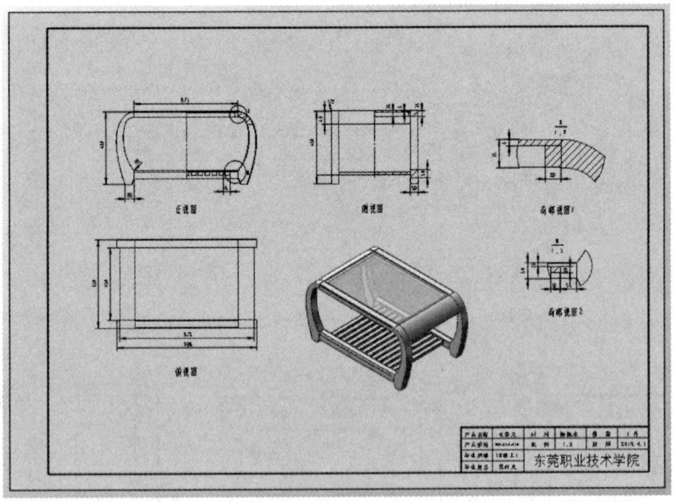

图 5-20

【步骤 8】输出。输出图片格式，点击“文件”→“另存为”，选择保存类型为“JPEG”格式，并且在“选项”下拉菜单中设置图片格式为“高质量”，打印像素 DPI 为 300 以上，设置数据后，单击“保存”，制作完毕，如图 5-21 所示。

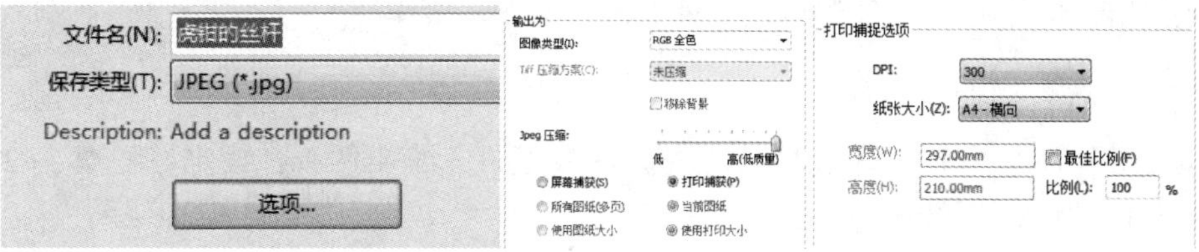

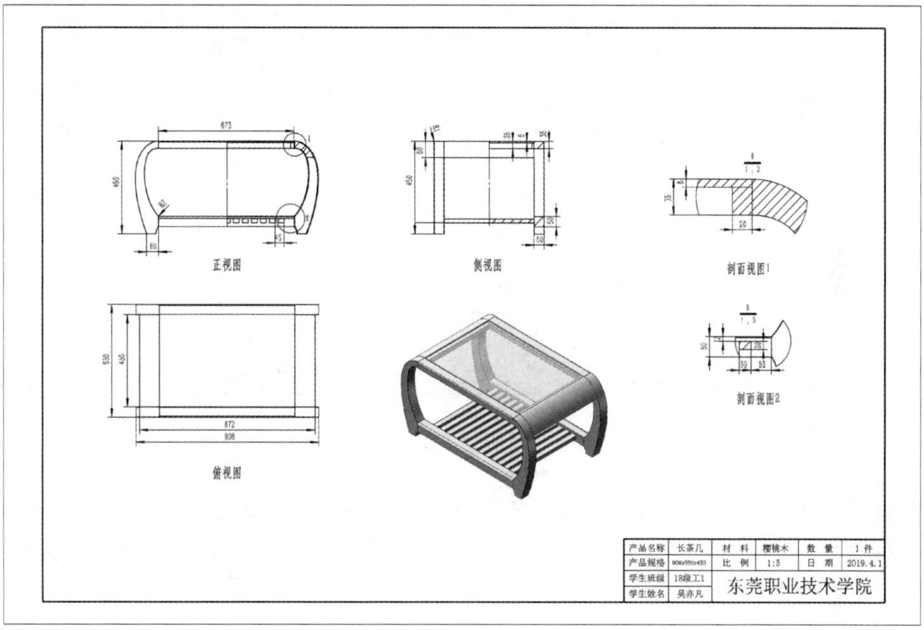

图 5-21

三、画架三视图

任务分析

该画架由众多零件装配而成，工程图中需要表达画架的基本尺寸及装配体组成，所以在表达画架的基本尺寸后，需要添加爆炸图图纸和材料明细表，体现装配体文件所包含的

图 5-22

内容。扫描图 5-22 中的二维码可以下载零件及制作步骤详解。

操作步骤

【步骤 1】新建一个工程图文件。选择 A3 模板进入编辑图纸，设定好如图 5-23 所示内容，形成一张 A3 图纸。

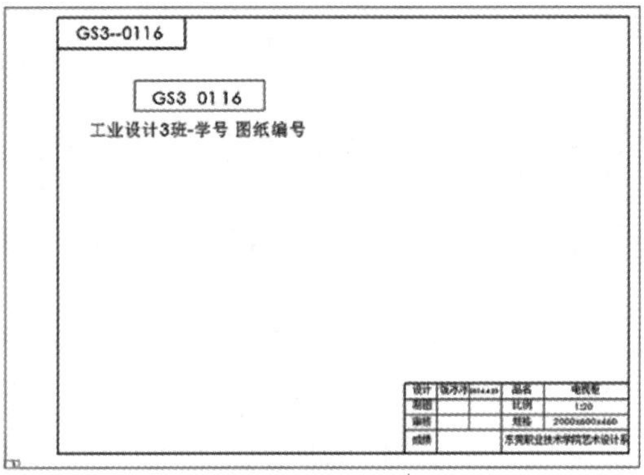

图 5-23

【步骤 2】在“要插入的零件/装配体”选项中，单击“浏览”按钮，在弹出的“打开”对话框中找到“画架 . sldasm”文件，打开该文件，单击“确定”，完成画架装配体的插入，如图 5-24 所示。

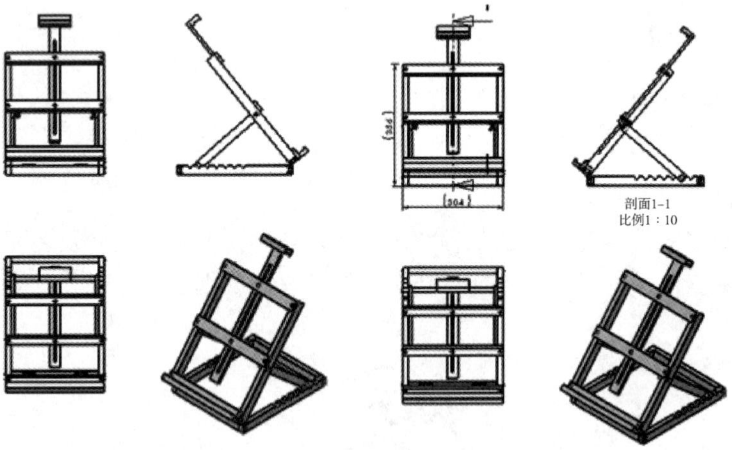

图 5-24

【步骤 3】标注文字。调整视图，导入剖视图，然后点击“注解”下的“注释”命令，完成各个实体的文字标注。

【步骤 4】导入爆炸视图。打开“视图调色板”，导入画架的爆炸视图，并且以实体模型状态显示，点击确定。选择“注解”→“智能尺寸”工具，将该装配图的基本长、宽、高在三视图上得到体现，调整好尺寸位置，并在“选项”→“文档属性”→“尺寸”属性栏下面调整尺寸的大小为“小一号”。其他视图的尺寸点击“注解”下的“智能尺寸”标注完成，如图 5-25 所示。

【步骤 5】导入零件序号。选择“爆炸等轴测工程图图纸”，点击“注解”→“自动零件序号”后出现对应的零件序号，调整零件序号的位置，再次选择“注解”→“注释”，在序号对应位置输入零件的名称，如图 5-26 所示。

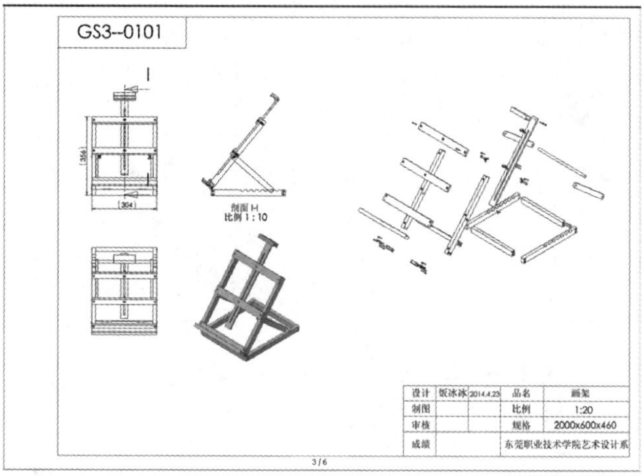

图 5-25

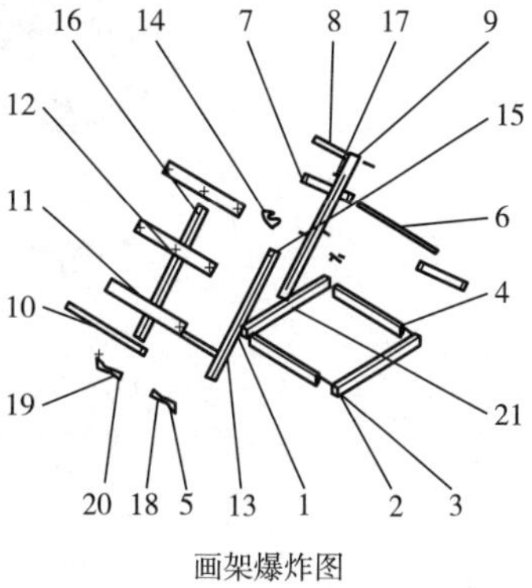

图 5-26

【步骤 6】导入材料明细表。添加材料明细表，选择“爆炸视图工程图图纸”，点击“注解”→“表格”→“材料明细表”，出现“材料明细表”的属性对话框，对属性栏中参数选择默认不变，点击确定。在工程图标题栏上方选择需要摆放表格的位置后确定，调整表格的长、宽及字体大小。打开注释下面的“材料明细表”，选择画架的爆炸视图，完成零件材料明细表的导入，如图 5-27 所示。

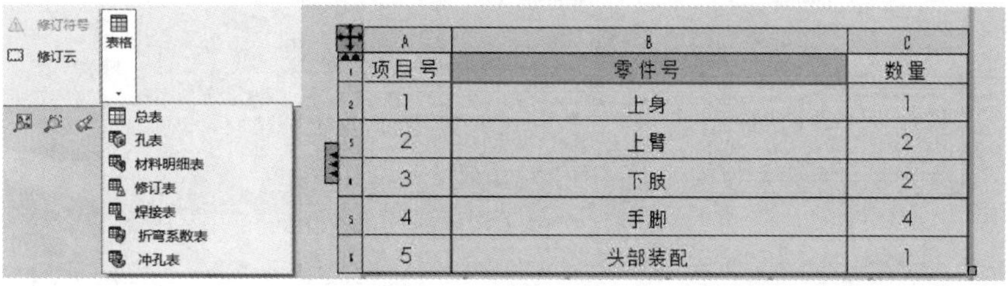

项目号	零件号	数量
1	上身	1
2	上臂	2
3	下肢	2
4	手脚	4
5	头部装配	1

图 5-27

【步骤 7】导出图纸。依据画架的爆炸视图，完成零件的编序及材料明细表工作，如图 5-28 所示。

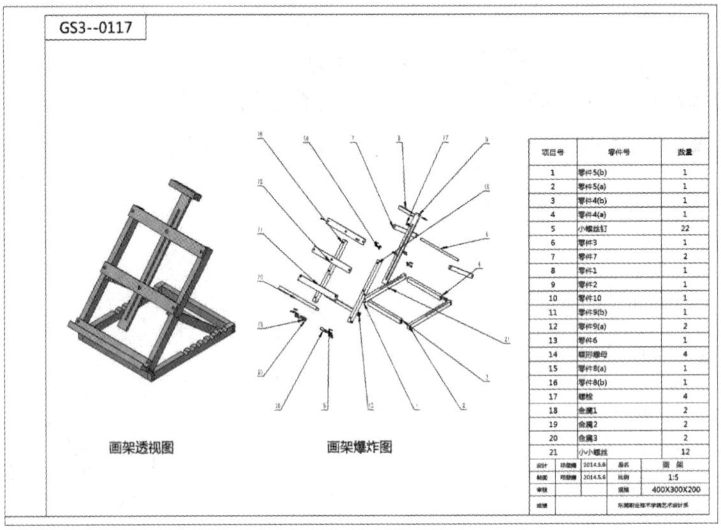

图 5-28

拓展练习

（1）请依据图 5-29 所示插排工程图，运用工程图 A3 模板，导入插排三视图、透视图和爆炸视图，并导入部件明细表。插排模型源文件可扫描图 5-29 中二维码下载。

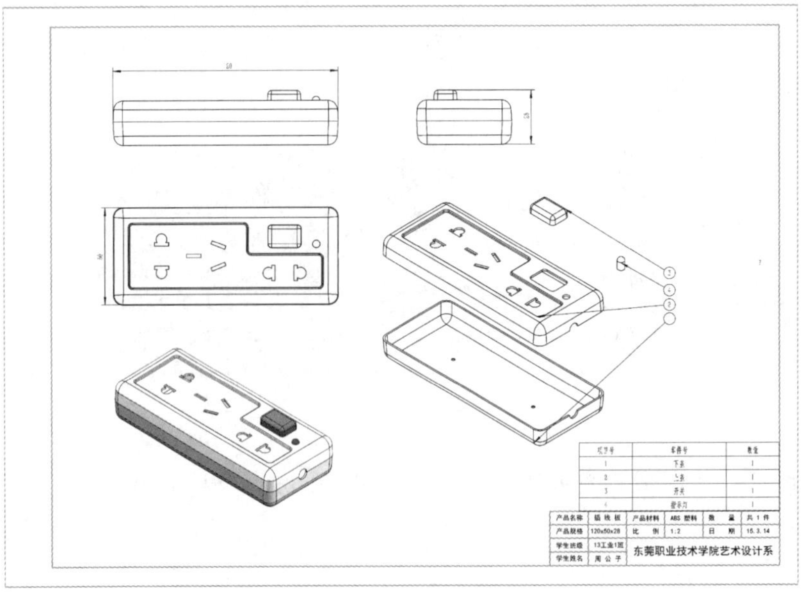

图 5-29

（2）请依据图 5-30 所示万向节工程图，运用工程图 A3 模板，导入万向节三视图、透视图和爆炸视图，并导入部件明细表。万向节模型源文件及操作视频可扫描图 5-30 中的二维码下载。

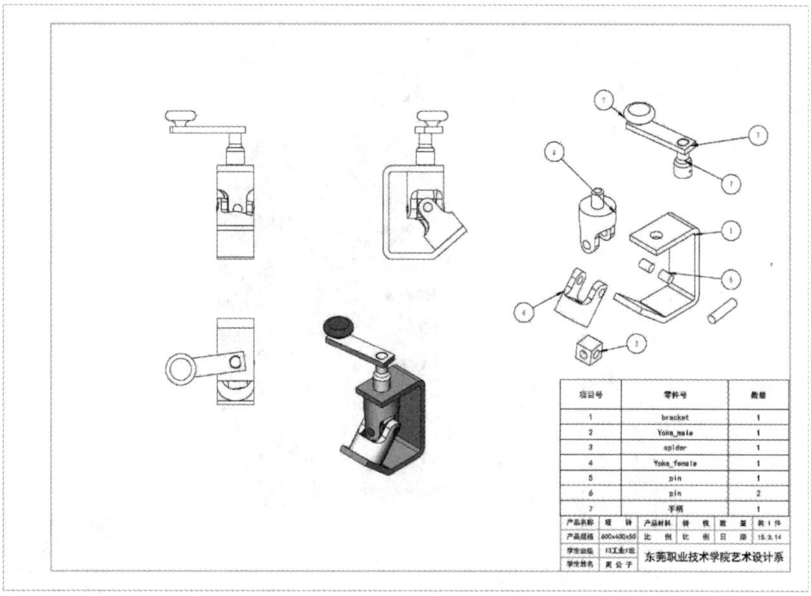

图 5-30

（3）请依据图 5-31 所示床头柜工程图，将模型导入 A3 模板后，使用三视图、剖视图、透视图、注解等完成详图。床头柜模型源文件可扫描图 5-31 中的二维码下载。

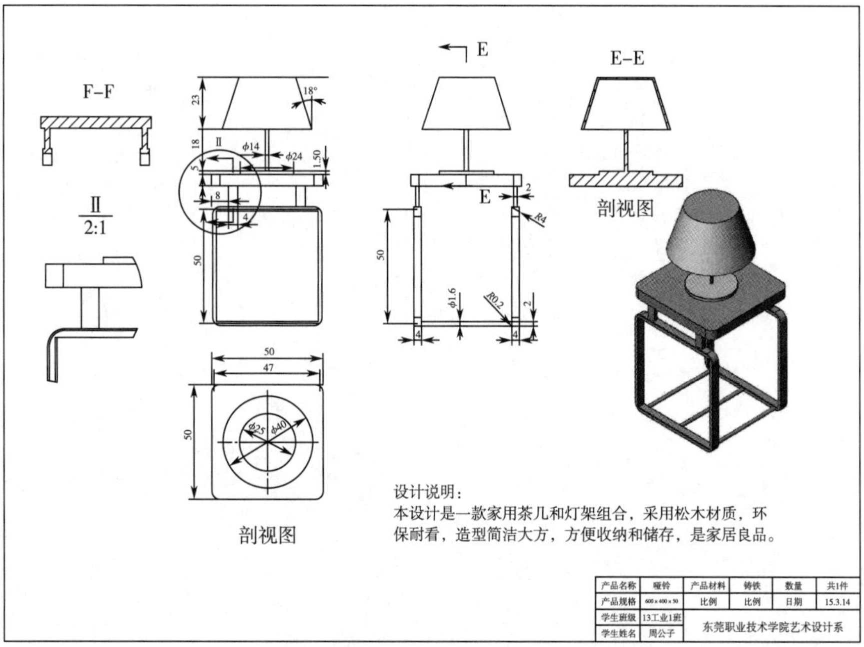

图 5-31

（4）请依据图 5-32 所示衣柜工程图，将模型导入 A3 模板后，使用三视图、剖视图、透视图、注解等完成详图。衣柜模型源文件请扫描二维码自行下载。

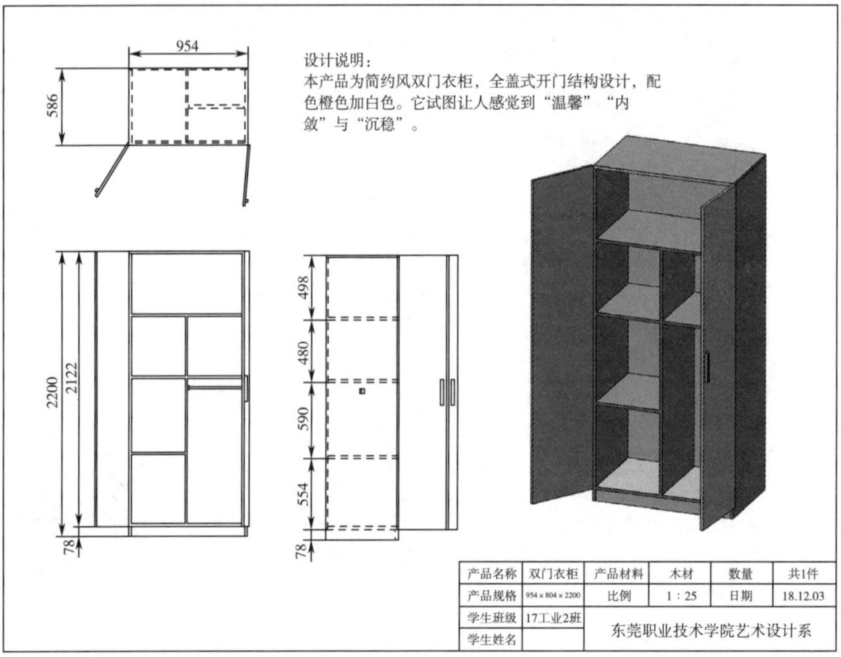

图 5-32

第六章 家居类产品设计案例

第一节 茶具

中国茶的历史悠久，茶具的种类和材质也多种多样。

玻璃质地透明，光泽夺目，外形可塑性大，形态各异，用途广泛。陶器中的佼佼者首推宜兴紫砂茶具，紫砂茶具所用的原料为紫砂陶，陶泥具有砂性，所制作的陶器内外均不施釉。瓷器茶具可以说是喝茶、品茗的首选。瓷器以白为贵，能很好展现出茶汤色泽，传热、保温性能适中，在泡茶过程中能较好发挥出茶的色、香、味、形，且造型美观精巧。竹木茶具价廉物美、经济实惠，很多地方使用竹碗或木碗泡茶。现代人崇尚返璞归真，茶具不仅实用，同时也可以成为极具观赏性和收藏价值的艺术品。图 6-1 所示为不同材质的茶具。

图 6-1

一、案例简介

紫砂壶（见图 6-2）一般都是以壶身为造型主体，壶嘴、壶把则以壶身为轴线左右对称展开，壶底作为整把壶的基座，壶盖、壶钮则是整把壶的亮点所在。壶盖与壶身采用的结构为“压盖”形式，即壶盖覆压于壶口之上，盖的直径要略大于壶口的外径，俗称

"天压地"，如图 6-3 所示。

图 6-2

本案例紫砂壶由壶身、壶盖、壶嘴、把手 4 个部分组成，壶身为主体部分，采用旋转特征命令形成整体结构，然后执行放样特征完成壶嘴，抽壳特征完成内腔，扫描特征完成把手，最后执行旋转实体完成壶盖，结束紫砂壶的制作。绘制流程如图 6-4 所示。

图 6-3

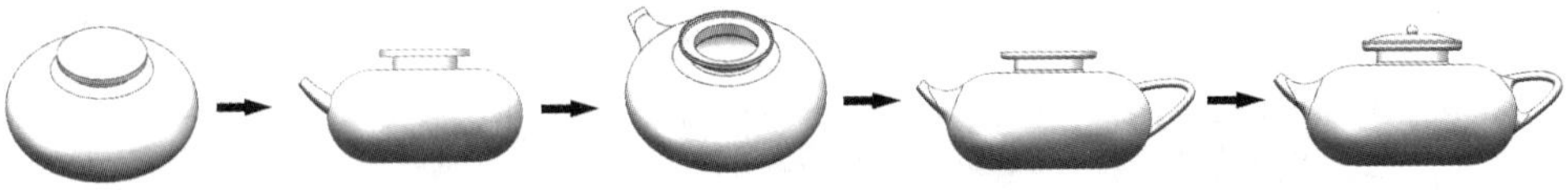

图 6-4

二、案例实操

主体建模操作步骤

【步骤 1】新建文件。启动 SolidWorks，创建一个新的零件文件。

【步骤 2】绘制草图 1。在左侧的 Feature Manager 设计树中，选择"前视基准面"后，点击鼠标右键，在出现的快捷工具栏中选择"正视于"图标，使前视基准面正视于屏幕。单击"草图"工具栏中的"直线"命令，绘制一个以原点为起点的茶壶轮廓图，形成草图 1，尺寸如图 6-5 所示。

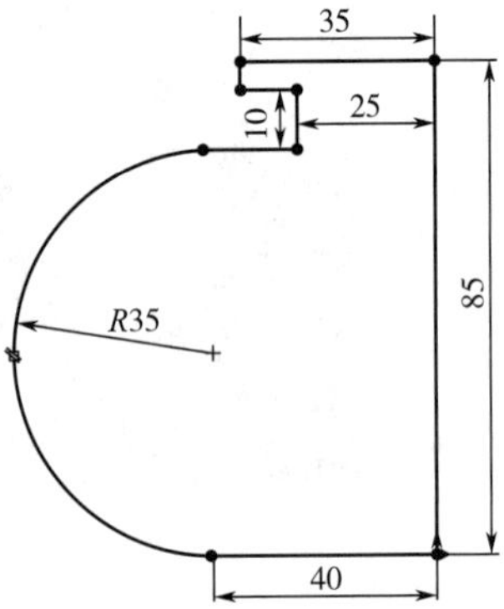

图 6-5

【步骤 3】旋转特征 1。单击"特征"工具栏中的"旋转凸台/基体"命令，"旋转轴"选择草图 1 中的竖直边线，在方向 1 下的"终止条件"选项中选择给定深度，"角度"参数输入 360°，其他为系统默认属性，然后点击"确定"图标，完成紫砂壶主体制作，结果如图 6-6 所示。

【步骤 4】绘制草图 2。选择"前视基准面"作为绘图面，单击"草图"工具栏"直线"选项下的"中心线"命令，绘制三条中心线，作为基准面的辅助线，形成草图 2，尺寸如图 6-7 所示。

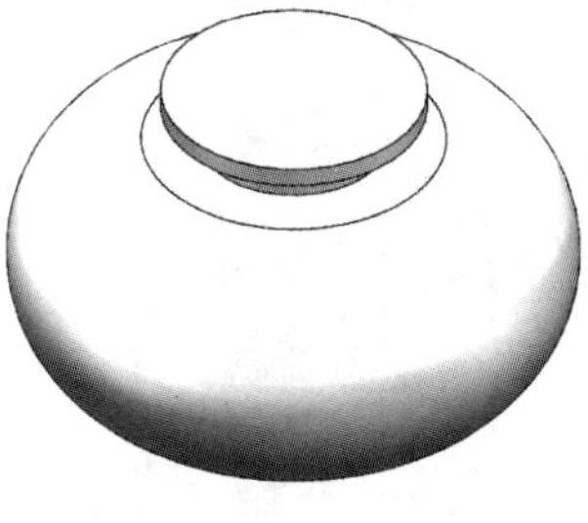

图 6-6

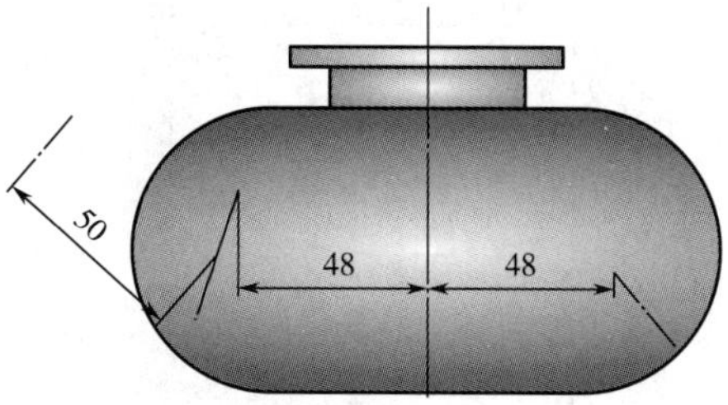

图 6-7

【步骤 5】生成基准面 1、2、3。单击“特征”工具栏中的“参考几何体”图标下的“基准面”命令，“第一参考”中选择草图 2 中最左边中心线，即“直线 1@ 草图 2”，并选择重合关系；在“第三参考”中选择前视基准面，并选择垂直关系，其他为系统默认属性，然后单击“确定”，形成基准面 1，结果如图 6-8 所示。同理，再次选择“基准面”命令，选择前视基准面和草图 2 中间中心线，生成新的基准面 2；选择前视基准面和草图 2 中最右边中心线，生成新的基准面 3，如图 6-9 所示。

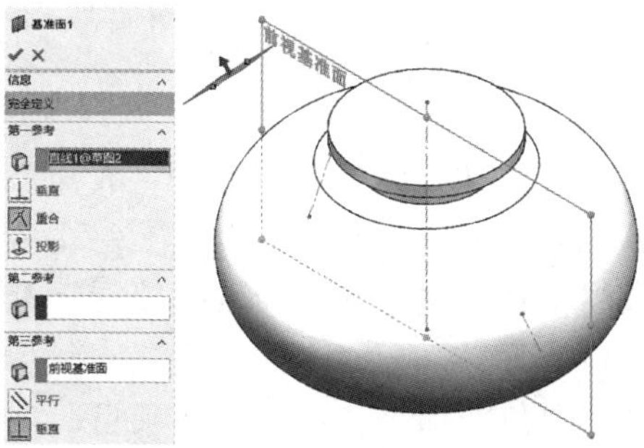

图 6-8

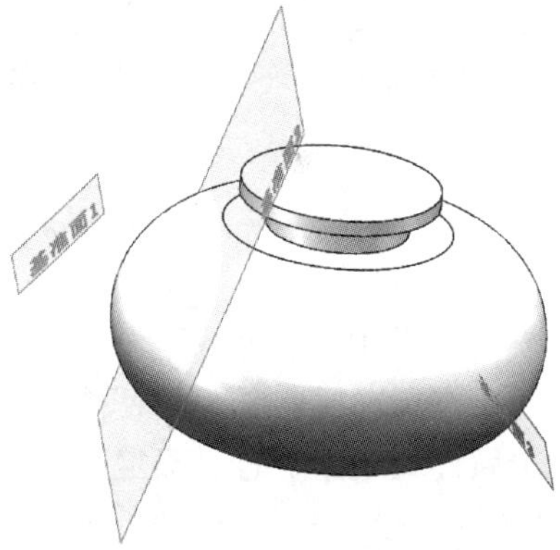

图 6-9

【步骤 6】绘制草图 3、4、5、6。选择“基准面 1”作为绘图面，单击“草图”工具栏中的“椭圆”命令，绘制一个椭圆，距离原点 16mm，短轴长 8mm，长轴长 16mm，形成草图 3，如图 6-10 所示。选择“基准面 2”作为绘图面，单击“草图”工具栏中的“椭圆”命令，绘制一个椭圆，短轴长 15mm，长轴长 30mm，形成草图 4，如图 6-11 所示。选择“前视基准面”作为绘图面，单击“草图”工具栏中的“3 点圆弧”命令，绘制一条与基准面 1、基准面 2 上的前两个草图相连接的圆弧；弧线两端点需要与草图上的某点穿透，单击“草图”工具栏中的“添加几何关系”图标，在“所选实体”选项下选择“圆弧前端点 1”与“椭圆 1@ 草图 3”，添加“穿透”关系；同理，将圆弧后端点与草图添加“穿透”关系，其他按照图示默认状态，形成草图 5，如图 6-12 所示。再次选择“前视基准面”作为绘图面，单击“草图”工具栏中的“3 点圆弧”命令，绘制一条与基准面 1、基准面 2 上的前两个草图相连接的圆弧，该弧线两端点与草图 3、草图 4 均添加“穿透”关系，如图 6-13 所示。

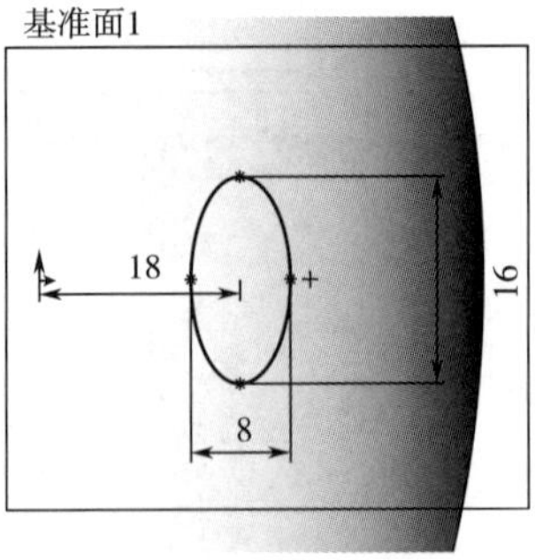

图 6-10

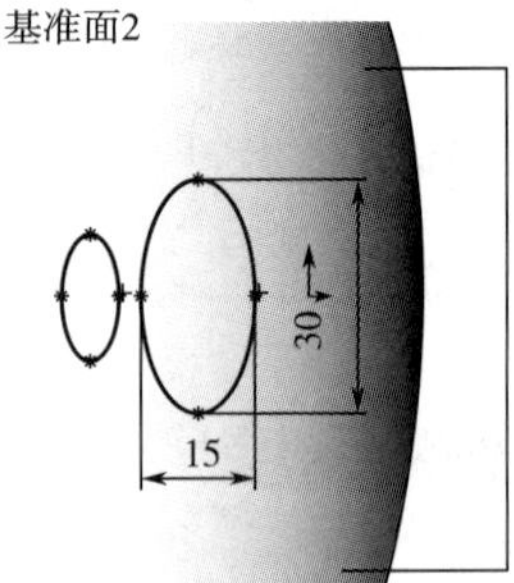

图 6-11

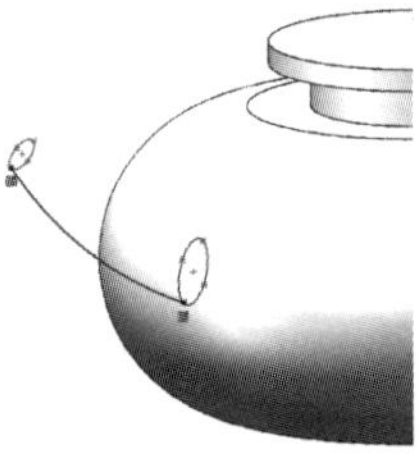

图 6-12

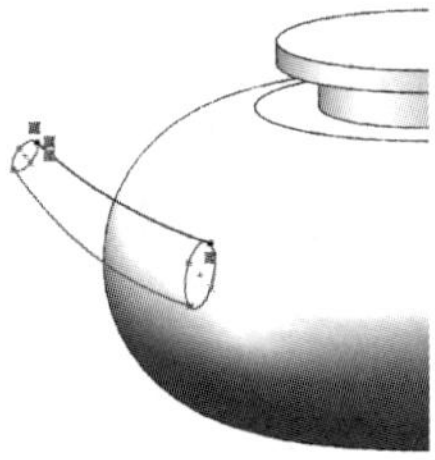

图 6-13

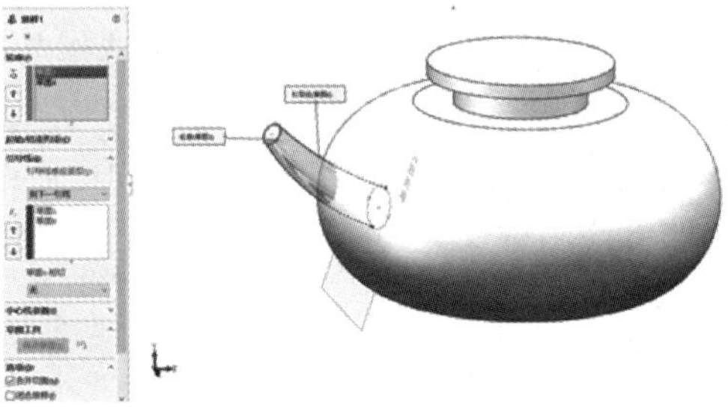

图 6-14

【步骤 7】放样实体。单击“特征”工具栏中的“放样实体”命令，在“放样”属性栏的“轮廓”选项中，选择草图 3 和草图 4 图形中同一方向、同一位置的点，“引导线”选项中，用鼠标选择草图 5 和草图 6 作为上下限制轮廓边线，其他参数按照图示默认状态，单击属性管理器中的“确定”图标，如图 6-14 所示。

【步骤 8】圆角 1。单击“特征”工具栏中的“圆角”命令，在“圆角项目”属性框“边线、面、特征和环”选项中，选择壶嘴与壶身之间的边线，“圆角参数”中“半径”选项中输入 20mm，其他参数按照图示默认状态，单击属性管理器中的“确定”，如图 6-15 所示。再次选择“圆角”特征命令，在“圆角项目”属性框“边线、面、特征和环”选项中，选择茶壶颈部的边线，“圆角参数”中“半径”选项中输入 2mm，其他参数按照图示默认状态，单击属性管理器中的“确定”，如图 6-16 所示。

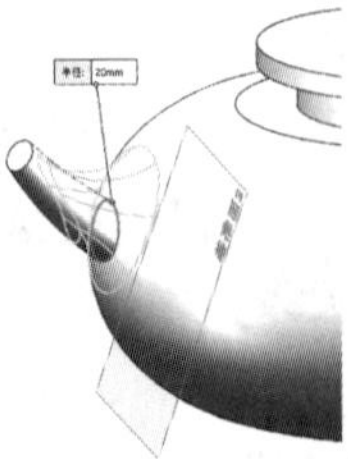

图 6-15

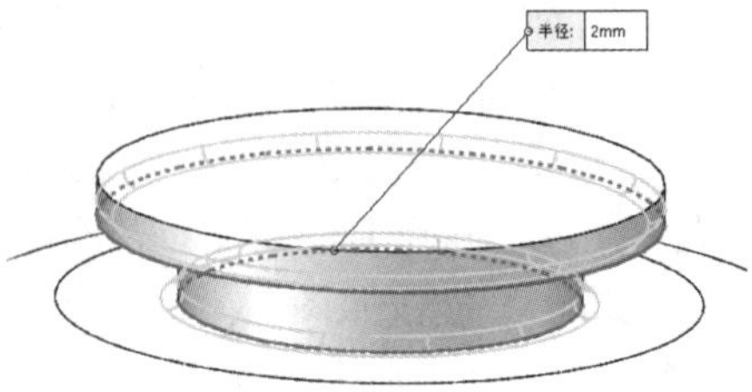

图 6-16

【步骤 9】抽壳。单击“特征”工具栏中的“抽壳”命令，在“参数”选项下的“厚度”输入 1mm，“移除的面”选择茶壶顶面和壶嘴面，其他按照图示默认状态，单击属性管理器中的“确定”，结果如图 6-17 所示。

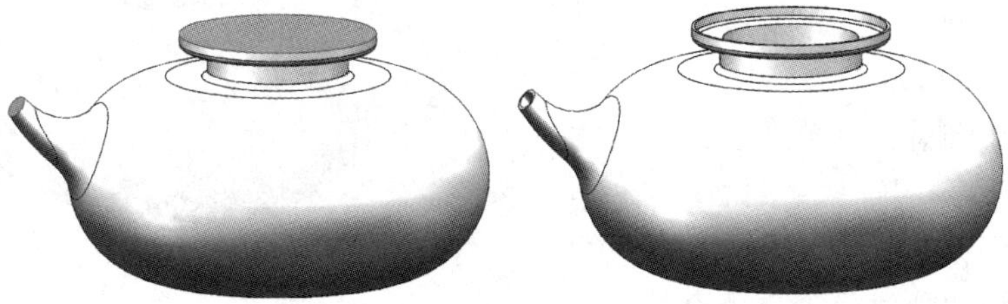

图 6-17

【步骤 10】绘制草图 7、8。选择“基准面 3”正视于屏幕，作为绘图面，单击“草图”工具中的“椭圆”命令，具体尺寸如图 6-18 所示。选择“前视基准面”，使其作为绘图面，单击“草图”工具栏中的“3 点圆弧”命令，绘制曲线作为把手的轮廓线，曲线尺寸可自行定义，位置如图 6-19 所示。

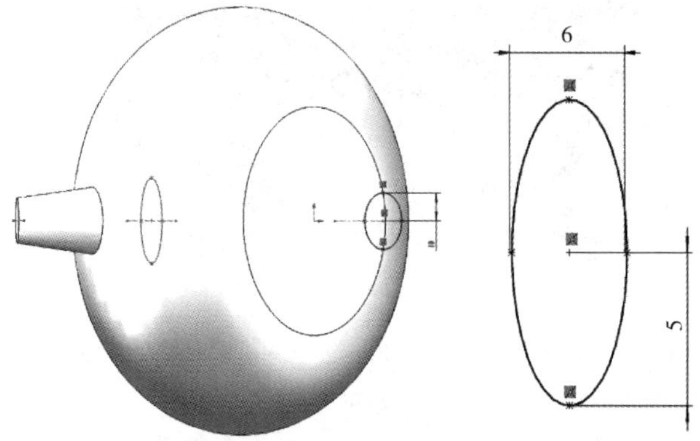

图 6-18

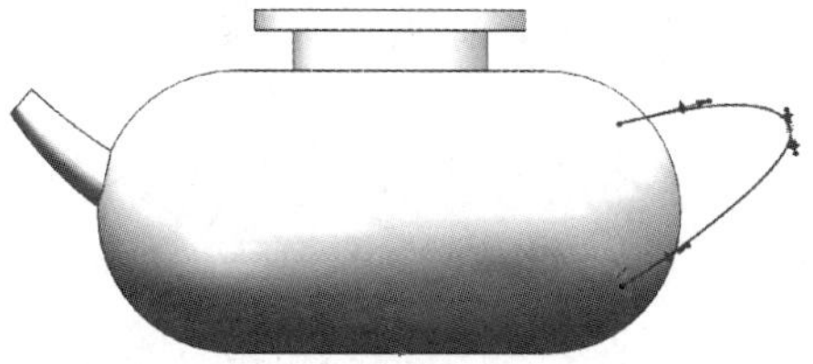

图 6-19

【步骤 11】扫描实体。单击“特征”工具栏中的“扫描”图标，在“轮廓和路径”下选择“草图轮廓”，在“轮廓”中选择“草图 7 椭圆”，在“路径”中选择“草图 8 曲线”，其他按照图示默认状态，单击属性管理器中的“确定”，结果如图 6-20 所示。

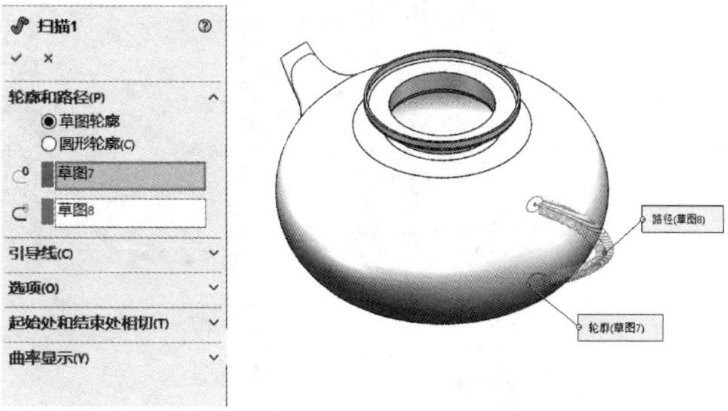

图 6-20

【步骤 12】圆角命令。单击“特征”工具栏中的“圆角”图标，“圆角项目”中半径大小为 6mm，并选择“对称”，在“圆角项目”选择边线 1、边线 2，其他按照图示默认状态，单击属性管理器中的“确定”，完成圆角特征，如图 6-21 所示。

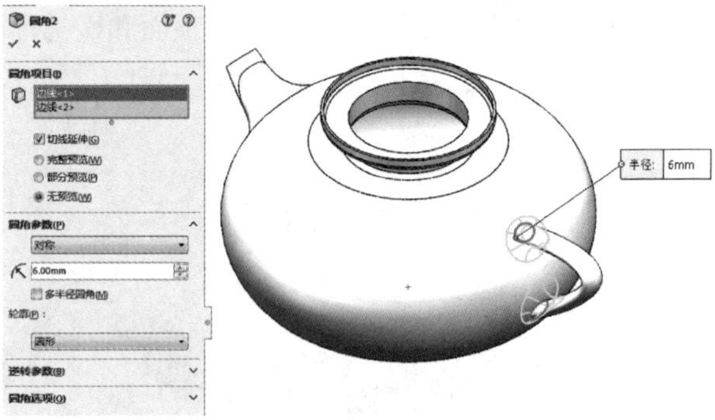

图 6-21

【步骤 13】删除面。单击工具栏中的“剖面图”图标，“剖面”选择前视基准面，其他按照图示默认状态，单击属性管理器中的“确定”，结果如图 6-22 所示。单击“曲面”工具栏中的“删除面”图标，在“要删除的面”选择面 1、面 2、面 3、面 4；在“选项”下选择“删除并填补”，其他按照图示默认状态，单击属性管理器中的“确定”，结果如图 6-23 所示。

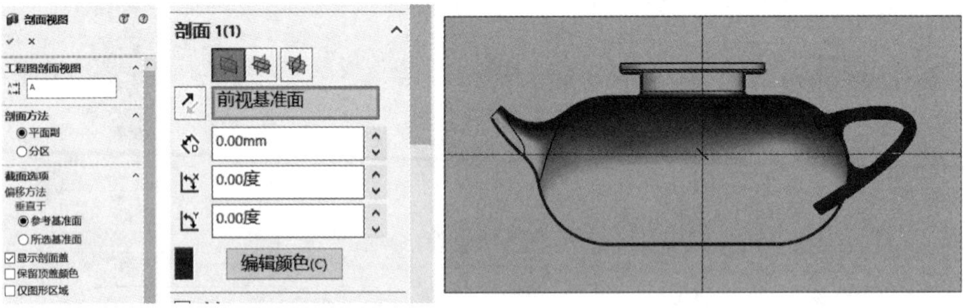

图 6-22

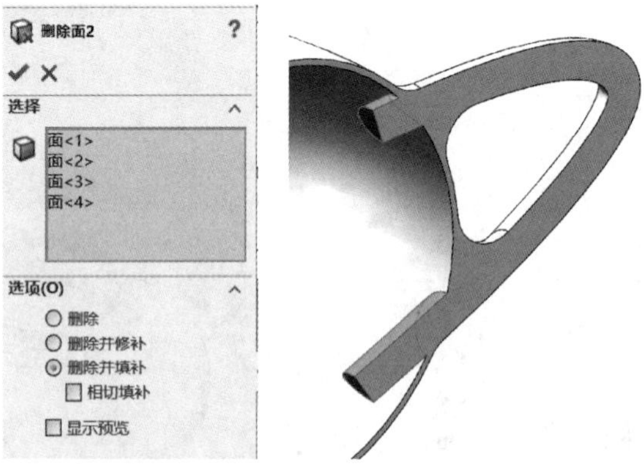

图 6-23

上盖建模操作步骤

【步骤 1】绘制草图。选择“前视基准面”正视于屏幕，作为绘图面。单击“草图”

工具栏中的“直线”“圆弧”命令，绘制出壶盖轮廓线，轮廓线需要与壶体的内壁轮廓线一致，弧度和尺寸均可自定义，如图 6–24 所示。

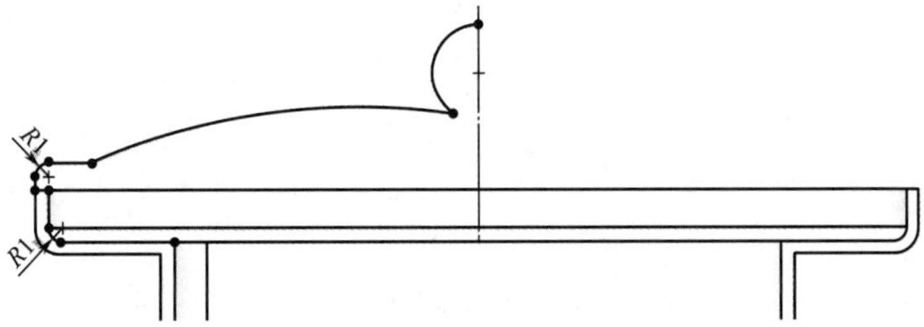

图 6–24

【步骤 2】旋转实体。单击“特征”工具栏中的“旋转凸台/基体”图标，“旋转轴”选择草图的中线，在“方向 1”的选项下选择“给定深度”，“角度”输入 360，其他按照图示默认状态，单击属性管理器中的“确定”，结果如图 6–25 所示。至此，模型创建完毕。

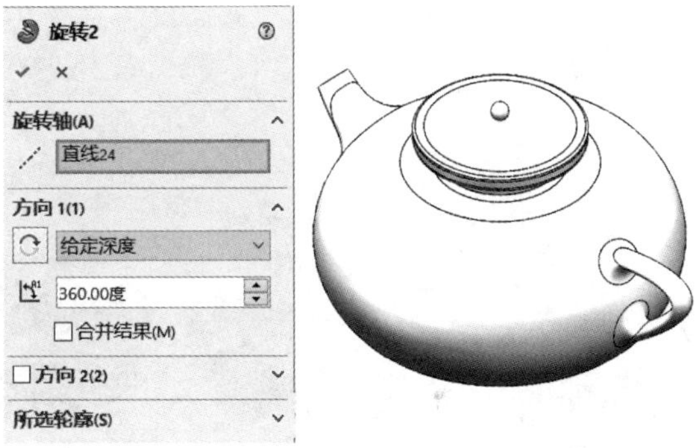

图 6–25

三、案例拓展

通过紫砂壶案例实践，请思考如何创建图 6–26 所示陶瓷材质茶具。

图 6–26

任务分析

本案例拓展包含两个内容：壶嘴设计为“二弯嘴”，壶嘴的引导线涵盖了两个弧度，弯嘴根部较大，出水畅快，制作时选用特征命令为放样，配合两条引导线控制弧度；把手设计为“提梁”，这是一种特殊的壶把形式，安装在壶体的上方，有许多式样，因位置明显，有很强的装饰效果，制作时选用放样特征命令，依据引导线来控制弧度。

操作步骤

【步骤 1】壶身。绘制壶身轮廓线，进行旋转实体，形成主体样式，如图 6-27 所示。

【步骤 2】壶嘴。绘制 4 个草图，2 个草图为上下端面，2 个草图为壶嘴轮廓线，如图 6-28 所示。

【步骤 3】把手。绘制 3 个草图，2 个草图为上下端面，1 个草图为把手轮廓线，进行放样特征命令，完成一半把手后，使用镜像特征命令完成另外一半，形成完整把手“提梁”，如图 6-29 所示。

图 6-27

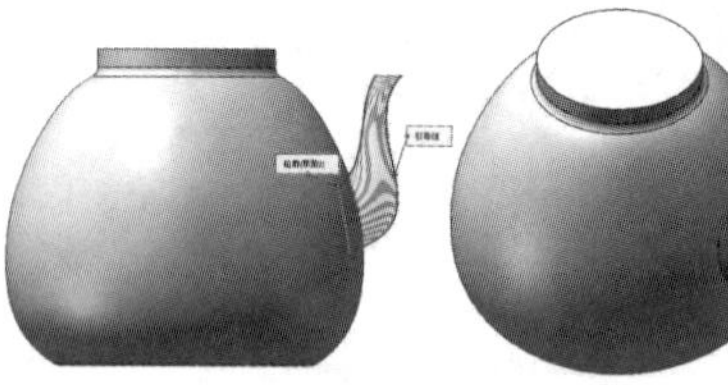

图 6-28

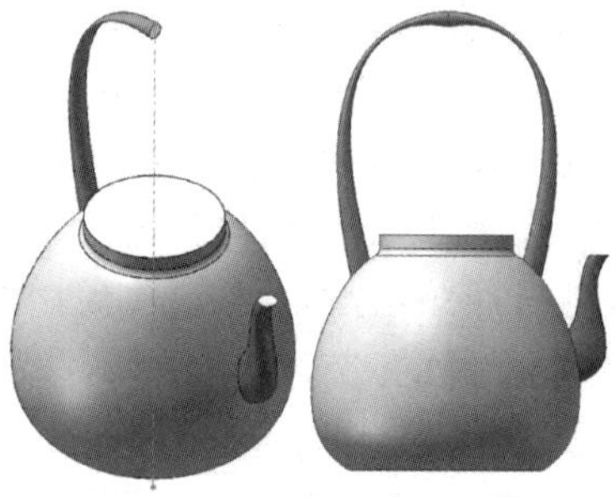

图 6-29

【步骤 4】壶盖。绘制 1 个草图，进行旋转特征命令，特别注意壶盖与壶身不要合并，如图 6-30 所示。

【步骤 5】茶杯。绘制 1 个草图，进行旋转特征命令，完成茶杯的制作，并使用“实体-移动/复制11”特征命令，完成茶壶的复制。在“Keyshot”软件中赋予“陶瓷”的材质，完成整个制作与渲染，如图 6-31 所示。

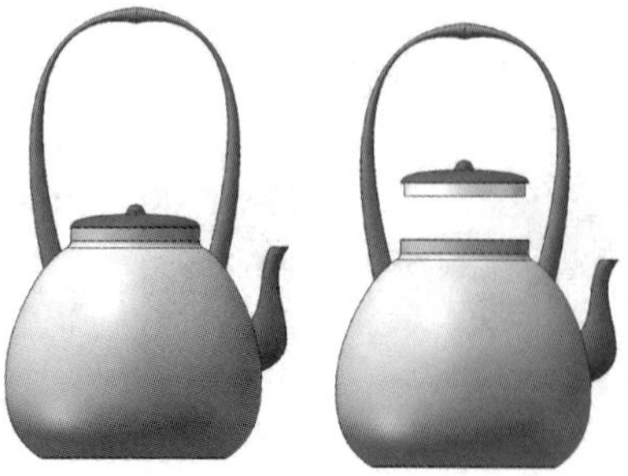

图 6-30

图 6-31

课后延伸

通过紫砂壶建模步骤的实践，请将模型切换到剖视图模型，看一下模型剖面是图6-32中A图效果还是B图效果？思考如何制作出另外一张剖视图效果的模型。紫砂壶造型知识可扫描图6-32中的二维码查看。

图6-32

图6-33到图6-36所示为学生作品，扫描图6-36中的二维码可获取该作品的源文件。

图6-33

图6-34

图6-35

图 6-36

第二节　日用品

日用品又名生活用品，是人们日常使用的物品，是生活必需品，如图 6-37 所示。

按照用品的使用频率或范围可分为生活必需品和奢侈品。按照用途可分为：洗漱用品、家居用品、炊事用品（有按厨卫用品归类）、装饰用品、化妆用品、床上用品。日常用品为我们的生活提供了很多帮助，使我们的生活更加美好。

图 6-37

一、案例简介

本项目案例为一款现代简约的垃圾桶，如图 6-38 所示。该垃圾桶用 PP 材料精细加工而成，边缘细腻圆弧；整体造型为圆柱形，具有大敞口设计，细网格设计通透轻便，底部加强筋加厚加高，使得垃圾桶更稳、更坚固。

图 6-38

本模型创建思路为用旋转特征做出整体造型，再用拉伸-切除绘制出一个网格单元形状，通过线性阵列完成纵向的网格制作，再通过圆周阵列方式将网格制作完毕。通过在底部和端口下方位置加强筋的处理，增强造型稳固结构。本案例主要用了旋转、线性阵列、圆角、加强筋等实体建模特征，绘制流程如图 6-39 所示。

图 6-39

建模方法可以依据需要和自己的掌握情况灵活运用，如图 6-40 所示，同样效果可以运用不同建模命令。

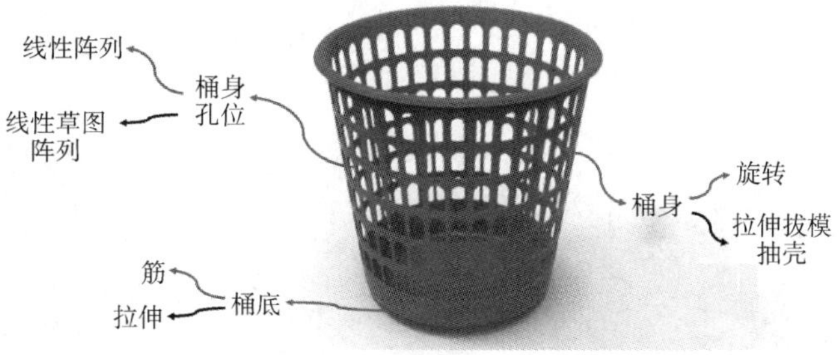

图 6-40

二、案例实操

操作步骤

【步骤 1】新建文件。启动 SolidWorks，创建一个新的零件文件。

【步骤 2】旋转实体。在左侧的 Feature Manager 设计树中，选择“前视基准面”作为绘图面开始绘图，单击“草图”工具栏中的“直线”命令，绘制一个底边长 100mm、高度为 280mm 的垃圾桶侧面轮廓线，具体尺寸和形状如图 6-41 所示。单击“特征”工具栏中的“旋转凸台/基体”图标，在“旋转-凸台”属性管理器中，选择辅助中心线为“旋转轴”，在“方向”选项下选择“给定深度”，360°旋转角度；在“薄壁特征”前面打上√，并选择“单向”，薄壁的厚度选项输入 2mm，单击属性管理器中的“确定”，结果如图 6-42 所示。

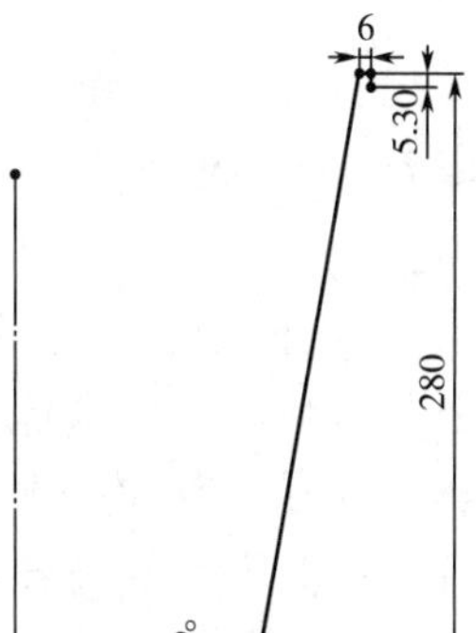

图 6-41

图 6-42

【步骤 3】拉伸切除实体。选择“前视基准面”为绘图面，单击“草图”工具栏中的“矩形”“圆角”命令，绘制一个距离边线为 45mm 的孔形，如图 6-43 所示；单击“特征”工具栏中的“拉伸切除”图标，在“方向”选项下选择“完全贯穿”，其他按照图示默认状态，单击属性管理器中的“确定”，完成一个孔位的制作。

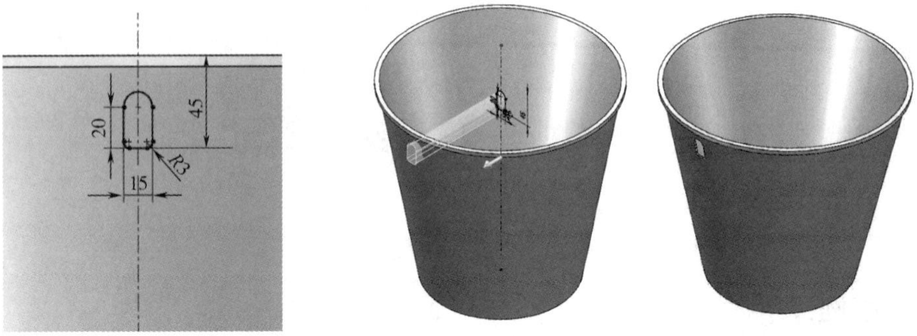

图 6-43

【步骤 4】线性阵列实体。单击“特征”工具栏中的“线性阵列”，选择“方向”选项下的“阵列方向”为基准轴线，“方式”为“间距与实例数”，其中间距距离为 38mm，阵列个数为 6，阵列实体为扫描切除实体的孔，其他按照图示默认状态，单击属性管理器中的“确定”，结果如图 6-44 所示。

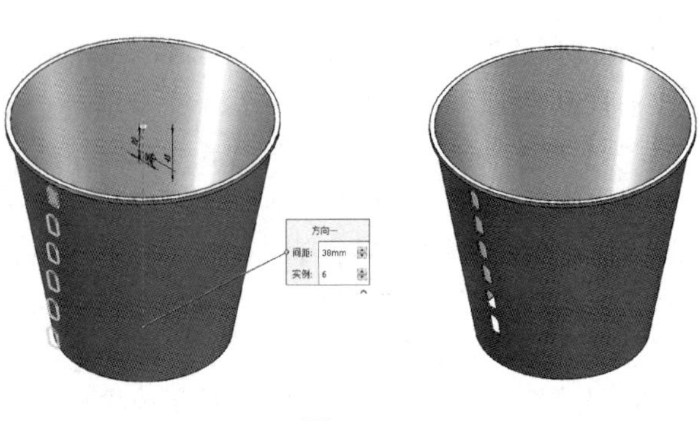

图 6-44

【步骤 5】圆周阵列实体。单击“特征”工具栏中的“线性阵列”选项下的“圆周阵列”，在“参数”选项下“阵列轴”选择基准轴 1，总角度为 360°，实例数为 24 个，“要阵列的特征”选择“线性阵列”，其他按照图示默认状态，单击属性管理器中的“确定”，结果如图 6-45 所示。

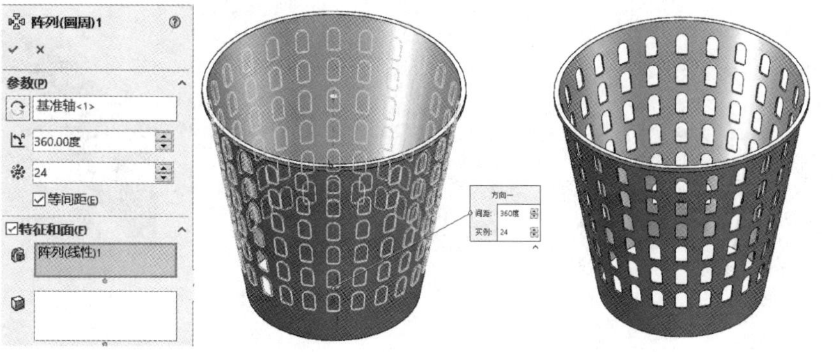

图 6-45

【步骤 6】生成基准面 1。单击“特征”工具栏中的“参考几何体”图标下的“基准面”命令，在“第一参考”中选择垃圾桶上表面，“距离”为 2mm，选中对话框中的“反向”箭头，“要生成的基准面数”选项中输入个数 1，其他为系统默认属性，然后点击“确定”，形成基准面 1，结果如图 6-46 所示。

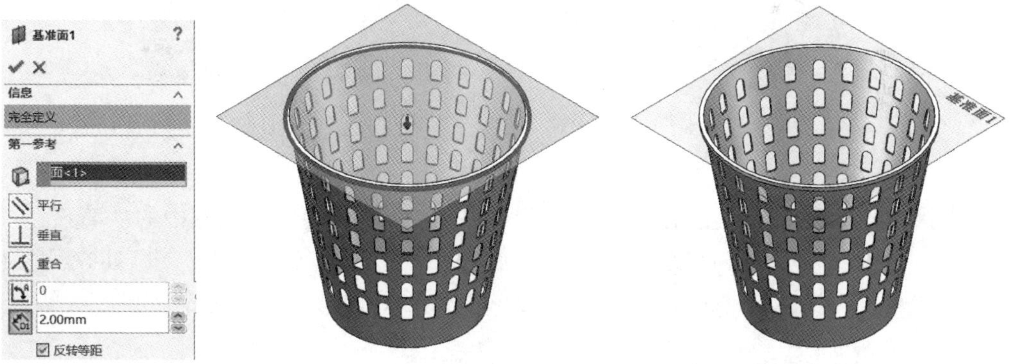

图 6-46

【步骤 7】加强筋。单击鼠标左键，使基准面 1 正视于屏幕。单击“草图”工具栏中的“直线”命令，绘制一条短小直线连接在垃圾桶的边缘内侧。选择“筋”命令，设定肋厚度为中心对称的 2mm，完成肋建模，并隐藏基准面 1，如图 6-47 所示。

【步骤 8】圆周阵列实体。单击“特征”工具栏中的“线性阵列”选项下的“圆周阵列”，在“参数”选项下“阵列轴”选择基准轴 1，总角度为 360°，实例数为 5 个，“要阵列的特征”选择“筋”，其他按照图示默认状态，单击属性管理器中的“确定”。

【步骤 9】拉伸实体。选择垃圾桶底面为绘图面，单击“草图”工具栏中的“圆形”命令，绘制一个直径为 180mm，间距为 5mm 的圆环，如图 6-48 所示；单击“特征”工具栏中的“拉伸”图标，在“方向”选项下选择“给定深度”，深度输入 5mm；其他按照图示默认状态，单击属性管理器中的“确定”，完成底座的制作。

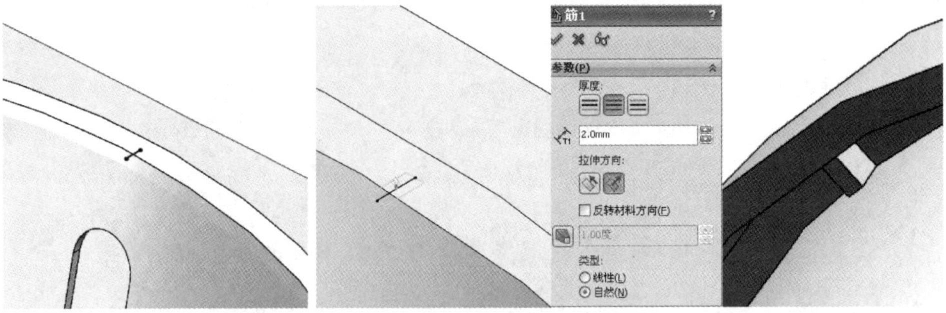

图 6-47

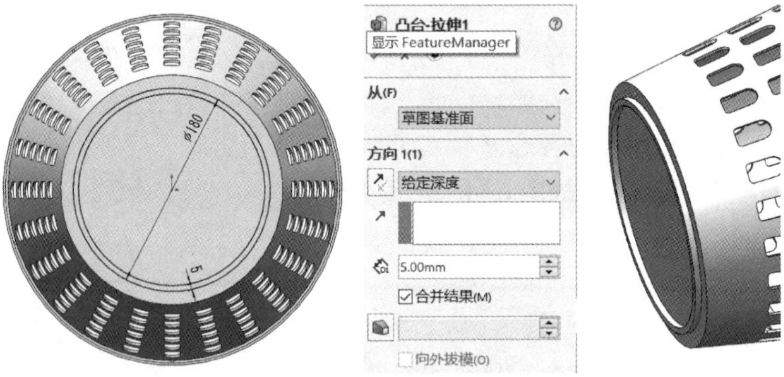

图 6-48

【步骤 10】加强筋。点击底部平面为绘图面，单击“草图”工具栏中的“直线”“圆形”命令，绘制一个圆形和直线交叉的加强筋底图；选择“筋”命令，设定肋厚度为中心对称的 2mm，完成底部加强筋建模，如图 6-49 所示，垃圾桶建模完毕。

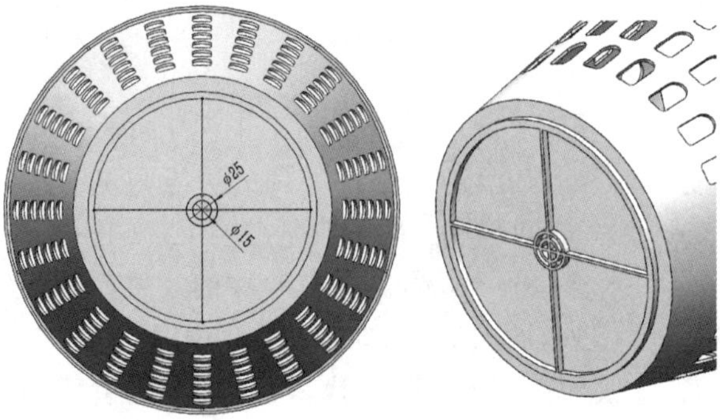

图 6-49

通过以上垃圾桶的步骤操作，我们可以引申出一般垃圾桶制作的方法，也可以依据所学知识拓展出更多垃圾桶案例，如图 6-50 所示。

图 6-50

三、案例拓展

观察图 6-51 所示搓衣板，请思考创建方法和步骤。

图 6-51

任务分析

本案例搓衣板用 PP 材料精细加工而成，边缘细腻圆弧，板面斜三角，搓衣更快捷省力，轻松去除污渍，小空间也能快捷洗衣。底部独特的加强筋设计，板面更坚固，使用时更安全；圆润凹槽设计，更加贴合肥皂表面，防止肥皂溢出。

搓衣板模型由板身、肥皂槽、加强筋 3 个部分组成。板身为主体部分，采用的是拉伸-凸台、圆角等命令，然后采用拉伸-切除、圆角完成肥皂槽制作，执行扫描-切除、线性阵列特征完成凹槽制作，最后执行筋特征完成加强筋制作，结束搓衣板的制作。绘制流程如图 6-52 所示。

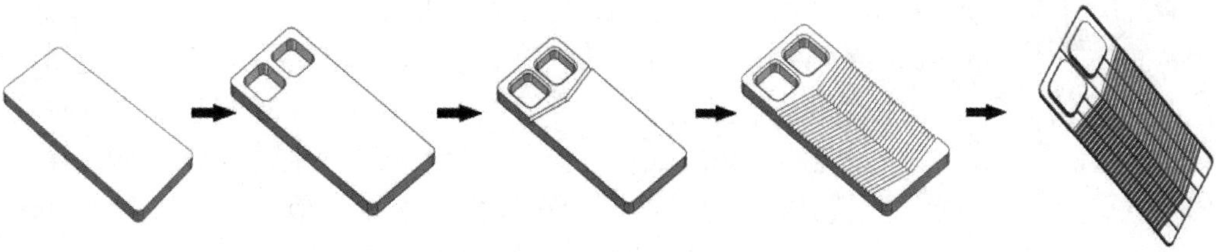

图 6-52

操作步骤

【步骤 1】创建主体。创建一个新的零件文件，绘制一个长边长 450mm、短边长 200mm、四边圆角半径为 15mm 的矩形，如图 6-53 所示。单击“特征”工具栏中的“拉伸凸台/基体”，在“凸台-拉伸”属性管理器中，“深度”中输入 20mm，单击属性管理器中的“确定”，结果如图 6-54 所示。

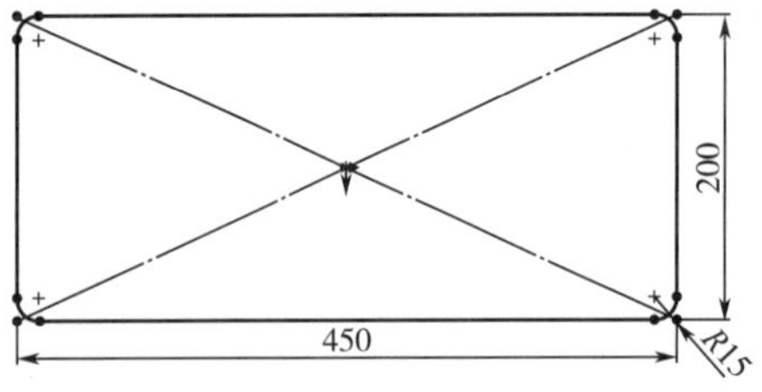

图 6-53

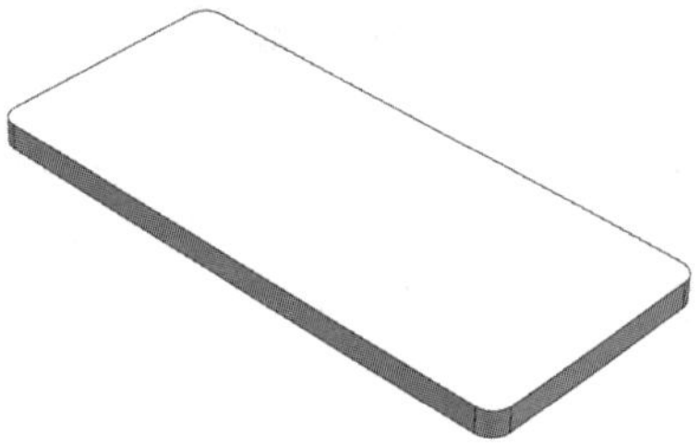

图 6-54

【步骤 2】制作肥皂槽。选择拉伸后的实体正表面作为绘图面，单击“草图”工具栏中的“矩形”命令，绘制两个长 80mm、宽 72mm、圆角半径为 20mm 的矩形，各边距离表面边缘 20mm，如图 6-55 所示。单击“特征”工具栏中的“拉伸-切除”图标，方向 1 下的“给定深度”选项下“深度”一栏中输入 18mm；单击“拔模开/关”中开的按钮后，在“拔模角度”一栏中输入 5°，使用“圆角”特征修饰边线，结果如图 6-56 所示。

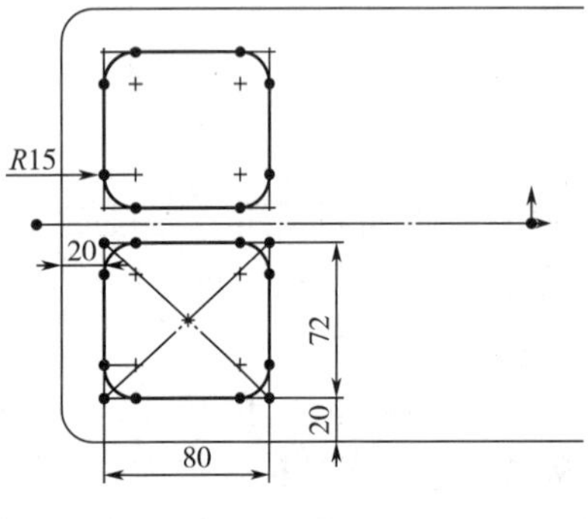

图 6-55

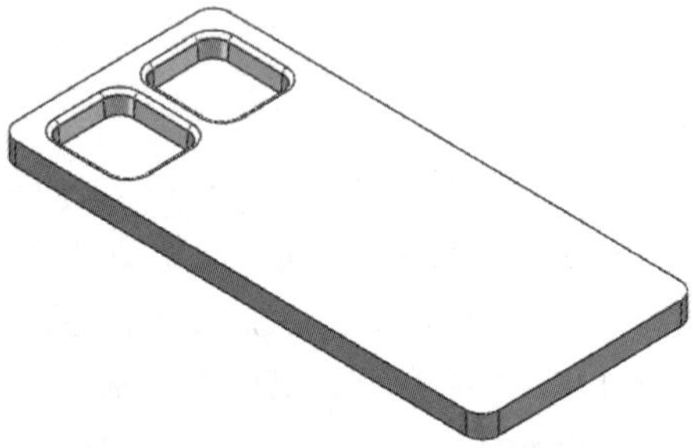

图 6-56

【步骤 3】制作搓衣槽。选择搓衣板实体正表面作为绘图面，单击“草图”工具栏中的“直线”命令，绘制一条折线，作为扫描路径。选择工具栏中的“智能尺寸”命令，标注各部分尺寸，结果如图 6-57 所示。用鼠标左键单击实体侧面作为绘图面，绘制一个三角形，标注尺寸，作为扫描轮廓，如图 6-58 所示。单击“特征”工具栏中的“扫描切除”命令，此时系统弹出“切除-扫描”属性，在“扫描轮廓”一栏中，用鼠标选择正三角形，在“路径”一栏中，选择折线，保持其他选项的系统默认值不变，单击“确定”，结果如图 6-59 所示。单击“特征”工具栏中的“线性阵列”，选择方向为向侧边边线，距离为 10mm，阵列个数为 29，阵列实体为扫描切除实体，其他按照图示默认状态，单击属性管理器中的“确定”，结果如图 6-60 所示。

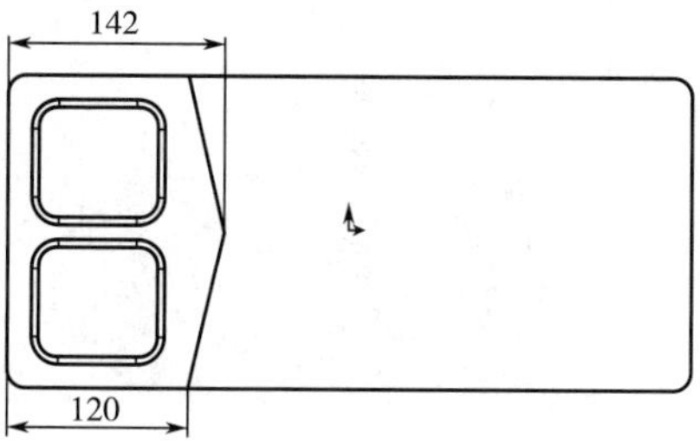

图 6-57

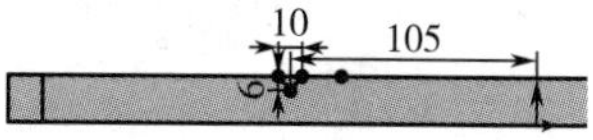

图 6-58

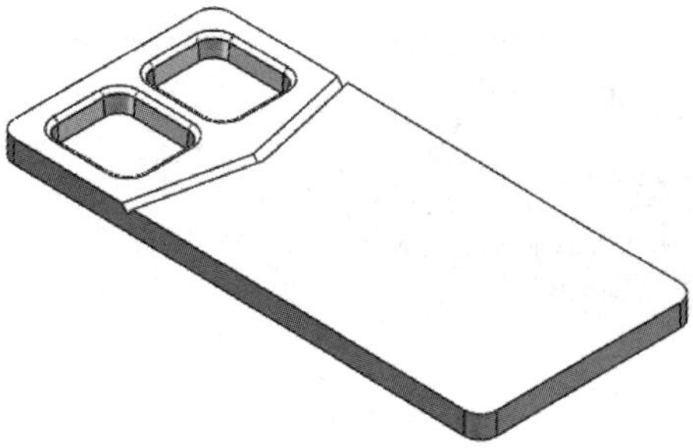

图 6-59

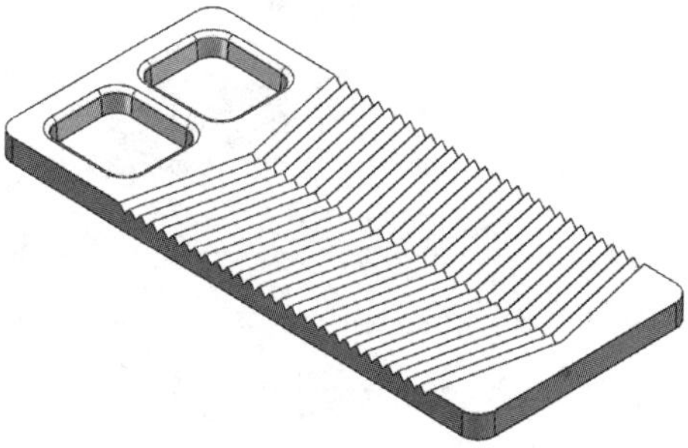

图 6-60

【步骤 4】抽壳实体。单击“特征”工具栏中的“抽壳”图标，在打开的“抽壳”属性管理器中，在“厚度”一栏中输入 2mm，选择实体的背面，单击属性管理器中的“确定”，结果如图 6-61 所示。单击“特征”工具栏中的“圆角”图标，“圆角类型”为“等半径”，“圆角项目”中半径大小为 2mm，边线选择背面搓衣板的交线，其他按照图示默认状态，单击属性管理器中的“确定”，结果如图 6-62 所示。

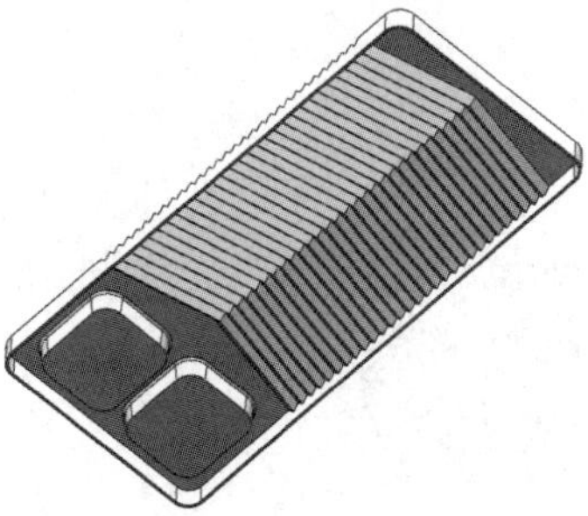

图 6-61

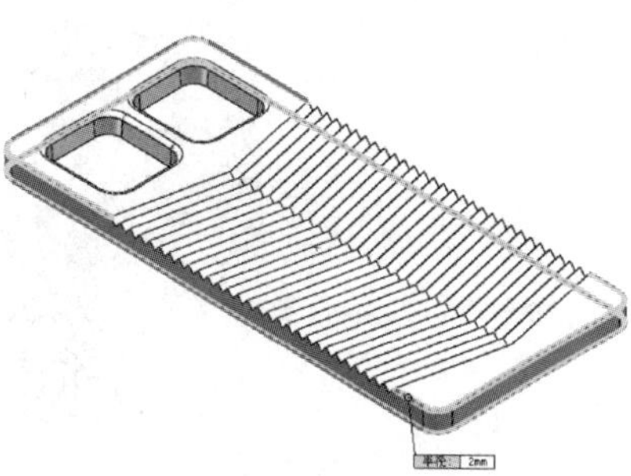

图 6-62

【步骤 5】制作加强筋。创建新的基准面 1，选择实体下表面为“第一参考”，“距离”为 5mm，如图 6-63 所示；以基准面 1 为参考，绘制如图 6-64 所示直线作为加强筋。选择“筋”命令，设定肋厚度为中心对称的 2mm，完成肋建模，并隐藏基准面 1，结果如图 6-65 所示。

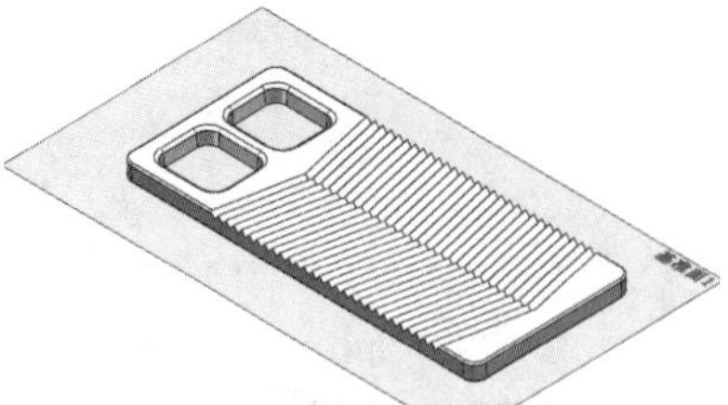

图 6-63

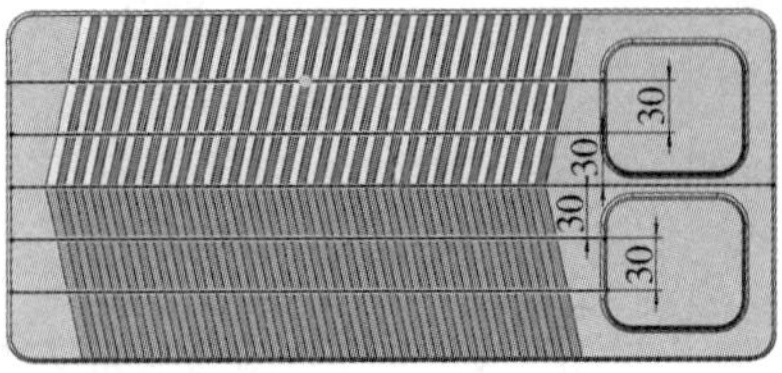

图 6-64

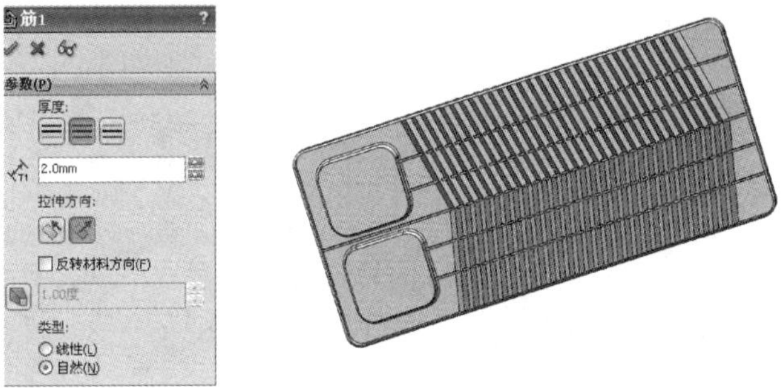

图 6-65

课后延伸

通过以上两个任务案例，我们掌握了一般日用品的建模方法。观察图 6-66 所示塑料小矮凳，分析其建模步骤和特点。

图 6-66

在这个案例中，运用了阵列特征中的填充阵列命令，该命令使用特征阵列或预定义的切割形状来填充定义的区域。参数控制阵列布局，可以生成钣金穿孔式阵列或通常用于增强美观度的同轴心形阵列。建模时，先通过拉伸凸台、圆角、抽壳等命令完成主体创建，如图 6-67 所示，然后通过拉伸切除完成 4 边的支架图案制作，如图 6-68 所示。接着，用拉伸切除特征完成一个填充孔位的制作，如图 6-69 所示，再选择填充阵列的参数和样式，将座面轮廓内区域填充完毕，形成所需款式，如图 6-70 所示。最终完成产品效果如图 6-71 所示。

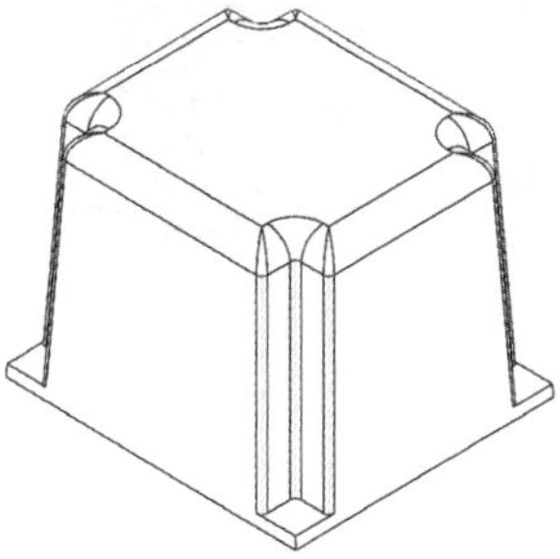

图 6-67

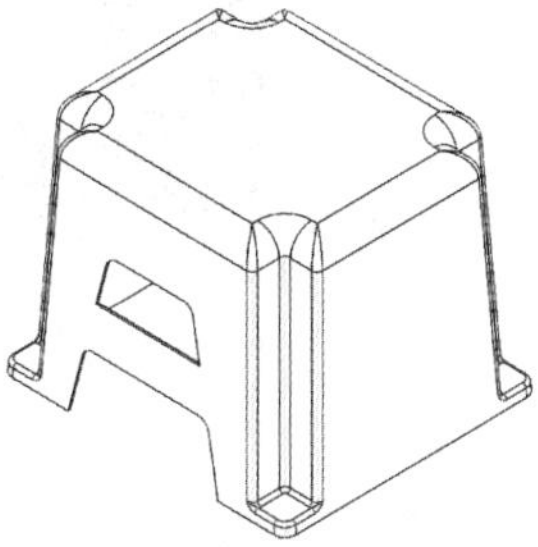

图 6-68

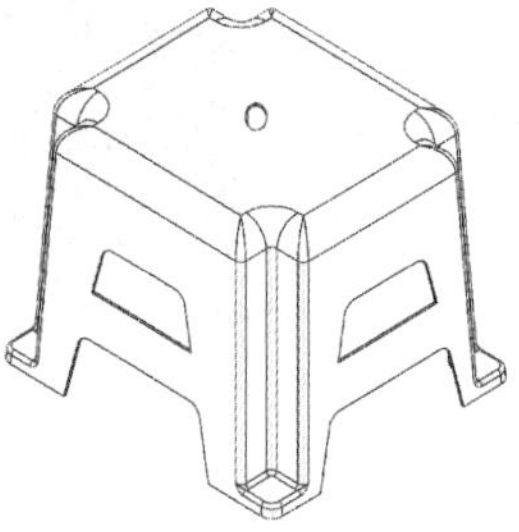

图 6-69

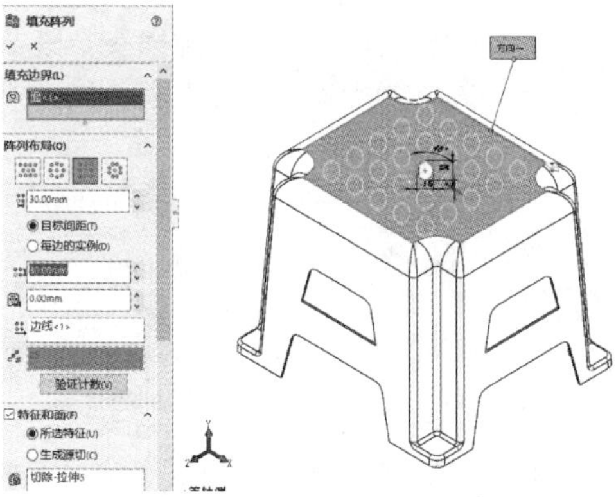

图 6-70

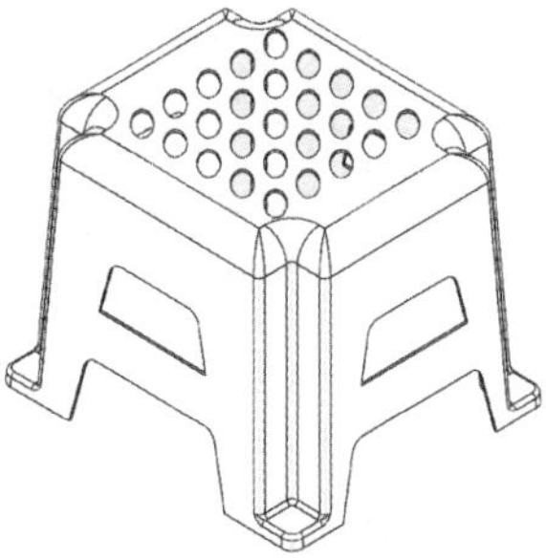

图 6-71

图 6-72 至图 6-75 所示为学生作品，扫描图 6-75 中的二维码可获取水杯及垃圾桶作品源文件。

图 6-72

图 6-73

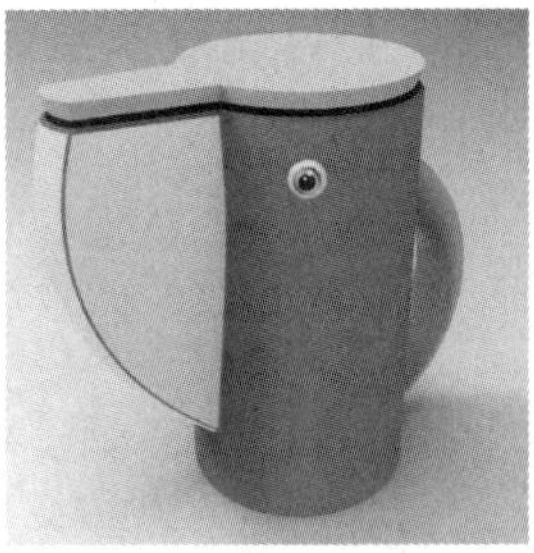

图 6-74

图 6-75

第三节 插排

插排即带线多位插座，俗称插线板、排插，学名电线加长组件或延长线插座。插排指的是带电源线和插头且可以移动的多位插座，可以连接一个以上的电源插头，既节省了空间又节省了线路。插排在材料上大致分为电木、陶瓷、塑料等。插排主要由插座头、电源线、保险丝、插排体等组成。

智能开关插排因其方便节能，正在成为新节能产品的研究热点。它集成了安全防护、USB 快充、用电计量等功能，并在外观、性能上做了更多的改进，大部分智能插排将传统国标五孔插孔与 USB 接口融为一体，提升空间利用率与工作效率，使其更符合当代人的使用习惯。插排示例如图 6-76 所示。

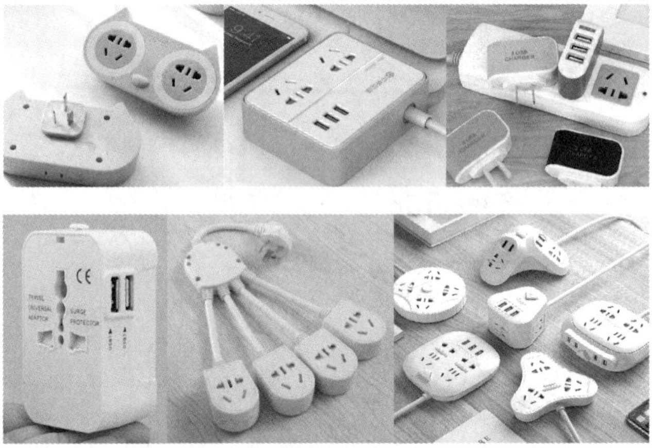

图 6-76

一、案例简介

本项目案例为一款传统插排（见图 6-77），主要由实体建模、曲面建模特征命令综合

图 6-77

运用完成。由一般插排结构分解图（图 6-78）可知，该产品由上盖、下盖、开关、指示灯、电线等多个部分组成。本案例关键难点在于上盖的整体性设计与下盖的夹层设计。上盖的整体性运用了分割实体、组合特征等实现统一，下盖的夹层则使用了曲面剪裁、曲面复制、曲面加厚、组合等特征命令完成。

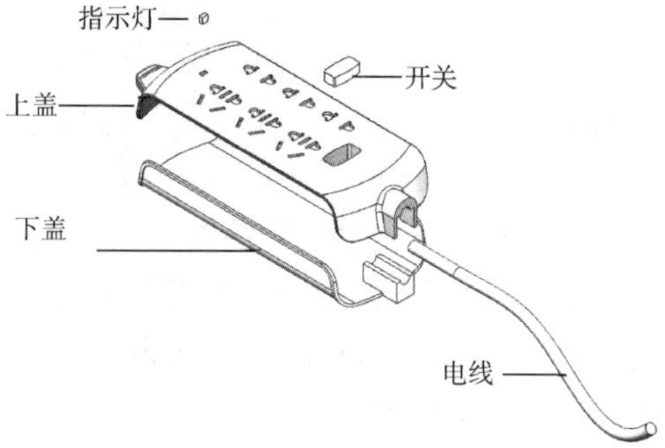

图 6-78

本案例主要运用的实体建模特征：拉伸实体、拉伸切除、扫描实体、阵列、分割、组合、抽壳、圆角等；运用的曲面特征：删除面、旋转曲面、等距曲面、曲面剪裁、曲面加厚等。绘制流程如图 6-79 所示。

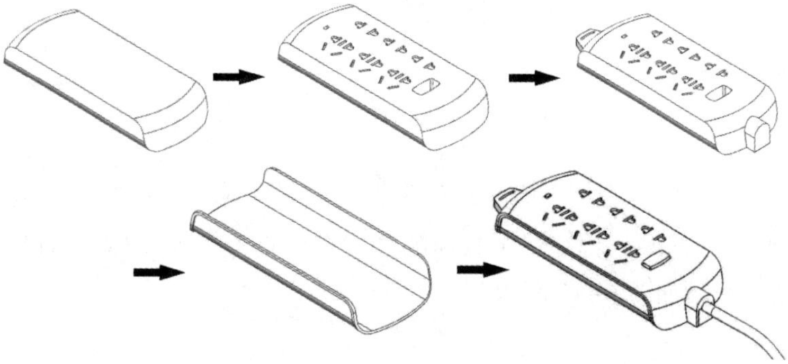

图 6-79

二、案例实操

主体建模操作步骤

【步骤 1】新建文件。启动 SolidWorks，创建一个新的零件文件。

【步骤 2】拉伸实体。选择“上视基准面”为绘图面，单击“草图”工具栏中的“圆”命令，绘制一个直径为 200mm 的圆；单击“特征工具”中的“拉伸实体”命令，对当前草图进行拉伸，拉伸长度为 30mm，拔模角度为 10°，其他参数按照图示默认状态，单击属性管理器中的“确定”，如图 6-80 所示。单击“特征”工具中的“圆角”命令，对实体上方进行半径为 12mm 的圆角，如图 6-81 所示。

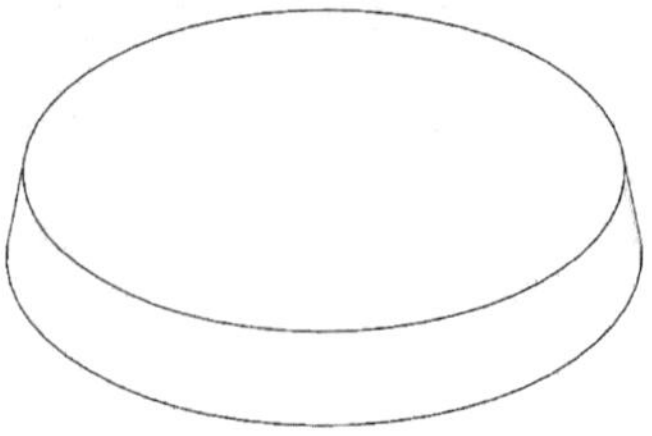

图 6-80

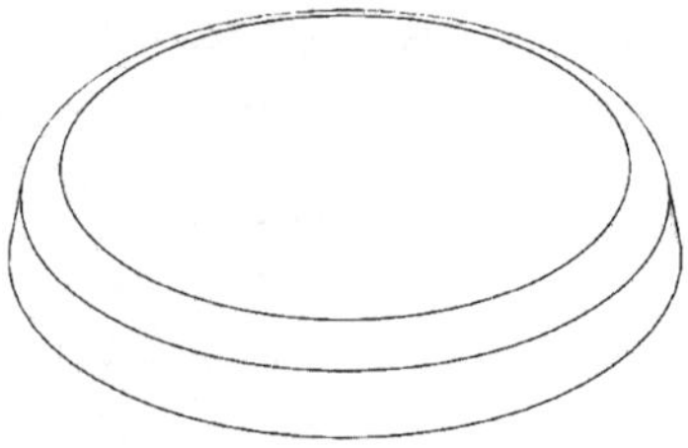

图 6-81

【步骤 3】拉伸切除。选择实体上方平面作为绘图面，单击“草图”工具中的“中心矩形”命令，绘制一个中心在原点、与实体相切、宽度为 80mm 的矩形，单击“特征”工具中的“拉伸切除”命令，拉伸深度为 30mm，在“反侧切除”前面选择√，用当前草图对实体进行反向切割，结果如图 6-82 所示。

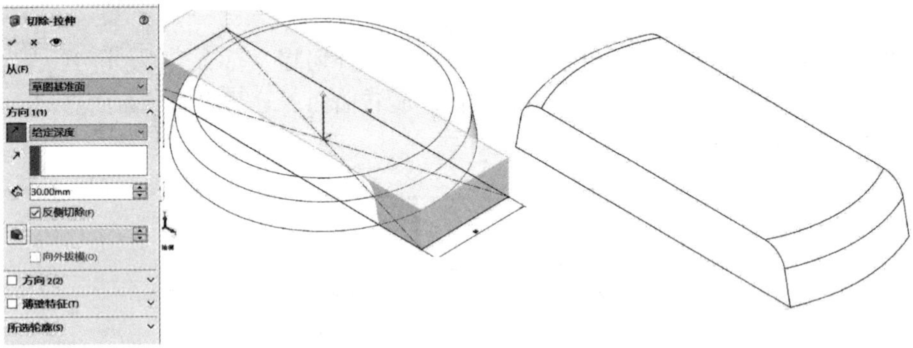

图 6-82

【步骤 4】圆角。单击“特征”工具中的“圆角”命令，对实体左右的边线进行半径为 12mm 的圆角，结果如图 6-83 所示。

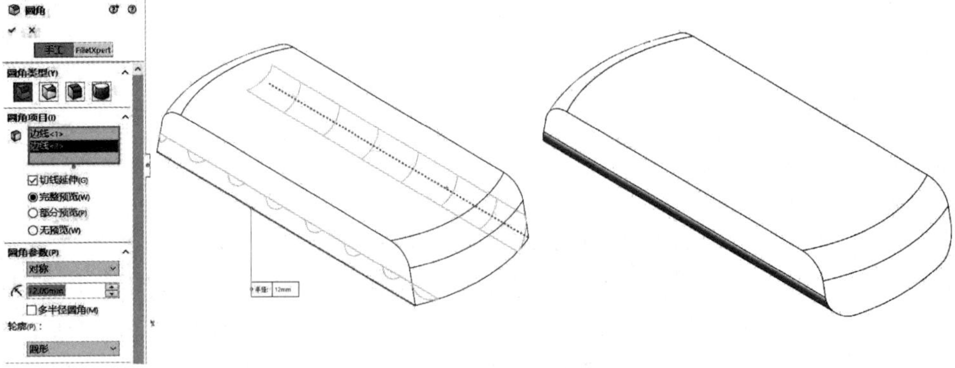

图 6-83

【步骤 5】拉伸切除。选择实体上方平面作为绘图面，单击“草图”工具中的“直线”“弧线”“圆角”命令，绘制一个长 11mm、宽 25mm、圆角半径为 2mm、距离中心弧度半径为 60mm 的图形，单击“特征”工具中的“拉伸切除”命令，“拉伸深度”为 16mm，结果如图 6-84 所示。

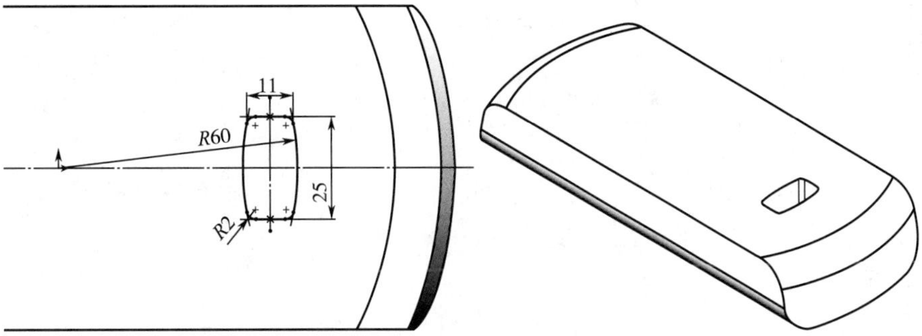

图 6-84

【步骤 6】拉伸切除。选择实体上方平面作为绘图面，单击“草图”工具中的“直线”“弧线”“圆角”命令，绘制一个长 3mm、宽 5mm、距离中心为 70mm 的矩形，单击“特征”工具中的“拉伸切除”命令，“拉伸深度”为 4mm，结果如图 6-85 所示。

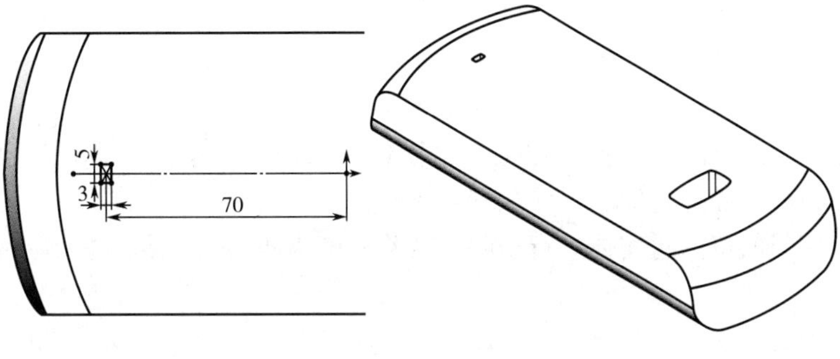

图 6-85

【步骤 7】抽壳。单击“特征”工具栏中的“抽壳”命令，在“厚度”选项中输入 2mm，在“移除的面”选项中，选择按钮和 LED 灯拉伸切除后的正面，抽壳后的结果如图 6-86 所示。

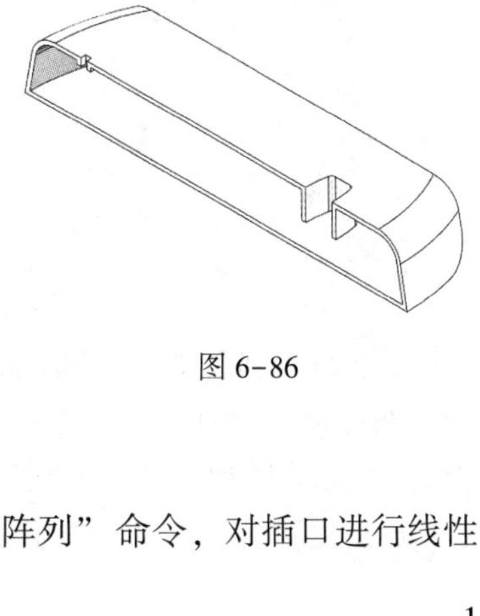

图 6-86

【步骤 8】拉伸切除。选择实体上方平面作为绘图面，单击“草图”工具中的“直槽口”“中心矩形”命令，绘制插孔轮廓，尺寸如图 6-87 左图所示。单击“特征”工具中的“拉伸切除”命令，用当前草图对实体进行切除，切除深度为 4mm，结果如图 6-87 右图所示。

【步骤 9】线性阵列。单击“特征”工具中的“线性阵列”命令，对插口进行线性阵

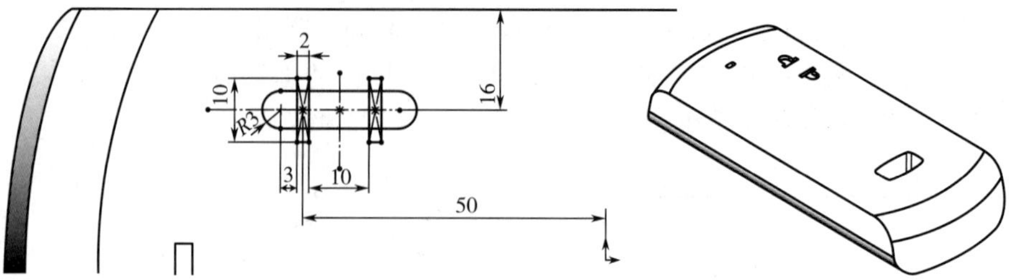

图 6-87

列，选择水平方向为阵列方向 1，间距为 35mm，阵列 3 个；选择 LED 孔的 Y 方向边线，间距为 30mm，阵列 2 个，阵列后模型如图 6-88 所示。

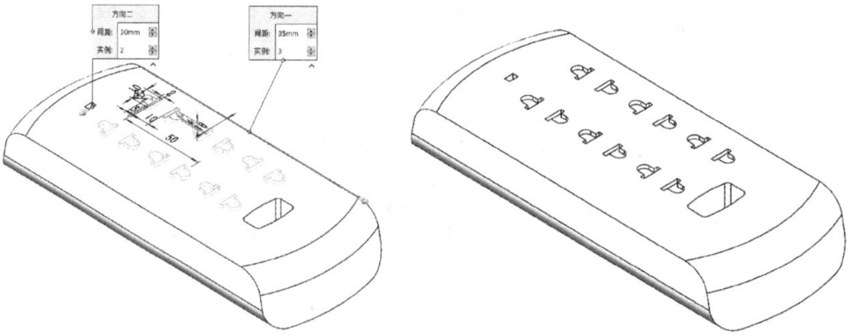

图 6-88

【步骤 10】拉伸切除。选择实体上方平面作为绘图面，单击“草图”工具中的“中心矩形”命令，绘制插孔轮廓，尺寸如图 6-89 左图所示。单击“特征”工具中的“拉伸切除”命令，用当前草图对实体进行切除，切除深度为 4mm，结果如图 6-89 右图所示。

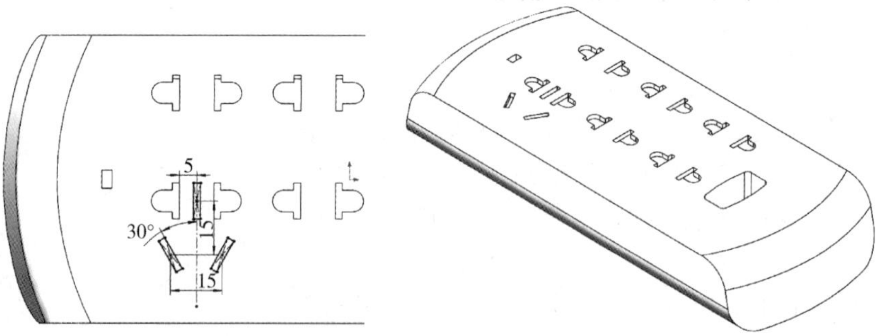

图 6-89

【步骤 11】线性阵列。单击“特征”工具中的“线性阵列”命令，对插口进行线性阵列，选择水平方向为阵列方向 1，间距为 35mm，阵列 3 个；选择 LED 孔的 Y 方向边线，间距为 30mm，阵列 2 个，阵列后模型如图 6-90 所示。

【步骤 12】拉伸实体。选择“右视基准面”进入草图绘制，单击“草图”工具中的

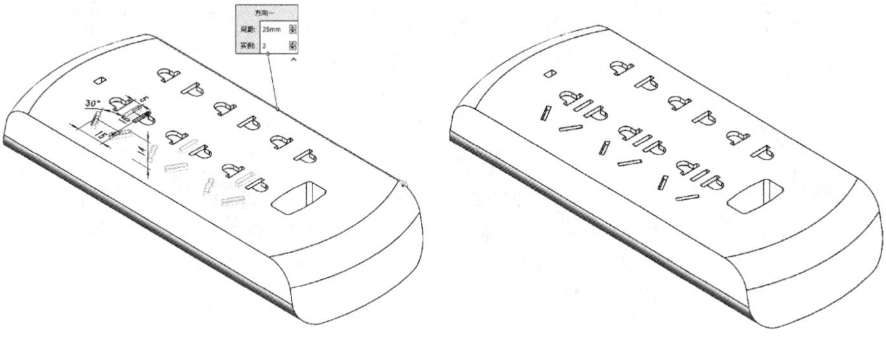

图 6-90

"直槽口""直线"命令绘制电线口轮廓，尺寸如图 6-91 所示。单击"特征"工具中的"拉伸实体"命令，用当前草图进行拉伸，拉伸长度为 110mm，并选择合并结果，结果如图 6-92 所示。

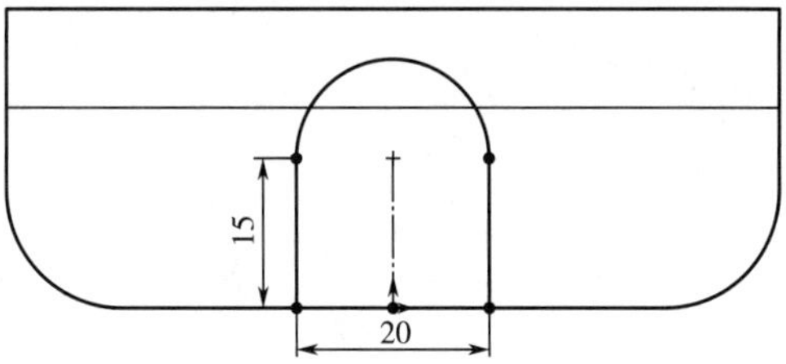

图 6-91

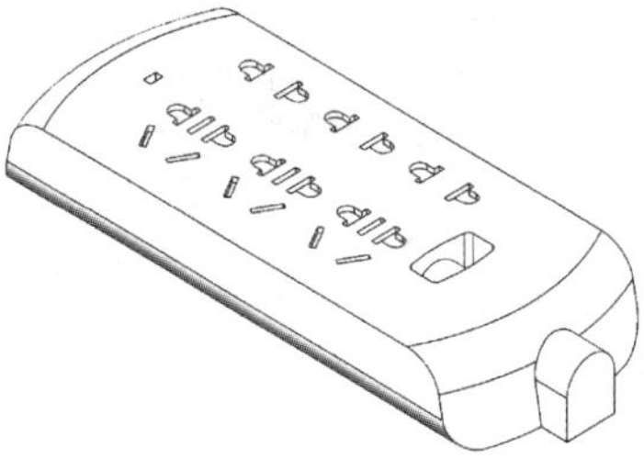

图 6-92

【步骤 13】拉伸实体。选择"上视基准面"进入草图绘制，单击"草图"工具中的"直线""圆弧槽口"命令绘制挂钩轮廓，尺寸如图 6-93 所示。单击"特征"工具中的"拉伸实体"命令，用当前草图进行拉伸，拉伸长度为 7mm，并选择合并结果，如图 6-94 所示。

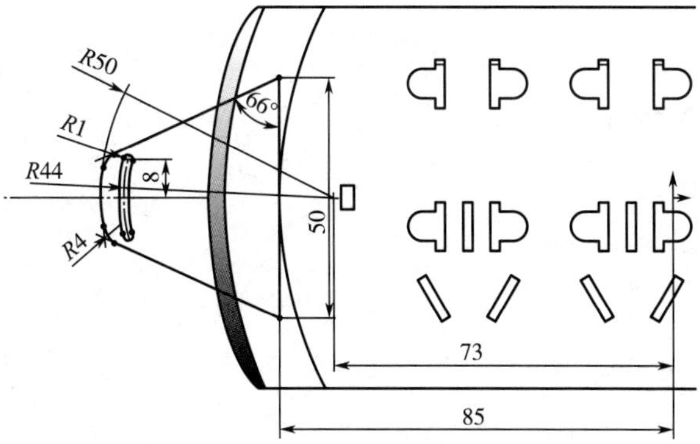

图 6-93

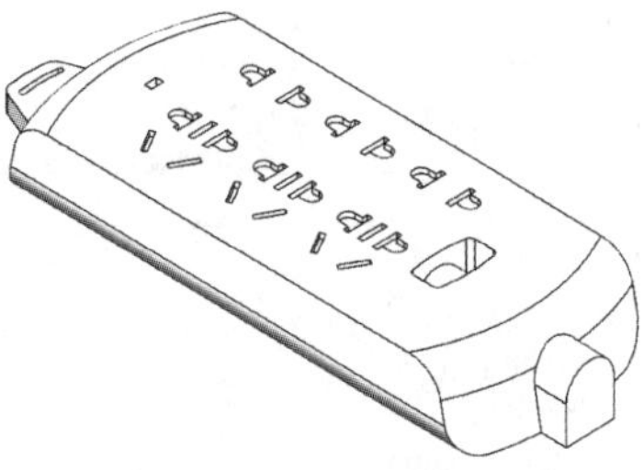

图 6-94

【步骤 14】删除面。选择剖面视图，以“上视基准面”作为剖视面，使用“曲面”工具栏中的“删除面”命令，选择排插里面的 4 个实体面，“选项”中选择“删除并修补”类型，点击“确定”后，模型状态如图 6-95 所示。

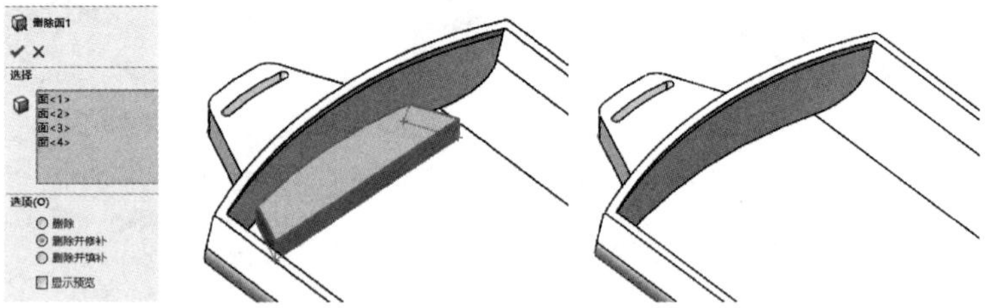

图 6-95

【步骤 15】删除面。选择剖面视图，以“上视基准面”作为剖视面，使用“曲面”工具栏中的“删除面”命令，选择插排右边实体电线口轮廓实体面，“选项”中选择“删除并修补”类型，点击“确定”后，模型状态如图 6-96 所示。

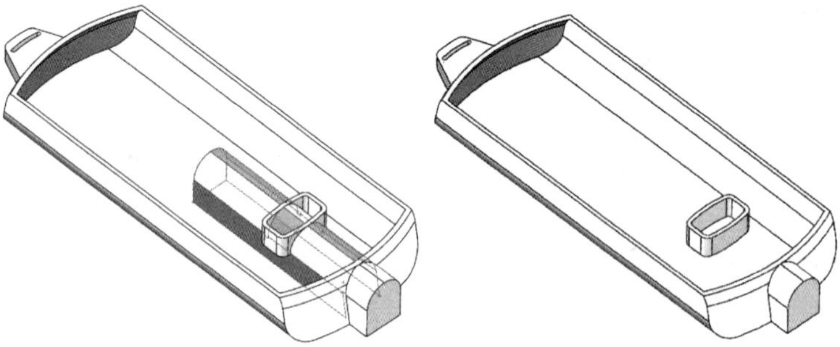

图 6-96

【步骤 16】旋转曲面。选择“前视基准面”进入草图绘制，单击“草图”工具中的“等距实体”命令，选择实体轮廓，等距距离为 2mm，结果如图 6-97 左图所示。单击“曲面”工具中的“旋转曲面”命令，用当前草图进行旋转，结果如图 6-97 右图所示。

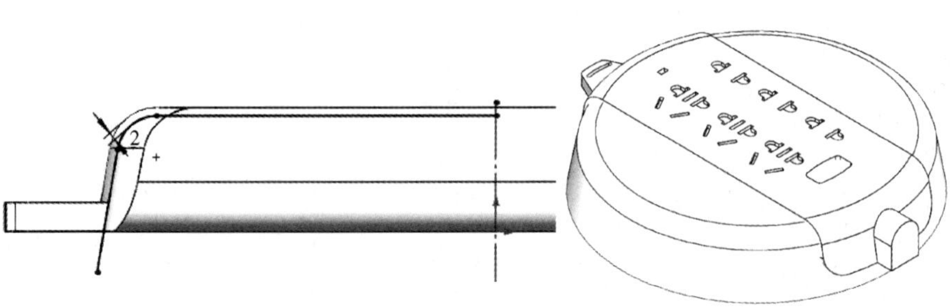

图 6-97

【步骤 17】分割实体。单击“特征”工具栏中的“分割”命令，选择“曲面旋转”为分割工具，完成实体的 4 部分分割，如图 6-98 所示。在“曲面-旋转”特征右键出现的快捷菜单栏中，将其“隐藏”，完成的插座实体如图 6-99 所示。

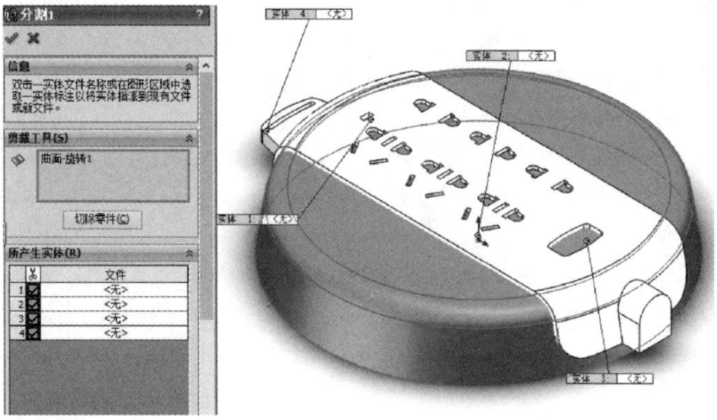

图 6-98

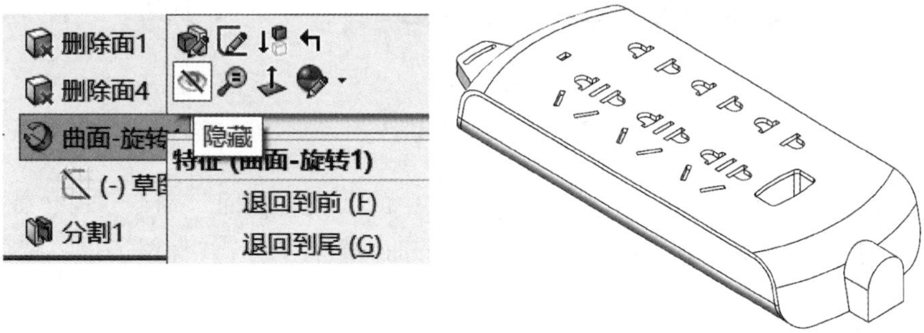

图 6-99

主体建模过程的视频可扫描二维码观看。

整体建模思路　　上盖制作思路

下盖建模操作步骤

【步骤 1】等距曲面。将其他部件隐藏，仅留下下盖实体。单击“曲面”工具中的“等距曲面”命令，“要等距的曲面”选择插座下盖部分的外围曲面，等距距离为 0mm，结果如图 6-100 所示。

【步骤 2】旋转曲面。选择“前视基准面”进入草图绘制，单击“草图”工具中的“等距实体”命令，选择实体轮廓，等距距离为 4mm，如图 6-101 左图所示。单击“曲面”工具中的“旋转曲面”命令，用当前草图进行旋转，结果如图 6-101 右图所示。

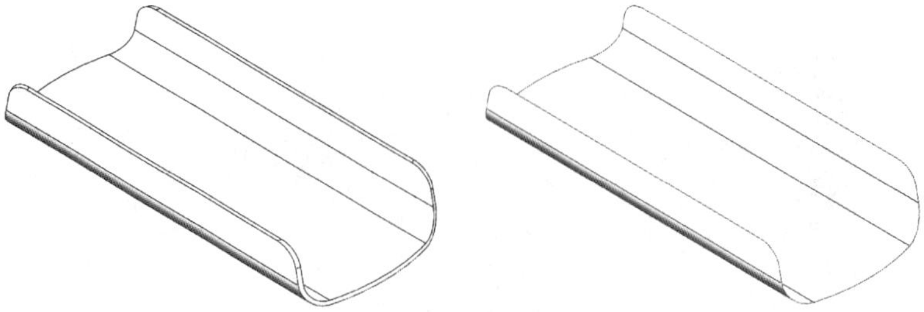

图 6-100

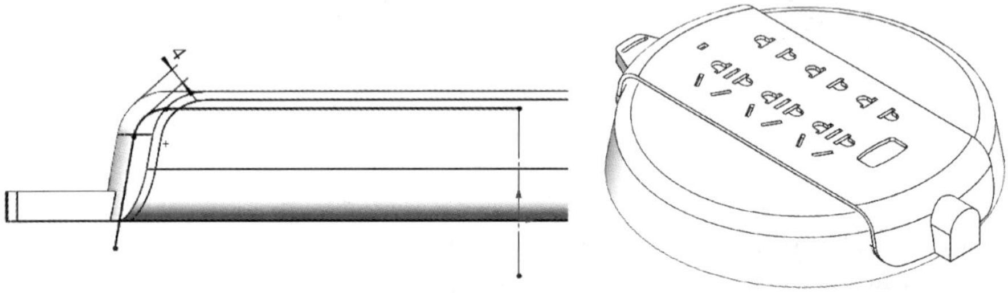

图 6-101

【步骤 3】裁切曲面。单击“曲线”工具栏中的“裁切曲面”命令，在“裁剪类型”选项中选择“标准”，“裁剪工具”为刚绘制好的曲面旋转实体，“保留选择”选项选取下壳主体部分，如图 6-102 所示。

【步骤 4】加厚曲面。单击“曲面”工具中的“加厚”命令，对剪裁后的曲面进行 1mm 的加厚，结果如图 6-103 所示。

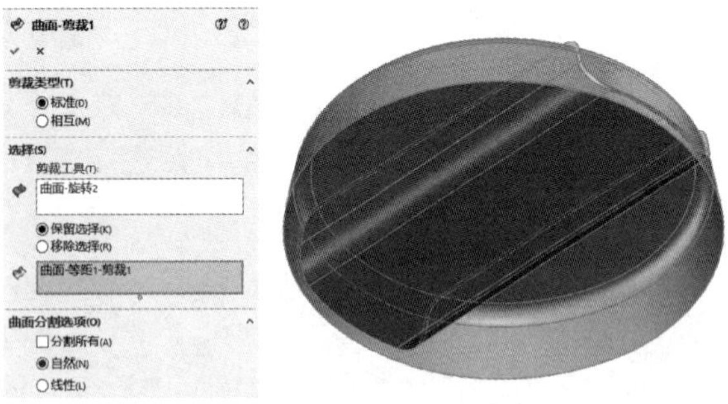

图 6-102

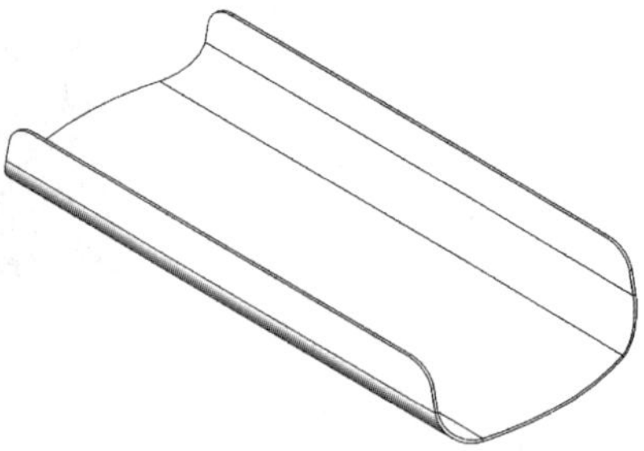

图 6-103

【步骤 5】组合实体。选择“特征”工具栏中的“组合”特征命令，“操作类型”为“删减”，“主要实体”选择“分割 2”的插排下盖部分，“要组合的实体”则为刚加厚的曲面，形成一个凹凸结构，如图 6-104 所示。

【步骤 6】拉伸切除实体。选择电线口平面进入草图绘制，单击“草图”工具中的“圆”命令，绘制一个与电线口同心、直径为 8mm 的圆。单击“特征”工具中的“拉伸

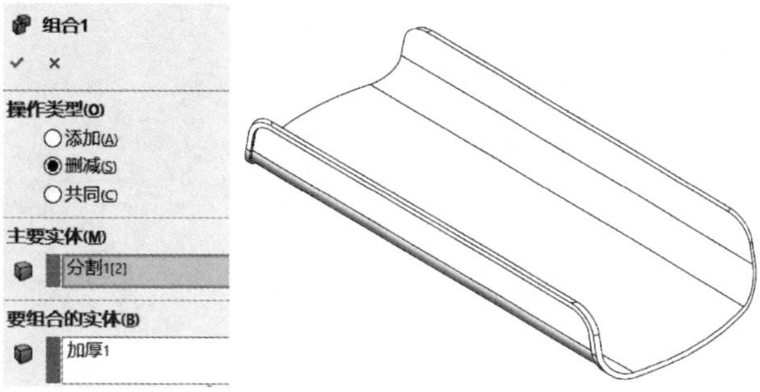

图 6-104

切除”命令，切除长度为 30mm，结果如图 6-105 所示。

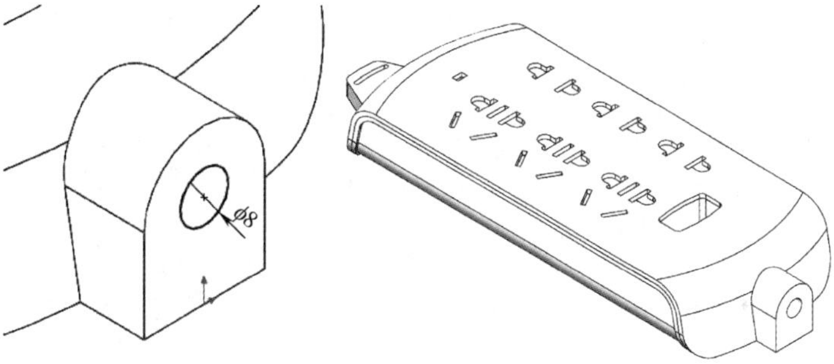

图 6-105

【步骤 7】分割实体。选择电线口平面进入草图绘制，单击“草图”工具中的“中心矩形”进行草图绘制，尺寸如图 6-106 左图所示。单击“特征”工具中的“分割”命令，用当前草图进行分割，结果如图 6-106 右图所示。

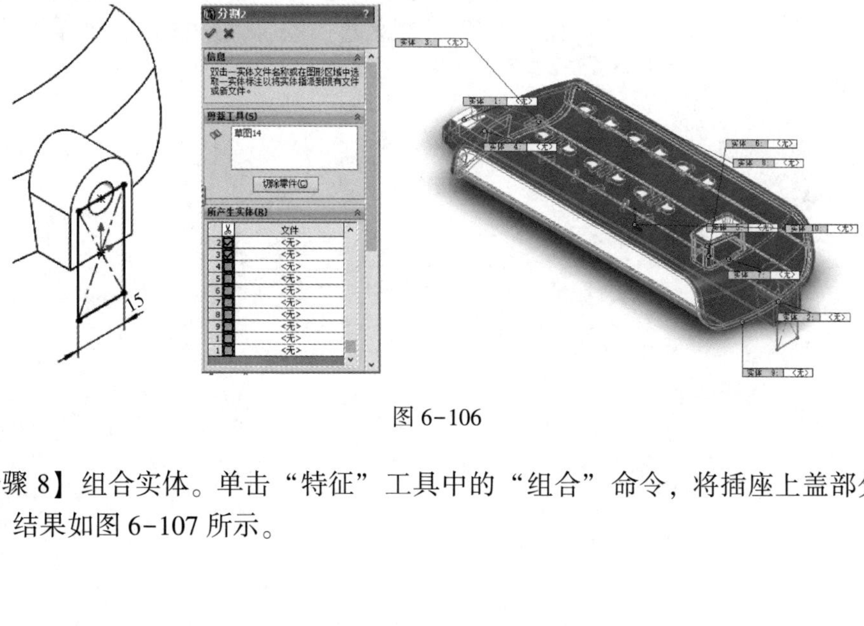

图 6-106

【步骤 8】组合实体。单击“特征”工具中的“组合”命令，将插座上盖部分实体进行组合，结果如图 6-107 所示。

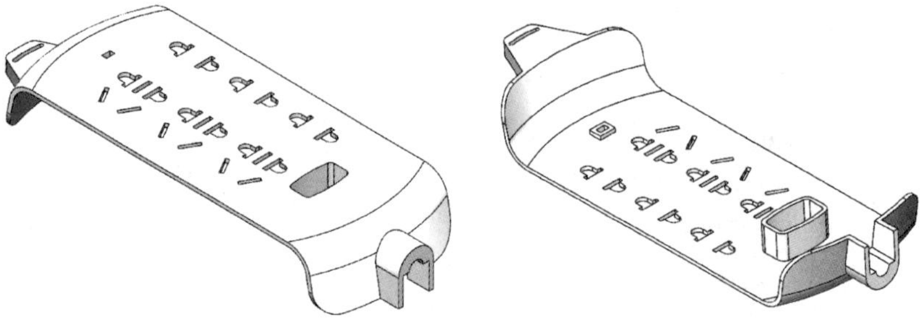

图 6-107

【步骤 9】拉伸实体。选择下盖部分的电线口进入草图绘制，单击“草图”工具中的“转换实体引用”，单击“特征”工具中的“拉伸实体”命令，对当前草图进行拉伸，拉伸长度为 30mm，并选择合并实体，将下盖的 4 个部分合并起来，形成完整的下盖，结果如图 6-108 所示。

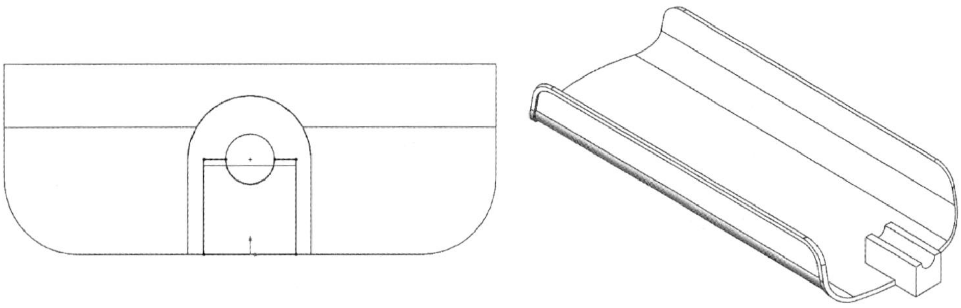

图 6-108

【步骤 10】扫描实体。选择电线口后方平面进入草图绘制，单击“草图”工具中的“圆”命令，绘制一个直径为 8mm 的圆。退出草图后进入三维草图进行绘制，单击“草图”工具中的“直线”“样条曲线”命令绘制电线轨迹，并套合曲线，结果如图 6-109 所示。单击“特征”工具中的“扫描”命令，轮廓选择圆，轨迹选择三维草图，结果如图 6-110 所示。

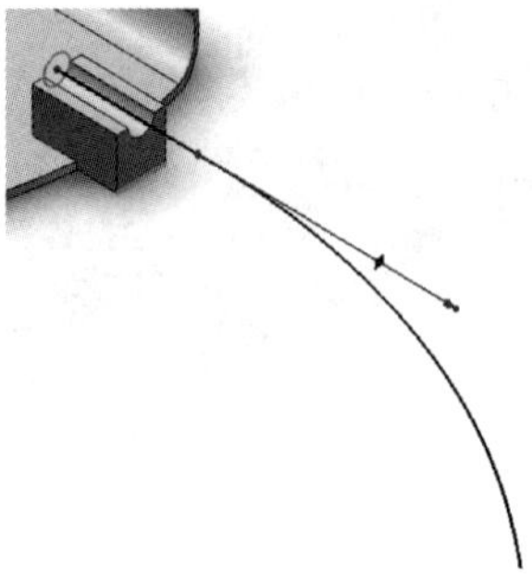

图 6-109

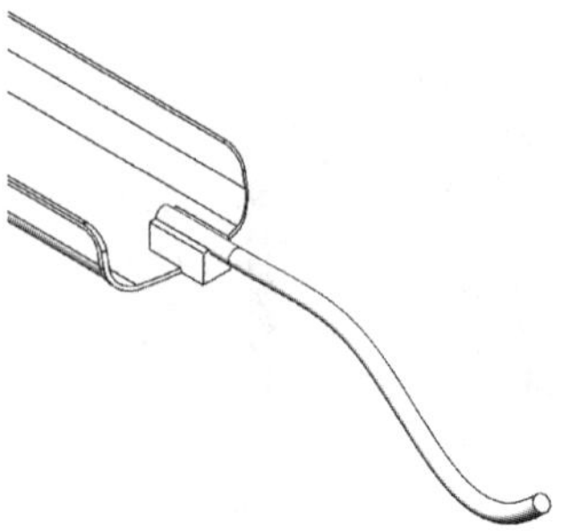

图 6-110

【步骤 11】拉伸实体。选择上盖平面进入草图绘制，单击“草图”工具中的“等距实体”命令，对按钮轮廓进行等距，等距距离为 1mm；单击“特征”工具中的“拉伸实体”命令，对曲线进行拉伸，拉伸长度为 2mm；单击“特征”工具中的“圆角”命令，对按钮及需要倒圆角边线进行 1mm 的圆角，最终结果如图 6-111 所示。

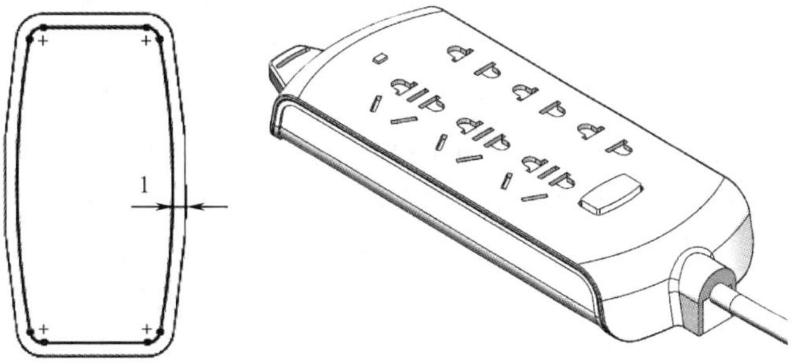

图 6-111

插排建模过程的视频可扫描二维码观看。

下盖建模　　细节制作

三、案例拓展

观察图 6-112 所示创意插排造型，思考建模方法和步骤。

图 6-112

任务分析

本案例拓展为用曲面思维来创建多面体造型。同样是插排的制作，本案例插排的造型为连接部分是光滑曲面的四面体。因此，我们需要运用拉伸曲面—剪裁曲面—放样曲面来实现一个曲面连接的方式，然后通过阵列方式实现两面体，主体建好后再通过拉伸切除实现插口孔位制作。

操作步骤

【步骤 1】主体建模。分别在前视基准面和上视基准面绘制直径为 50mm 的圆形，并通过曲面拉伸特征拉伸 50mm 的深度，形成两个相交的曲面形态，如图 6-113 所示。

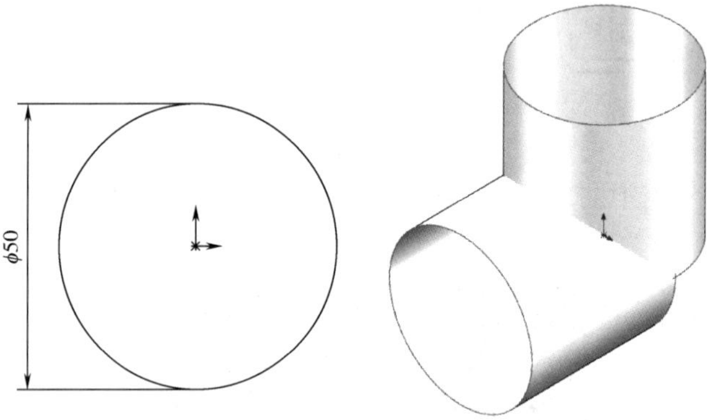

图 6-113

【步骤 2】选择“上视基准面”作为绘图面，单击“草图”工具栏中的“直线”命令，绘制 3 段线，用于剪裁曲面，尺寸如图 6-114 左图所示。单击“曲面”工具的“剪裁曲面”工具，剪裁工具为当前草图，把多余的部分剪去，结果如图 6-114 右图所示。同理，完成前视基准面的曲面剪裁工作，如图 6-115 所示。

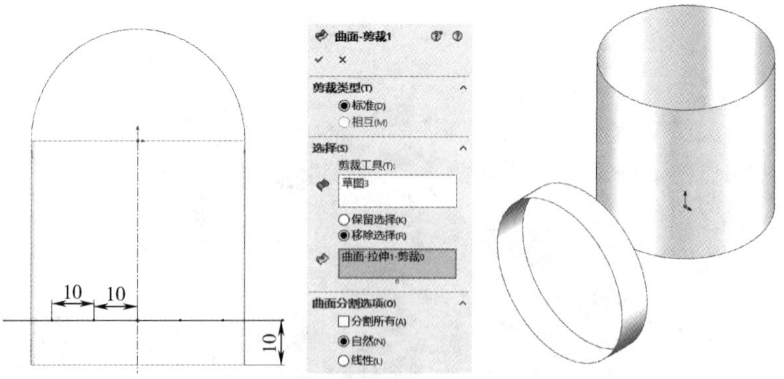

图 6-114

【步骤 3】分割线。选择“上视基准面”进入草图绘制，把用于分割第一个圆的 3 段线显示出来，并按照 3 段线的距离绘制草图，绘制完成后，单击“草图”工具中的“圆周草图阵列”命令，具体参数如图 6-116 所示。单击“特征”工具中的“分割线”命令，用当前草图分割曲面，结果如图 6-117 所示。

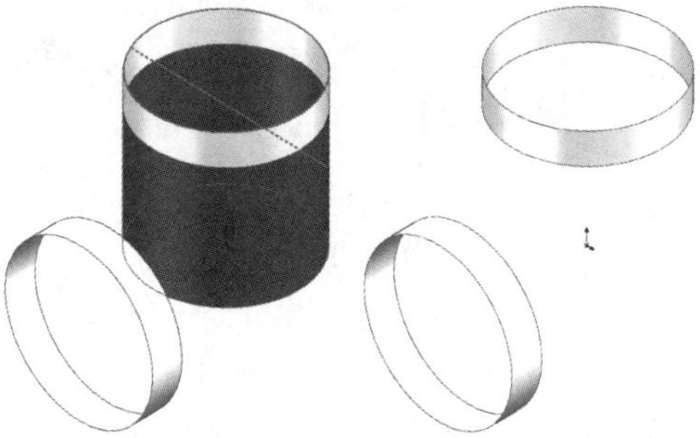

图 6-115

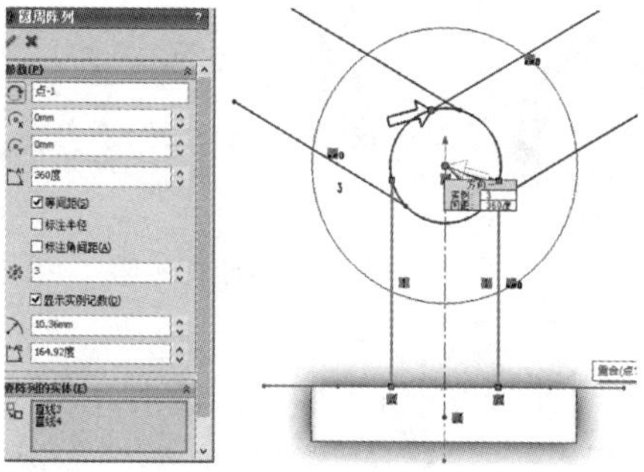

图 6-116

【步骤 4】放样曲面。单击“曲面”工具中的“放样曲面”命令，选择两个圆的对应位置，约束关系为曲率 1.5，其他参数按照图示默认状态，单击属性管理器中的“确定”，结果如图 6-118 所示。

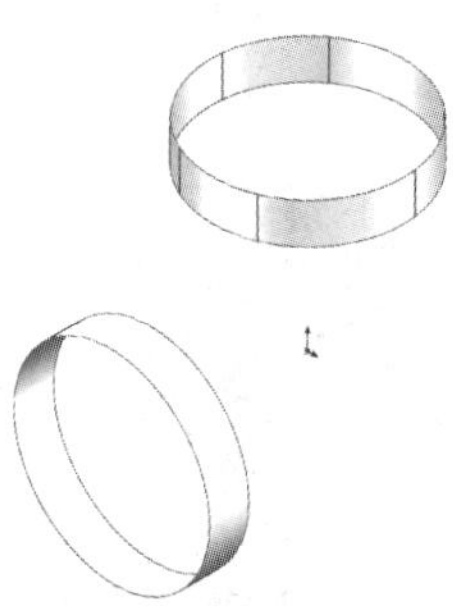

图 6-117

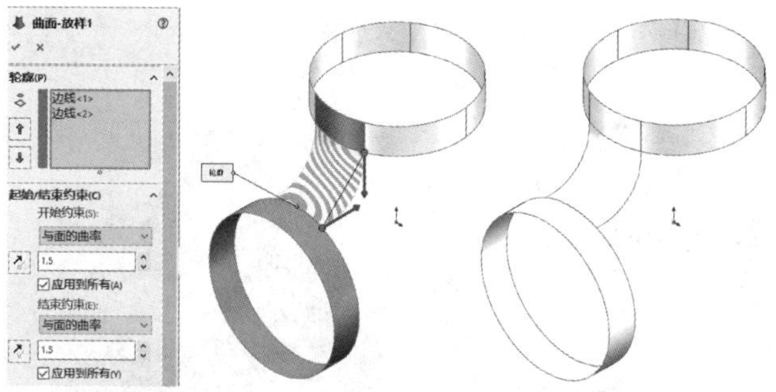

图 6-118

【步骤 5】阵列曲面。单击“特征”工具中的“圆周阵列”命令，旋转中心为上方圆的圆心，要阵列的实体为圆的曲面以及上一步的放样曲面，阵列个数为 3，结果如图 6-119 所示。

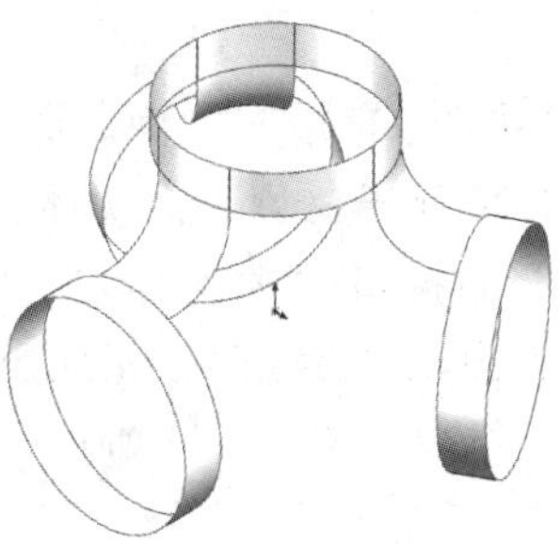

图 6-119

【步骤 6】放样曲面。单击“曲面”工具中的“放样曲面”命令，选择两个圆的对应位置，约束关系为曲率 1.5，其他参数按照图示默认状态，单击属性管理器中的“确定”，结果如图 6-120 所示。两次放样，形成下部的放样区域面。再次单击“曲面”工具中的“放样曲面命令”，轮廓为下方两个圆的下侧面，引导线为上一步放样曲面的边线，其他参数按照图示默认状态，单击属性管理器中的“确定”，结果如图 6-121 所示。

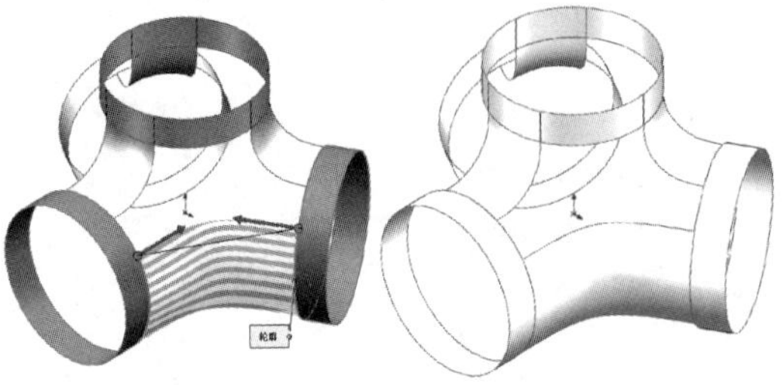

图 6-120

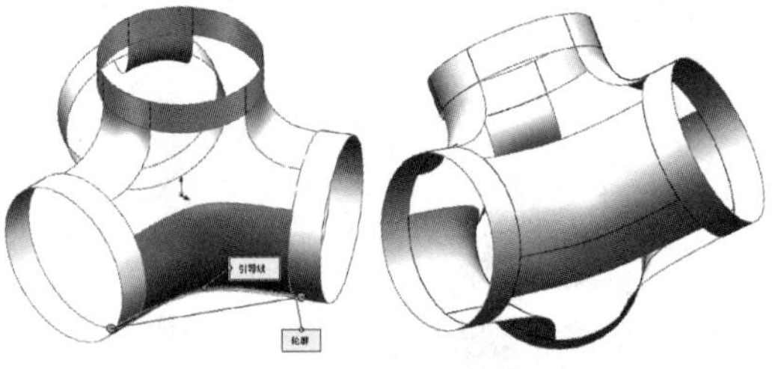

图 6-121

【步骤 7】阵列曲面。单击“特征”工具中的“圆周阵列”命令，旋转中心为上方圆的圆心，要阵列的实体为圆的曲面以及上一步的放样曲面，阵列个数为 3，结果如图 6-122 所示。

【步骤 8】填充曲面。单击“曲面”工具中的“填充曲面”命令，将 3 个圆之间空缺的曲面边缘选择出来，约束关系为曲率，其他参数按照图示默认状态，单击属性管理器中的“确定”，并将该曲面进行圆周阵列，结果如图 6-123 所示。再次单击“曲面”工具中的“填充曲面”命令，将底部空缺曲面边缘选择出来，约束关系为曲率，其他参数按照图示默认状态，单击属性管理器中的“确定”，然后将整个曲面进行“圆周阵列”“曲面缝合”和“加厚”特征命令，结果如图 6-124 所示。

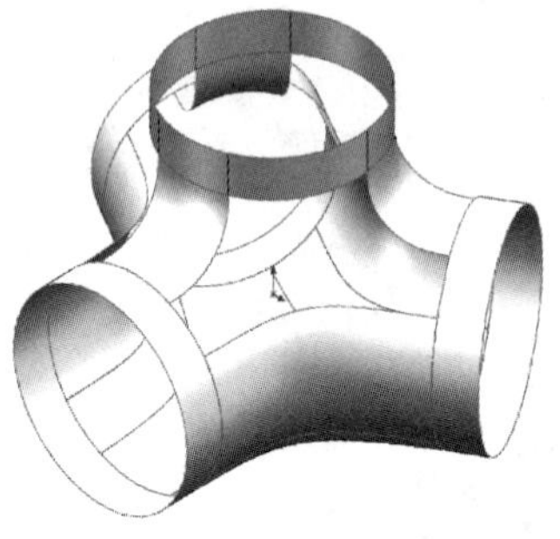

图 6-122

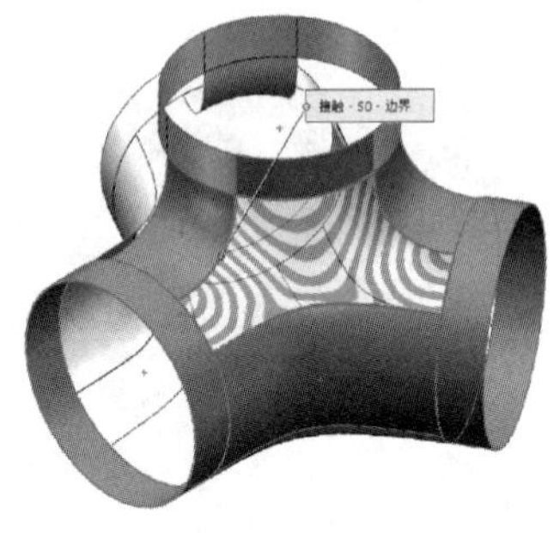

图 6-123

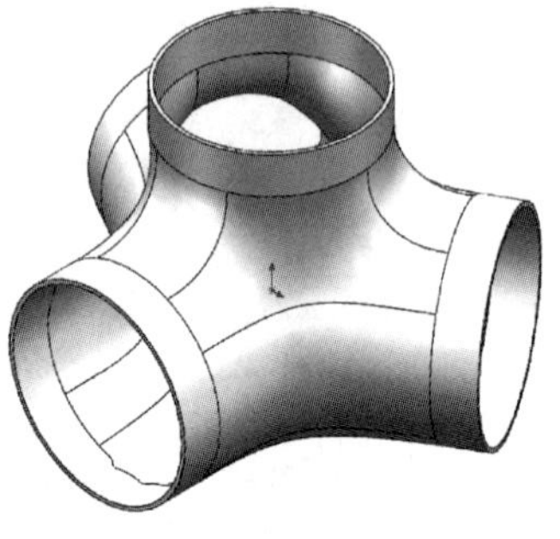

图 6-124

【步骤 9】填充曲面。通过“旋转”特征将顶部插口创建出实体，然后将下面 3 个插排口“圆周阵列”复制出来，最后为边缘“倒角”，完成整个模型的制作，结果如图 6-125 所示。

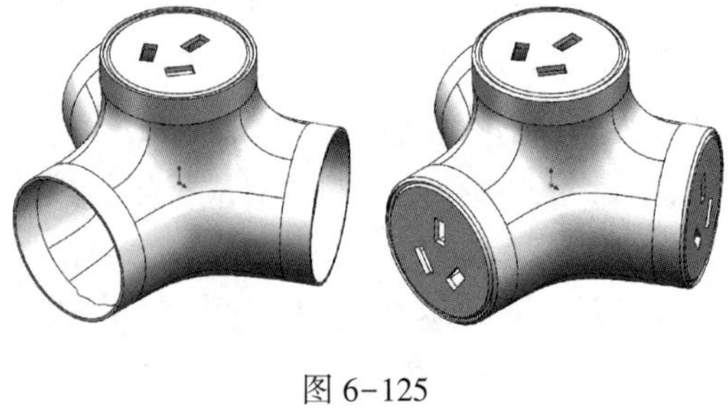

图 6-125

课后延伸

以上两种插排的建模方式都是需要先创建好实体后分割出部分，然后再通过实体分割或曲面分割将产品细化特征，这种思路可以延伸至多种电子产品的建模，比如图 6-126 所示的 U 盘。依据所学建模方法，尝试创建 U 盘模型。U 盘建模过程的视频及源文件可扫描图 6-126 中的二维码下载。

图 6-126

图 6-127 至图 6-130 所示为学生作品，扫描图 6-130 中的二维码可下载作品源文件。

图 6-127

图 6-128

图 6-129

图 6-130

第七章 电子类产品设计案例

第一节 手机

移动电话或无线电话通常称为手机。手机类型顾名思义就是指手机的外在类型，比较常用的分类是把手机分为直板式、折叠式（单屏、双屏）滑盖式、旋转式、侧滑式等几类。现在扁平化设计潮流下，以平板超薄手机款式为主流。

手机具备商务沟通、交流、娱乐、学习等众多功能，已经成为人们生活的一部分。目前手机更新主要在于5G、折叠屏、三摄、屏下指纹识别以及人工智能等方面。5G时代，网速全面飙升，“增强现实+虚拟现实”等技术将大幅改变人们的日常生活，社交、购物、娱乐等体验纷纷革新。手机示例如图7-1所示。

图7-1

一、案例简介

本案例是一款智能手机模型（见图7-2），外壳采用铝合金，可以设置金色、银色、深空灰色、玫瑰金色等多个配色。屏幕采用高强度的玻璃，触摸屏采用3D触控技术。手机也具有高像素后置摄像头和前置摄像头。该基本款手机可以通过拉伸、圆角来完成整体造型，然后用分割线、拉伸、拉伸切除、圆角等特征命令来制作细节，绘制流程如图7-3所示。

图 7-2

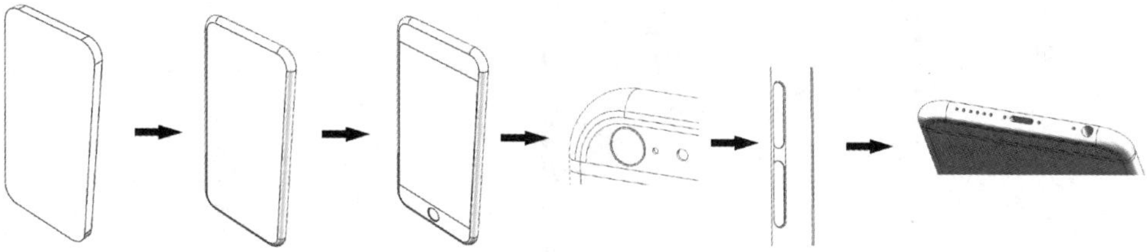

图 7-3

二、案例实操

主体建模操作步骤

【步骤 1】新建文件。启动 SolidWorks，创建一个新的零件文件。

【步骤 2】拉伸实体。在左侧的 Feature Manager 设计树中，选择“前视基准面”正视于屏幕，作为绘图面，单击“草图”工具栏中的“矩形”命令，绘制一个长 158. 1mm、宽 77. 8mm、圆角半径为 12mm 的矩形，如图 7-4 所示。单击“特征”工具栏中的“拉伸凸台/基体”图标，在方向 1 下选项“终止条件”中选择“两侧对称”，“面/平面”选项中选择“矩形”，“等距距离”选项中输入 7. 1mm，其他按照图示默认状态，单击属性管理器中的“确定”，结果如图 7-5 所示。

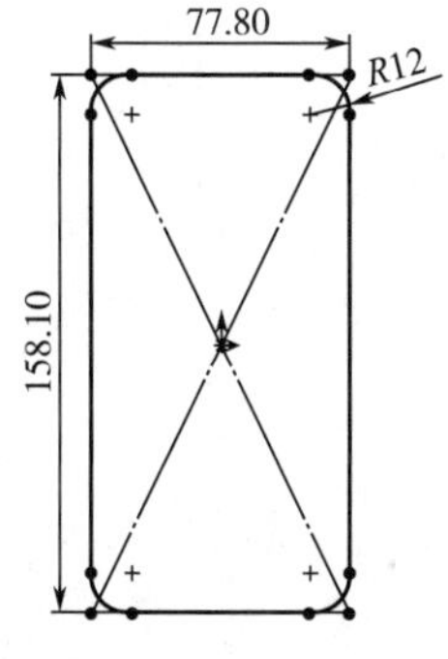

图 7-4

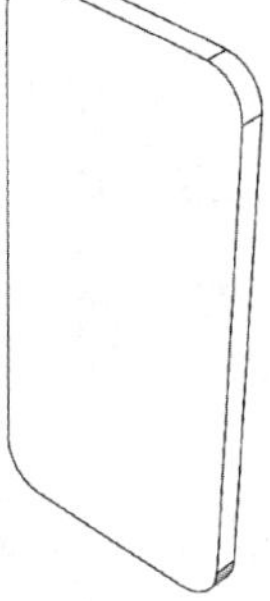

图 7-5

【步骤 3】圆角特征。单击“特征”工具栏中的“圆角”图标，在“圆角类型”中选择“完整圆角”，在“圆角项目”中的“边侧面组 8”中选择面【2】，即手机的正面；在“中央面组”中选择面【1】【3】【4】【5】【6】【7】【8】【9】，即手机的四周侧面；“边侧面组 2”中选择面【10】，即手机的背面；在“切线延伸”选项前打√，其他按照图示默认状态，单击属性管理器中的“确定”，结果如图 7-6 所示。

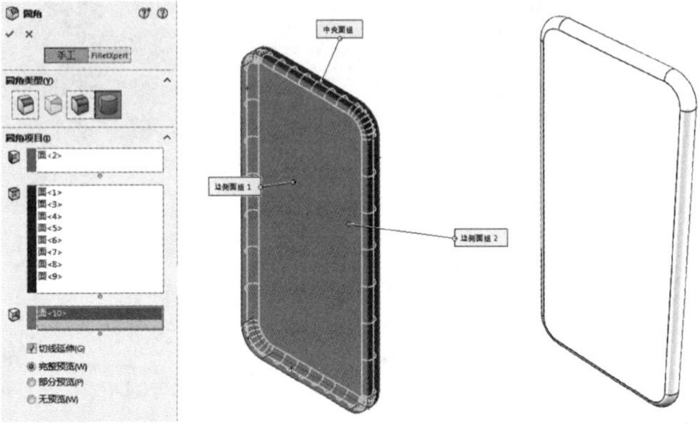

图 7-6

正面特征建模操作步骤

【步骤 1】分割线。选择“凸台-拉伸 1”的前部分作为绘图面，单击“草图”工具栏中的“矩形”命令，绘制一个 70mm×120mm 的矩形轮廓线，如图 7-7 所示。单击“特征”工具栏中的“曲线”图标，在其图标下选择“分割线”命令，分割类型为“投影”；在“选择”参数项目下，“要投影的草图”选择草图 2 矩形轮廓，“要分割的面”选择面 1 手机正面，其他按照图示默认状态，单击属性管理器中的“确定”，结果如图 7-8 所示。

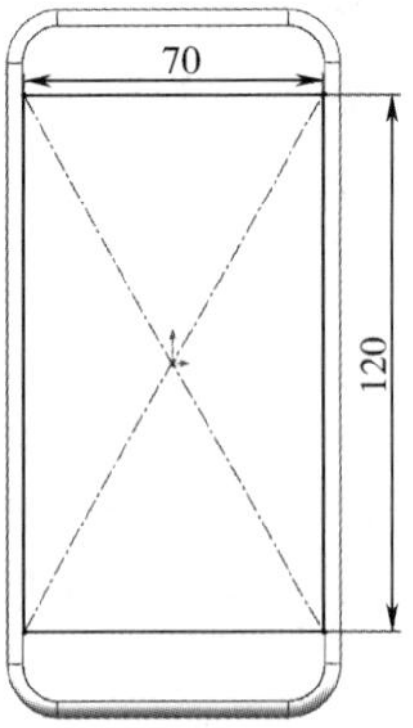

图 7-7

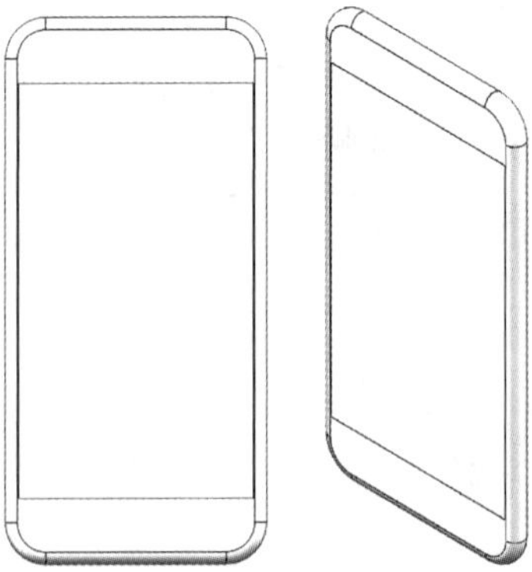

图 7-8

【步骤 2】拉伸切除实体。选择手机正面为绘图面，单击“草图”工具栏中的“中心线”命令，绘制一条通过原点的竖直方向中心线；单击“草图”工具栏中的“圆”命令，绘制一个直径为 11mm 的圆形，圆心距离底边 11mm，如图 7-9 所示。单击“特征”工具栏中的“拉伸切除凸台/基体”图标，在“方向 1”下选项“终止条件”中选择“给定深度”，“等距距离”选项中输入 0.5mm，在“拔模”选项中输入 45°，其他按照图示默认状态，单击属性管理器中的“确定”，如图 7-10 所示。

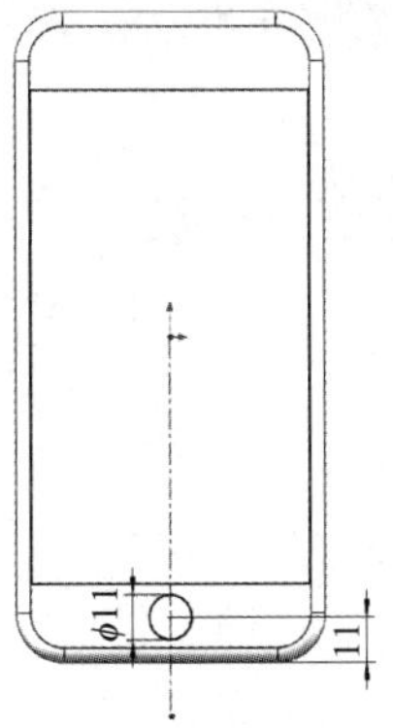

图 7-9

图 7-10

【步骤 3】拉伸切除实体。选择手机正面为绘图面，单击“草图”工具栏中的“圆”“直槽口”命令，绘制具有尺寸的轮廓线，如图 7-11 所示。单击“特征”工具栏中的“拉伸切除凸台/基体”图标，在“方向 1”下选项“终止条件”中选择“给定深度”，“等距距离”选项中输入 0.5mm，其他按照图示默认状态，单击属性管理器中的“确定”，结果如图 7-12 所示。

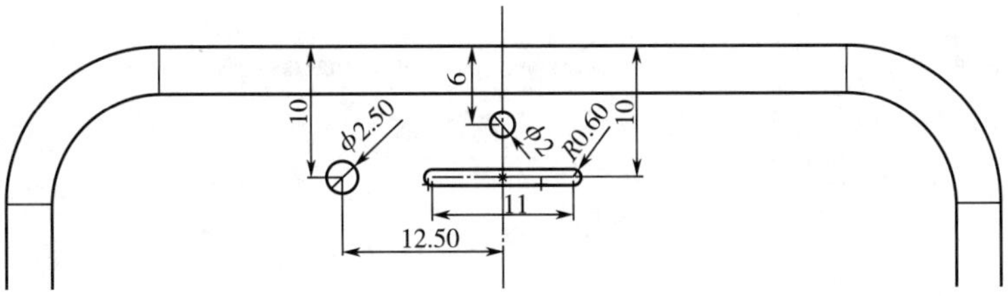

图 7-11

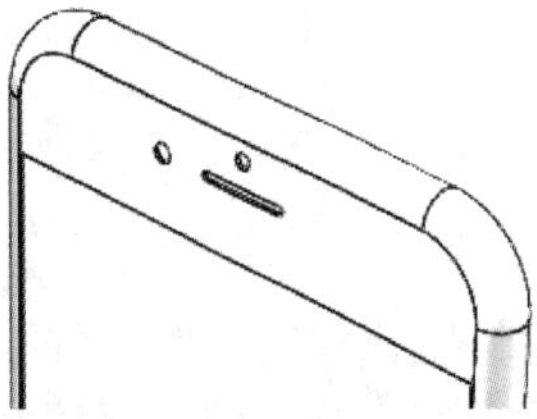

图 7-12

【步骤 4】绘制草图。单击“草图”工具栏，进入草图绘制，选择“草图”工具栏中的“等实体”图标，在“等距距离”输入 8mm，其他按照图示默认状态，单击属性管理器中的“确定”。重复上述命令，在“反向”前打√，完成两条轮廓线的扩边操作。单击“草图”工具栏中的“矩形”命令，绘制出如图 7-13 所示轮廓线。单击“草图”工具栏中的“镜像实体”命令，“镜像面”选择“中心线”，“要镜像的特征”选项中选取图 7-13 中所画轮廓线，其他按照图示默认状态，单击属性管理器中的“确定”，结果如图 7-14 所示。单击“特征”工具栏中的“曲线”图标，在其图标下选择“分割线”，“要投影的草图”选择上一步骤绘制的完整草图，“要分割的面”选择面【1】~【8】，其他按照图示默认状态，单击属性管理器中的“确定”，结果如图 7-15 所示。

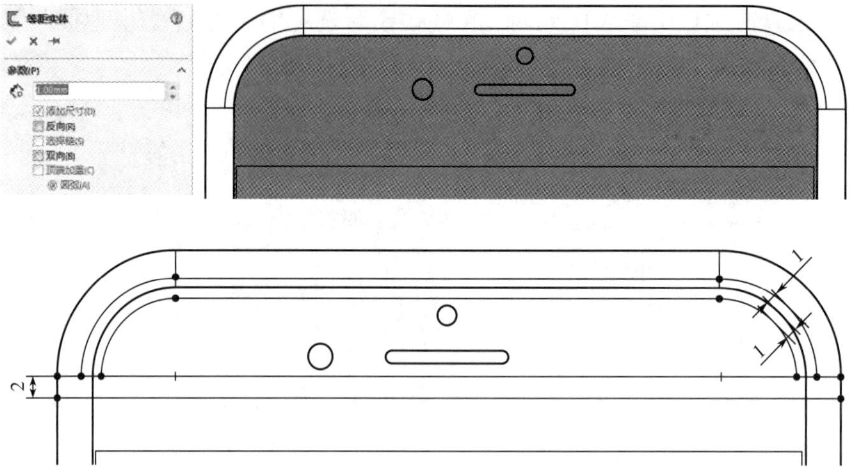

图 7-13

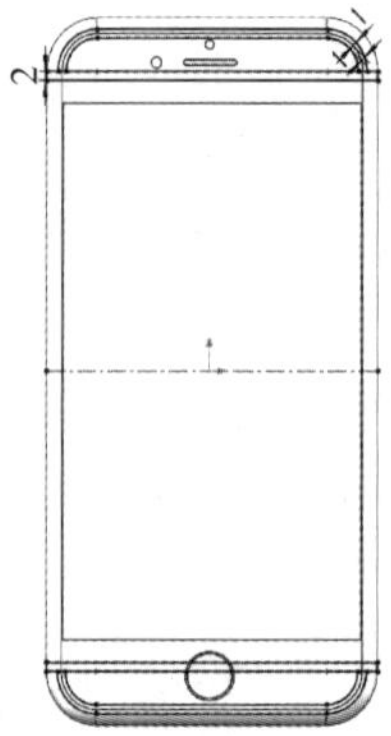

图 7-14

图 7-15

商标建模操作步骤

【步骤 1】导入草图。点击“绘制草图”命令，选择手机背面作为绘图面，点击“工具”，在其图标下选择“草图工具”，再选择“草图图片”命令，选择需要导入的图片，调整图片所在模型的具体位置参数，如图 7-16 所示。

【步骤 2】绘制草图。单击“草图”工具栏，进入草图绘制，选择工具栏中的“圆”“样条曲线”命令，对商标进行描边，绘制商标轮廓线，如图 7-17 所示。再将导入的草图删除，绘制好的商标轮廓如图 7-18 所示。

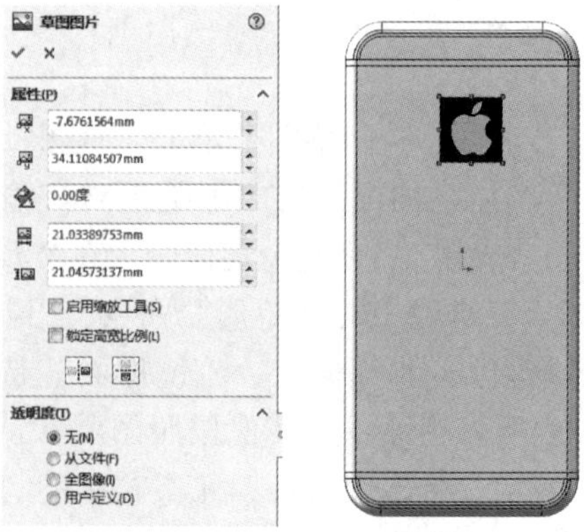

图 7-16

图 7-17

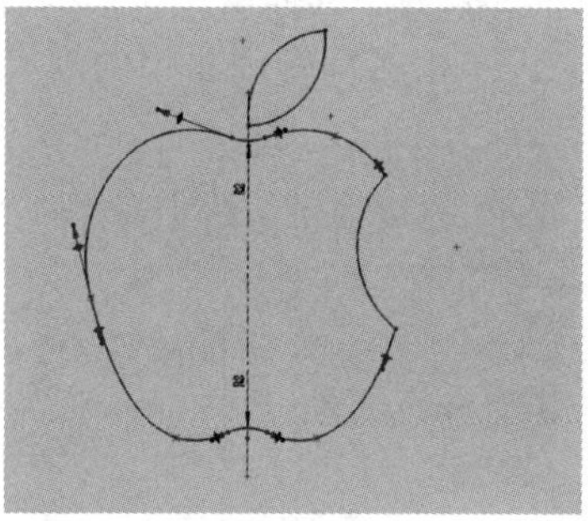

图 7-18

【步骤 3】分割线。单击“特征”工具栏中的“曲线”命令，在其图标下选择“分割线”命令，“要投影的草图”选择商标轮廓草图，“要分割的面”选择面【1】手机背面，其他按照图示默认状态，单击属性管理器中的“确定”，结果如图 7-19 所示。

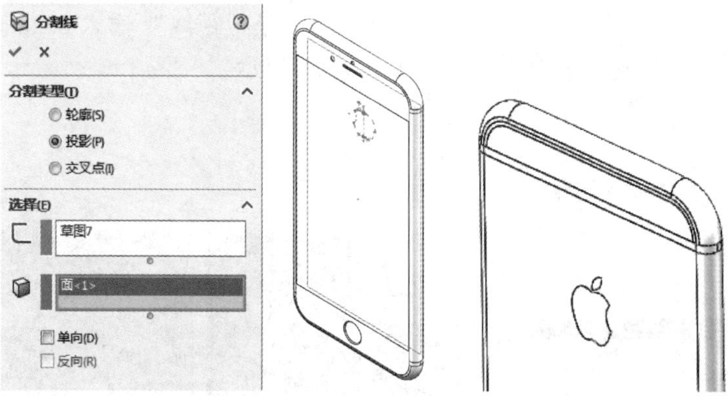

图 7-19

背部特征建模操作步骤

【步骤 1】绘制草图。选择手机背部作为绘图面，单击“草图”工具栏中的“圆”命令，绘制具有尺寸的摄像头轮廓线，如图 7-20 所示。

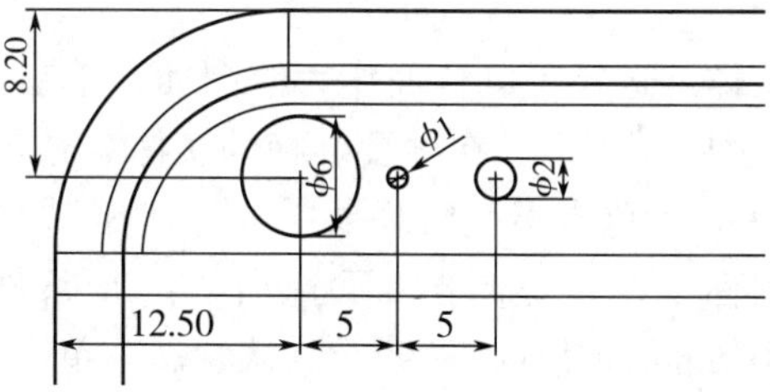

图 7-20

【步骤 2】分割线。单击“特征”工具栏中的“曲线”图标，在其图标下选择“分割线”，“要投影的草图”选择草图摄像头轮廓线，“要分割的面”选择手机背面，其他按照图示默认状态，单击属性管理器中的“确定”，结果如图 7-21 所示。

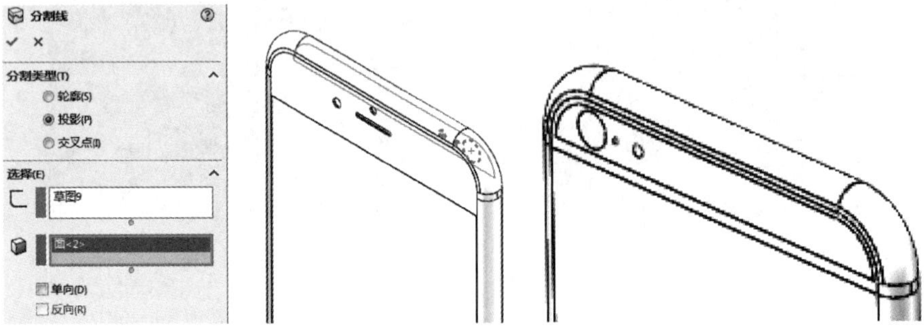

图 7-21

【步骤 3】绘制草图。选择手机背面作为绘图面，单击“草图”工具栏，选择“转换实体引用”图标，在“要转换的实体”选项中选择边线【1】，其他按照图示默认状态；单击“草图”工具栏中的“等距实体”图标，在“等距距离”输入 0.2mm，单击属性管理器中的“确定”，形成一个圆环，结果如图 7-22 所示。

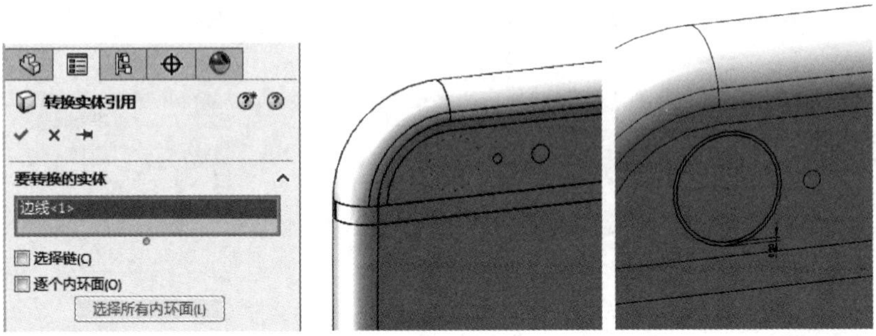

图 7-22

【步骤 4】拉伸实体。单击“特征”工具栏中的“拉伸凸台/基体”图标，在“方向 1”下选项“终止条件”中选择“给定深度”，“等距距离”选项中输入 0.2mm，在“合并结果”选项前打√，其他按照图示默认状态，单击属性管理器中的“确定”，结果如图 7-23 所示。

【步骤 5】拉伸切除实体。选择手机背面作为绘图面，单击“草图”工具栏，进入草图绘制，选择“转换实体引用”图标，在“要转换的实体”选项中选择边线【1】和边线【2】，其他按照图示默认状态，单击属性管理器中的“确定”。单击“特征”工具栏中的“拉伸切除凸台/基体”图标，在“方向 1”下选项“终止条件”中选择“给定深度”，“等距距离”选项中输入 0.5mm，其他按照图示默认状态，单击属性管理器中的“确定”，结果如图 7-24 所示。

图 7-23

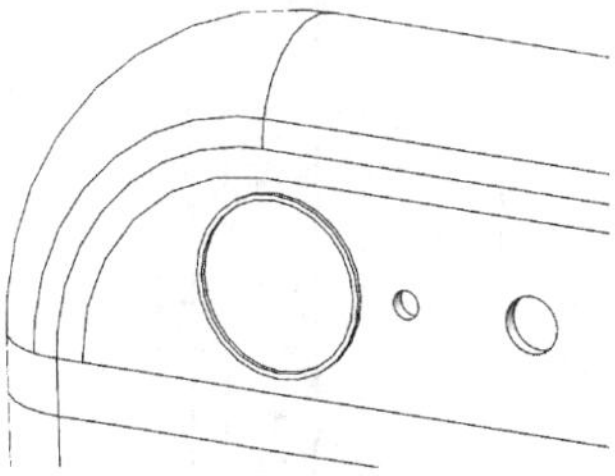

图 7-24

侧部特征建模操作步骤

【步骤 1】拉伸实体。选择“右视基准面”作为绘图面，单击“草图”工具栏中的“直槽口”命令，绘制如图 7-25 所示轮廓线。单击“特征”工具栏中的“拉伸凸台/基体”图标，在“方向 1”下选项“终止条件”中选择“到离指定面的距离”，指定面选择手机外边缘弧面，“等距距离”选项中输入 0. 2mm，在“合并结果”和“反向等距”选项前打√，其他按照图示默认状态，单击属性管理器中的“确定”，结果如图 7-26 所示。

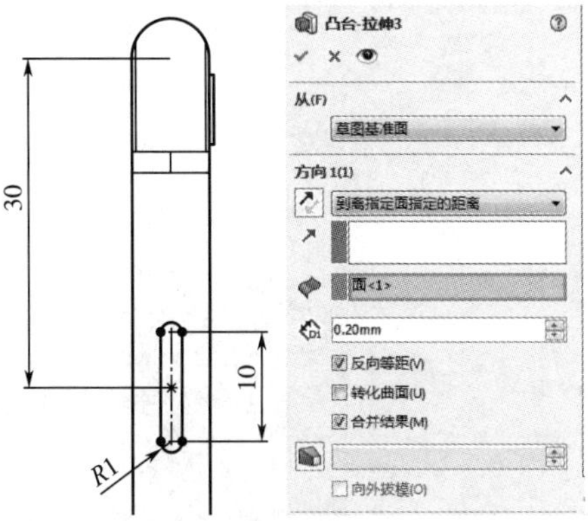

图 7-25

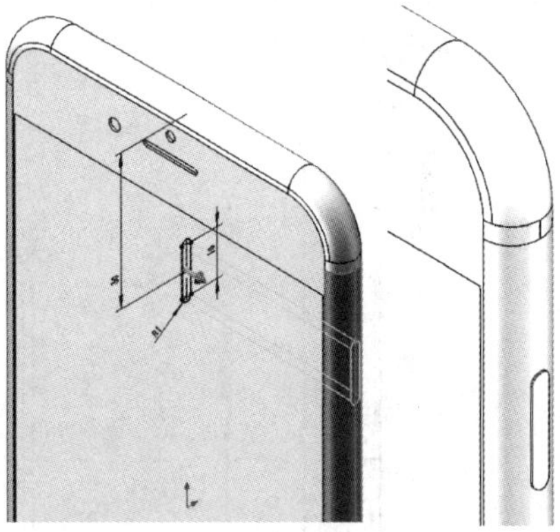

图 7-26

【步骤 2】分割线。选择“右视基准面”作为绘图面，单击“草图”工具栏中的“直槽口”“圆形”绘图命令，绘制具有尺寸的轮廓线，如图 7-27 所示。单击“特征”工具栏中的“曲线”图标，在其图标下选择“分割线”，在“分类类型”中选择“投影”，“要投影的草图”选择当前草图，“要分割的面”选择面【1】，其他按照图示默认状态，单击属性管理器中的“确定”，如图 7-28 所示。

【步骤 3】拉伸切除实体。打开步骤 2 中分割线特征下面的草图，选择草图中的圆形轮廓，单击“特征”工具栏中的“拉伸切除凸台/基体”图标，在“等距距离”选项中输入 80mm，在“方向 1”下选项“终止条件”中选择“完全贯穿”，在“所选轮廓”中选择“圆形”，其他按照图示默认状态，单击属性管理器中的“确定”，结果如图 7-29 所示。

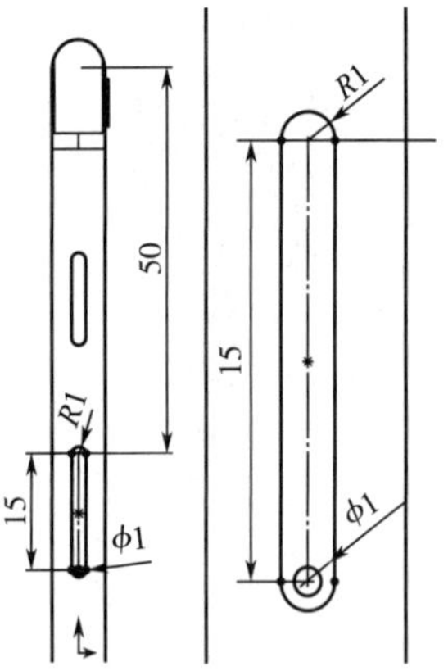

图 7-27

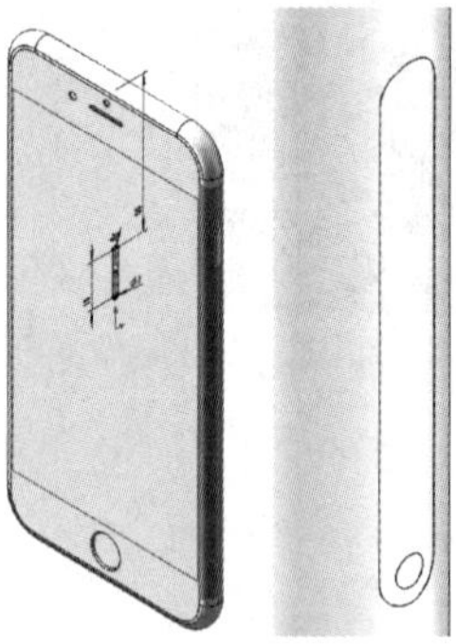

图 7-28

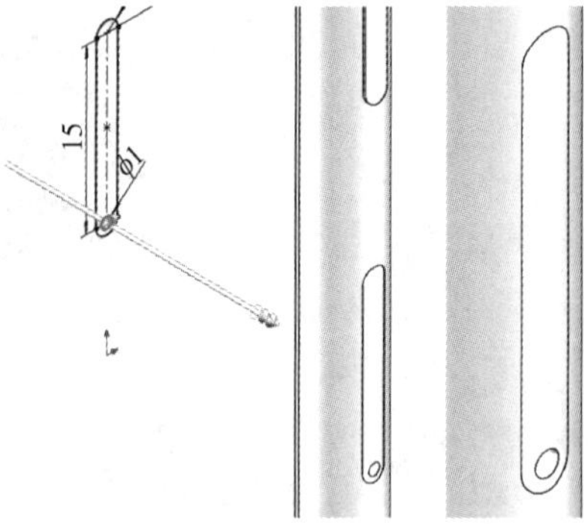

图 7-29

【步骤 4】拉伸切除实体。选择“右视基准面”作为绘图面，单击“草图”工具栏中的“矩形”“圆角”命令，绘制具有尺寸的轮廓线，如图 7-30 所示。单击“特征”工具栏中的“拉伸切除凸台/基体”图标，“等距距离”选项中输入 38mm，在“方向 1”下选项“终止条件”中选择“完全贯穿”，其他按照图示默认状态，单击属性管理器中的“确定”，结果如图 7-31 所示。

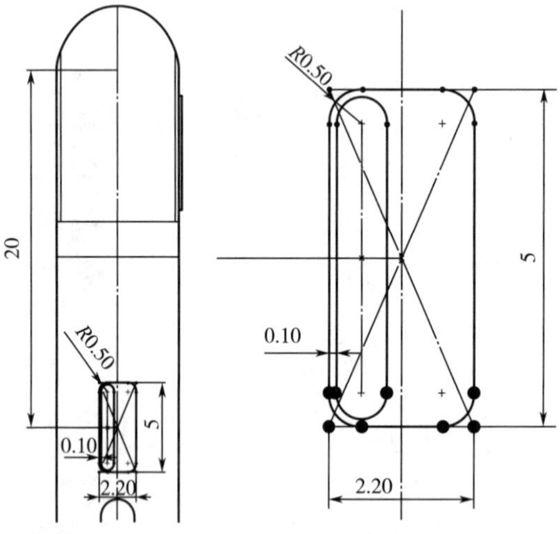

图 7-30

图 7-31

【步骤 5】分割线。选择“右视基准面”作为绘图面，单击“草图”工具栏中的“直槽口”命令，绘制具有尺寸的轮廓线，如图 7-32 所示。单击“特征”工具栏中的“曲线”图标，在其图标下选择“分割线”，“要投影的草图”选择上一步骤绘制的草图，“要分割的面”选择面【1】，其他按照图示默认状态，单击属性管理器中的“确定”，结果如图 7-33 所示。

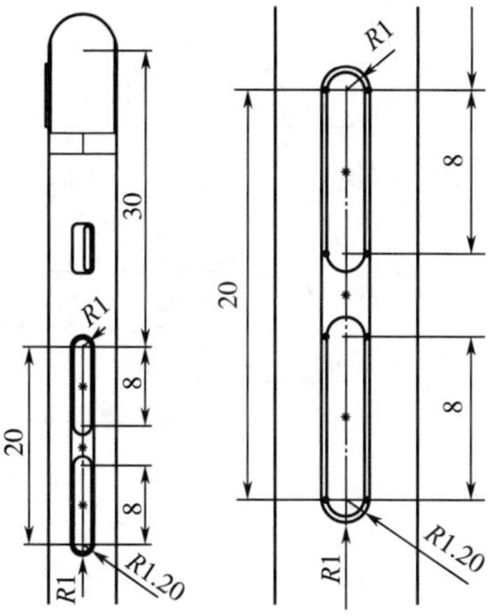

图 7-32

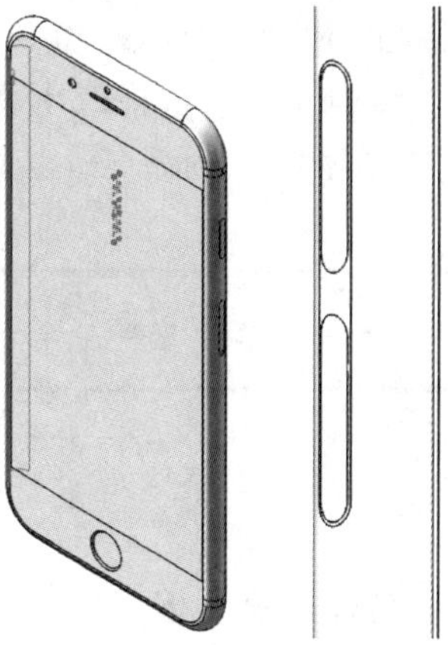

图 7-33

【步骤 6】复制曲面。单击“曲面”工具栏中的“等距曲面”图标，“要等距的面”选择面【1】，在“反转等距方向”中输入 0. 00mm，其他按照图示默认状态，单击属性管理器中的“确定”，结果如图 7-34 所示。

【步骤 7】加厚曲面。单击“曲面”工具栏中的“加厚”选项，“要加厚曲面”选择曲面-等距 2【1】，在“厚度”选项中输入 0. 2mm，在“合并结果”前打√，其他按照图示默认状态，单击属性管理器中的“确定”，完成一个面的加厚。重复以上步骤，选择下表面一次，完成下表面加厚，结果如图 7-35 所示。

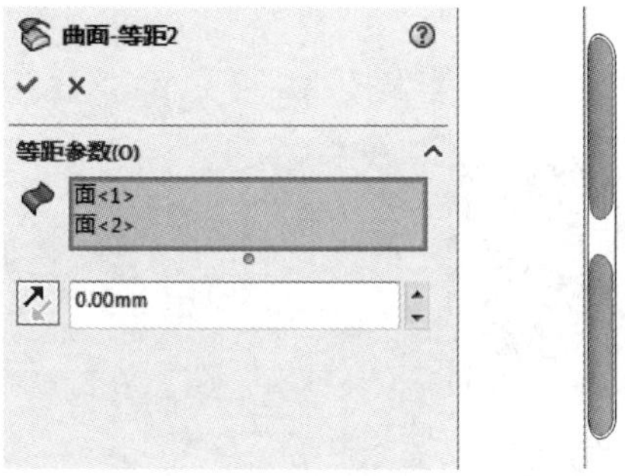

图 7-34

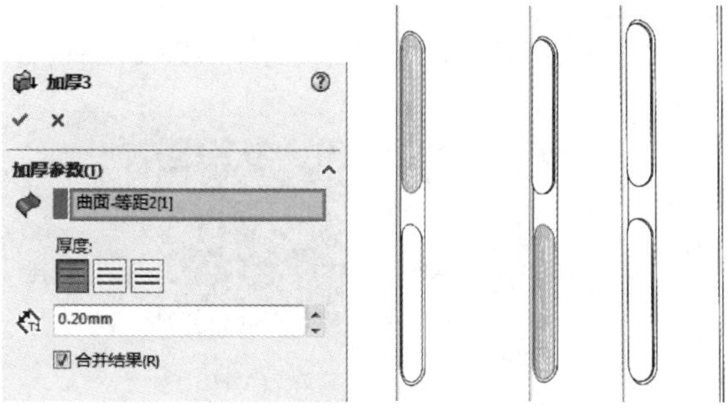

图 7-35

【步骤 8】复制曲面。单击“曲面”工具栏中的“等距曲面”图标，“要等距的面”选择面【1】，在“反转等距方向”中输入 0. 00mm，其他按照图示默认状态，单击属性管理器中的“确定”。单击“曲面”工具栏中的“加厚”选项，在选择“要加厚曲面”选择曲面-等距 3，在“厚度”选项中输入 0. 2mm，在“合并结果”前打√，其他按照图示默认状态，单击属性管理器中的“确定”，结果如图 7-36 所示。

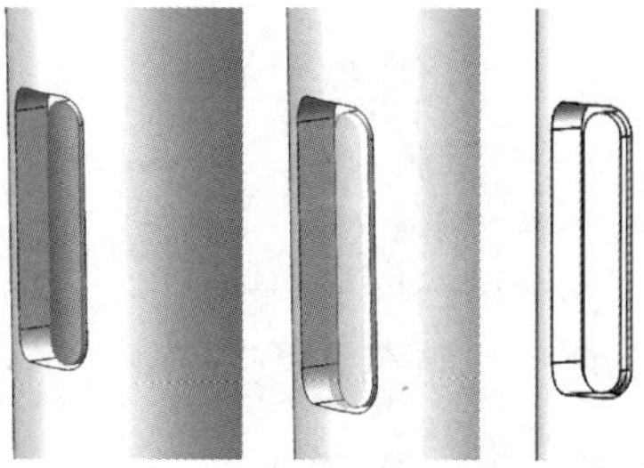

图 7-36

底部特征建模操作步骤

【步骤 1】绘制草图。选择“上视基准面”进入草图绘制状态，单击“草图”工具栏中的“直槽口”“圆”绘图命令，绘制具有尺寸的轮廓线，如图 7-37 所示。

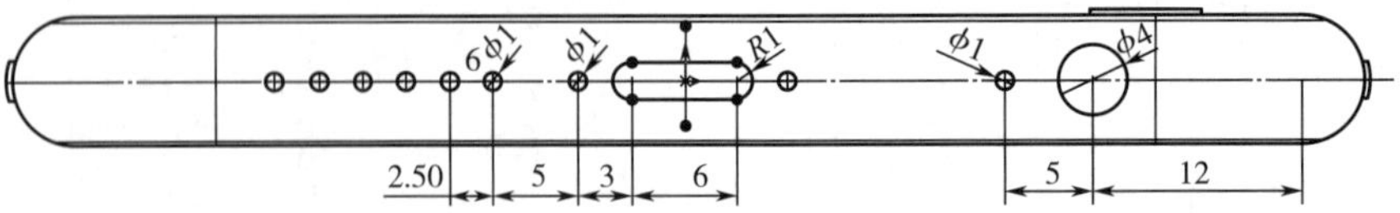

图 7-37

【步骤 2】拉伸切除实体。单击“特征”工具栏中的“拉伸切除凸台/基体”图标，“等距”选项中输入 78mm，在“方向 1”下选项“终止条件”中选择“完全贯穿”，其他按照图示默认状态，单击属性管理器中的“确定”，如图 7-38 所示。至此，完成整个手机建模。

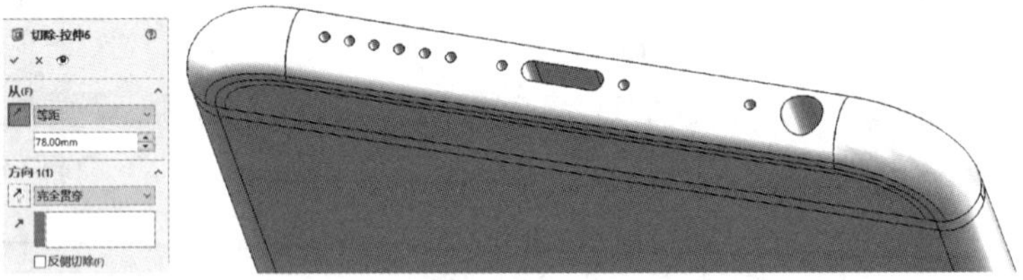

图 7-38

手机建模过程的视频可扫描二维码观看。

整体建模　　商标制作

三、案例拓展

通过手机建模实践的练习后，请思考如何创建一款与手机型号配套的个性手机壳。

任务分析

本案例拓展了一种新的建模思维方式，即装配体文件下创建新的模型，依据已有手机模型的尺寸制作手机壳模型（见图 7-39）。

操作步骤

【步骤 1】导入文件。新建一个装配体文件，导入“手机”模型；在工具栏中点击

“插入零部件”命令下的“新零件”，在随后出现的对话框中点击“确定”，如图 7-40 所示，在装配体文件中出现了一个新的零件文件。

图 7-39

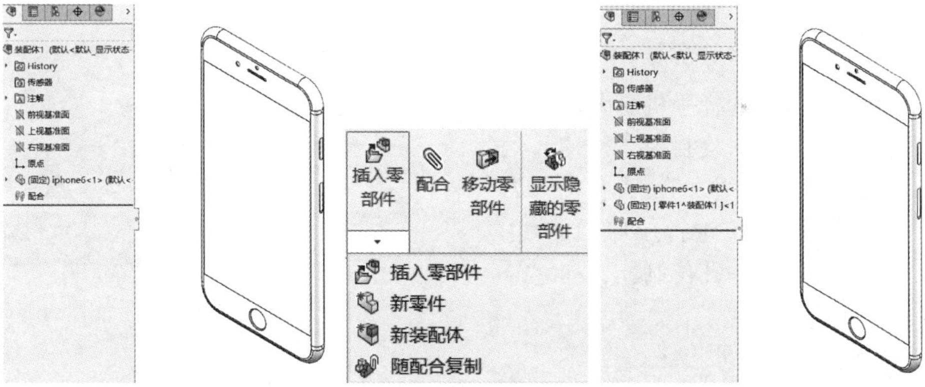

图 7-40

【步骤 2】编辑文件。点击鼠标右键，在快捷工具栏中选择“编辑零件”，左边显示零件 1 为蓝色编辑状态，然后选择手机背面作为绘图平面，选择“转化实体引用”特征将手机轮廓边复制一个，然后用“等距实体”特征将手机轮廓扩边 1.5mm 厚，如图 7-41 所示。

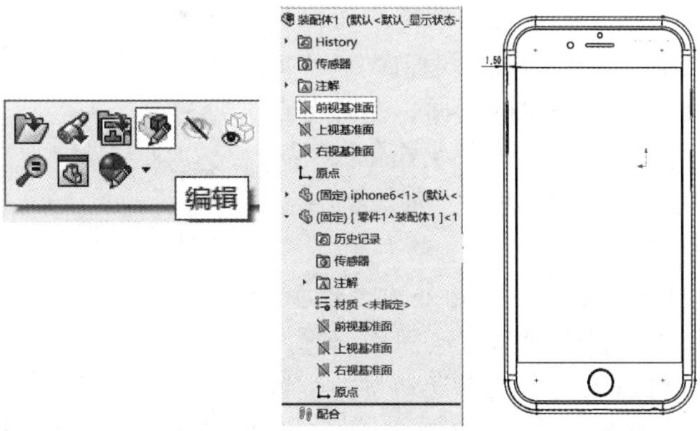

图 7-41

【步骤 3】形成手机壳背面。将上一步绘制好的轮廓线进行“拉伸凸台”特征命令，方向向后，拉伸距离为 1.5mm，形成手机壳背面实体，如图 7-42 所示。

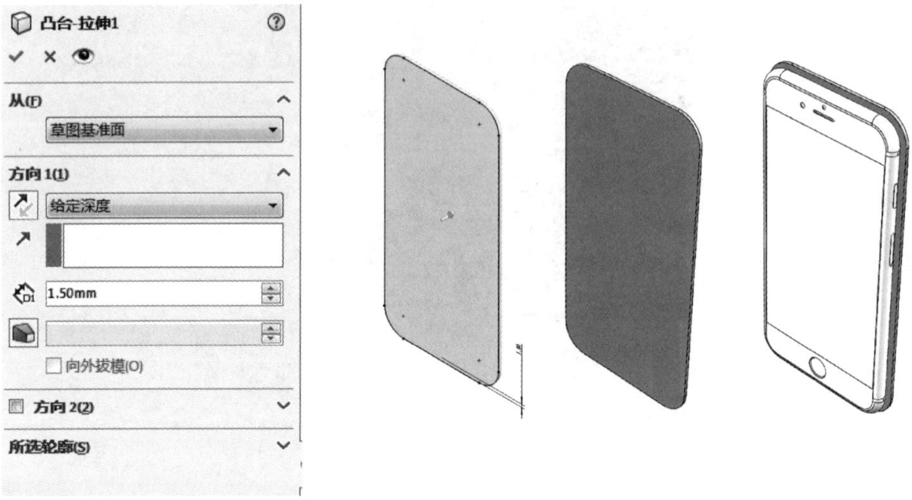

图 7-42

【步骤 4】镜头孔位。设置手机壳背板成线框模式，选择手机壳背面作为绘图面，点击草图绘制的“直槽口”绘图命令，依据手机的镜头孔位绘制 1 个直槽口草图，进行拉伸-切除特征命令，实现镜头孔位制作，如图 7-43 所示。

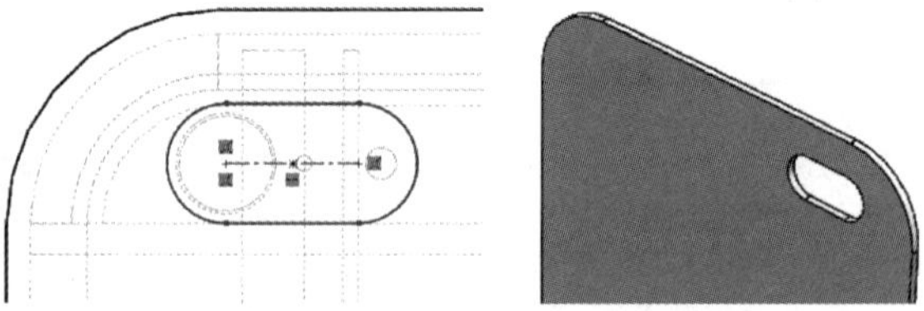

图 7-43

【步骤 5】手机壳外边缘。选择手机壳背面作为绘图面，选用“转化实体引用”特征命令，将轮廓边复制出来，然后选择“拉伸凸台”特征命令，进行薄壁拉伸。在拉伸方向中，选择“成型到一面”，“成型面”选择手机的正面，在薄壁选项中，单向薄壁拉伸 1.5mm 距离，形成手机壳外边缘，如图 7-44 所示。

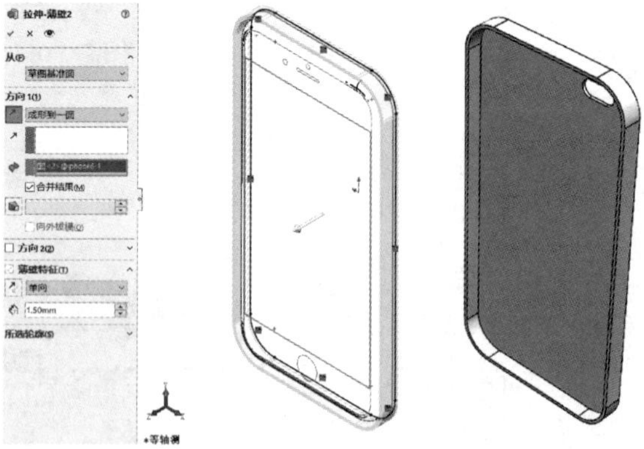

图 7-44

【步骤 6】手机壳外边缘造型。选择手机壳侧面作为绘图面，选用“直槽口”绘图，按照手机按键位置将所需要的空白位置绘制出来，然后选择“拉伸切除”特征命令，形成手机壳外边缘的各个按键空白，如图 7-45 和图 7-46 所示。

由以上手机壳创建方法可知，我们可以利用装配体建模方法使得两个产品的尺寸大小配合度高，在已知一个零件尺寸条件下可以以精密尺寸创建匹配零件。该方法可以运用到多零件产品及多种场合。

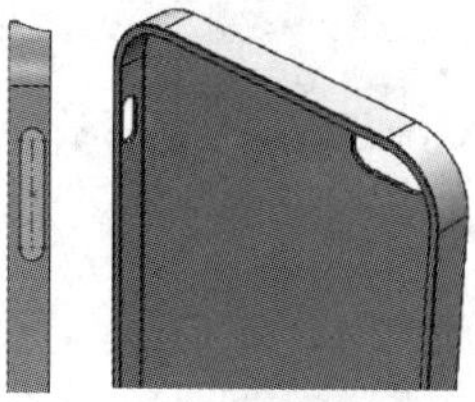

图 7-45

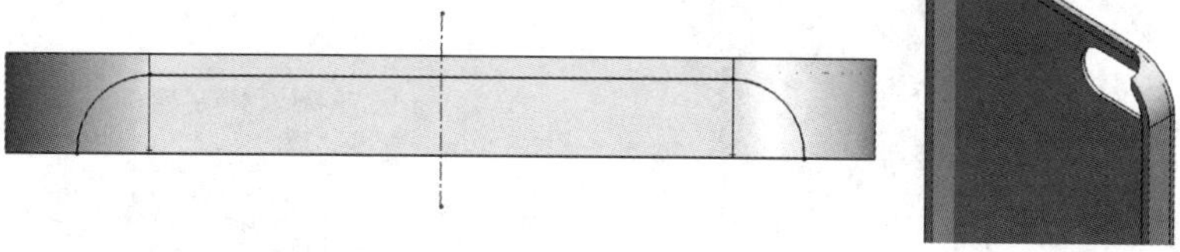

图 7-46

课后延伸

通过以上手机及手机壳的建模过程，我们了解了装配体文件建模方式的新建模思路。请思考乐高积木（见图 7-47）可由基础的零件模块创造其乐无穷的各种造型，我们在软件中是否也可用这种方法来设想新的积木单件和整体造型？那么就请试一试，创建不一样的造型。图 7-48 至图 7-52 为学生作品，可扫描图 7-52 中的二维码下载作品源文件。

图 7-47

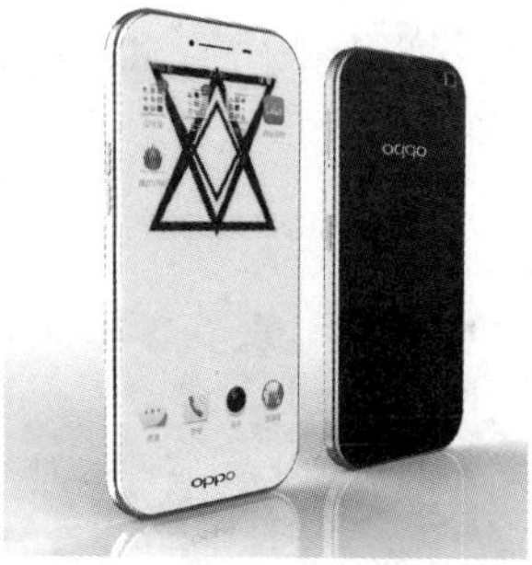

图 7-48

图 7-49

图 7-50

图 7-51

图 7-52

第二节 智能穿戴

智能穿戴设备是应用穿戴式技术对日常穿戴进行智能化设计、开发出可以穿戴的设备的总称。可穿戴设备多以具备部分计算功能、可连接手机及各类终端的便携式配件形式存在，主流的产品形态包括以手腕为支撑的 watch 类（包括手表和腕带等产品），以脚为支撑的 shoes 类（包括鞋、袜子或者其他腿上佩戴产品），以头部为支撑的 glasses 类（包括眼镜、头盔、头带等），以及智能服装、书包、拐杖、配饰等各类非主流产品形态。常见智能穿戴设备人群及场景如图 7-53 所示。

图 7-53

图 7-53（续）

一、案例简介

本案例为一款智能手环（见图 7-54）。智能手环是新兴起的一个科技领域，它可以跟踪用户的日常活动、睡眠情况和饮食习惯，将数据与 IOS/Android 设备、云平台同步，帮助用户了解和改善自己的健康状况，分享运动心得。

图 7-54

智能手环的创建主要依据曲面建模特征，然后是实体命令和曲面命令相结合。我们可以按照统一的实体建模方式来创建，先通过曲面扫描做出手环轮廓，然后通过曲面旋转、曲面拉伸等特征完成手环扣的制作，再通过曲面裁切、曲面放样、镜像、分割线、加厚、圆角等特征完成触摸屏的制作。该案例也可以把触摸屏部分做成按扣造型结构，以可拆卸组装的装配体存在。按照单一零件建模流程如图 7-55 所示。

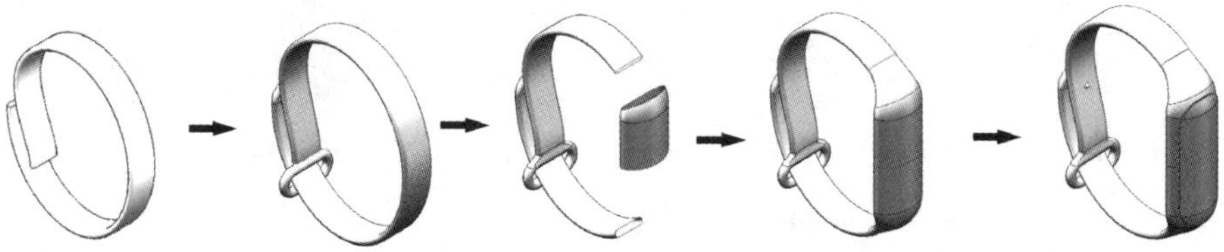

图 7-55

二、案例实操

主体特征建模操作步骤

【步骤 1】新建文件。启动 SolidWorks，创建一个新的零件文件。

【步骤 2】曲面扫描 1。选择“前视基准面”作为绘图面，单击“草图”工具栏中“椭圆”“直线”“剪裁实体”命令，绘制表带轮廓线，形成草图 1，尺寸如图 7-56 所示。选择“上视基准面”作为绘图面，单击“草图”工具栏中的“直槽口”命令，绘制表带截面轮廓，形成草图 2，尺寸如图 7-57 所示，使直槽口与表带轮廓线关系为穿透。单击“曲面”工具栏中的“扫描曲面”特征，在“扫描”属性栏“轮廓”选项中，用鼠标选择草图 2，“路径”选项中，用鼠标选择草图 1，其他参数按照图示默认状态，单击属性管理器中的“确定”，结果如图 7-58 所示。

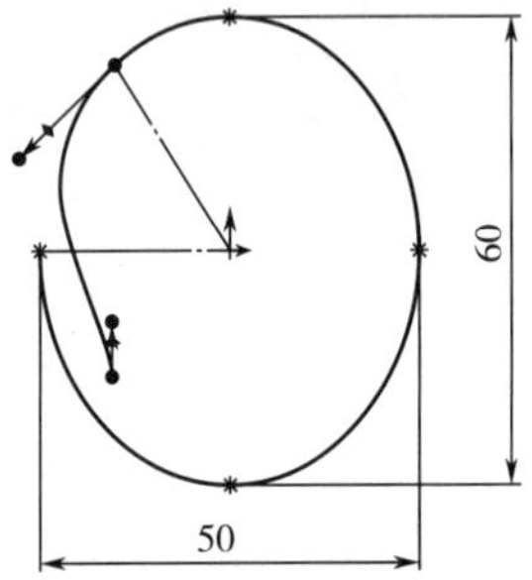

图 7-56

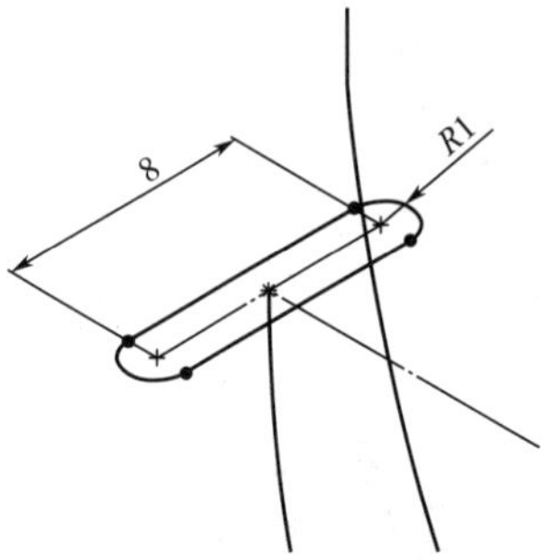

图 7-57

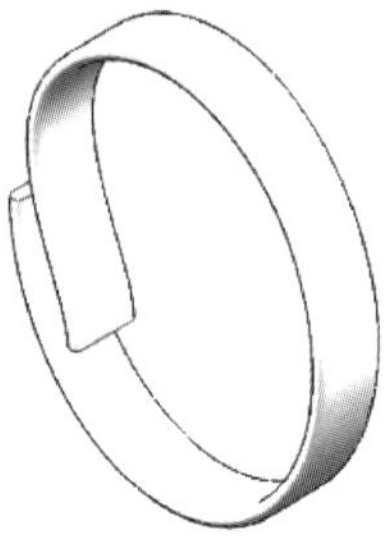
图 7-58

【步骤 3】曲面旋转。选择“前视基准面”作为绘图面，单击“草图”工具栏中“直线”命令，绘制表带末端截面轮廓，形成草图 3，如图 7-59 所示，且轮廓两端与表带截面关系为穿透。单击“曲面”工具栏中的“旋转曲面”命令，在“旋转”属性栏“方向”选项中选择“两侧对称”，“角度”为 180°，其他参数按照图示默认状态，单击属性管理器中的“确定”，如图 7-60 所示。

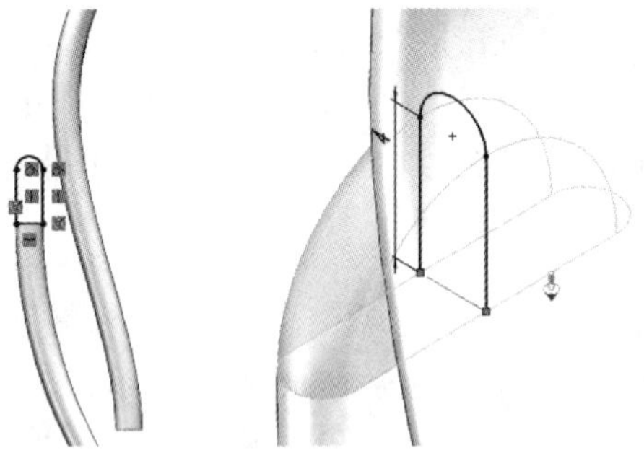
图 7-59

图 7-60

【步骤 4】生成新的基准面 1。选择“前视基准面”作为绘图面，单击“草图”工具栏中“直线”命令，在表带末端绘制一条直线，并且直线与表带为垂直关系，形成草图 4。单击“特征”工具栏中的“参考几何体”图标下的“基准面”命令，在“第一参考”中选择前视基准面，“第二参考”中选择草图 4，其他为系统默认属性，然后单击“确定”，形成基准面 1，如图 7-61 所示。

【步骤 5】扫描曲面。选择“基准面 1”作为绘图面，单击“草图”工具栏中的“直槽口”命令，绘制表带铁环轮廓，形成草图 5；选择“前视基准面”，单击“草图”工具栏中“圆”命令，绘制表带铁环直径为 2.6mm，形成草图 6，使圆与铁环轮廓关系为穿透；单击“曲面”工具栏中的“扫描曲面”，在“扫描”属性栏“轮廓”选项中选择草图 6，“路径”选项中选择草图 5，其他参数按照图示默认状态，单击属性管理器中的“确定”，如图 7-62 所示。

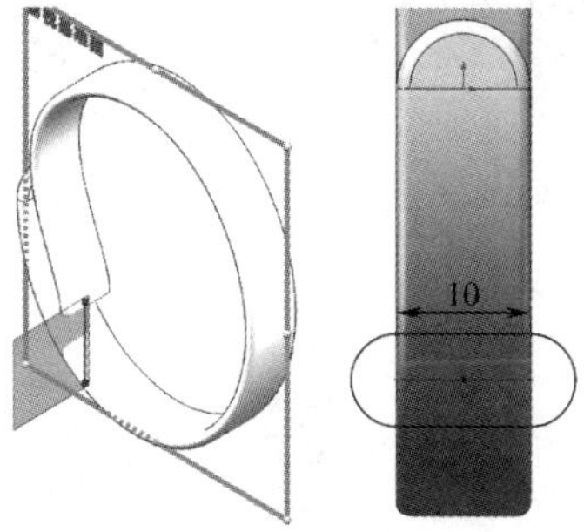

图 7-61

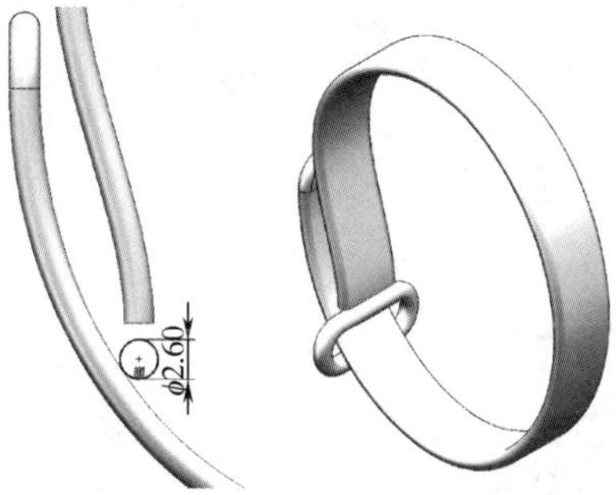

图 7-62

【步骤 6】曲面剪裁。选择“基准面 1”作为绘图面，单击“草图”工具栏中的“椭圆”命令，绘制一个椭圆并调整到合适大小，并用“点”绘图命令将椭圆均分为两部分；单击“草图”工具栏中的“直线”命令，绘制 3 段直线，形成草图 7。单击“曲面”工具栏中的“剪裁曲面”命令，剪裁工具为草图 7，剪去多余的部分用来连接表带和铁环，如图 7-63 所示。

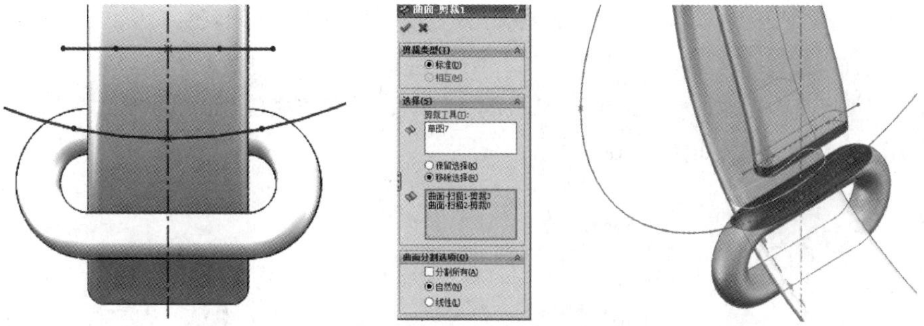

图 7-63

【步骤 7】放样曲面。单击“曲面”工具栏中的“放样曲面”命令，在“放样”属性栏“轮廓”选项中选择表带和铁环图形中同一方向、同一位置的点，约束选择曲率，其他参数按照图示默认状态，单击属性管理器中的“确定”，如图 7-64 所示。

【步骤 8】缝合曲面。单击“曲面”工具栏中的“缝合曲面”命令，在“要缝合的曲面和面”选项中选择手环的所有面，然后单击“确定”，完成手环各部分的连接，如图 7-65 所示。

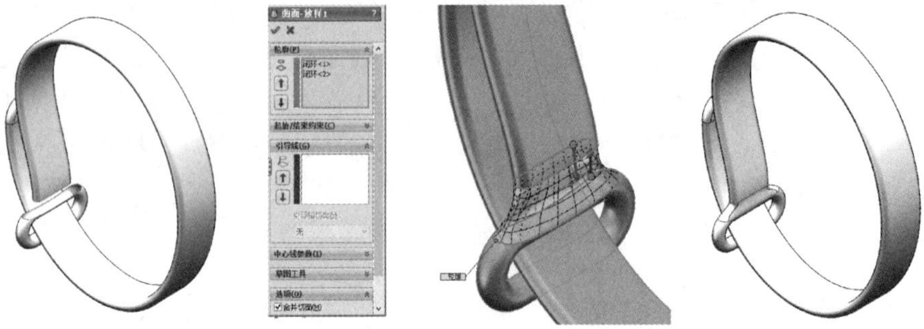

图 7-64

图 7-65

触摸屏建模操作步骤

【步骤 1】曲面拉伸。选择“上视基准面”作为绘图面，单击“草图”工具栏中的“样条曲线”命令，绘制显示屏的轮廓线，调整合适的尺寸，形成草图。单击“曲面”工具栏中的“拉伸曲面”命令，输入拉伸距离 15mm，其他参数按照图示默认状态，单击属性管理器中的“确定”，如图 7-66 所示。

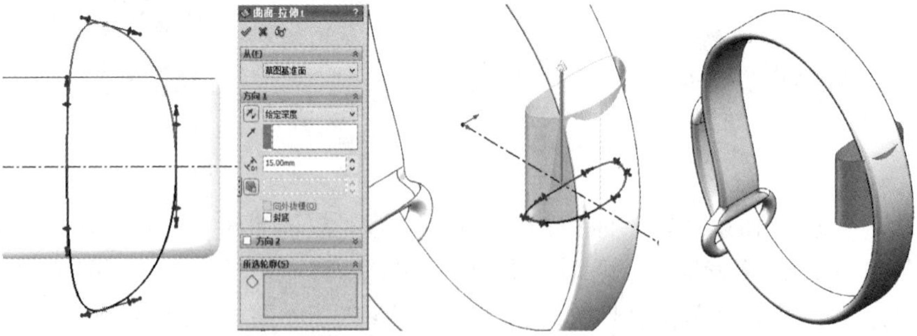

图 7-66

【步骤 2】旋转曲面。选择“前视基准面”作为绘图面，单击“草图”工具栏中的“样条曲线”命令，绘制显示屏的顶端轮廓。单击“曲面”工具栏中的“旋转曲面”命令，在“旋转”属性栏“方向”选项中选择“两侧对称”，“角度”为 180°，其他参数按照图示默认状态，单击属性管理器中的“确定”，如图 7-67 所示。

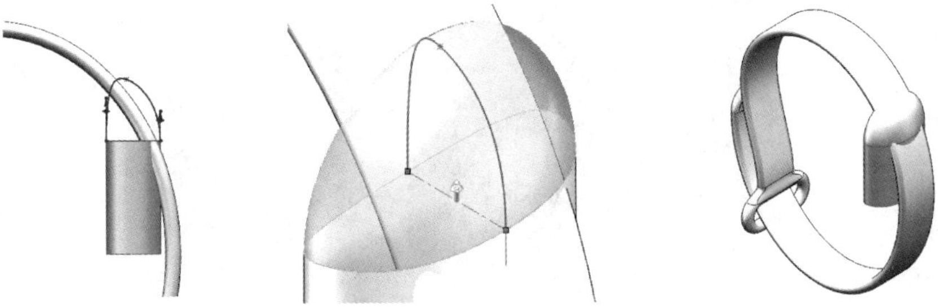

图 7-67

【步骤 3】缝合曲面。单击“曲面”工具栏中的“缝合曲面”命令，在“要缝合的曲面和面”选项中选择手环显示屏的两块面，然后单击“确定”，如图 7-68 所示。

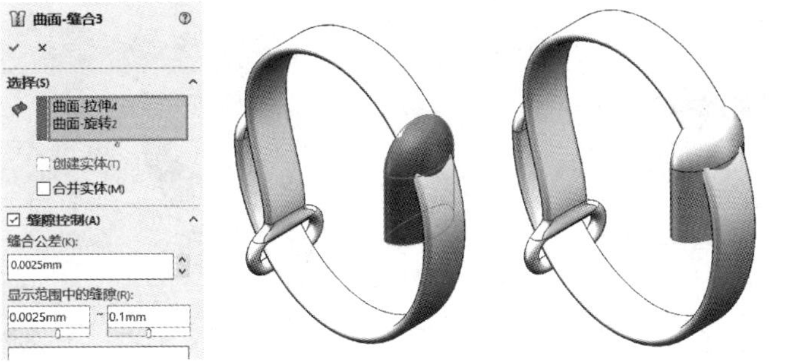

图 7-68

【步骤 4】曲面剪裁。选择“前视基准面”作为绘图面，单击“草图”工具栏中的“直线”命令，绘制用于剪裁表带的直线，形成草图 8；单击“曲面”工具栏中的“剪裁曲面”命令，剪裁工具为草图 8，剪去多余的部分用来连接表带与显示器，如图 7-69 所示。

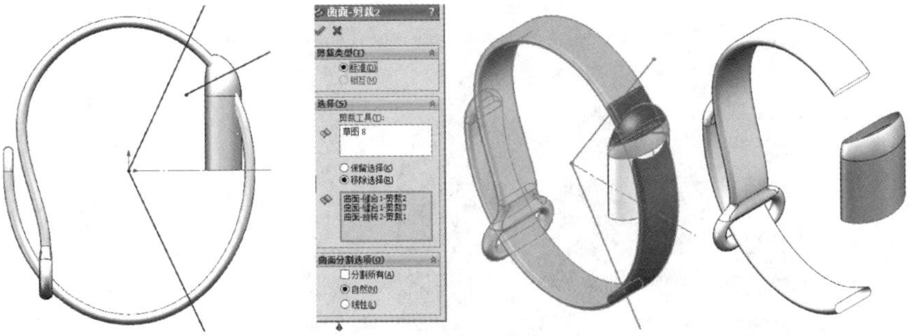

图 7-69

【步骤 5】放样曲面。单击“曲面”工具栏中的“放样曲面”命令，在“放样”属性栏“轮廓”选项中选择表带和显示屏中同一方向、同一位置的点，约束选择“与面相切”，其他参数按照图示默认状态，单击属性管理器中的“确定”，如图 7-70 所示。

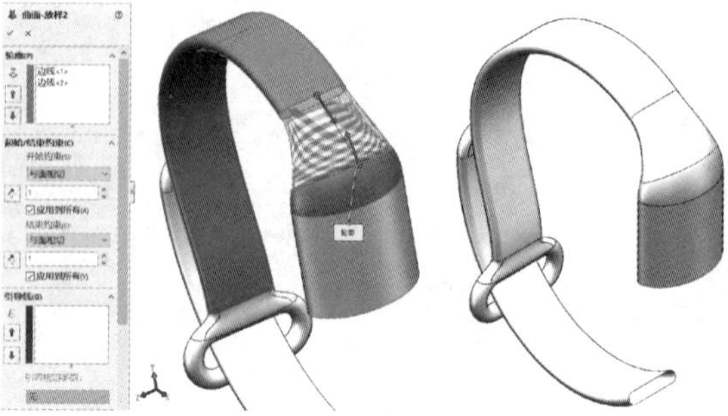

图 7-70

【步骤 6】镜像。单击“特征”工具栏中的“镜像”命令，在“镜像面”选项中选择“上视基准面”，要镜像的实体选择显示屏的两个部分，镜像两次后显示屏镜像完整，如图 7-71 所示。

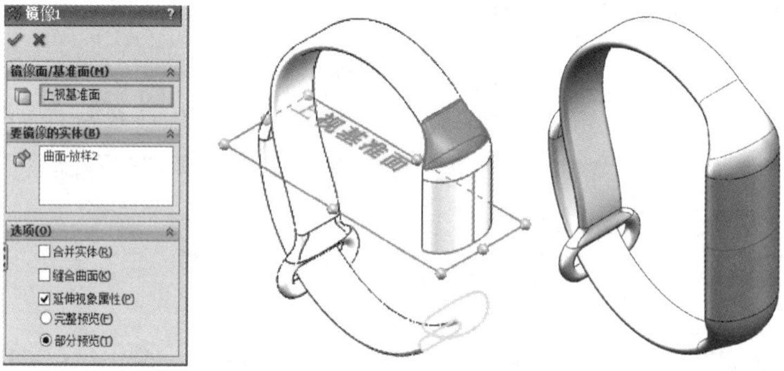

图 7-71

【步骤 7】缝合曲面。单击“曲面”工具栏中的“缝合曲面”命令，在“要缝合的曲面和面”选项中选择手环显示屏的两块面，然后单击“确定”，如图 7-72 所示。

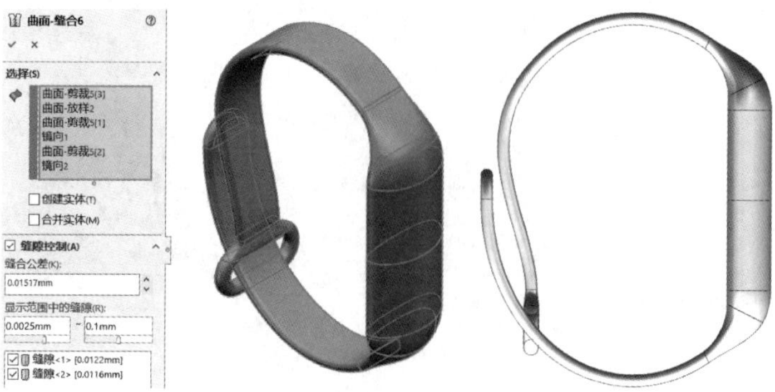

图 7-72

【步骤 8】生成新的基准面 2。单击“特征”工具栏中的“参考几何体”图标下的“基准面”命令，在“第一参考”中选择“右视基准面”，“距离”输入 25mm，其他为系统默认属性，然后单击“确定”，形成基准面 2，如图 7-73 所示。

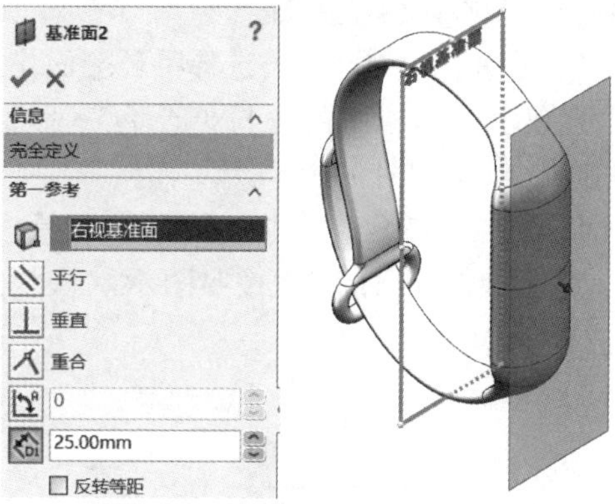

图 7-73

【步骤 9】分割线。选择“基准面 2”作为绘图面，绘制如图 7-74 所示尺寸草图。单击“特征”工具栏中“曲线”命令下“分割线”命令，在“要投影的面”选项中选择绘制好的草图，“要分割的面”选择手环显示屏的 4 块面，然后单击“确定”，结果如图 7-74 右图所示。

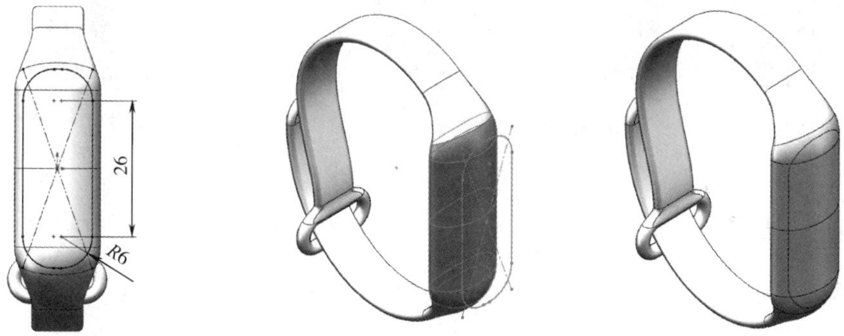

图 7-74

【步骤 10】加厚曲面。单击“曲面”工具栏中的“缝合曲面”命令，在“要缝合的曲面和面”选项中选择手环显示屏的 4 块面，然后单击“确定”。单击“曲面”工具栏中的“加厚”命令，在“要加厚的曲面”选项中选择手环显示屏，在“加厚的距离”中输入 0. 5mm，然后单击“确定”，结果如图 7-75 所示。至此，显示屏制作完成。

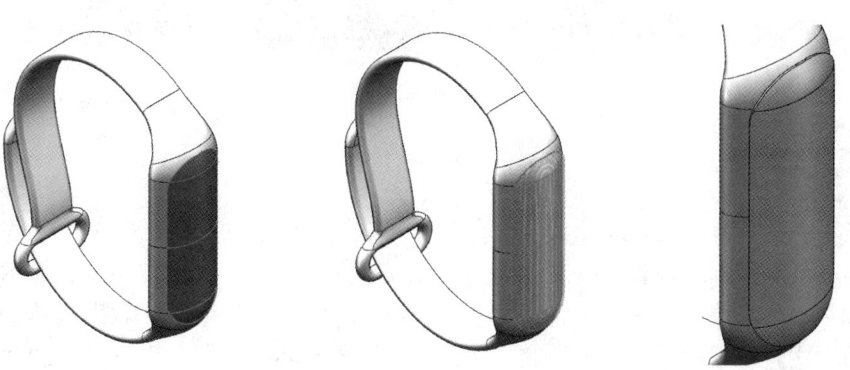

图 7-75

按扣建模操作步骤

【步骤 1】拉伸凸台。选择手环端面作为绘图面，绘制一个直径为 1.5mm 的圆形，单击“特征”工具栏中的“拉伸凸台”命令，在“给定深度”选项输入 5mm，然后单击“确定”，结果如图 7-76 所示。

【步骤 2】圆角。单击“特征”工具栏中的“圆角”图标，选择凸台拉伸边缘为边线，直径为 7.5mm，其他按照图示默认状态，单击属性管理器中的“确定”，结果如图 7-77 所示。

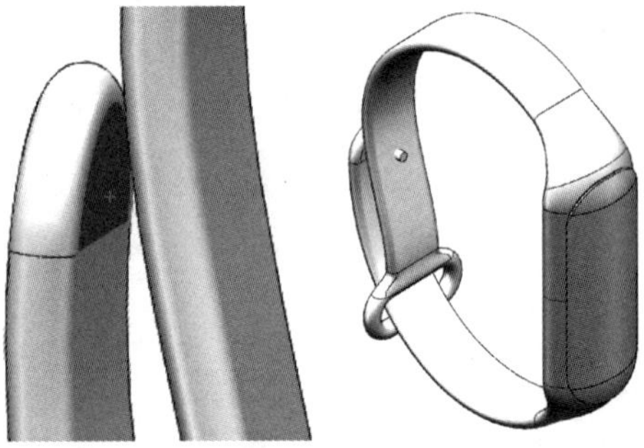

图 7-76

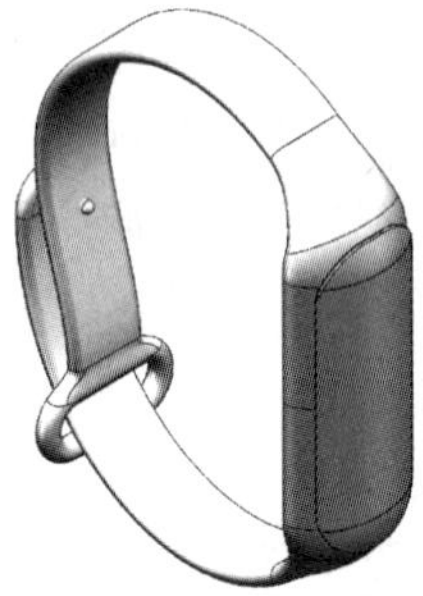

图 7-77

三、案例拓展

通过智能手环建模实践后，请思考如何创建如图 7-78 所示智能手表。

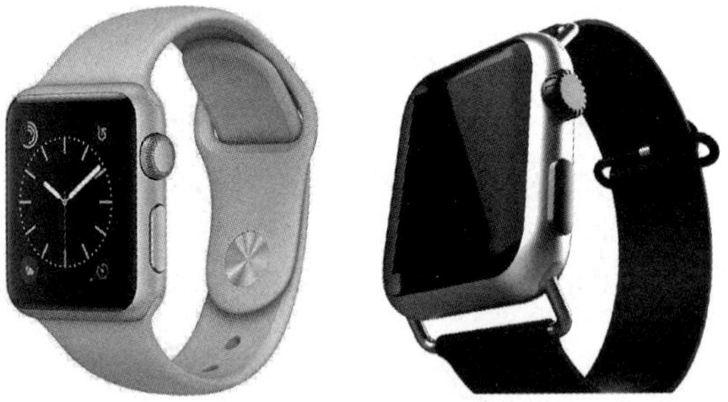

图 7-78

任务分析

智能手表是具有信息处理能力、符合手表基本技术要求的手表。智能手表除指示时间之外，还应具有提醒、导航、校准、监测、交互等其中一种或者多种功能，显示方式包括指针、数字、图像等。本案例拓展含两个内容：手表的大触摸屏，先做出实体，然后用曲面建模的方式获得圆润外观；皮带的表达，可以是金属环扣状态，也可以是塑胶材质皮带一体化设计。建模方法可以依据需要和自己的掌握情况灵活运用，如图 7-79 所示提供了金属环扣的智能手表建模过程。

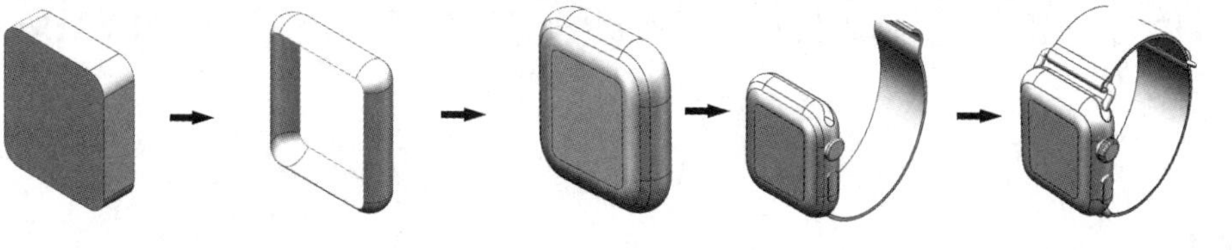

图 7-79

操作步骤

【步骤 1】主体。绘制显示屏的正面轮廓线，进行“拉伸凸台”命令，形成一定厚度的平面实体，如图 7-80 所示。

【步骤 2】剪裁轮廓。选择圆角命令将边线圆润，然后删除两个侧面平面，再用“剪裁曲面”特征命令，形成显示屏轮廓面，如图 7-81 所示。

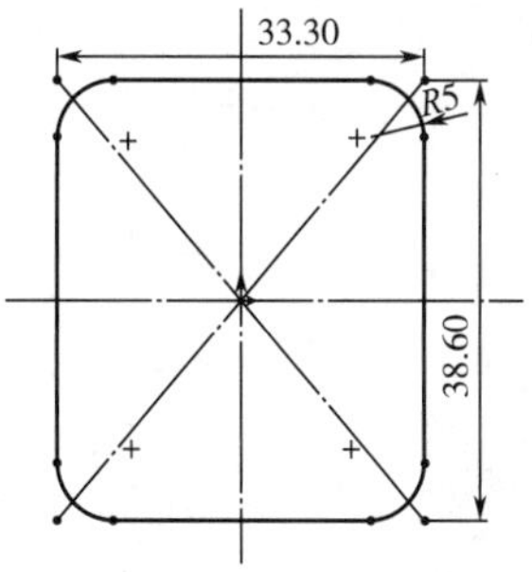

图 7-80

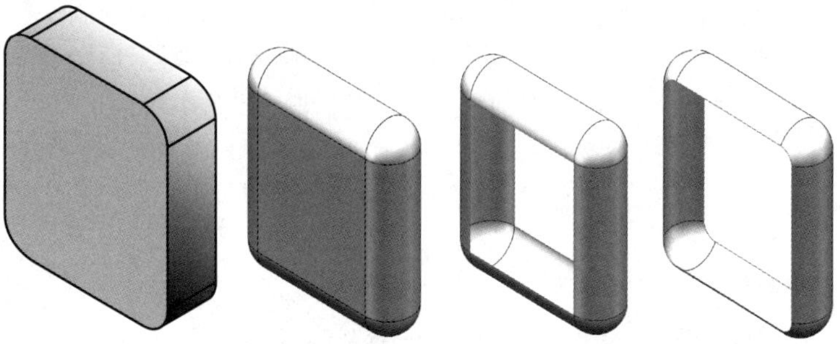

图 7-81

【步骤 3】重建轮廓。通过“剪裁曲面”形成两端曲面截面，然后利用“曲面放样”将两个截面有效连接，通过两次“镜像”特征命令完成新的触摸屏轮廓面，较之前连接弧度圆润，如图 7-82 所示。

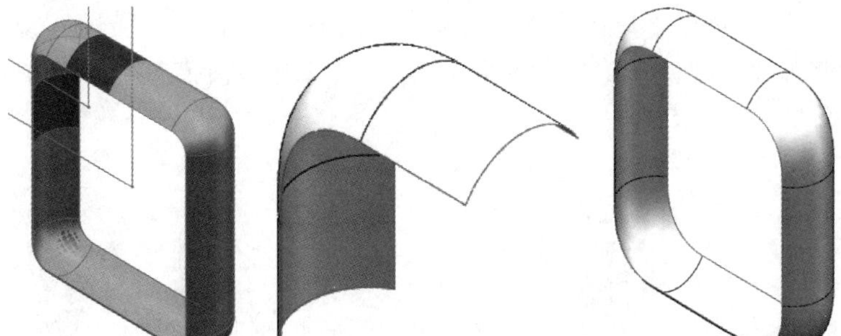

图 7-82

【步骤 4】重建显示屏面。创建新的基准面，通过“分割线”特征形成新的显示屏幕，然后用“填充曲面”特征将屏幕与轮廓连接，然后用“镜像”特征复制另外一半显示屏，并通过“缝合曲面”“加厚”等特征完成曲面到实体的转变过程，如图 7-83 所示。

【步骤 5】分割实体。创建基准面，通过“分割”特征命令将实体分成前后两个部分，如图 7-84 所示。

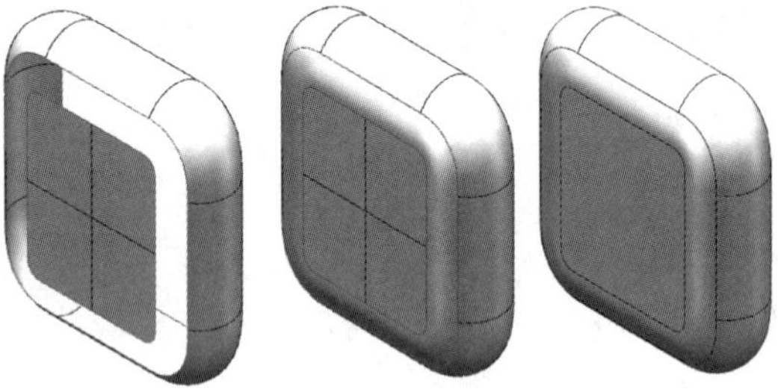

图 7-83

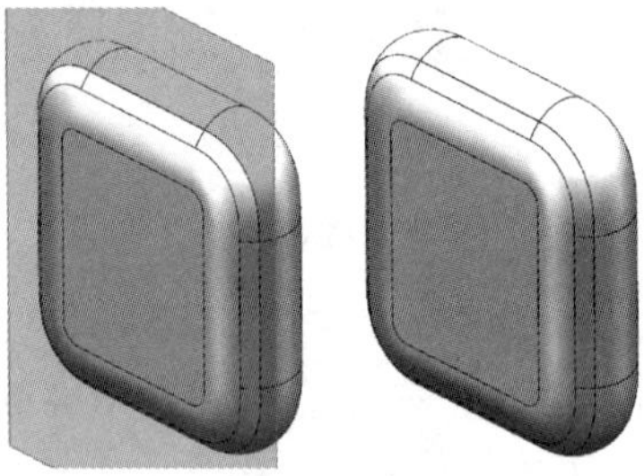

图 7-84

【步骤 6】按键。绘制出两个按键的草图，通过“拉伸凸台”特征命令实现按键部件制作。绘制草图，进行“拉伸切除”特征命令完成皮带槽的制作，如图 7-85 所示。

【步骤 7】环扣。在不同基准面绘制好两个草图，通过“扫描”特征命令完成一半环扣，然后通过“镜像”特征实现环扣制作，如图 7-86 所示。

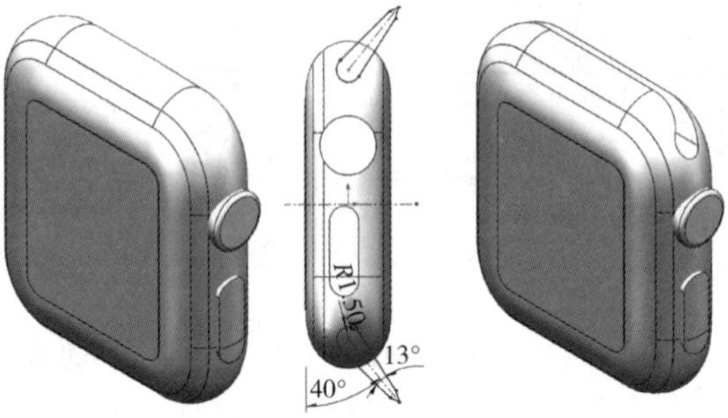

图 7-85

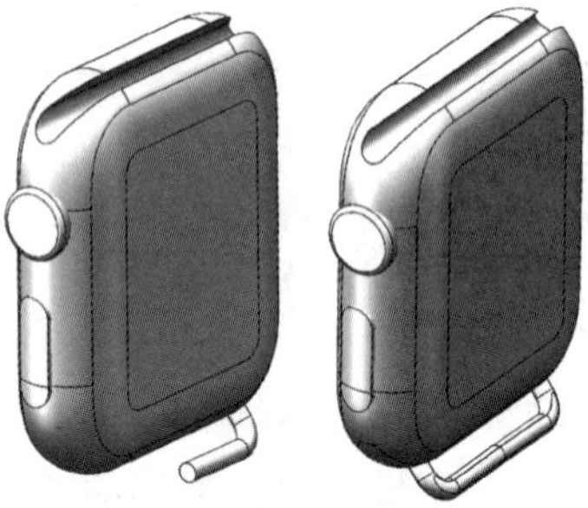

图 7-86

【步骤 8】表带。通过“拉伸薄壁”特征命令完成一半表带，通过“镜像”特征实现环扣制作，然后通过“拉伸切除”实现连接端口，使用“扫描”特征完成两根表带的连接环，结果如图 7-87 所示。

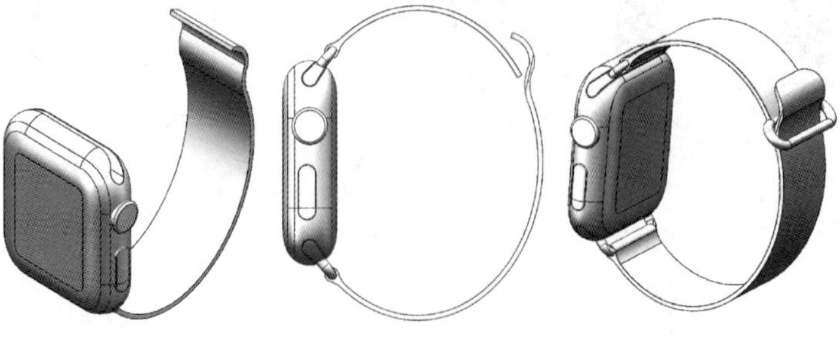

图 7-87

【步骤 9】表带扣。选择“前视基准面”作为绘图面，沿着连接环的外轮廓描绘出一条样条曲线，然后通过“拉伸薄壁”特征命令完成两根表带的连接插扣，如图 7-88 所示。

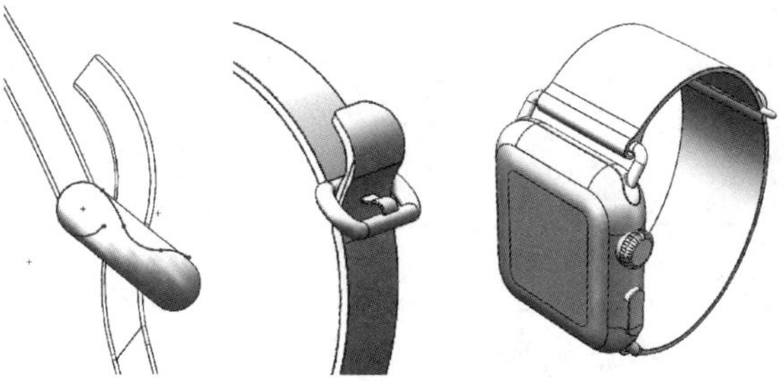

图 7-88

通过以上智能手表的步骤运用可知这款产品主要使用了曲面建模的方法，制作触摸屏时更讲究产品细节和造型圆润，可以在实际操作中体会两款模型的制作思路。

智能手表建模过程的视频可扫描二维码观看。

主体建模　　表带建模　　细节完善

课后延伸

通过智能手环和智能手表的建模实践，我们了解了曲面和实体建模相结合的建模思路，细节部分可以依据产品类型再细化。请思考如图 7-89 所示的传统手表建模是否通用上述建模思路？是否有不同的建模方式？

图 7-89

在这个案例中，我们可以看到表壳、表带均很细致，特别是表带表现出来的链条结构，表盘里面指针的细节都很真实。因此，我们创建机械手表时采用的是装配体建模方式，即把表盘、表带等结构均做成零部件，然后组装在一起。机械手表的结构如图 7-90 所示。

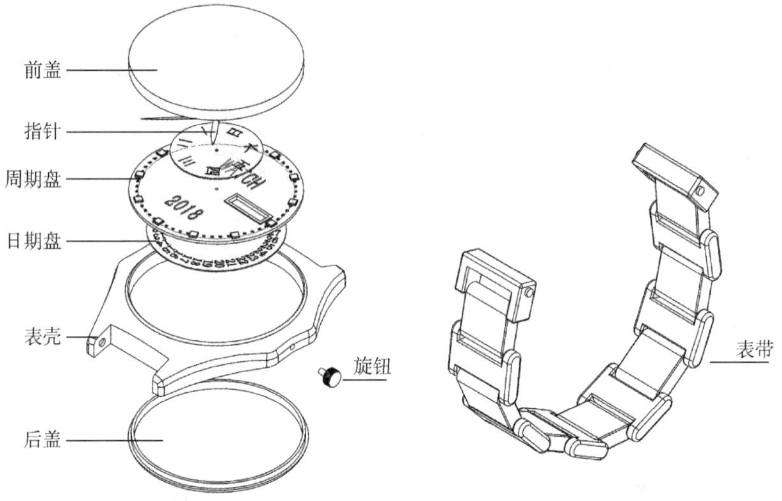

图 7-90

我们可以先把表盘和表带分为两部分来创建。表盘零件简单，由拉伸凸台、拉伸切除、圆周阵列、文字等简单命令即可实现，建模不复杂，只是部件较多，需要通过装配显示出层次感；表带部分则是通过拉伸、拉伸切除等命令创建好 1 个链条单元，然后通过曲线阵列，实现整条表带的效果，最后，表盘和表带一起装配即可完成模型。

表盘部分建模操作提示

【步骤 1】建模时先通过拉伸凸台、拉伸切除等命令完成主体创建，如图 7-91 所示。

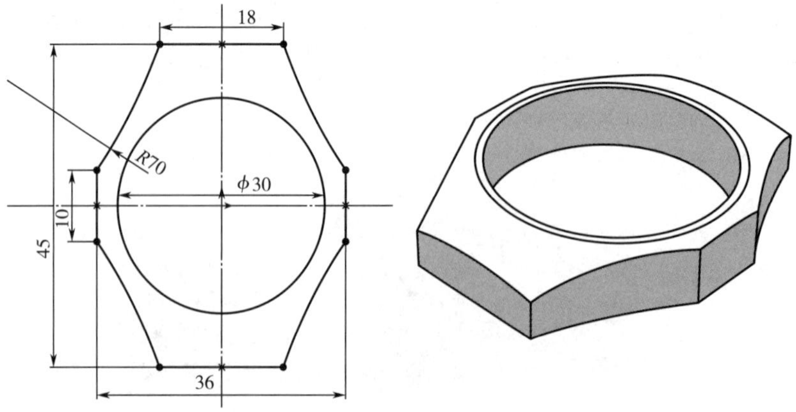

图 7-91

【步骤 2】用拉伸、拉伸切除、圆角等特征细化表壳，如图 7-92 所示。

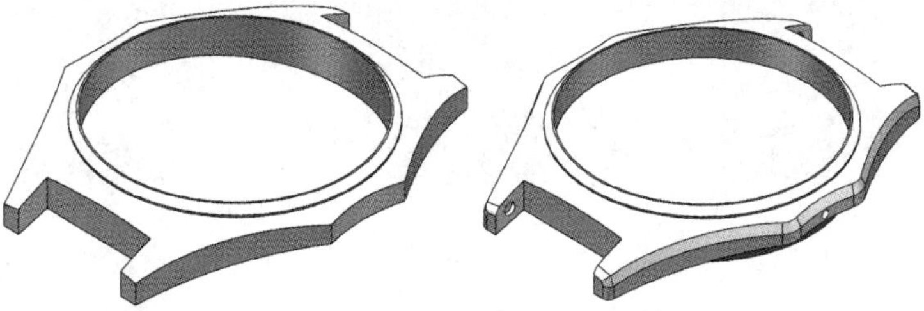

图 7-92

表带部分建模操作提示

【步骤 1】通过拉伸凸台、拉伸切除等命令完成一个表带扣的模型，如图 7-93 所示。

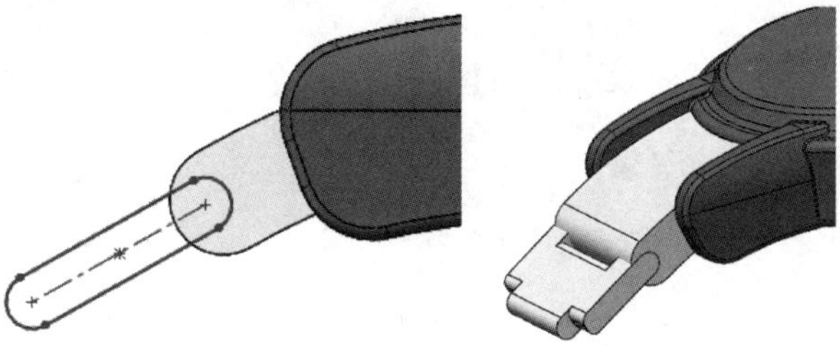

图 7-93

【步骤 2】最关键步骤就是通过“曲线阵列”实现一条表带扣的模型，如图 7-94 所示。

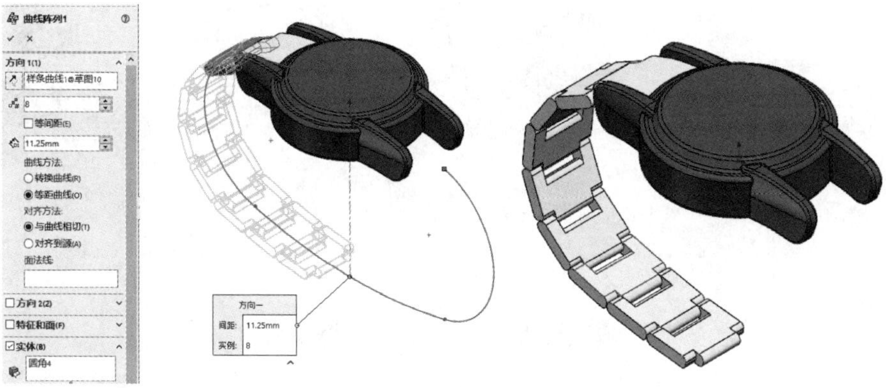

图 7-94

通过机械手表建模的思路讲解，希望给大家带来新的启发。读者可以依据真实手表模型，创建更多好的案例，总结出自己的建模思路和方法。

手表建模过程的视频可扫描二维码观看。

整体建模　　　　表盘建模　　　　表带建模

图 7-95 至图 7-100 所示为学生作品，可扫描二维码下载作品源文件。

图 7-95

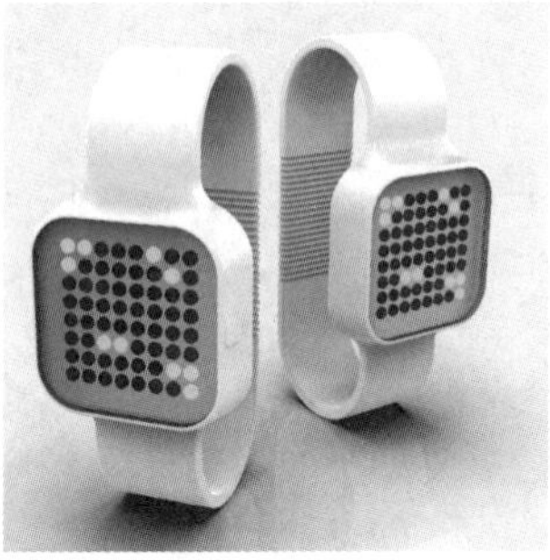

图 7-96

图 7-97

图 7-98

图 7-99

图 7-100

第三节　手持式产品

手持式产品（见图 7-101），一般是锂电池或镍氢电池等容量大、可充电电池供电的有通信、娱乐或两者兼备的移动电子产品。此类产品具有紧凑、时尚、与手接触频繁等特点。

手持式产品作为与人身体接触最直接、最频繁的产品，在保证功能实现的前提下实现手的操作，自然、健康是相关设计师所追求的目标。在生活与工作中，长期使用不舒适的手持产品不仅会增加劳动负荷，降低劳动效率，而且会引发肌肉骨骼失调症，影响人的健康。

手持式产品的设计专题，能使课堂教学回归生活，让学生快速掌握这一科学、理性的知识内容与设计方法，提升产品设计创新能力。

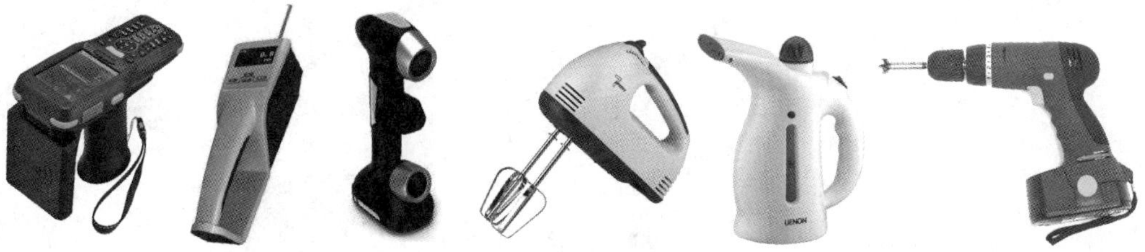

图 7-101

一、案例简介

本案例为一款手持式吸尘器（见图 7-102），主要使用曲面建模、实体建模特征命令综合完成。由一般手持式吸尘器结构分解图（见图 7-103）可知，该产品可以分为主机、透明前壳、把手、灰尘过滤网等多个部分组成。其他如电源开关、电线、装饰纹理等次要部分可以酌情增减。

图 7-102

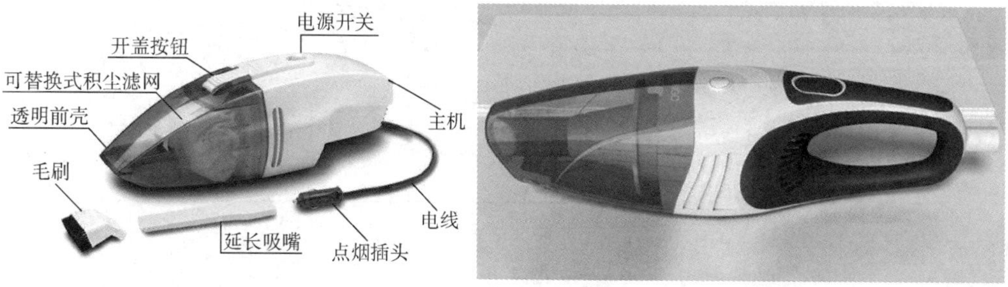

图 7-103

本案例主要运用实体建模特征：拉伸、旋转、扫描切除、圆角、抽壳、分割、线性阵列等；运用曲面特征：分割线、曲面放样、曲面裁切、曲面填充、平面区域、等距曲面、加厚等。建模流程如图 7-104 所示。

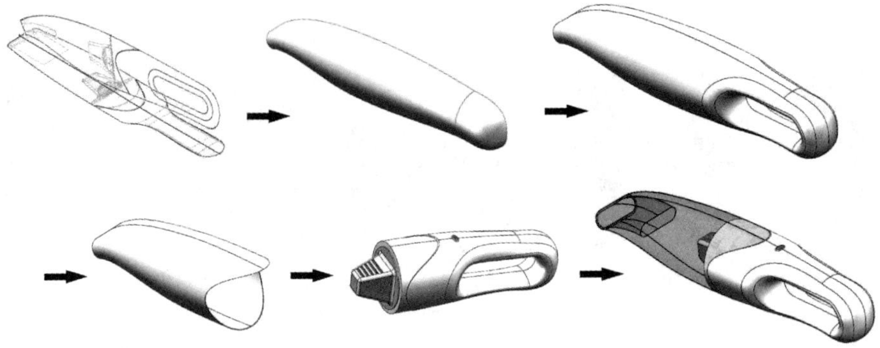

图 7-104

二、案例实操

主体建模操作步骤

【步骤 1】新建文件。启动 SolidWorks，创建一个新的零件文件。

【步骤 2】导入辅助图片。在左侧的 Feature Manager 设计树中，选择“前视基准面”正视于屏幕，作为绘图面。单击“草图”工具栏中的“直线”命令，绘制一个长度为 300mm 的辅助线；点击“草图图片”特征命令，选择吸尘器的侧视图，放置于与原点对齐位置，并保证长度末端与辅助线对齐，单击“确定”，退出草图编辑，形成草图 1，如图 7-105 所示。在左侧的 Feature Manager 设计树中，选择“上视基准面”作为绘图面，单击“草图”工具栏中的“草图图片”命令，选择吸尘器俯视图进入草图，调整图片在视图中大小、位置，前端与原点平齐，末端与辅助线末端平行，形成草图 2，如图 7-106 所示。

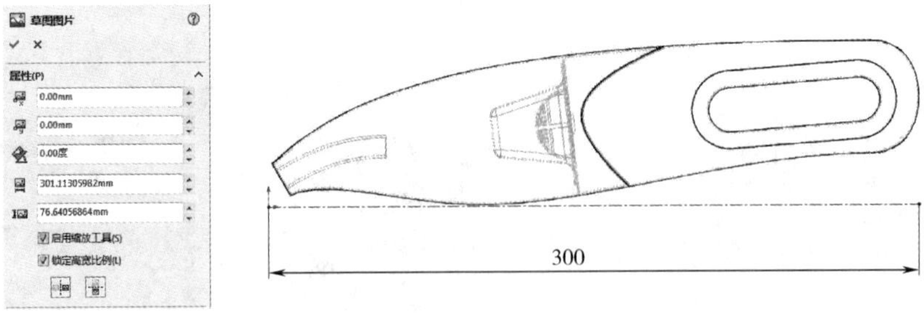

图 7-105

【步骤 3】绘制草图。选择“上视基准面”后，使其正视于屏幕，进入草图绘制状态，单击“草图”工具栏中的“样条曲线”命令，沿着草图图片描出吸尘器轮廓的上、下两条边线，形成草图 3，如图 7-107 所示。

【步骤 4】创建新的基准面 1、2、3。选择前视基准面，依据草图图片分割位置绘制一条辅助线，如图 7-108 所示。以“前视基准面”为第一参考，“辅助线”为第二参考，形成一个新的基准面 1，如图 7-109 所示。再次以“前视基准面”为第一参考，外壳端部两条样条曲线的端点为参考，形成基准面 2；以前视基准面为参考，机身尾部辅助线为参考，形成基准面 3，结果如图 7-110 所示。

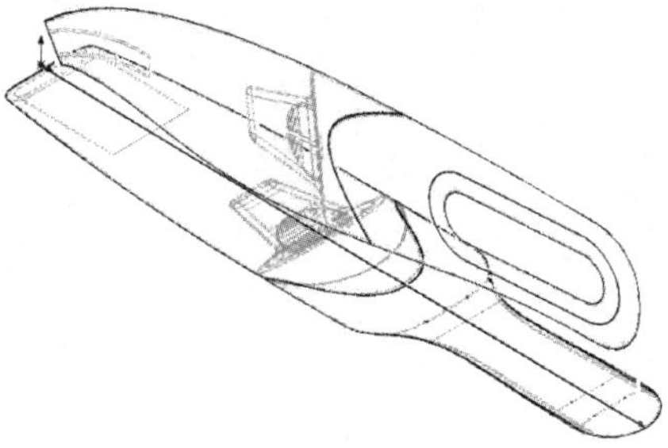

图 7-106

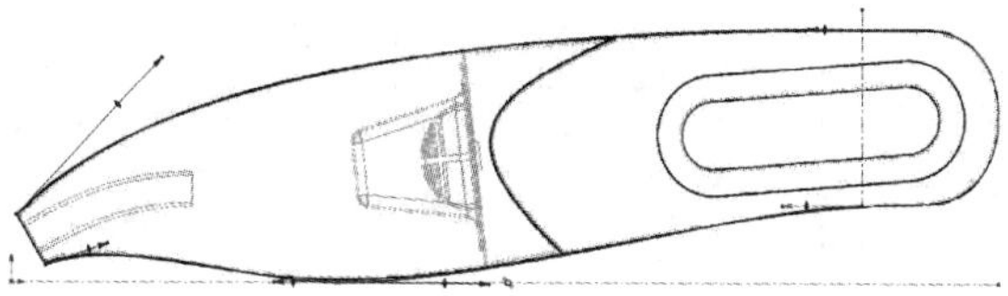

图 7-107

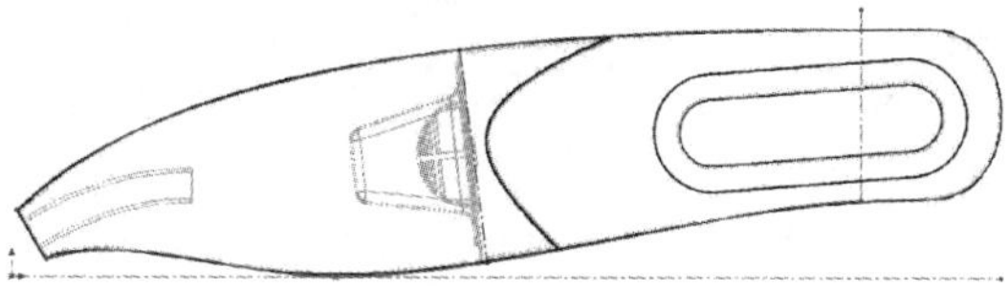

图 7-108

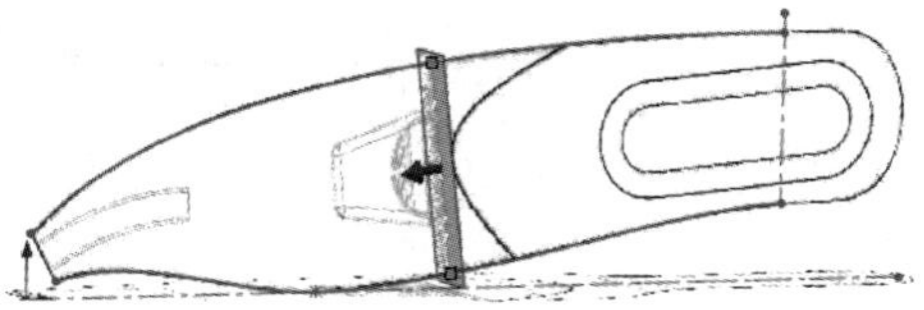

图 7-109

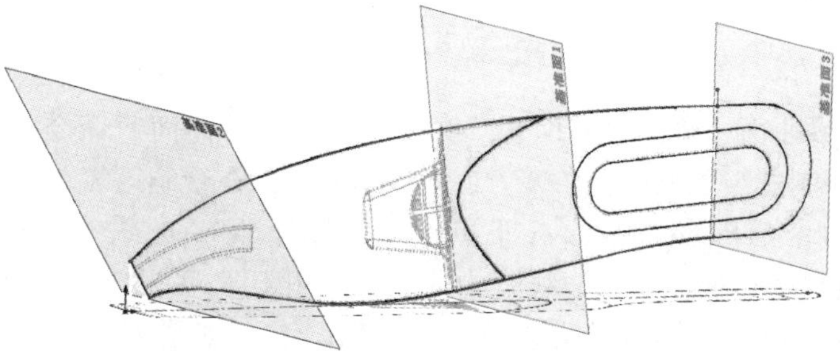

图 7-110

【步骤 5】绘制草图。选择“基准面 3”，使其正视于屏幕，进入草图编辑状态。单击“草图”工具栏中的“圆弧”命令，绘制一条圆弧，圆弧上下端点与辅助线呈竖直对齐，圆弧上端点与图片上轮廓线成“穿透”关系，圆弧下端点与图片下轮廓线成“穿透”关系，形成草图 3，如图 7-111 所示。同理，选择“基准面 1”作为绘图面，绘制一条弧线，将圆弧上下端点与辅助线呈“竖直对齐”关系，圆弧上端点与图片上轮廓线成“穿透”关系，圆弧下端点与图片下轮廓线成“穿透”关系，形成草图轮廓 4，如图 7-112 所示。在基准面 2 上，选择“直线”绘图命令绘制一个直线段。将直线上下端点与图片辅助线呈竖直对齐，直线段上端点与上轮廓线成“穿透”关系，下端点与下轮廓线成“穿透”关系；接着，在“工具”菜单栏下“样条曲线工具”选择“套合样条曲线”特征命令，在草图中依次选择绘制的直线、弧线、直线，在“参数”选项下取消“闭合的样条曲线”选项打√，单击“确定”，完成草图轮廓 4，如图 7-113 所示。

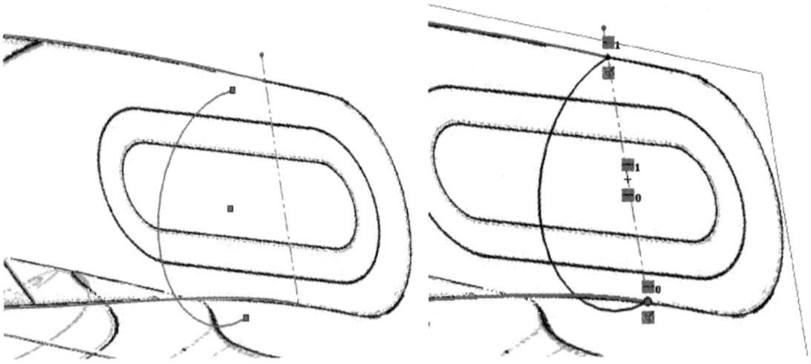

图 7-111

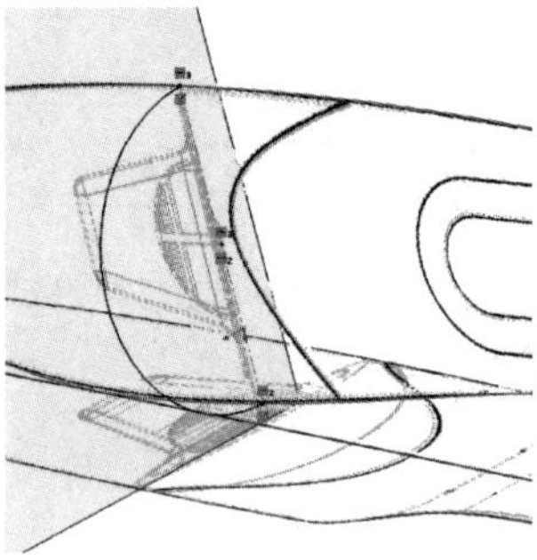

图 7-112

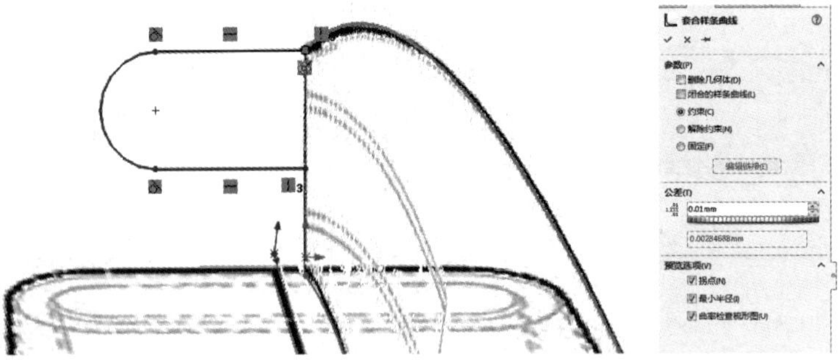

图 7-113

【步骤 6】边界曲面。单击“曲面”工具栏中的“边界曲面”命令，在“方向 1”属性栏中依次选择绘制的 3 条弧线，在“方向 2”选项中，在绘制区域单击鼠标右键，在右键关联菜单栏中命令 Selection Maneger 下点击“选择开环”命令，点击上轮廓线作为曲线 1；接着，重复操作选择“下轮廓线”为曲线 2，“相切类型”选择“垂直于轮廓”，其他参数按照图示默认状态，单击属性管理器中的“确定”，如图 7-114 所示。

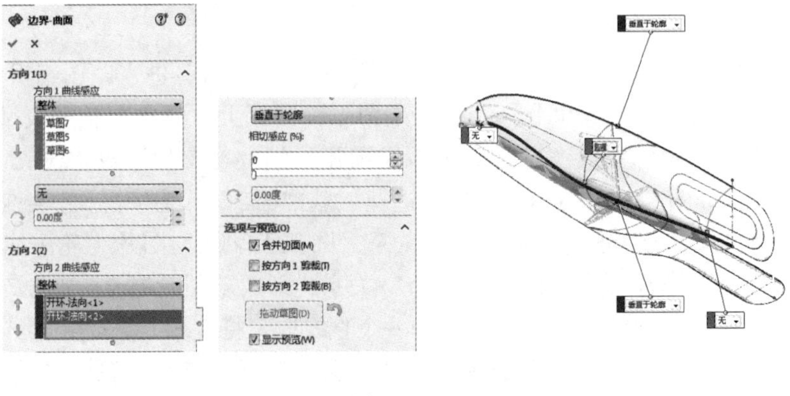

图 7-114

【步骤 7】绘制草图。选择“前视基准面”使其正视于屏幕，作为绘图面。单击“草图”工具栏中的“样条曲线”命令，描绘出端部轮廓线，形成草图。特别注意，草图上下端点均要与图片轮廓的上下端点添加“穿透”关系，如图 7-115 所示。

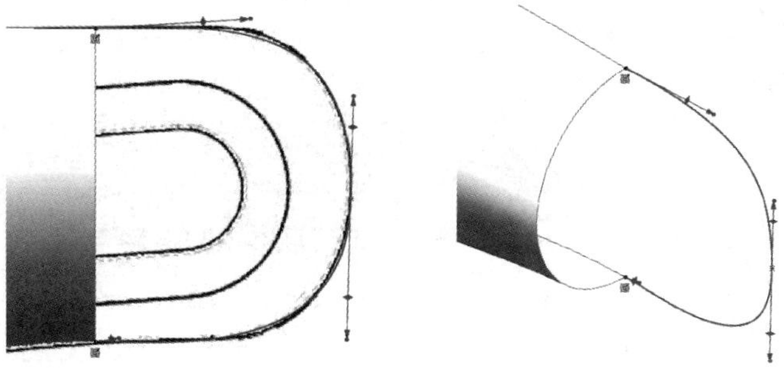

图 7-115

【步骤 8】放样曲面。单击“曲面”工具栏中的“放样曲面”命令，在“轮廓”选项中依次选择边界实体的边线和绘制的样条曲线草图，在“起始/结束条件”选项下选择“开始约束”为“与面相切”，“起始处相切长度”为 1.4mm，在“结束约束”中选择“垂直于轮廓”，“结束处相切长度”为 1.5mm，其他为系统默认属性，然后单击“确定”，完成后端的放样曲面命令，如图 7-116 所示。

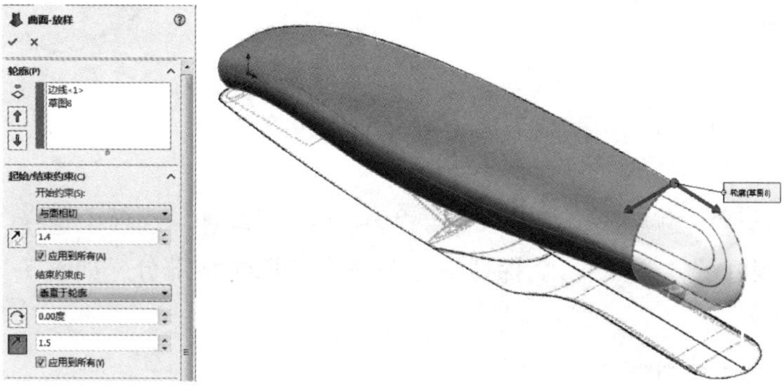

图 7-116

【步骤 9】检测光滑度。在“评估”工具栏中选择“斑马条纹”，对生成的两个曲面进行检测，看表面是否连接光滑，曲率是否具有一致性，如果两部分的斑马条纹相差过大，可以调整“曲线放样”特征中的“起始处相切长度”，如图 7-117 所示。

【步骤 10】缝合曲面。单击“曲面”工具栏中的“缝合曲面”命令，在“要缝合的曲面和面”选项中选择吸尘器的两个曲面，然后单击“确定”，完成主体两部分的连接，如图 7-118 所示。

吸尘器手柄建模操作步骤

【步骤 1】裁切曲面。选择“上视基准面”作为绘图面，使用“草图”工具栏中的“样条曲线”，沿着手柄部分绘制一条向内的曲线，与边缘线弧度一致，如图 7-119 所示。

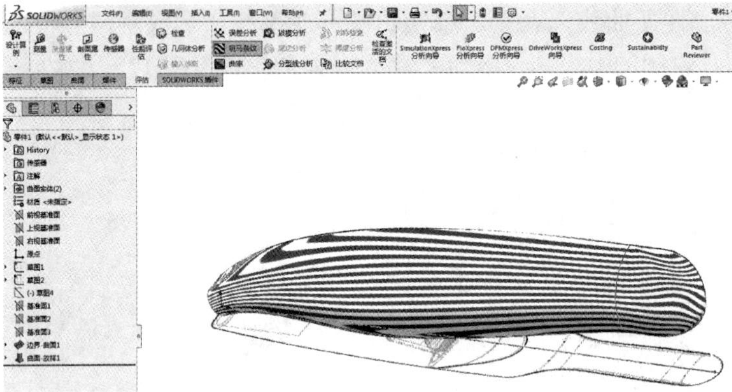

图 7-117

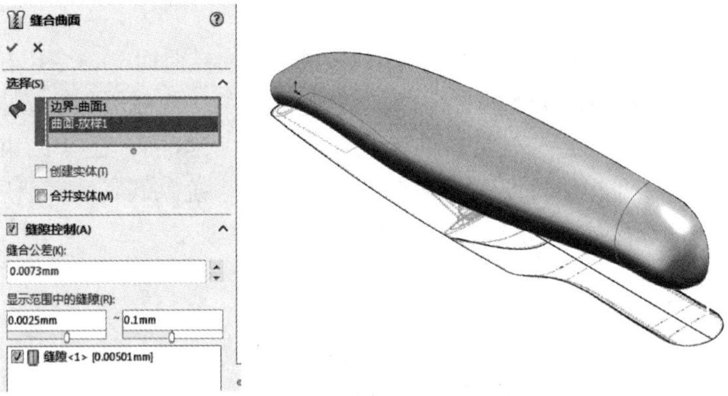

图 7-118

单击“曲线”工具栏中的“裁切曲面”命令，在“裁剪类型”选项中选择“标准”，“裁剪工具”为刚绘制好的样条曲线，“保留选择”选项选取主体部分，如图 7-120 所示。

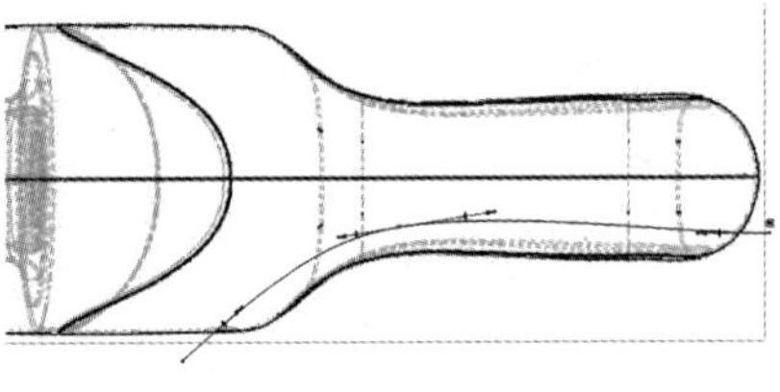

图 7-119

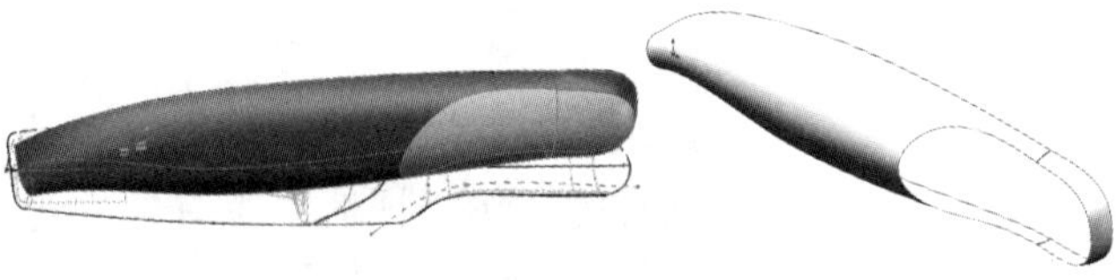

图 7-120

【步骤 2】交叉曲线。在“特征”工具栏中选择“参考几何体”命令，创建新的基准面。以“上视基准面”为第一参考，“偏移距离”为 45mm，形成一个新的基准面 4；在此基准面上，点击“工具”菜单栏下“草图工具”→“交叉曲线”特征命令，“选取实体”选项中点击“剪裁实体”面和“基准面 4”，单击“确定”命令。在新基准面 4 上形成两段交叉线条，将其属性修改为“作为构造线”，如图 7-121 所示。以基准面 4 作为绘图面，选择“草图”工具栏中“样条曲线”，绘制一条与手柄轮廓线一致的曲线，如图 7-122 所示。在“特征”工具栏中选择“参考几何体”命令，创建新的基准面。以“基准面 3”为第一参考，“偏移距离”为向左边偏移 40mm，形成一个新的基准面 5；在此基准面上，单击“工具”菜单栏下“草图工具”→“交叉曲线”特征命令，“选取实体”选项中点击“剪裁实体”，单击“确定”命令。在基准面 5 上形成两段交叉线条，将其属性修改为“作为构造线”，如图 7-123 所示。以基准面 5 为绘图面，选择“草图”工具栏中“样条曲线”，绘制一条与手柄轮廓线面垂直的曲线，该曲线上下两端均与上下轮廓边缘有“穿透”关系，并且线段中点与水平轮廓手柄线也定义为“穿透”关系，如图 7-124 所示。

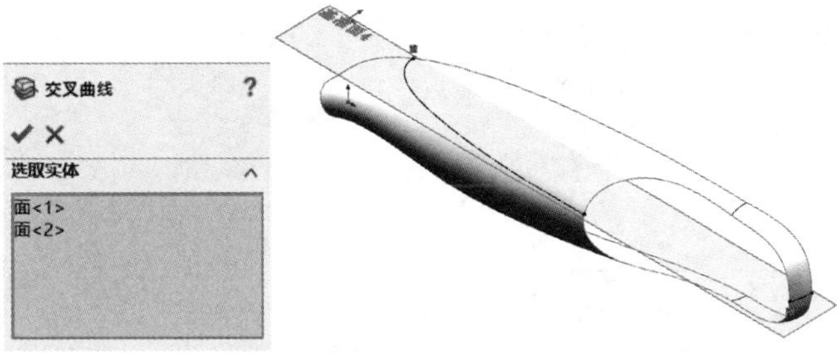

图 7-121

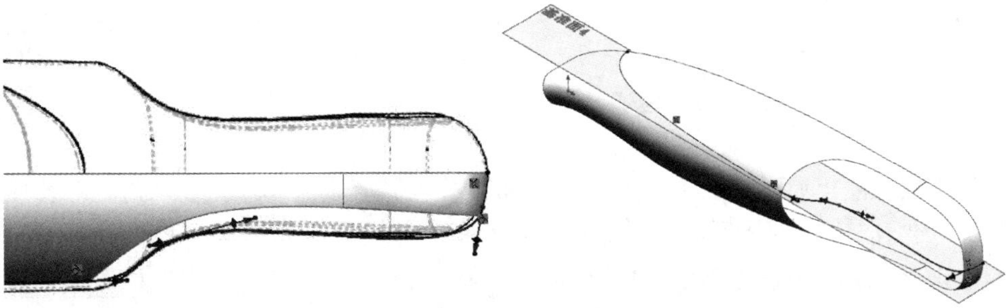

图 7-122

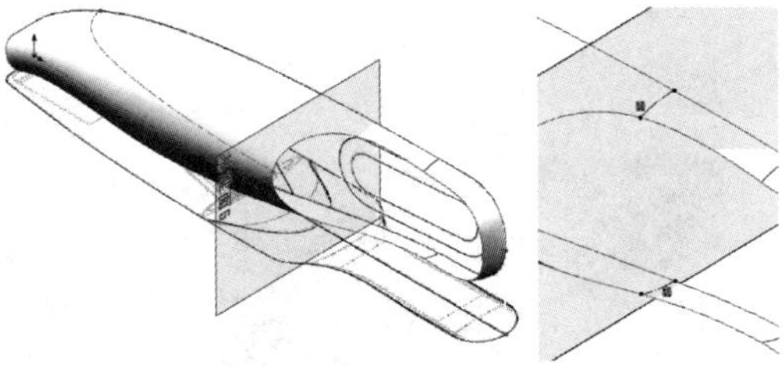

图 7-123

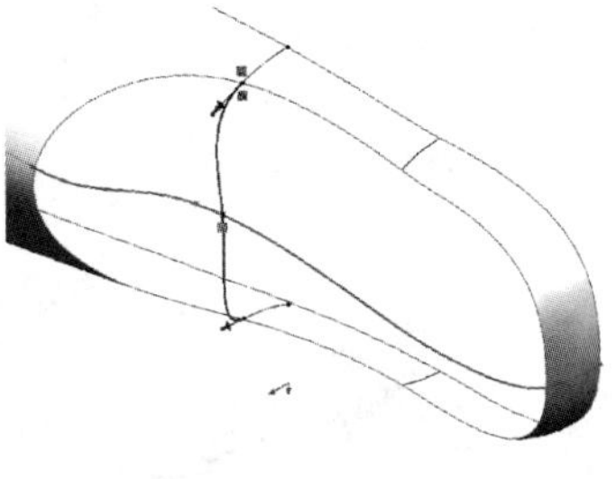

图 7-124

【步骤 3】曲面填充。单击“曲面”工具栏中的“填充曲面”命令，在“修补边界”属性栏中选择“曲面-裁切”成型后的两条轮廓线；“约束曲线”选项中选择上一步骤中绘制的垂直曲线和水平曲线，其他参数按照图示默认状态，单击属性管理器中的“确定”，如图 7-125 所示。

【步骤 4】裁切曲面。选择“上视基准面”作为绘图面，使用“草图”工具栏中的“直槽口”绘图工具，沿着手柄部分绘制一个大的直槽口轮廓线，直槽口大小与草图图片边缘线弧度一致。单击“曲线”工具栏中的“裁切曲面”命令，在“裁剪类型”选项中选择“标准”，“裁剪工具”为刚绘制好的直槽口，“保留选择”选项选取主体部分，如图 7-126 所示。

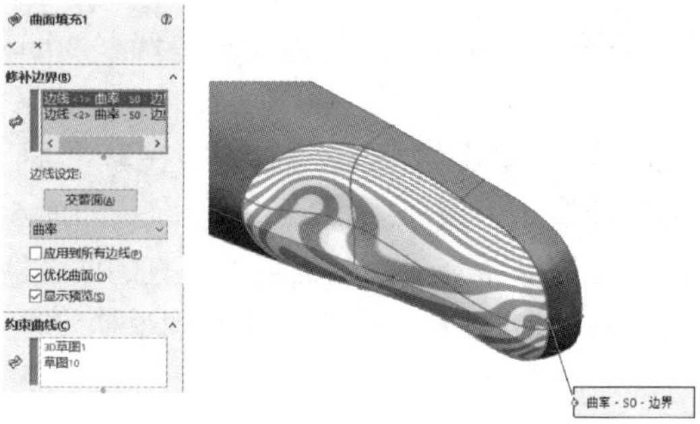

图 7-125

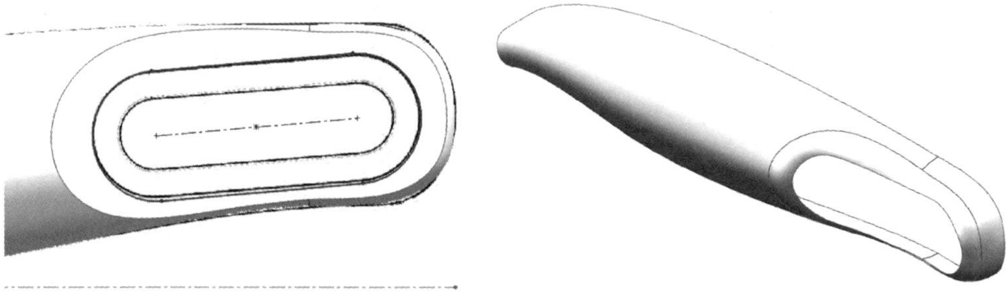

图 7-126

【步骤 5】放样曲面。选择“上视基准面”作为绘图面，使用“草图”工具栏中的“直槽口”绘图工具，沿着手柄部分绘制一个小的直槽口轮廓线，与草图图片边缘线弧度一致。单击“曲面”工具栏中的“放样曲面”命令，在“轮廓”选项中依次选择边界实体的边线和绘制的直槽口草图，在“起始/结束条件”选项下选择“开始约束”为“垂直于轮廓”，“起始处相切长度”为 1mm，在“结束约束”中选择“与面相切”，“结束处相切长度”为 2mm，其他为系统默认属性，然后单击“确定”，完成手柄的放样曲面命令，结果如图 7-127 所示。

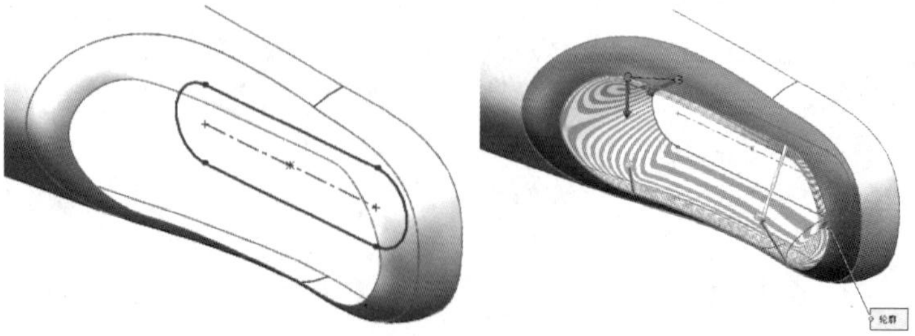

图 7-127

【步骤 6】缝合曲面。单击“曲面”工具栏中的“缝合曲面”命令，在“要缝合的曲面和面”选项中选择吸尘器的两个曲面，在出现的缝隙前面全部打√，然后单击“确定”，完成主体前、后部分的连接，结果如图 7-128 所示。

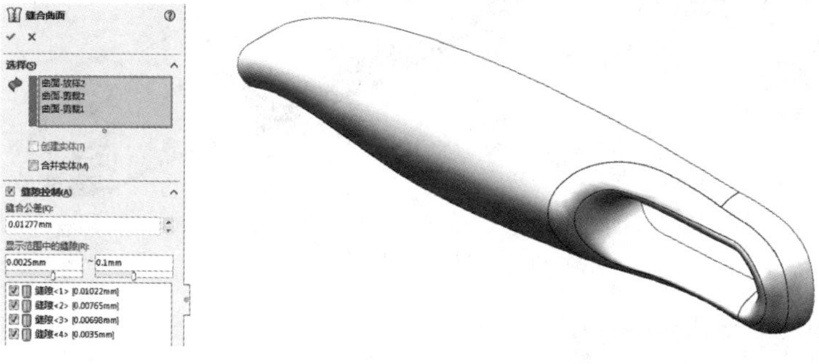

图 7-128

【步骤 7】镜像曲面。单击“特征”工具栏中的“镜像”命令，“镜像面”选择“前视基准面”，“要镜像的实体”选项中选择缝合好的实体，在出现的缝隙前面全部打√，然后单击“确定”，完成主体部分的连接，结果如图 7-129 所示。

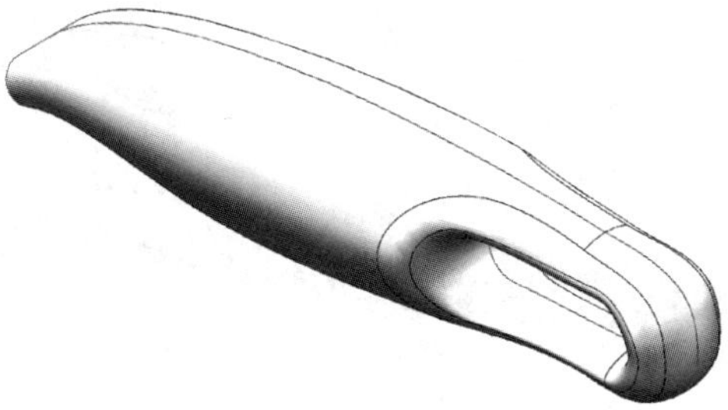

图 7-129

【步骤 8】缝合曲面。单击“曲面”工具栏中的“平面区域”命令，选择端口平面为需要填充的平面区域，如图 7-130 所示。单击“曲面”工具栏中的“缝合曲面”命令，在“要缝合的曲面和面”选项中选择绘图区域的 3 个曲面，在“创建实体”前面打√，然后单击“确定”，完成吸尘器手柄部分建模，结果如图 7-131 所示。

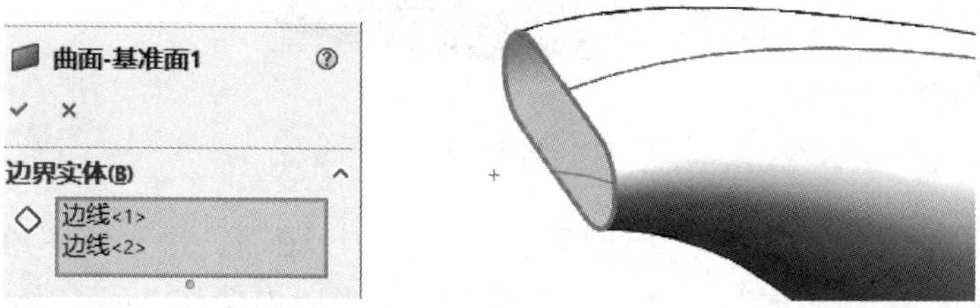

图 7-130

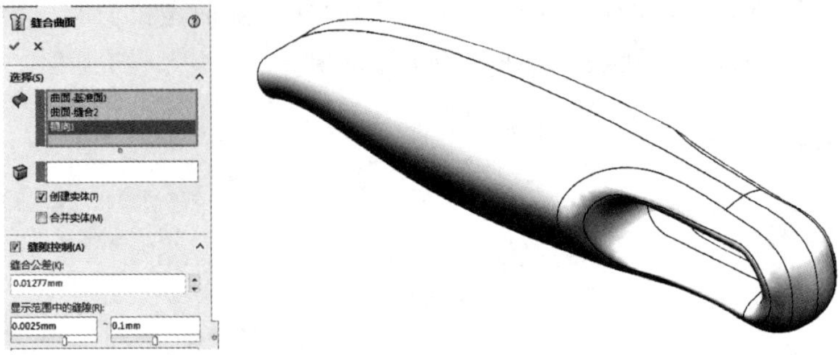

图 7-131

吸尘器前壳建模操作步骤

【步骤 1】分割实体。选择“前视基准面”作为绘图面，进入草图绘制，单击“草图”工具栏中的“直线”“样条曲线”等绘图命令，分别完成如图 7-132 所示 3 个草图，每个草图各含 1 条线。单击“特征”工具栏中的“分割”命令，选择倾斜直线段草图为分割工具，完成实体的两部分分割，如图 7-133 所示。

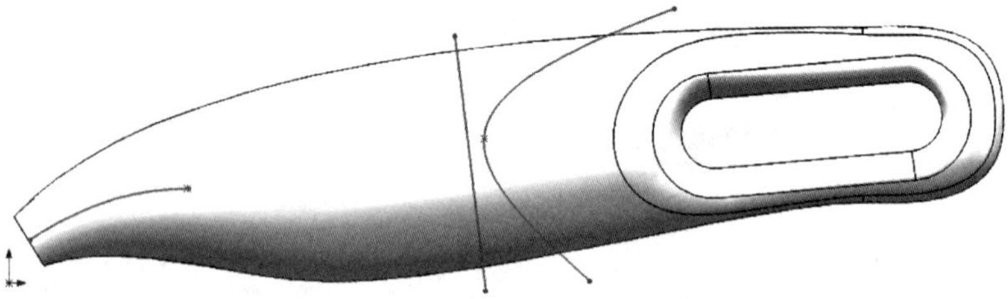

图 7-132

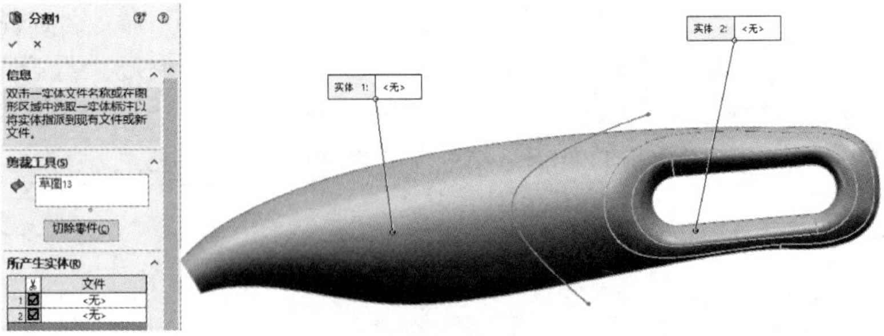

图 7-133

【步骤 2】扫描切除。选择“吸尘器端口”作为绘图面，进入草图绘制，单击“草图”工具栏中的“等距实体”命令，将吸嘴边缘轮廓向内偏移 2mm，作为扫描轮廓面；选择“特征”工具栏中“扫描切除”特征命令，选择吸嘴轮廓为扫描轮廓面，倾斜弧线草图为扫描路径，其他默认条件不变，单击“确定”，完成吸嘴口的制作，如图 7-134 所示。

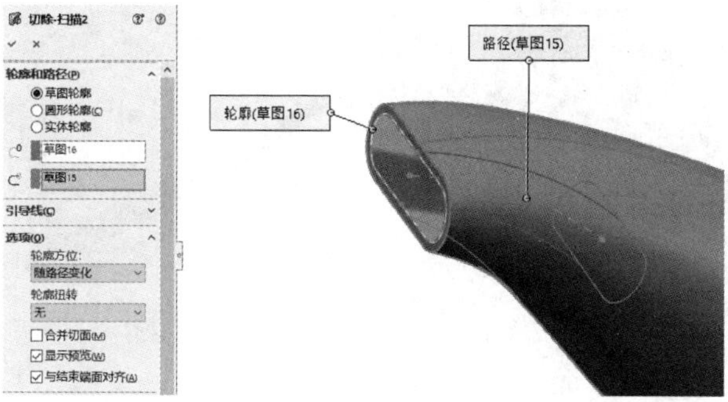

图 7-134

【步骤 3】抽壳。单击“特征”工具栏中的“抽壳”命令，在“厚度”选项中输入 0.5mm，在“移除的面”选项中选择吸嘴口前、后端面，然后单击“确定”，形成吸嘴壳体，如图 7-135 所示。

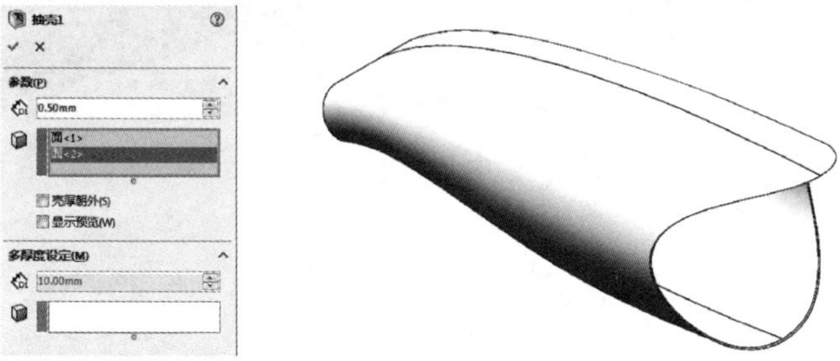

图 7-135

【步骤 4】等距曲面。单击“曲面”工具栏中的“等距曲面”命令，“要等距的曲面”选择吸嘴口的内表面，“深度”参数输入 0mm，其他为系统默认属性，然后单击“确定”，完成内壁的复制。接着将吸嘴实体隐藏，仅保留复制出的吸嘴曲面。单击“曲面”工具栏中的“延长曲面”命令，“拉伸的边线”选择吸嘴口边缘线，“终止条件”选择“距离”，输入 5mm，其他为系统默认属性，然后单击“确定”，完成内壁的复制，结果如图 7-136 所示。选择最初绘制的倾斜线草图，单击“曲面”工具栏中的“曲面拉伸”命令，“方向”选择“两侧对称”，其他为系统默认属性，然后单击“确定”，结果如图 7-137 所示。单击“曲面”工具栏中的“等距曲面”命令，“要等距的曲面”选择吸嘴口与手柄相接的内表面，“深度”参数输入 0mm，其他为系统默认属性，然后单击“确定”，完成相接曲面的复制。

【步骤 5】裁切曲面。选择“上视基准面”作为绘图面，使用“草图”工具栏中的“直槽口”，沿着手柄部分绘制大的直槽口轮廓线，与草图图片边缘线弧度一致。单击“曲线”工具栏中的“裁切曲面”命令，在“裁剪类型”选项中选择“相互”，“裁剪工具”为所在绘图面的吸嘴部分曲面，“移除选择”选项选择除去主体的部分，如图 7-138 所示。

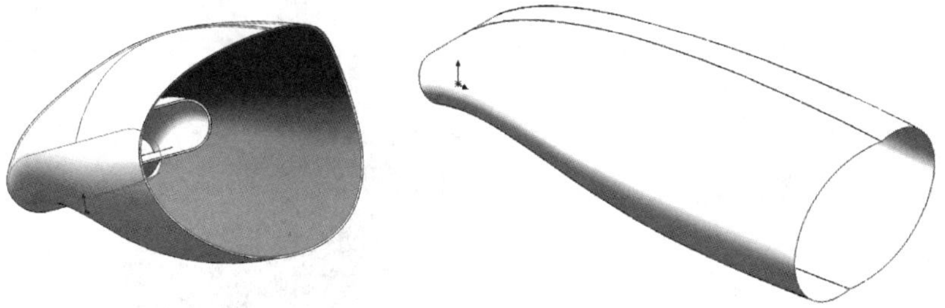

图 7-136

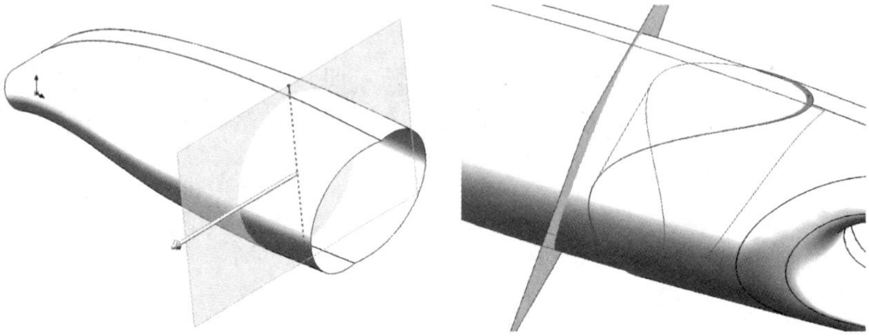

图 7-137

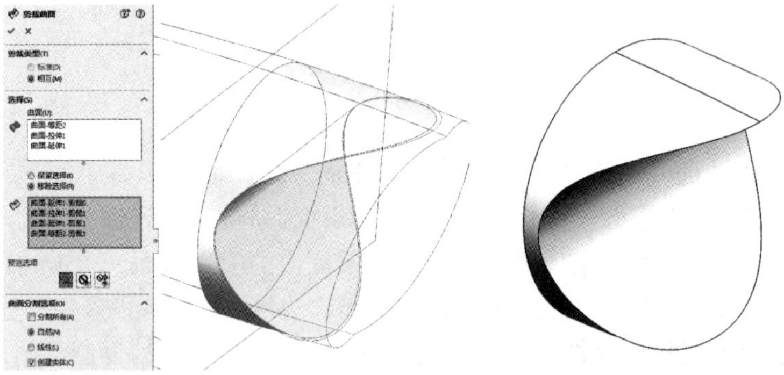

图 7-138

【步骤 6】组合曲面。选择“特征”工具栏中的“组合”特征命令，“操作类型”为“添加”，“要组合的实体”选择“剪裁部分”和“手柄部分”，让其组合成一个实体。

【步骤 7】抽壳。选择“特征”工具栏中的“抽壳”特征命令，“参数”下“厚度”选项中输入 0. 5mm，其他为默认状态，形成一个内部均匀厚度的壳体，如图 7-139 所示为剖面视图显示状态。

吸尘器通风口建模操作步骤

【步骤 1】绘制草图。选择手柄端口面作为绘图面，进入绘图状态，使用“草图”工具栏下的“圆形”“直线”绘图命令，绘制通风孔的轮廓线，形成通风口草图。

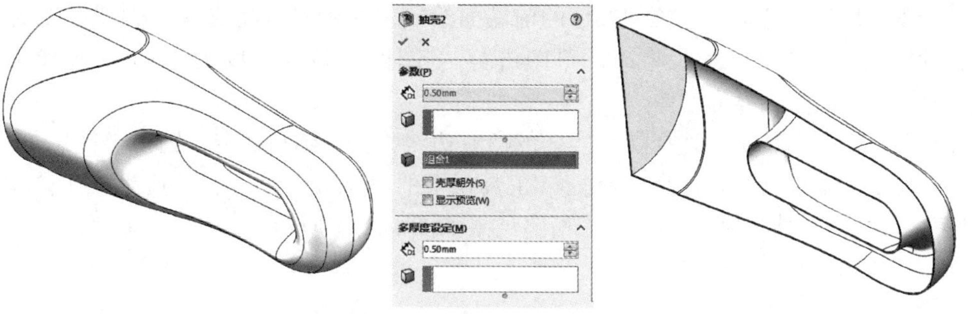

图 7-139

【步骤 2】扣合特征。选择“插入”菜单栏中的“扣合特征”→“通风口”特征命令，“边界”选项下选择最外边圆弧，选择垂直的两条直线为通风口的“筋”，设置筋的深度为 0.5mm，宽度为 1mm；选择弧线为通风口的“梁”，设置梁的深度为 1mm，宽度为 2mm；再选择内部的小圆轮廓作为“填充边界”，深度为 1mm，最终效果如图 7-140 所示。

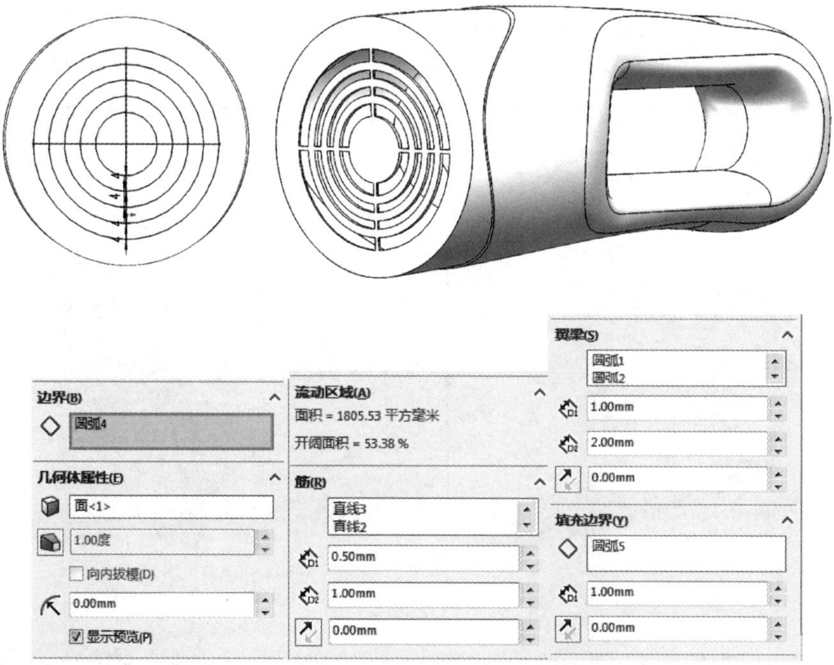

图 7-140

吸尘器吸尘网建模操作步骤

【步骤 1】拉伸特征。选择手柄端口面作为绘图面，进入绘图状态，使用“草图”工具栏下的“圆形”绘图命令，绘制一个大于通风口轮廓的圆形。选择“特征”工具栏下

“拉伸凸台基体”特征命令，拉伸距离为3mm。注意：不需要合并实体，方便后续操作。

【步骤2】拉伸特征。在拉伸实体的前端面绘制一个矩形，定义两条边线关系为“相等”，使矩形为正方形状态。将矩形草图进行“拉伸”，拉伸深度为30mm，拔模角度为15°，形成一个向内收缩的锥体。

【步骤3】圆角特征。选择拉伸实体的所有边线，进行圆角命令，圆角半径为3mm。

【步骤4】抽壳特征。选择“特征”工具栏下的“抽壳”命令，将所生成实体从圆形端口面进行抽壳，抽壳厚度为1mm，最终结果如图7-141所示。

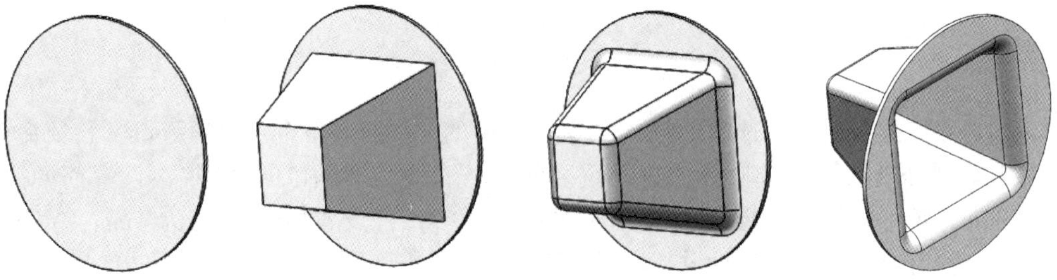

图7-141

【步骤5】拉伸切除特征。选择保护罩的上端面作为绘图面，选择“草图”工具栏中“转换实体引用”特征，将轮廓面进行引用；使用“矩形”绘图命令绘制一个矩形，定义边长为2mm，距离边线的尺寸为2mm。选择“特征”工具栏中“拉伸切除”特征命令，“方向1”下选择“终止条件：成形到下一面”，选择矩形与保护罩外轮廓面的相交区域为“所选轮廓”，完成一条槽的拉伸切除，如图7-142所示。

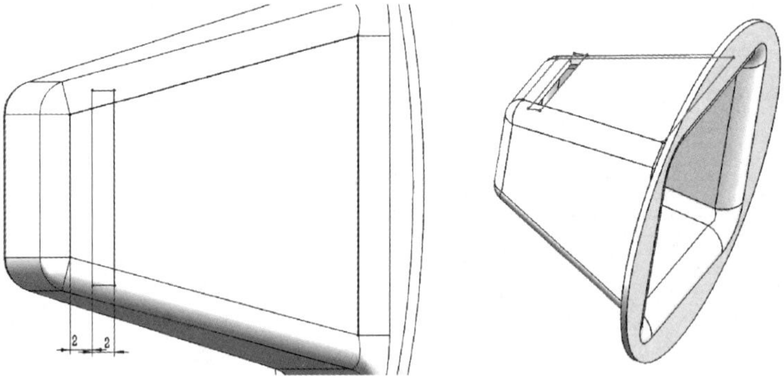

图7-142

【步骤6】线性阵列特征。双击上一步骤中“拉伸切除”命令，使其在绘图区域显示尺寸。选择“特征”工具栏下的“线性阵列”特征命令，在“阵列方向”选项中选择拉伸切除中边线距离尺寸为2mm，“间距”为4mm，“实例数”为5，“要阵列的特征”选择“拉伸切除”特征，“选项”下在“随形变化”前打√，其他参数按照默认模式，单击“确定”，如图7-143所示。特别注意：方向一定要选择切除特征中的尺寸方向，切除矩形的轮廓要大于吸尘罩的宽度，才能保证随形阵列的生成。

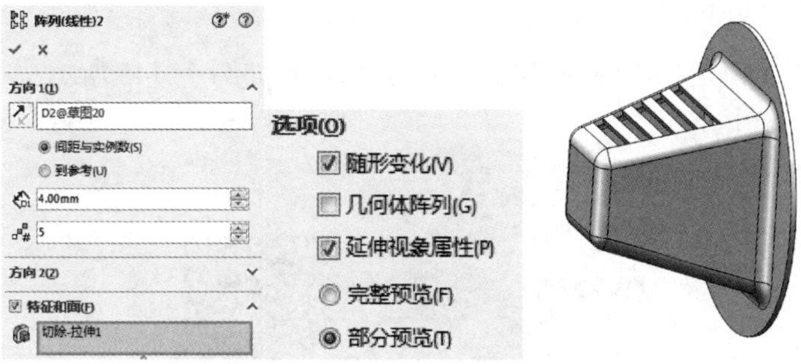

图 7-143

吸尘器按键建模操作步骤

【步骤 1】分割线特征。选择“上视基准面”作为绘图面，绘制一个“椭圆”作为开关按键轮廓，选择“特征”工具栏中“曲线”→“分割线”特征命令，“要投影的草图”选择绘制的椭圆，“要分割的面”选择吸尘器手柄的上端面，其他属性处于默认状态，完成曲面上按键面的分割。

【步骤 2】等距曲面。选择“曲面”工具栏中“等距曲面”特征，选择刚分割的按键面为需要等距的曲面，然后在等距距离中输入 0mm，进行面的复制，选择“曲面”工具栏中“加厚”特征，按键面加厚距离为 0. 5mm。

【步骤 3】圆角特征。选择“特征”工具栏中的“圆角”特征命令，输入 1mm；选择按键轮廓边线，完成按键的制作，最终结果如图 7-144 所示。

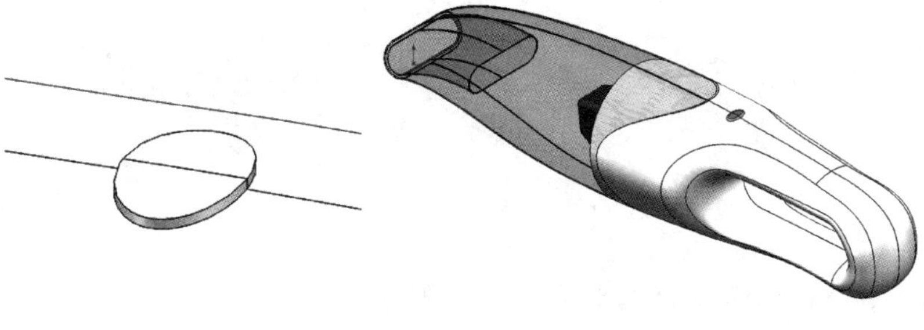

图 7-144

操作视频可扫描二维码观看。

机身建模　　手柄建模　　手柄细节　　其他部件

三、案例拓展

通过手持式吸尘器建模步骤的实践，思考如何创建如图 7-145 所示吹风机。

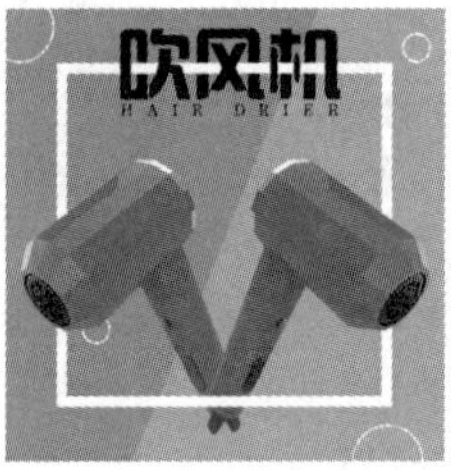

图 7-145

任务分析

本任务拓展含两个内容：吹风机造型为多边形，从造型上来看，前后端口具有变化，制作时选用的特征命令为放样，进行两次放样即可实现造型；吹风机的细节表达，如开关、按键、连接口螺纹等，制作时选用分割线特征命令，配合扫描切除等来丰富细节。

操作步骤

【步骤 1】主体。创建多个基准面，然后选择多草图进行放样特征命令，完成主体制作。对前后两个面抽壳，形成主体样式（也可以用曲面放样+曲面加厚方式完成），如图 7-146 所示。

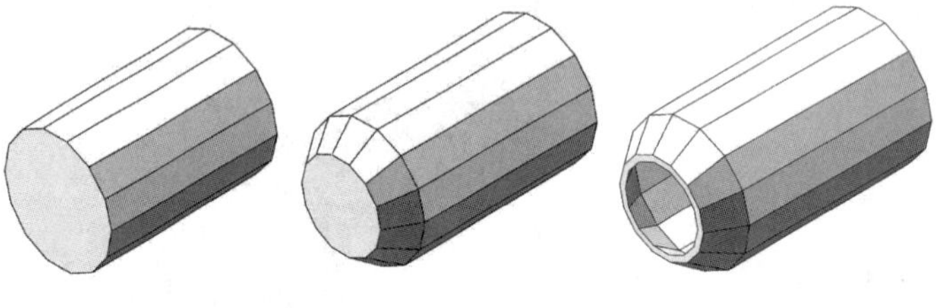

图 7-146

【步骤 2】把手。绘制两个草图，进行放样特征，然后使用圆角特征命令，将主体与把手部分进行圆滑，如图 7-147 所示。

【步骤 3】分割。绘制 1 个草图，将手柄分为两个实体，如图 7-148 所示。

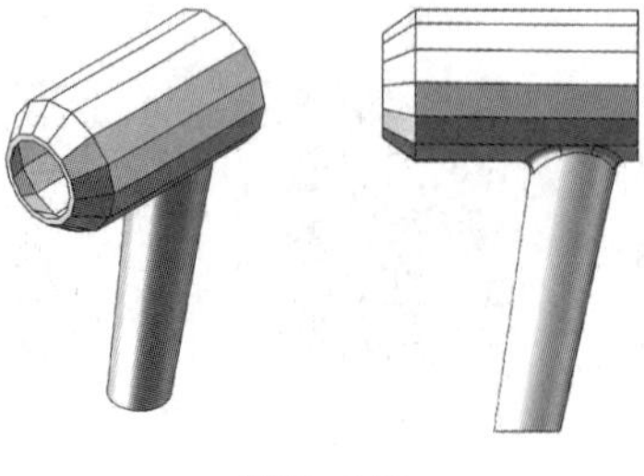

图 7-147

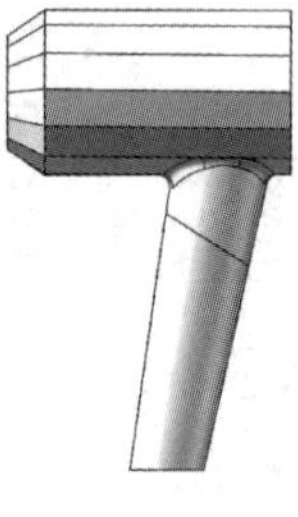

图 7-148

【步骤 4】通风孔。选择填充阵列特征命令，将后盖填充通风孔。前端通过创建草图、拉伸实体后，选择“通风口”特征命令，完成前面通风网格制作，如图 7-149 所示。

【步骤 5】螺纹口。选择扫描切除特征命令，完成把手底端的螺旋线效果，如图 7-150 所示。

【步骤 6】挡位开关。先选择“拉伸切除”特征命令制作出槽口，然后用“拉伸”“圆角”特征命令，循环两次分步骤完成挡位开关制作，如图 7-151 所示。

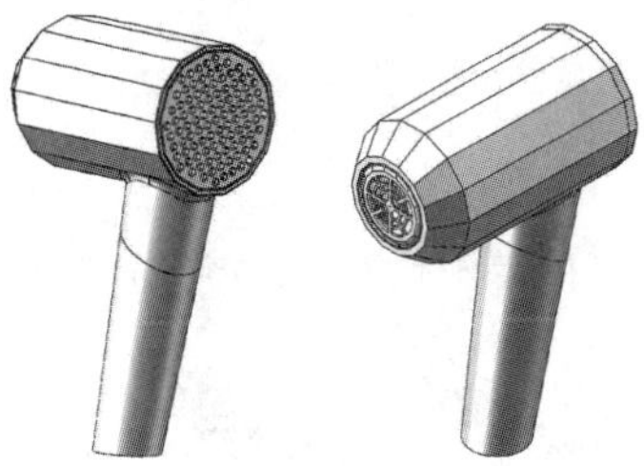

图 7-149

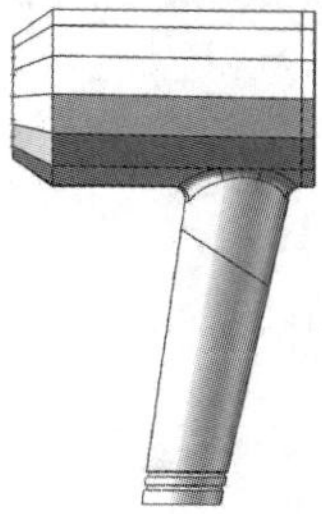

图 7-150

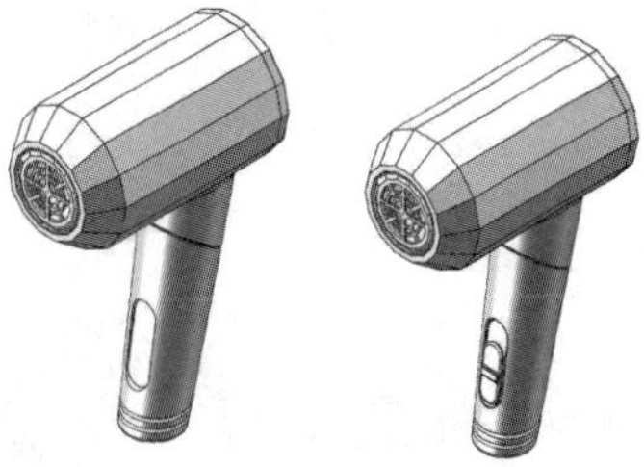

图 7-151

【步骤 7】开关按键。绘制 1 个草图，进行分割线命令，然后进行“曲面复制”“曲面加厚”“圆角”命令操作，完成开关的制作，如图 7-152 所示。

【步骤 8】手柄后背纹理。绘制 1 个草图，进行“分割线”特征命令，实现背部纹理，并使用“复制曲面”“加厚曲面”“曲面缝合”等特征命令，完成背部纹理的制作，如图 7-153 所示。

【步骤 9】手柄底端收口。绘制两个草图，进行“放样”特征命令，然后拉伸切除部分实体，形成斜面；接着使用“扫描切除”特征，实现底端螺纹线，最后用“圆角”特征收口，形成圆润底端，如图 7-154 所示。最终模型效果如图 7-155 所示。

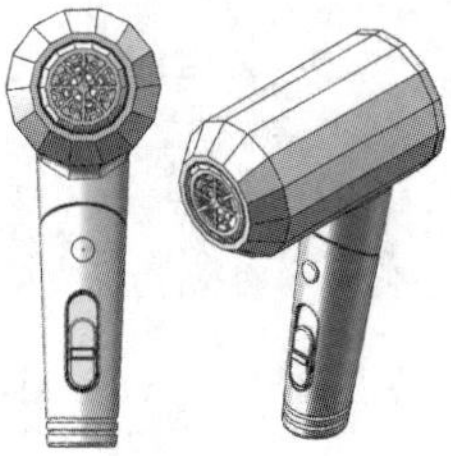

图 7-152

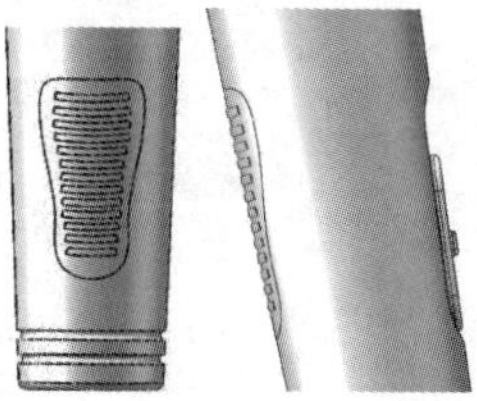

图 7-153

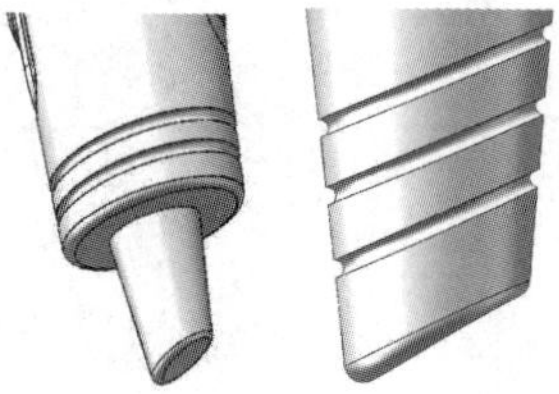

图 7-154

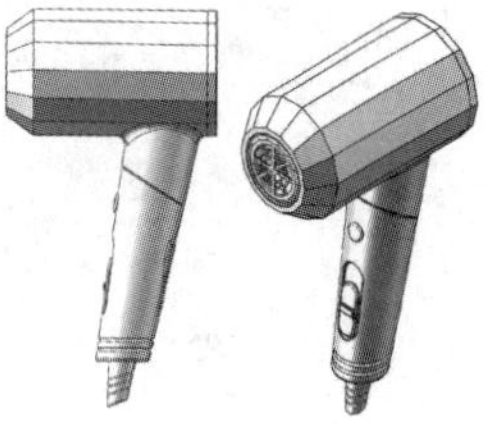

图 7-155

课后延伸

请仔细观察图 7-156 所示吹风机效果图，你能得出建模思路吗？

每个产品造型的实践没有统一的标准，只要能创建出模型即可。本案例中，我们将产品分成了几段来进行放样特征建模。难点在于多面体的创建，这里我们采用了拉伸和拉伸切除命令相结合的方式，分 5 段建模。具体思考可以参考图 7-157 和图 7-158。

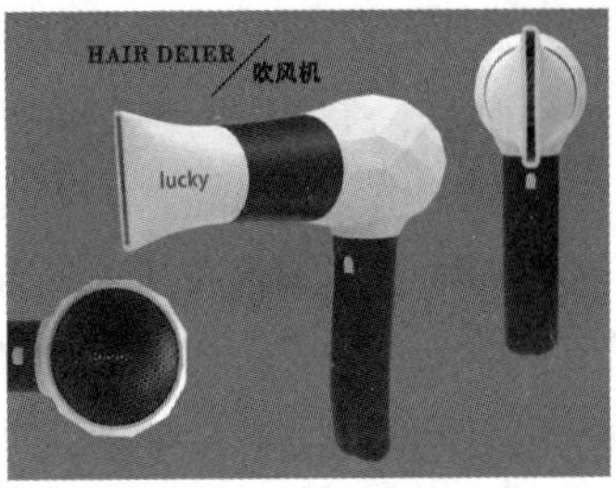

图 7-156

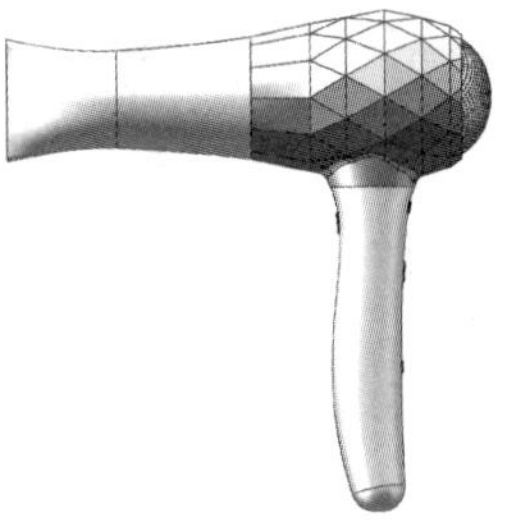

图 7-157

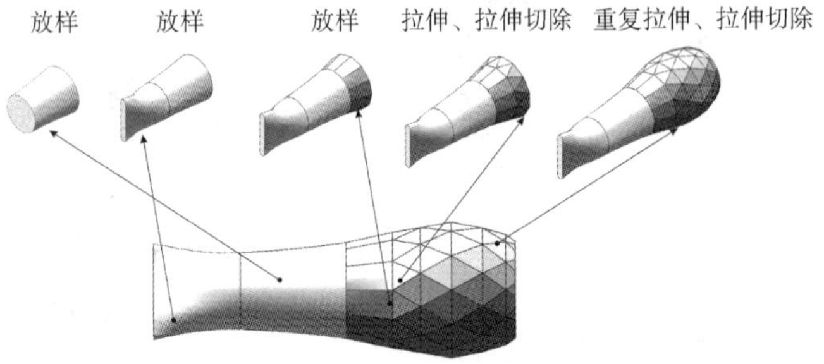

图 7-158

图 7-159 至图 7-163 为学生作品，可扫描二维码下载作品源文件。图 7-164 和图 7-165 分别为手电钻和电动螺丝刀造型图以及对应的制作流程。

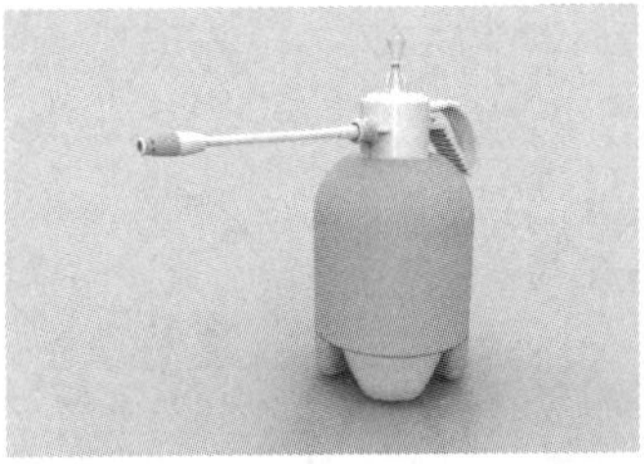

图 7-159

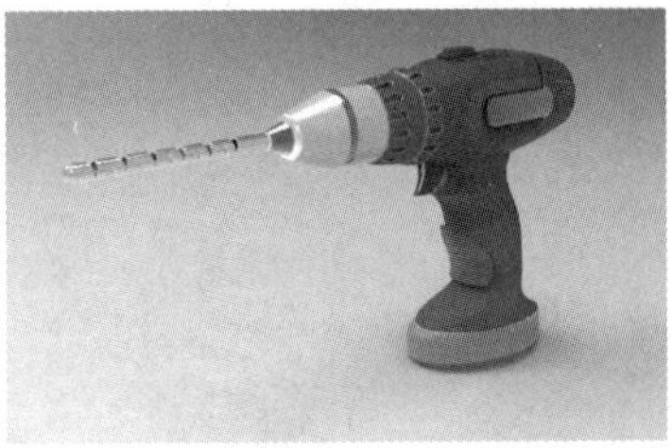

图 7-160

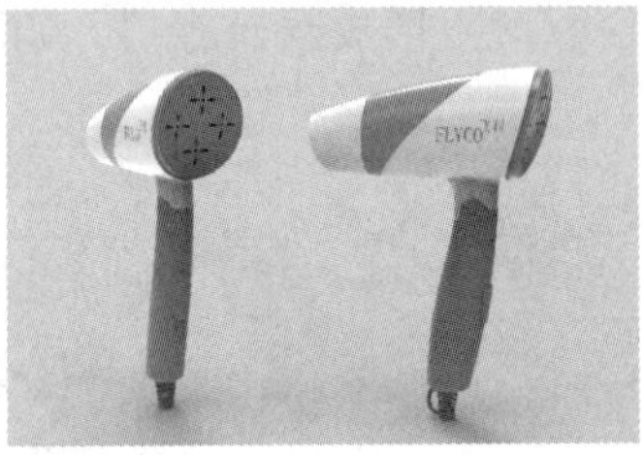

图 7-161

图 7-162

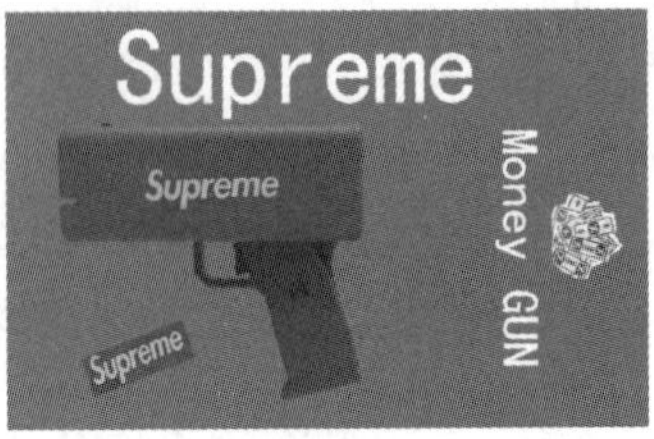

图 7-163

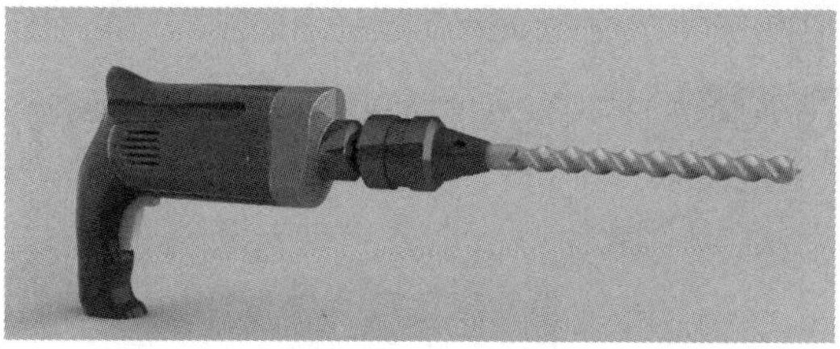

图 7-164

基体　　钻头　　钻头接口　　零件装配

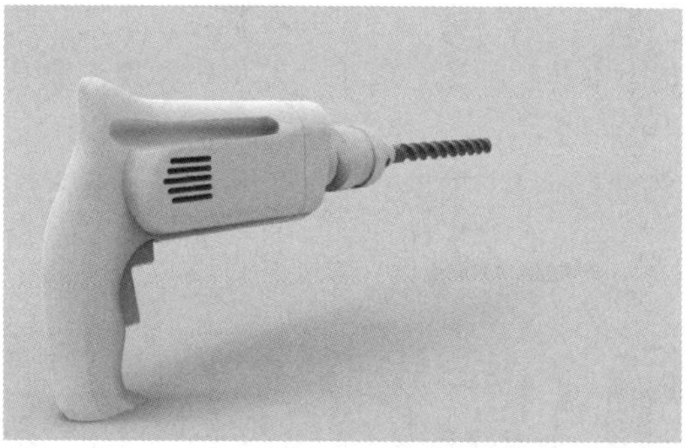

图 7-165

把手　　机头　　细节

第八章 家具类产品设计案例

第一节 凭倚类家具

凭倚类家具是指家具结构的一部分与人体有关，另一部分与物体有关，主要供人们依凭和伏案工作，同时也兼具收纳物品功能的家具。主要包括桌台类和几类。

1. 桌台类

桌台类是与人类工作方式、学习方式、生活方式直接发生关系的家具，其造型必须与坐卧类家具配套设计，具有一定的尺寸要求，如写字台、抽屉桌、会议桌、课桌、餐台、实验台、电脑桌、游戏桌等。

2. 几类

与桌台类家具相比，几类一般较矮，常见的有茶几、条几、花几、炕几等。几类家具发展到现代，茶几成为其中重要的种类。由于沙发家具在现代家具中有着重要地位，茶几随之成为现代家具设计中的一个亮点。

在材质方面，除传统的木材外，玻璃、金属、石材、竹藤的综合运用使现代凭倚类家具的造型与风格千变万化、异彩纷呈。凭倚类家具示例如图 8-1 所示。

图 8-1

一、案例简介

书桌，指供书写或阅读用的桌子，通常配有抽屉、分格和文件架。通常情况下，较大的书桌宽度为 1500～1800mm，深度为 650～800mm；较小的书桌宽 1000mm，深则为 500mm；如果再小也可以是宽 800mm，深 450mm。书桌高度应为 750～800mm，考虑腿在桌下的活动区域，要求桌下净高不小于 580mm。

图 8-2

本次选用案例为一款木质书桌，如图 8-2 所示，有一个抽屉。在做此类家具时，可以用整体思维创建，也可以用零部件装配的思路，方法不限。本案例以整体建模为思路，以图 8-3 所示产品尺寸为参考，运用拉伸、拉伸切除等常规特征命令完成。建模关键在于掌握一般凭倚类家具基本尺寸和结构，能够灵活运用特征命令完成预期效果。

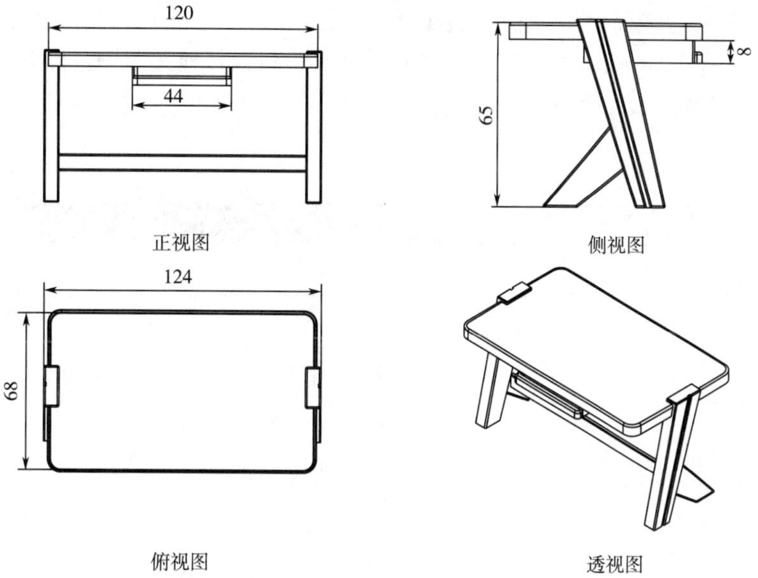

正视图　侧视图　俯视图　透视图

图 8-3

二、案例实操

桌面建模操作步骤

【步骤 1】新建文件。启动 SolidWorks，创建一个新的零件文件。

【步骤 2】拉伸特征。选择“上视基准面”正视于屏幕，作为绘图面，单击“草图”工具栏中的“矩形”命令，绘制一个长 1200mm、宽 700mm 的中心矩形，4 个圆角半径为 60mm，如图 8-4 所示。单击“特征”工具栏中的“拉伸凸台/基体”图标，在“方向 1”下选择“给定深度”，“等距距离”选项中输入 60mm，其他按照图示默认状态，单击属性管理器中的“确定”，结果如图 8-5 所示，形成书桌面板。

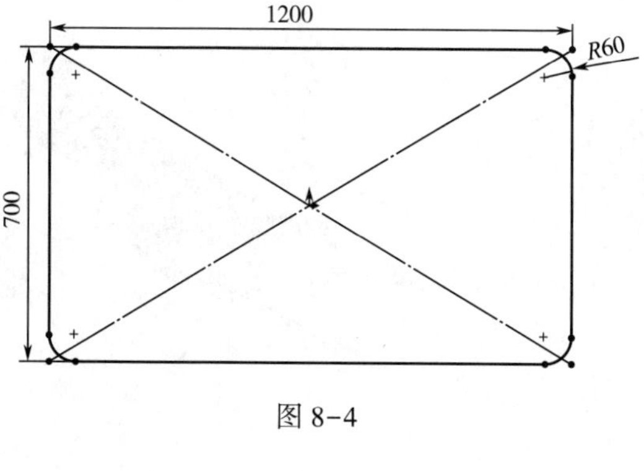

图 8-4

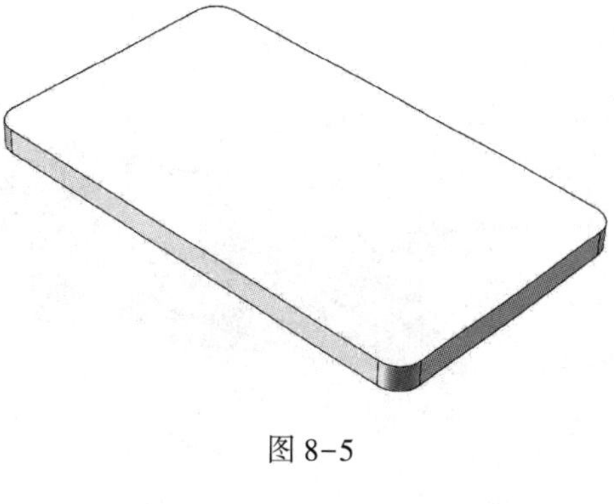

图 8-5

【步骤 3】拉伸-薄壁特征。选择“前视基准面”作为绘图面，正视于屏幕，单击“草图”工具栏中的“矩形”命令，绘制一个长 600mm、宽 80mm 的矩形，如图 8-6 所示。单击“特征”工具栏中的“拉伸凸台/基体”图标，在“方向 1”下选择“到离指定面指定的距离”，“指定面”选择前端边缘面，“等距距离”选项中输入 20mm，在“薄壁特征”选项下选择“单向”，“厚度”选项中输入 18mm，其他按照图示默认状态，单击属性管理器中的“确定”，如图 8-7 所示。

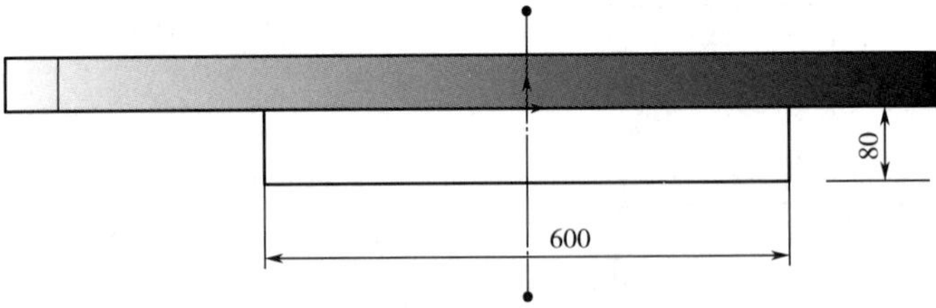

图 8-6

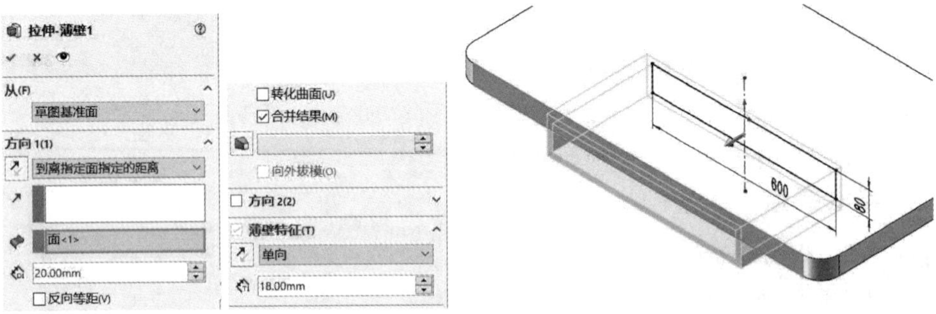

图 8-7

【步骤 4】拉伸特征。选择“前视基准面”作为绘图面，正视于屏幕，单击“草图”工具栏中的“转换实体引用”命令，将上一步骤中创建的实体边框进行转换，形成一个矩形轮廓，如图 8-8 所示。单击“特征”工具栏中的“拉伸凸台/基体”图标，在“方向 1”下选择“给定深度”，“等距距离”选项中输入 9mm，合并结果前打√，其他按照图示默认状态，单击属性管理器中的“确定”，结果如图 8-9 所示，形成抽屉的封闭端口。

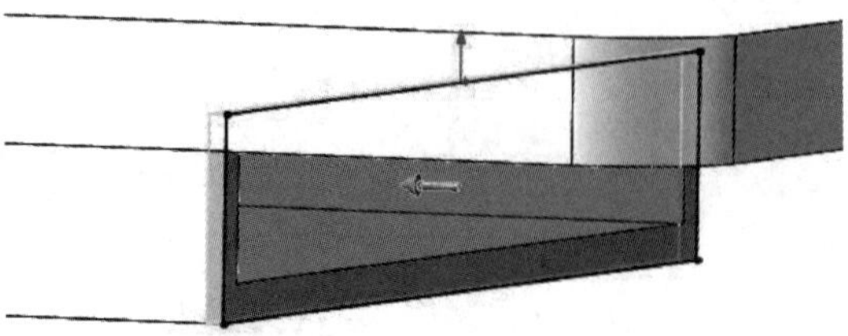
图 8-8

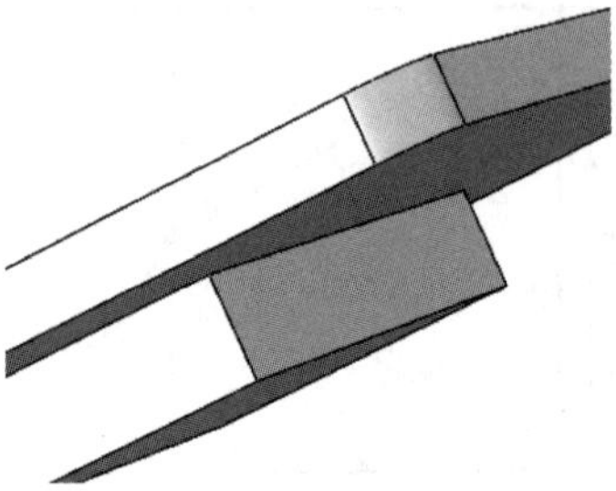
图 8-9

【步骤 5】拉伸特征。选择“抽屉内底面”作为绘图面，单击“草图”工具栏中的“转换实体引用”命令，将内底面边框进行转换，形成一个矩形轮廓，如图 8-10 所示。单击“特征”工具栏中的“拉伸凸台/基体”图标，在“方向 1”下选择“到离指定面指定的距离”，“指定面”选择上端边缘面，“等距距离”选项中输入 10mm，其他按照图示默认状态，单击属性管理器中的“确定”，结果如图 8-11 所示。

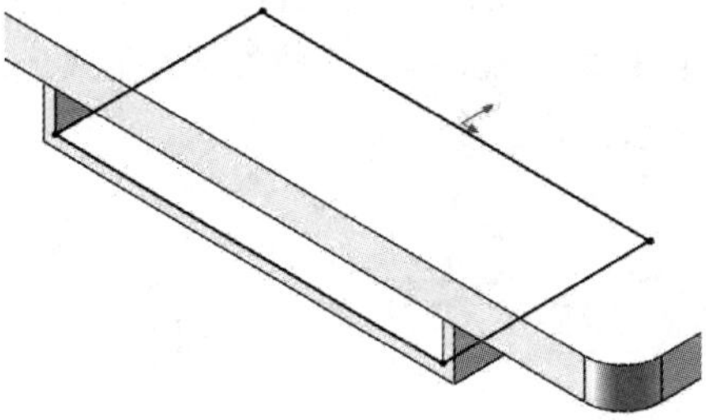

图 8-10

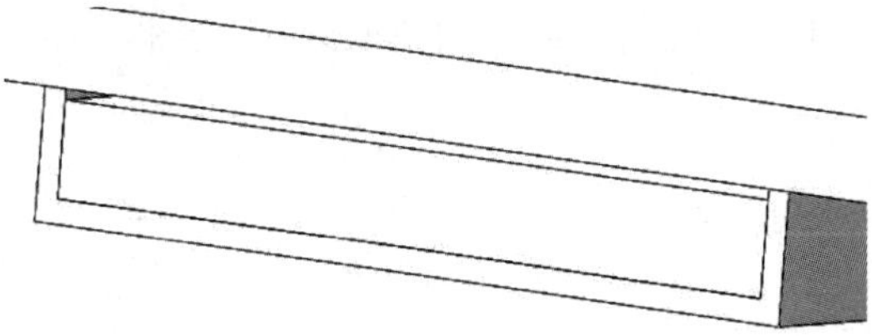

图 8-11

【步骤 6】抽壳。单击“特征”工具栏中的“抽壳”图标，参数厚度为 18mm，“移除的面”选择抽屉的矩形顶面，单击属性管理器中的“确定”，结果如图 8-12 所示。

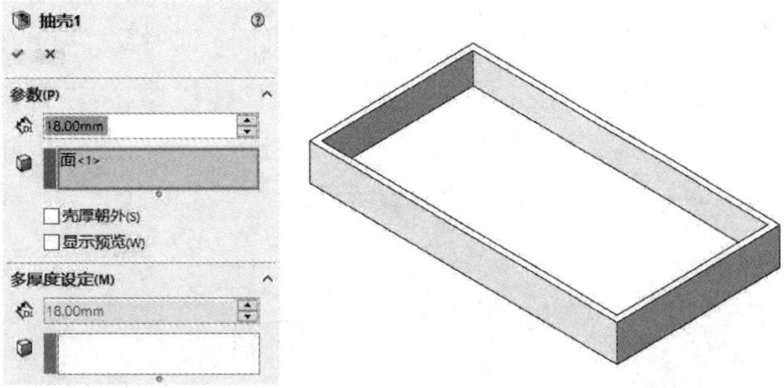

图 8-12

【步骤 7】拉伸特征。选择“抽屉正面”作为绘图面，单击“草图”工具栏中的“转换实体引用”命令，将抽屉外框进行转换，形成一个矩形轮廓。单击“特征”工具栏中的“拉伸凸台/基体”图标，在“方向 1”下选择“给定深度”，“等距距离”选项中输入 18mm，其他按照图示默认状态，单击属性管理器中的“确定”，结果如图 8-13 所示，形成抽屉面板，完成抽屉制作。

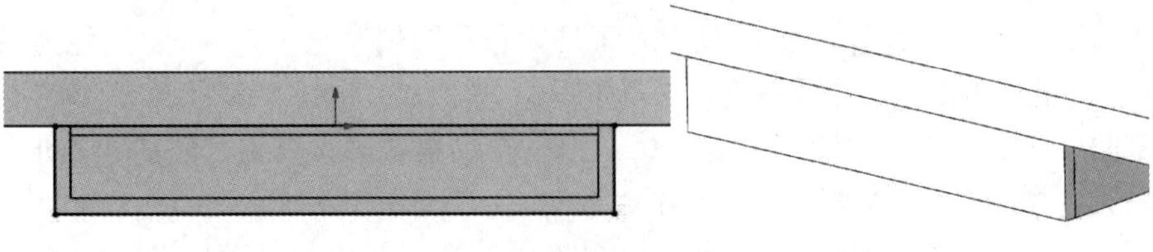

图 8-13

桌腿建模操作步骤

【步骤 1】创建基准面。单击“特征”工具栏中的“参考几何体”图标下的“基准面”命令，在“第一参考”中选择“右视基准面”，距离 550mm，其他为系统默认属性，然后点击“确定”，形成基准面 1，结果如图 8-14 所示。

【步骤 2】拉伸特征。选择“基准面 1”作为绘图面，单击“草图”工具栏中的“直线”命令，绘制一个支撑腿部轮廓。单击“特征”工具栏中的“拉伸凸台/基体”图标，在“方向 1”下选择“给定深度”，“等距距离”选项中输入 80mm，其他按照图示默认状态，单击属性管理器中的“确定”，结果如图 8-15 所示，形成支撑腿。

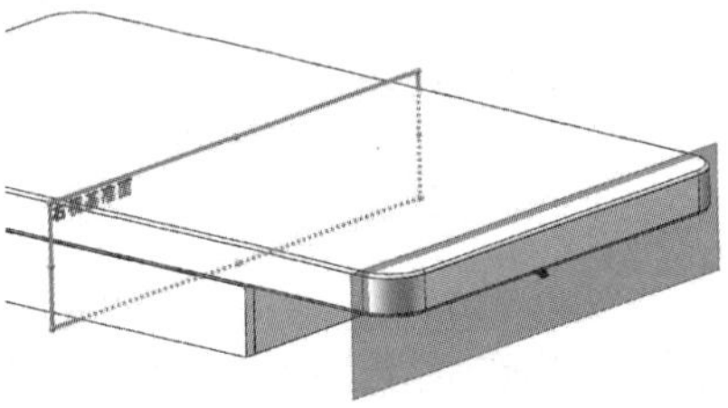

图 8-14

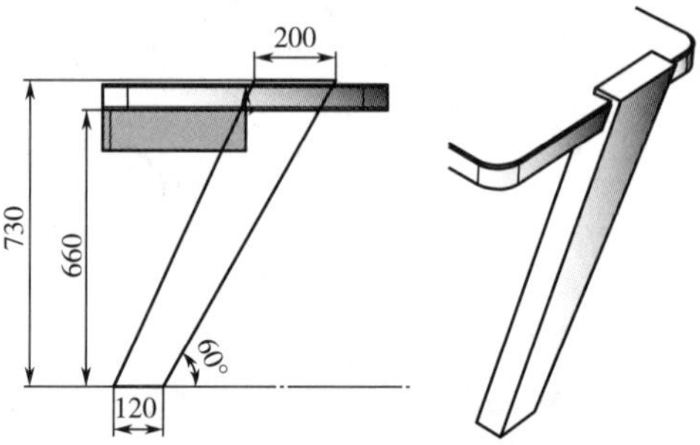

图 8-15

【步骤 3】切除拉伸。选择支撑腿的正面作为绘图面，选择“草图”工具下“直线”命令，绘制如图 8-16 所示直槽草图；单击“特征”工具栏中的“拉伸切除”图标，在“方向 1”下选择“给定深度”，“等距距离”选项中输入 20mm，单击属性管理器中的“确定”，结果如图 8-17 所示，完成腿部装饰条的制作。

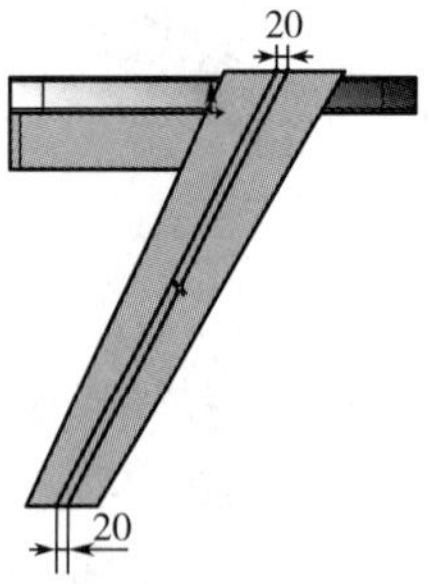

图 8-16

图 8-17

【步骤 4】拉伸特征。单击“特征”工具栏中“参考几何体”图标下的“基准面”命令，在“第一参考”中选择“支撑腿部前面”，“偏移距离”输入 35mm，其他为系统默认属性，然后点击“确定”，形成基准面 2，如图 8-18 所示。选择“基准面 2”作为绘图面，单击“草图”工具栏中的“直线”命令，绘制一个书桌右边支撑腿部轮廓；单击“特征”工具栏中的“拉伸凸台/基体”图标，在“方向 1”下选择“两侧对称”，“等距距离”选项中输入 40mm，其他按照图示默认状态，单击属性管理器中的“确定”，结果如图 8-19 所示，形成支撑腿。

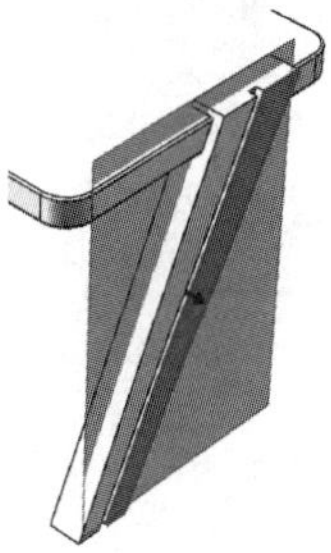

图 8-18

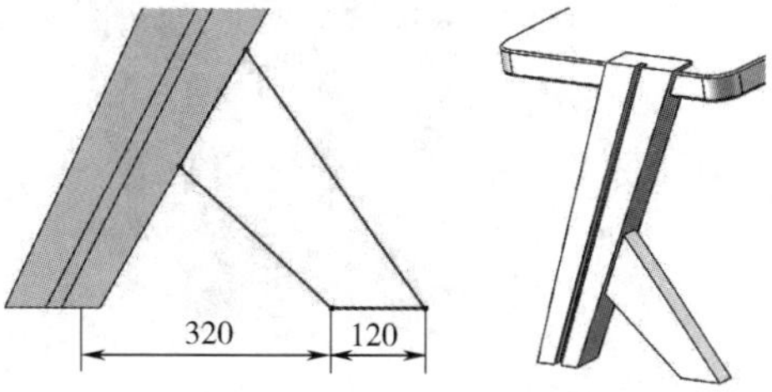

图 8-19

【步骤 5】镜像实体。单击“特征”工具栏中的“镜像”命令，“镜像面”选择“右视基准面”，“要镜像的特征”选项中选取左右支撑腿、1 条装饰槽，其他按照图示默认状态，单击属性管理器中的“确定”，结果如图 8-20 所示。

【步骤 6】拉伸特征。选择左边支撑腿部的平面作为绘图面，绘制一个长 20mm、宽 70mm 的矩形，单击“特征”工具栏中的“拉伸凸台/基体”图标，在“方向 1”下选择终止条件为“成形到下一面”，“合并结果”前面打√，其他按照图示默认状态，单击属性管理器中的“确定”，结果如图 8-21 所示，形成支撑横杆。

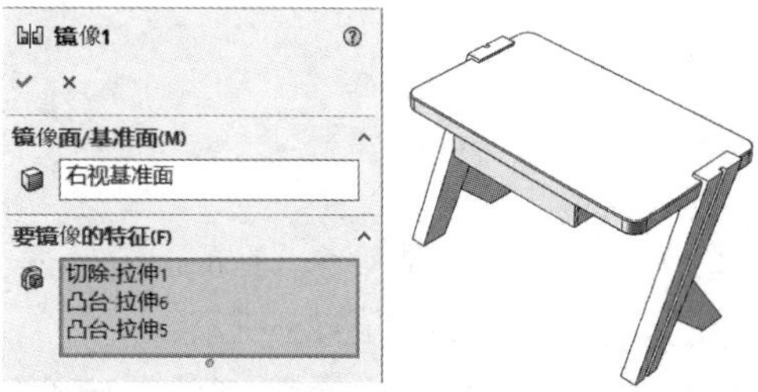

图 8-20

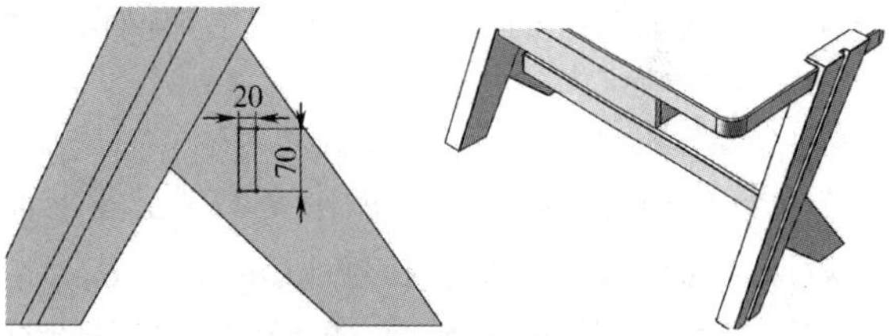

图 8-21

【步骤 7】圆角命令。单击“特征”工具栏中的“圆角”图标，半径为 5mm，选择书桌的所有边线，其他按照图示默认状态，单击属性管理器中的“确定”图标，结果如图 8-22 所示，完成书桌模型制作。使用“实体-移动”特征可以将抽屉呈现拉出状态，如图 8-22 右图所示。

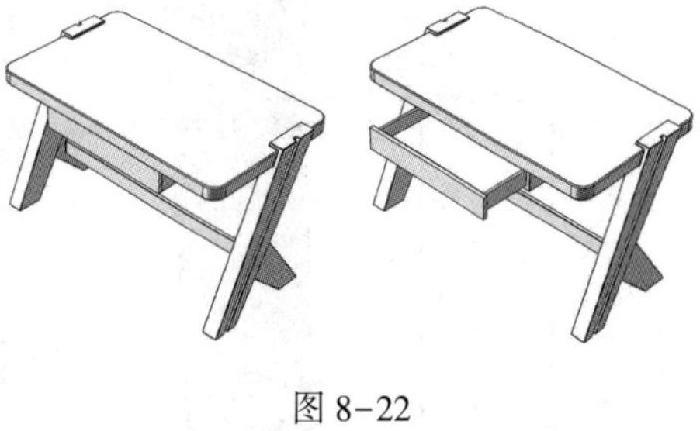

图 8-22

三、案例拓展

茶几日益成为客厅、大堂、接待室等建筑室内开放空间的视觉焦点家具，茶几的设计正由传统的实用配角家具变成集观赏、装饰于一体的陈设家具，成为一类独特的具有艺术雕塑美感形式的视觉焦点家具。通过书桌建模的实践后，思考如何创建如图 8-23 所示欧式茶几。

图 8-23

任务分析

该任务的欧式茶几由柱状腿部支撑桌面（见图 8-24）形成。几腿使用了典型的立柱式设计，是欧式风格的典型代表元素；茶几整体既豪华简洁又浪漫惬意，弧线优美，给人一种雍容华贵的气息。

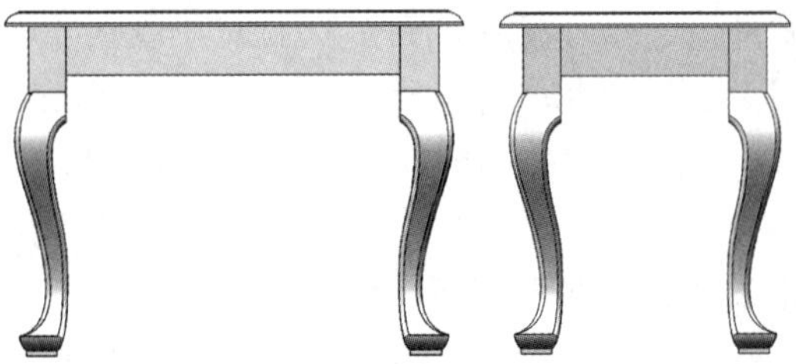

图 8-24

本任务拓展包含两个内容：欧式餐桌的腿型，依靠两个方向的拉伸切除制作出来；餐桌边缘的弧度，需要利用扫描切除实现。

操作步骤

【步骤 1】拉伸特征。使用“前视图基准面”作为绘图面，绘制一个 115mm×670mm 的矩形，通过拉伸特征，拉伸 115mm 厚度，形成茶几腿的支架，如图 8-25 所示。

【步骤 2】拉伸切除 1。选择“前视基准面”作为绘图面，绘制一个腿型的轮廓线，然后使用“拉伸切除”特征命令，完成腿部一个方向的拉伸切除，如图 8-26 所示。

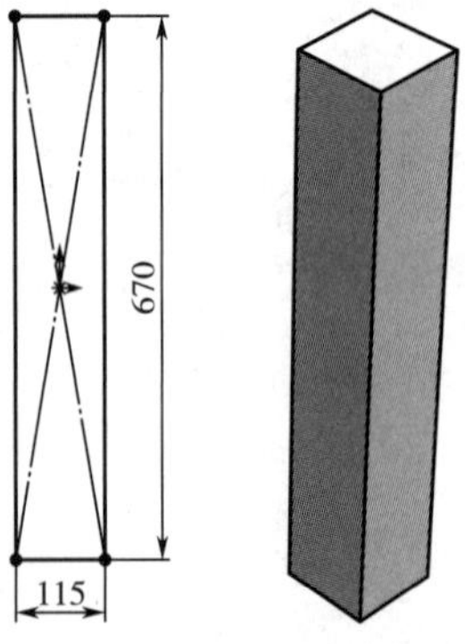

图 8-25

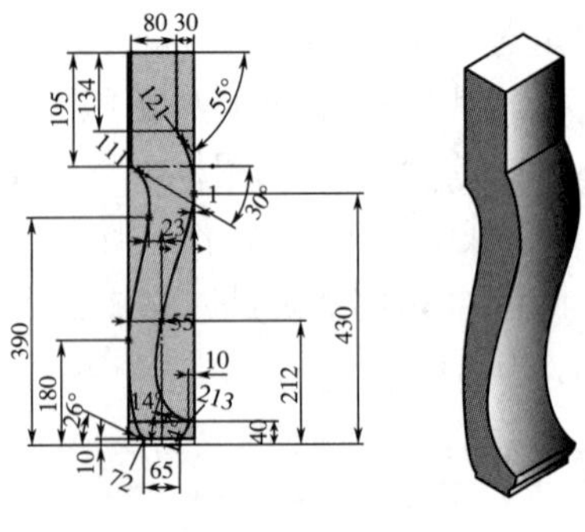

图 8-26

【步骤 3】拉伸切除 2。选择“右视基准面”作为绘图面，绘制腿型另一个侧面轮廓线，然后使用“拉伸切除”特征命令，完成腿部第一个方向的拉伸切除，如图 8-27 所示；通过“圆角”特征，给予边线 10mm 的圆角，完成腿部造型，如图 8-28 所示。

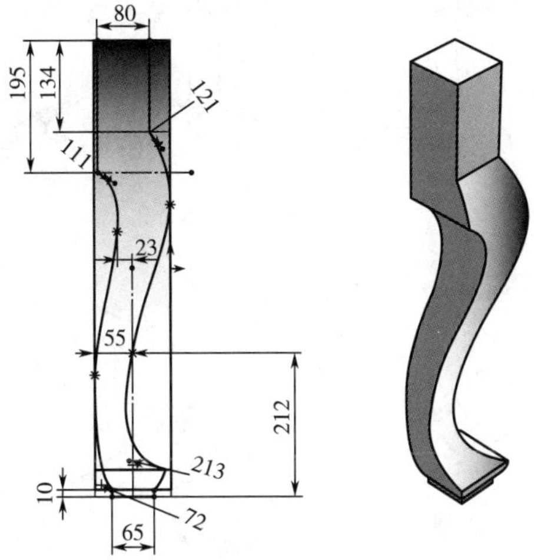

图 8-27

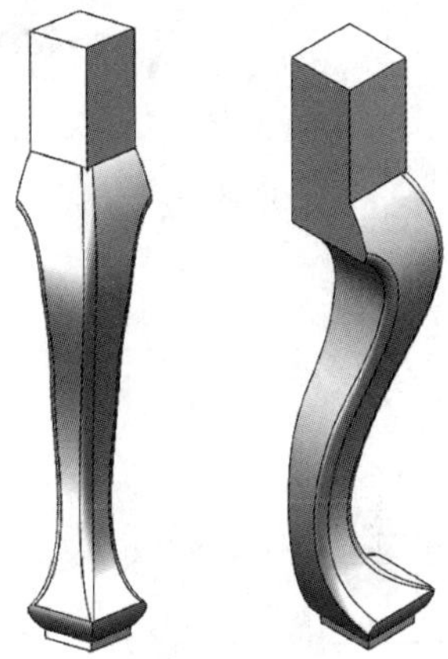

图 8-28

【步骤 4】创建新的基准面。以“右视基准面”作为参考面，偏移 400mm 距离创建基准面 1；以“前视基准面”作为参考面，偏移 290mm 距离创建基准面 2，如图 8-29 所示。

【步骤 5】镜像腿部，先以“基准面 2”为镜像面，镜像生成左右对称的腿部；然后以“基准面 1”为镜像面，镜像生成左右对称的腿部，形成 4 条对称腿部，如图 8-30 所示。

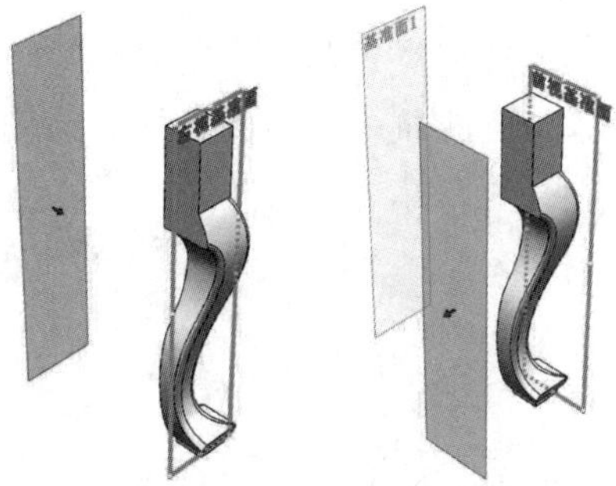

图 8-29

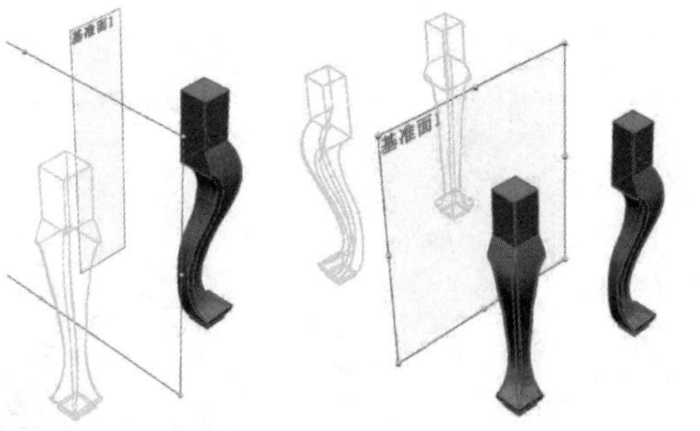

图 8-30

【步骤 6】以一条腿部的端面为绘图面，在 4 条腿部之间绘制宽度为 30mm 的矩形，绘制时，考虑矩形线条的左右对称和上下对称；使用“拉伸特征”将所绘制轮廓向下拉伸 100mm 的距离，生成实体，作为支撑架，如图 8-31 所示。

【步骤 7】以一条腿部的端面为绘图面，在 4 条腿部之间绘制宽度为 50mm 的矩形，绘制时，考虑矩形线条的左右对称和上下对称；使用“拉伸特征”将所绘制轮廓向上拉伸 30mm 的距离，生成实体，作为面板，如图 8-32 所示。

【步骤 8】以桌面端口作为绘图面，绘制一个草图作为桌面边线轮廓；选择桌面顶面作为绘制面，运用“等距转换实体”特征命令形成一个矩形路径，如图 8-33 所示；选择“扫描-切除”特征命令，完成茶几轮廓边线的建模，结果如图 8-34 所示。

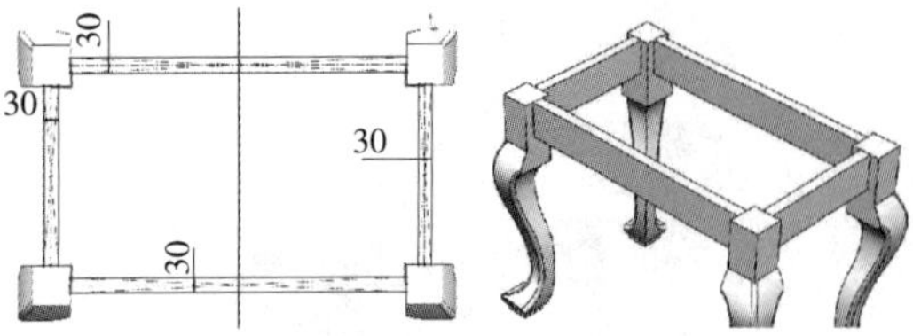

图 8-31

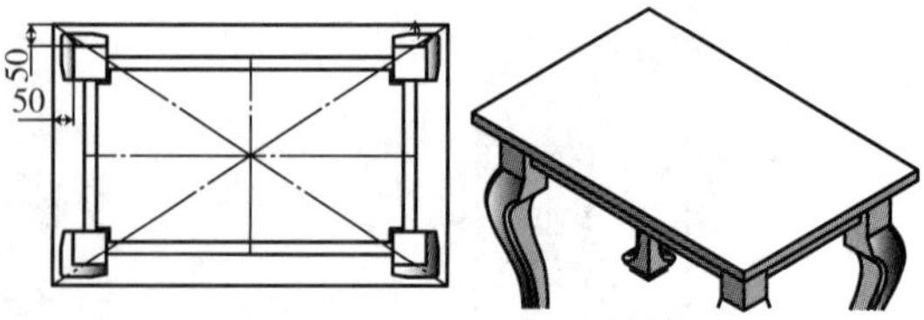

图 8-32

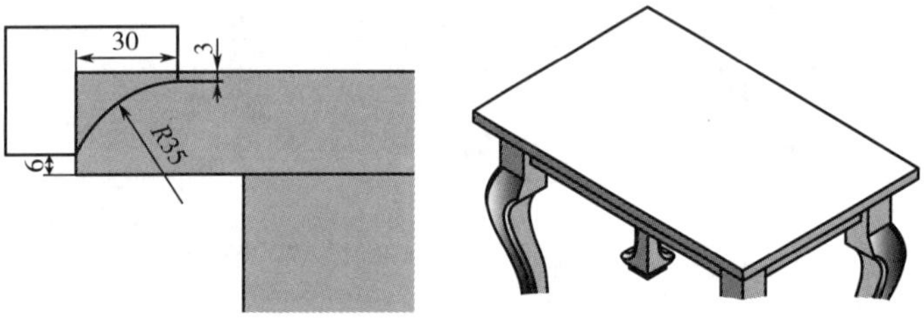

图 8-33

图 8-34

课后延伸

通过两个任务的案例建模实践后，我们可以掌握一般凭倚类家具造型的制作方法和流程。思考创建如图 8-35 所示木质茶几模型需要使用哪些特征命令和步骤，你会想到哪些建模方法？

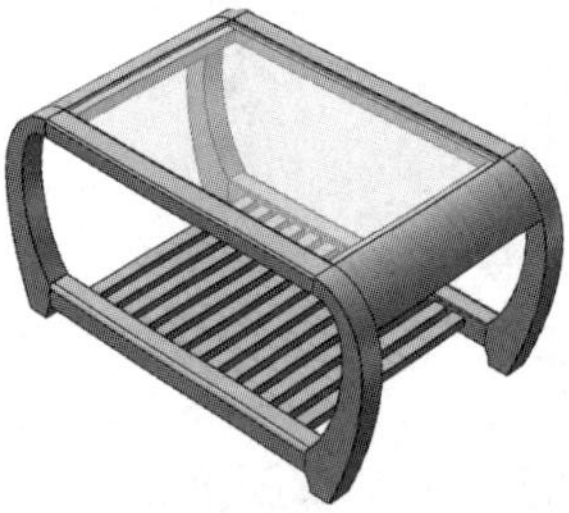

图 8-35

通过如图 8-36 所示三视图，实木茶几由框架结构组建，木质框架托底上面镶嵌玻璃几面，几腿与框架都含有榫头结构。

由效果图及三视图尺寸，我们可分析建模思路。先将产品三视图导入视图，用草图工具描绘出茶几腿部形态弧度并标注尺寸，然后用拉伸特征完成；茶几框架可以依几腿位置所在平面绘制矩形，并用拉伸特征即可实现；茶几储物空间可先用拉伸特征形成一个支架，然后用线性阵列完成全部支架，茶几造型制作完毕。具体思考可以参考图 8-37。

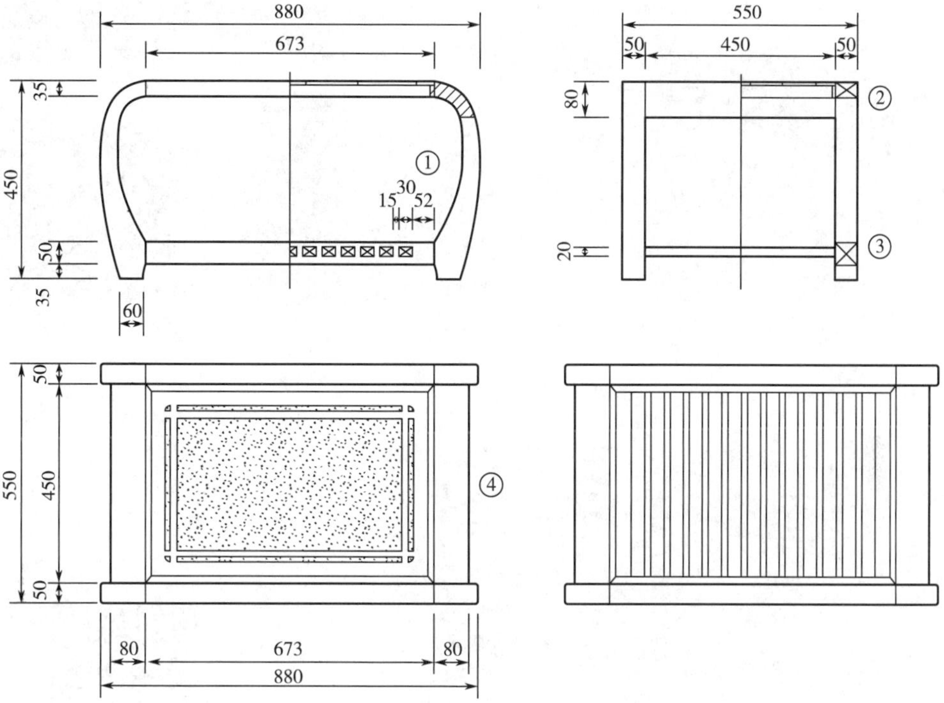

图 8-36

图 8-37

图 8-38 至图 8-42 为学生作品，可扫描二维码下载作品源文件。

图 8-38

图 8-39

图 8-40

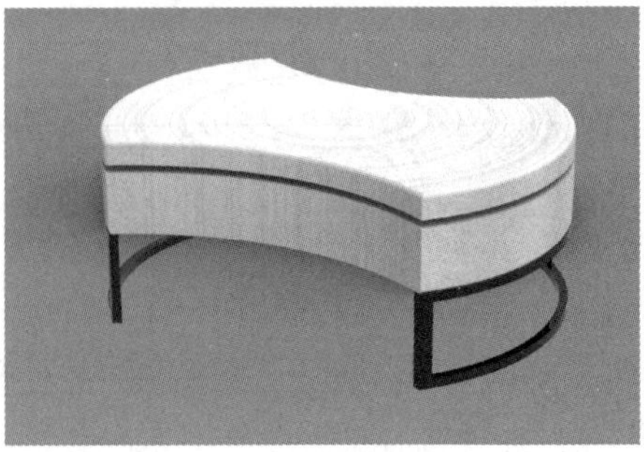

图 8-41

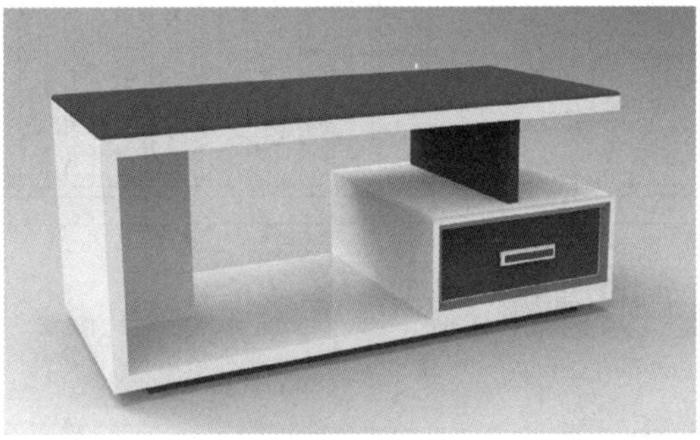

图 8-42

第二节　椅类家具

椅子是一种有靠背、扶手的坐具。据记载，椅子的名称始见于唐代。椅子的设计涉及功能、造型、材料、结构、技术、艺术等多方面要素，有深厚的理论基础和广泛的应用实践价值，更是一个国家家具设计水平的体现。椅子除了提供座位之外，还可以挂放衣物。椅子是人类不可缺少的家具，根据使用性质不同，椅子包括多种形态，而且由于材料、结构等的差别，又可以形成许多不同的形式，如图 8-43 所示。

图 8-43

按材质分类：实木椅、玻璃椅、铁艺椅、塑料椅、布艺椅、皮艺椅、发泡椅等。

按使用分类：办公椅、餐椅、吧椅、休闲椅、躺椅、专用椅等。

一、案例简介

本案例是一款经典的钢管椅，如图 8-44 所示。它采用钢管和皮革结合，造型突显直线的运用，采用圆角的光滑过渡，充分表现钢管材料视觉。方体又是立体派所推崇的形式，交叉的平面构图则是风格派的惯用手法，完全暴露在外的构架则是结构主义的典型特征，钢管椅集聚了众多艺术流派的理念，从而成为诸多艺术风格的示范。

图 8-44

本次选用案例因其框架结构的特殊性，我们采用了 3D 草图与焊接钢管结构的形式来表达。案例主要运用了 3D 草图绘制钢管椅支架轮廓图，然后选取“焊件工具栏”中“结构构件”特征命令将草图线条转化为金属管，镜像实体及组合实体，形成椅子支架；运用拉伸特征、圆角特征命令完成坐垫制作；运用拉伸、拉伸切除命令完成靠背初形；利用曲面放样、曲面延伸、曲面裁切等完成靠背圆弧角度细节处理；最后利用抽壳、圆角、镜像等特征命令完善椅背的制作。整个制作流程如图 8-45 所示。

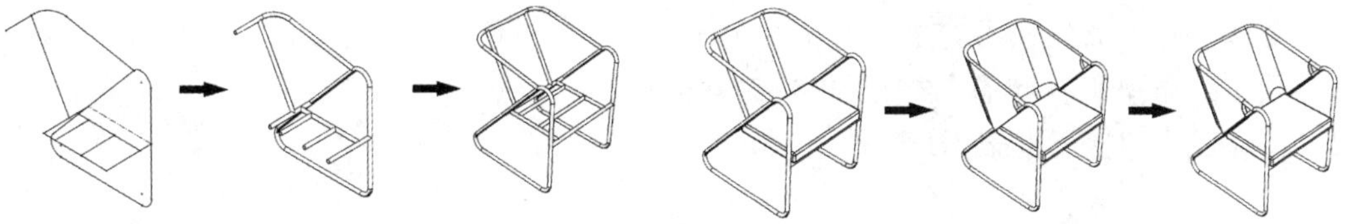

图 8-45

二、案例实操

支架建模操作步骤

【步骤 1】新建文件。启动 SolidWorks，创建一个新的零件文件。

【步骤 2】生成基准面 1。单击“特征”工具栏中“参考几何体”图标下的“基准面”命令，在“第一参考”中选择“前视基准面”，距离为 280mm，其他为系统默认属性，然后单击“确定”，形成基准面 1，结果如图 8-46 所示。

【步骤 3】绘制草图。选择“基准面 1”后，使其正视于屏幕，准备绘制椅子扶手的侧面草图。单击“草图”工具栏中的“圆角”“直线”命令，绘制如图 8-47 所示尺寸草图（标注尺寸时，点击边线，再按住 Shift 按键，可以标注边线与圆角之间的实际距离）。复制一个草图 1 至前视基准面，形成草图 2，如图 8-48 所示。

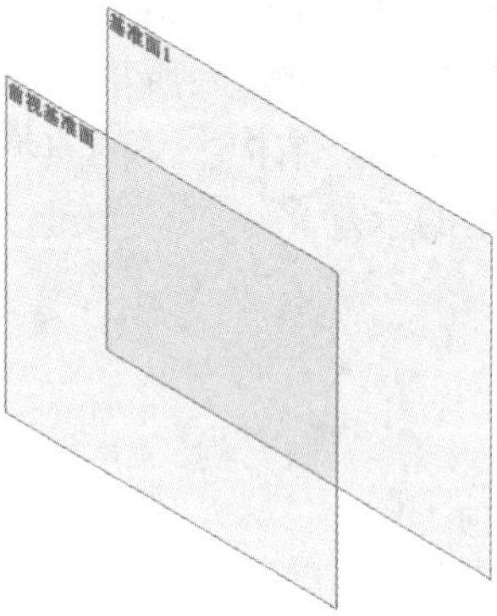

图 8-46

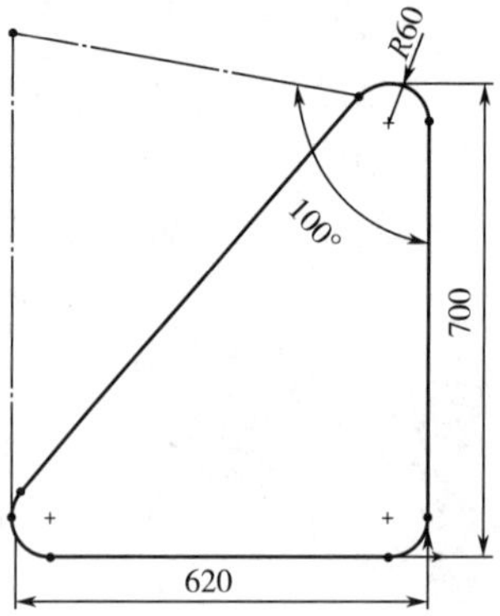

图 8-47

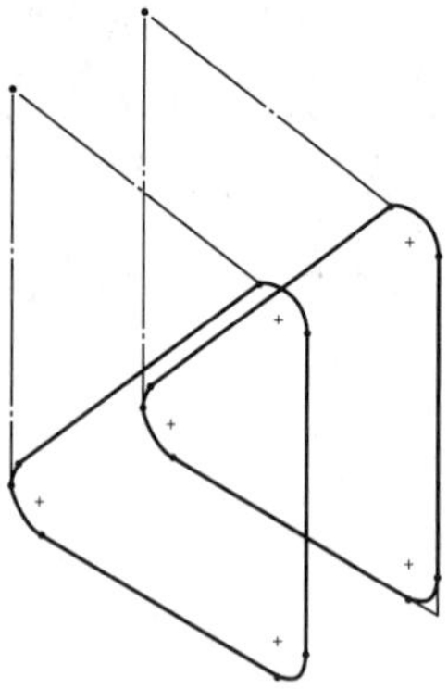

图 8-48

【步骤 4】绘制 Instant3D 草图。在绘图命令工具栏点击特征工具栏中草图下的 Instant3D，创建一个 3D 草图；进入 3D 草图绘制状态，使用转换实体命令，将二维草图线条转化复制到 3D 草图上，如图 8-49 所示。单击“草图”工具栏中的“直线”命令，使用直线命令绘制椅子框架线，如图 8-50 所示。绘制时，注意使用 Tab 按键进行坐标的切换。使用定义几何关系命令，使得座椅上的水平线条沿着 *X* 轴方向，竖直线条沿着 *Y* 轴方向，靠背线条与扶手线条呈平行状态。按照图 8-51 所示尺寸，完成半边椅子框架 3D 草图。

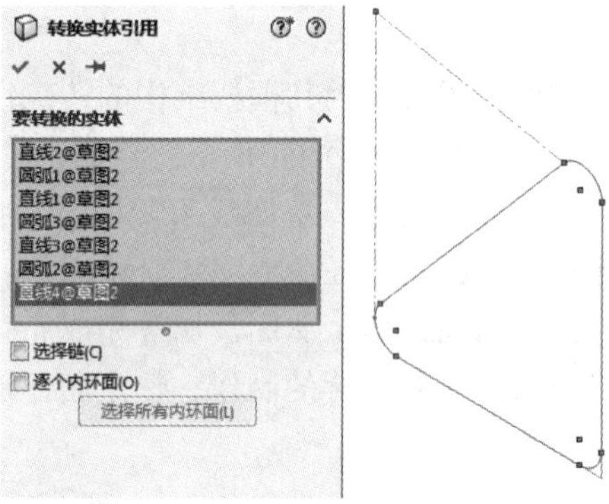

图 8-49

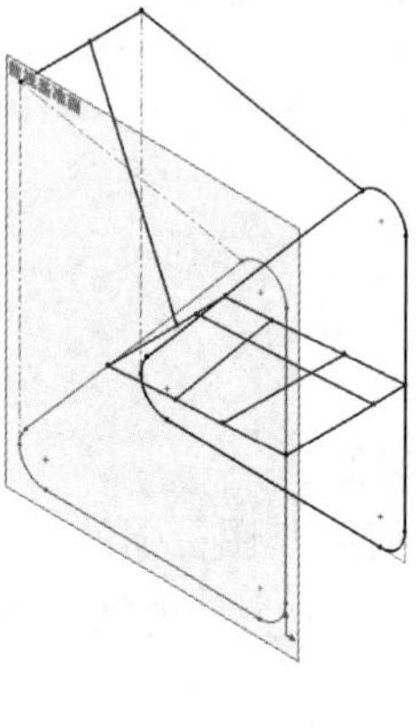

图 8-50

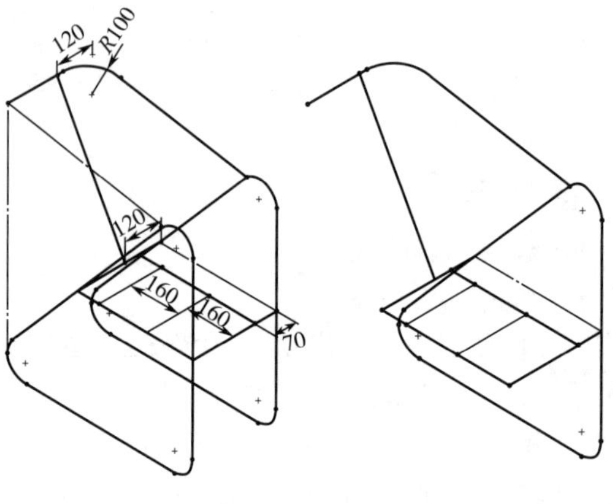

图 8-51

【步骤 5】结构构件。单击“焊件”工具栏中的“结构构件”，如图 8-52 所示。焊件的成型原理为单条钢管折弯而成，因此每组钢管的选取为单条管件，不能发生交叉。我们将椅架部分按照成型原理分为 6 组，按照分组依次选取。第 1 组选择弯曲的椅腿部分，如图 8-53 所示设置“组”［按顺序

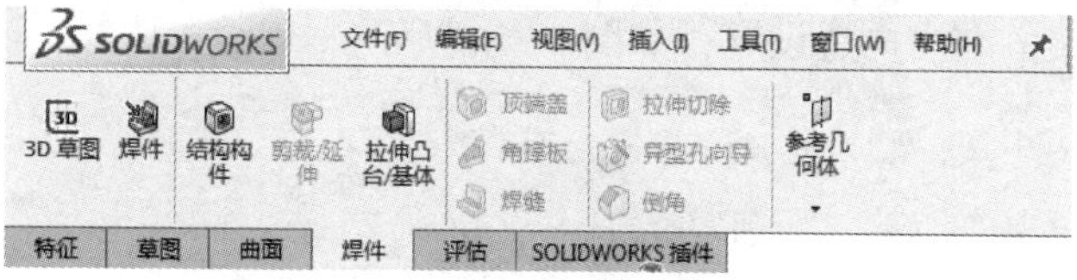

图 8-52

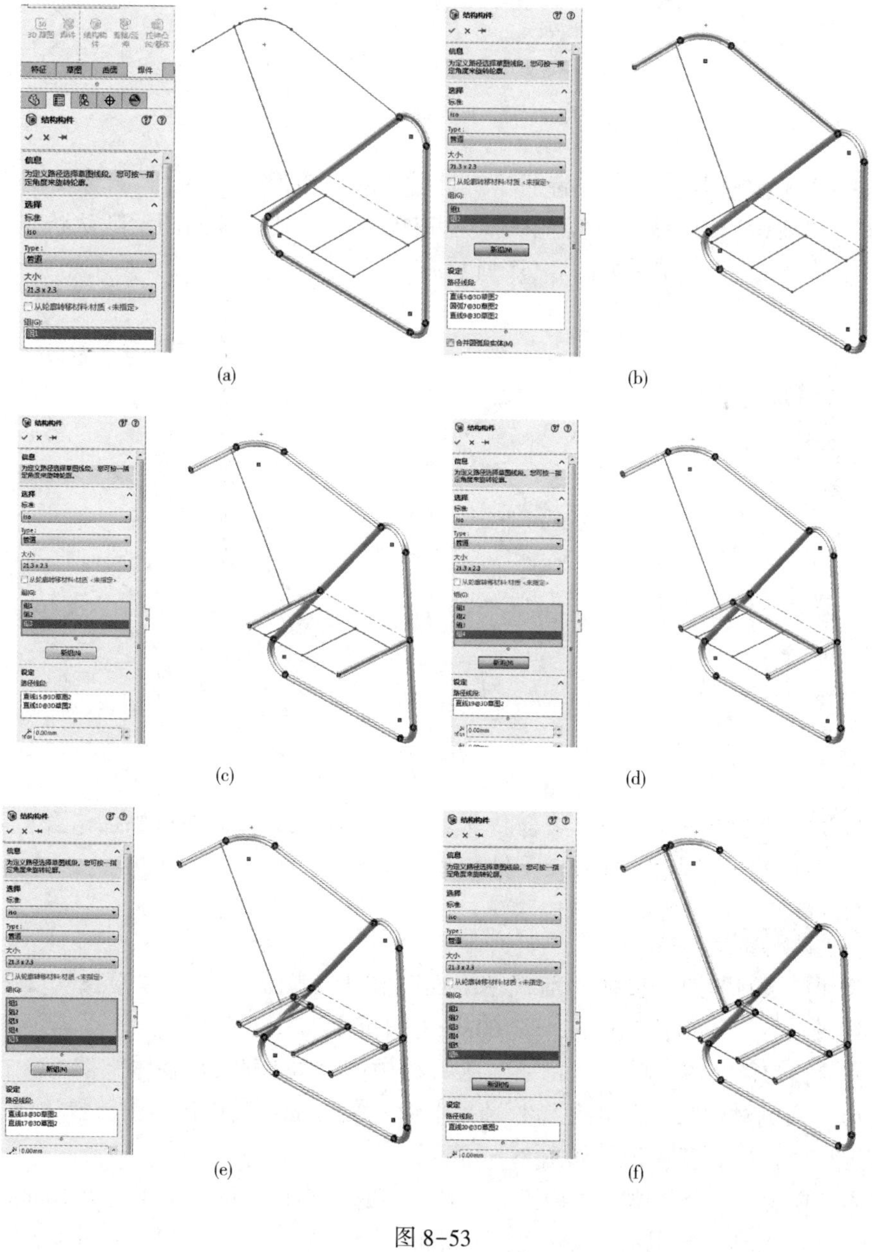

(a)　(b)　(c)　(d)　(e)　(f)

图 8-53

(a) - (f)]，选择出现系统提示中的“是”按钮，单击属性管理器中的“确定”，完成椅架的结构构建设置，如图 8-54 所示。

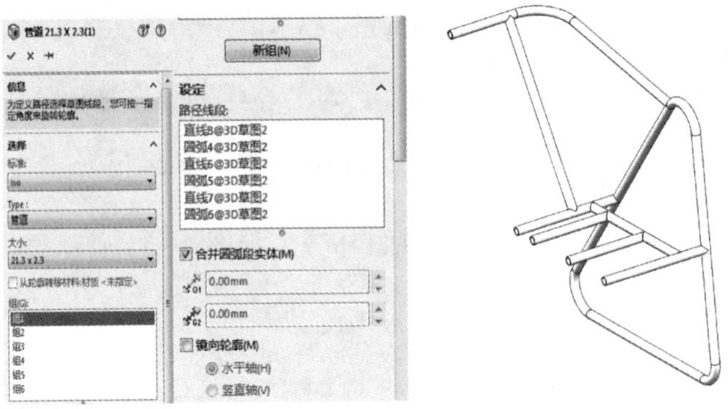

图 8-54

【步骤 6】镜像实体。单击“特征”工具栏中的“镜像”命令，“镜像面”选择“前视基准面”，“要镜像的特征”选项中选取所有的管道，其他按照图示默认状态，单击属性管理器中的“确定”，结果如图 8-55 所示。

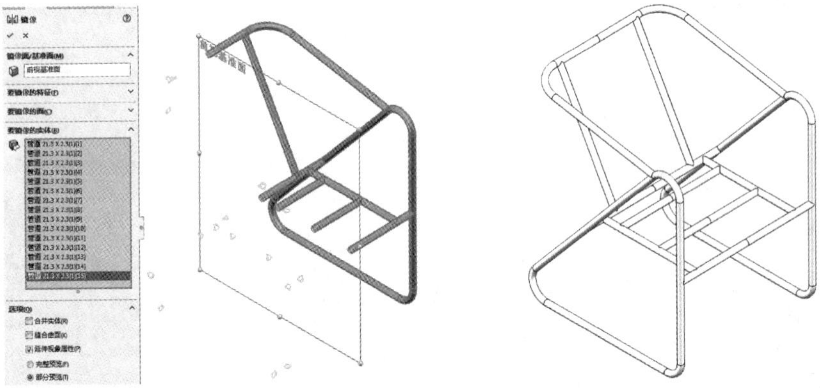

图 8-55

【步骤 7】组合特征。单击“组合”命令，选择所有的管道进行添加组合，形成一个整体，单击属性管理器中的“确定”，结果如图 8-56 所示。

坐垫建模操作步骤

【步骤 1】绘制草图。选择“前视基准面”作为绘图面，单击“草图”工具栏中的“矩形”绘图命令，绘制长 370mm、宽 60mm 的矩形，如图 8-57 所示。

【步骤 2】拉伸实体。单击“特征”工具栏中的“拉伸凸台/基体”图标，在“方向 1”下选择“两侧对称”，“等距距离”选项中输入 520mm，其他按照图示默认状态，单击属性管理器中的“确定”，结果如图 8-58 所示。

【步骤 3】圆角命令。单击“特征”工具栏中的“圆角”图标，半径为 10mm，选择坐垫的所有边线，其他按照图示默认状态，单击属性管理器中的“确定”，如图 8-59 所示。

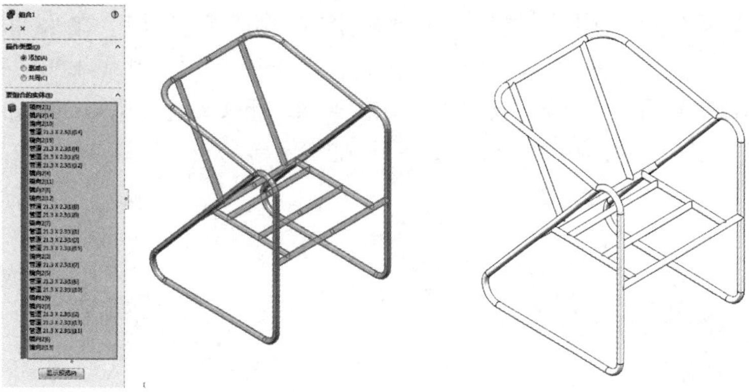

图 8-56

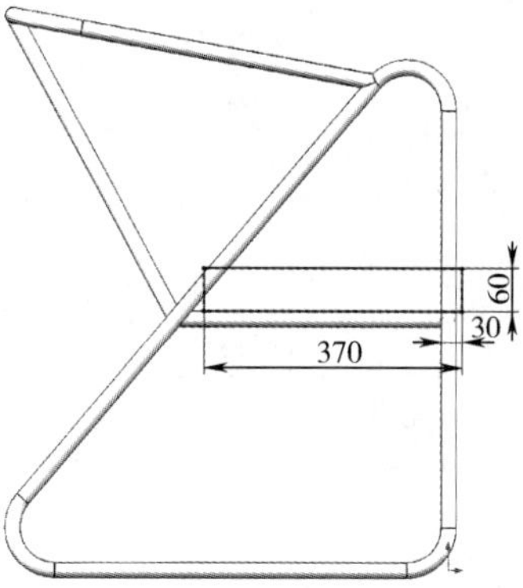

图 8-57

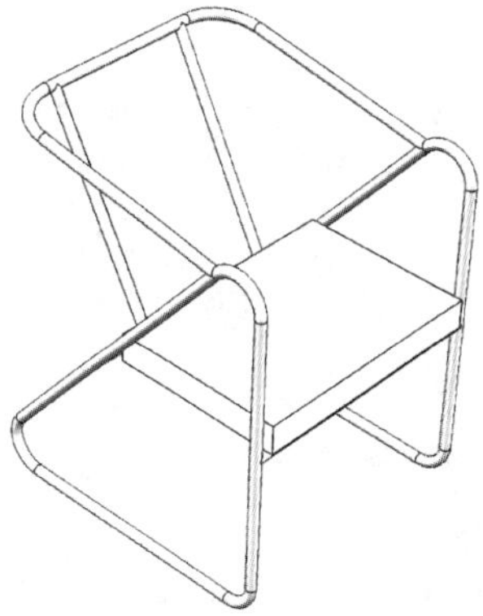

图 8-58

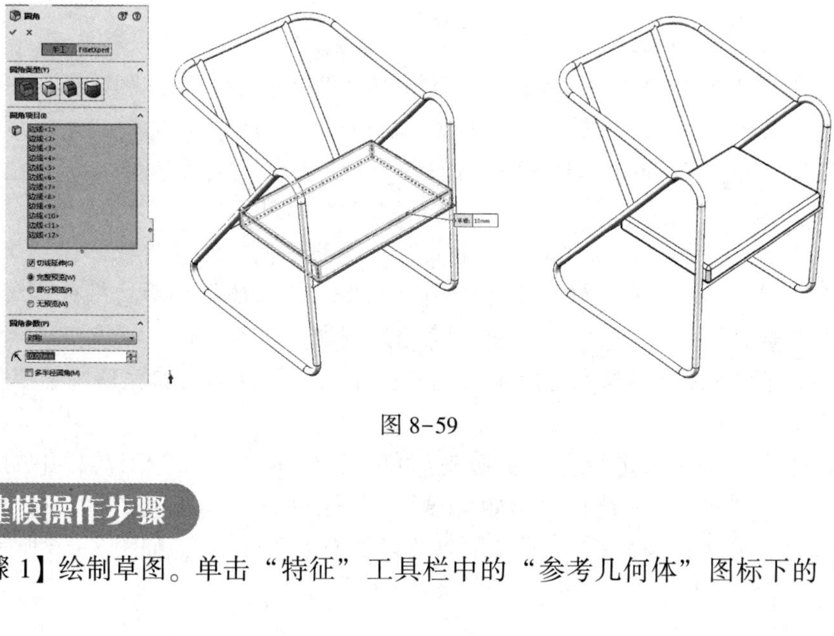

图 8-59

靠背建模操作步骤

【步骤 1】绘制草图。单击“特征”工具栏中的“参考几何体”图标下的“基准面”

命令，在“第一参考”中选择靠背竖直线条的上端点，在“第二参考”中选择端点所在的直线，其他为系统默认属性，然后单击“确定”，形成基准面 2，结果如图 8-60 所示。选择“基准面 2”作为绘图面，进入绘图状态，单击“草图”工具栏中的“转换实体”命令，将 3D 草图中的扶手边线进行转换，如图 8-61 所示。通过草图镜像命令，将转换的扶手边线镜像，形成完整的扶手边线，如图 8-62 所示。

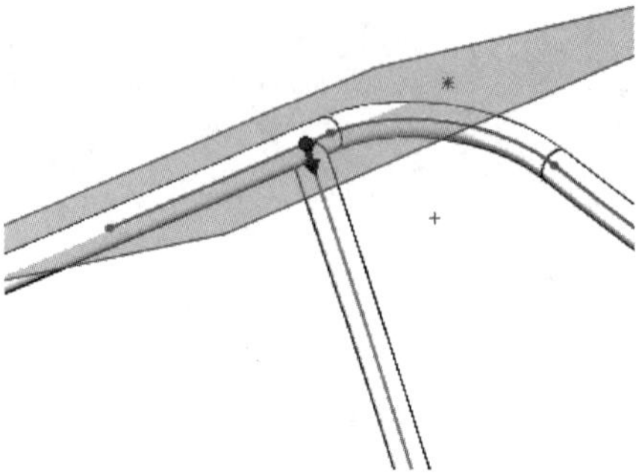

图 8-60

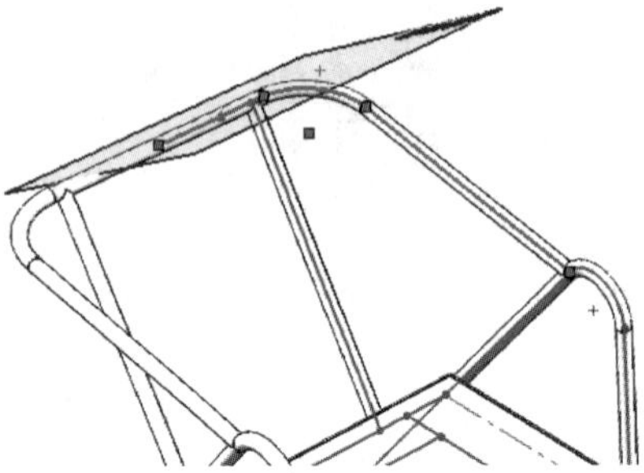

图 8-61

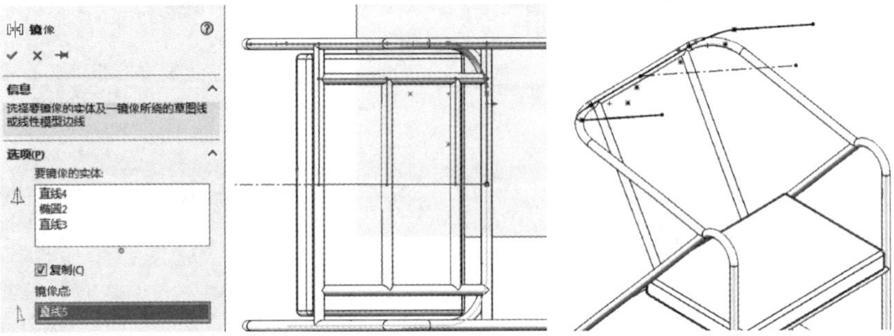

图 8-62

【步骤 2】拉伸薄壁。单击“特征”工具栏中的“拉伸凸台/基体”图标，在“方向 1”下选择“给定深度”，“等距距离”选项中输入 520mm，“方向 2”选择“给定深度”，“等距距离”选项中输入 200mm，薄壁特征选择“两侧对称”，“等距距离”选项中输入 21.3mm，单击属性管理器中的“确定”，结果如图 8-63 所示。

【步骤 3】绘制草图。选择“前视基准面”作为绘图面，然后将物体设置为线架图模式。单击“草图”工具中的“转换实体引用”命令，选择椅架扶手边框作为要转换的实体，然后用“修剪草图”“直线”“圆弧”命令绘制如图 8-64 所示草图轮廓。绘制轮廓时需要注意，下部圆弧线需要与靠背边缘线相交，才能使得背部切除完整，结果如图 8-65 所示。

【步骤 4】切除拉伸。选择上一步绘制的草图，单击“特征”工具栏中的“拉伸切除”图标，在“方向 1”下选择“给定深度”，“等距距离”选项中输入 680mm，点击“反侧切除”，点击拉伸薄壁实体，单击属性管理器中的“确定”，如图 8-66 所示。

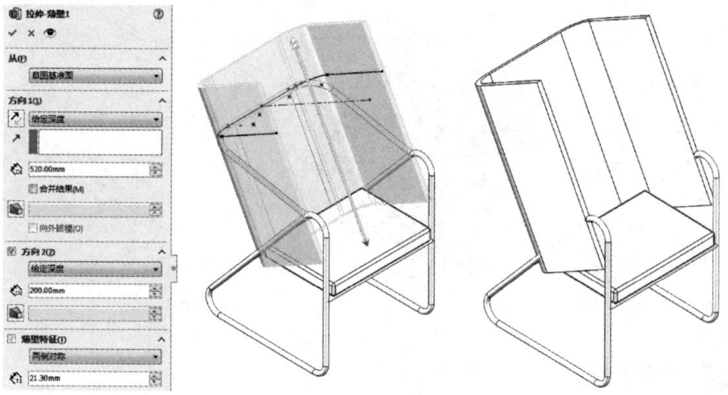

图 8-63

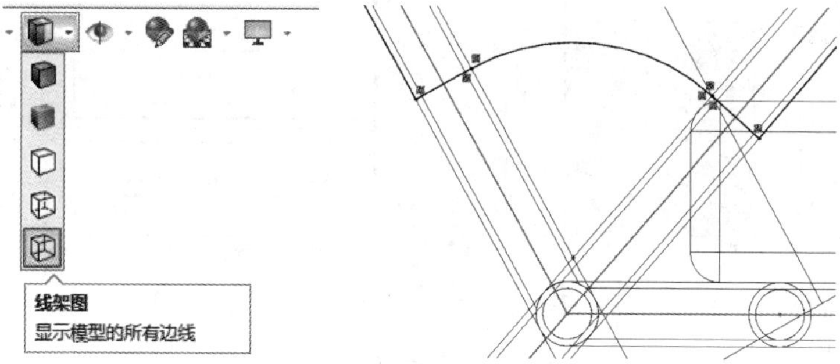

图 8-64

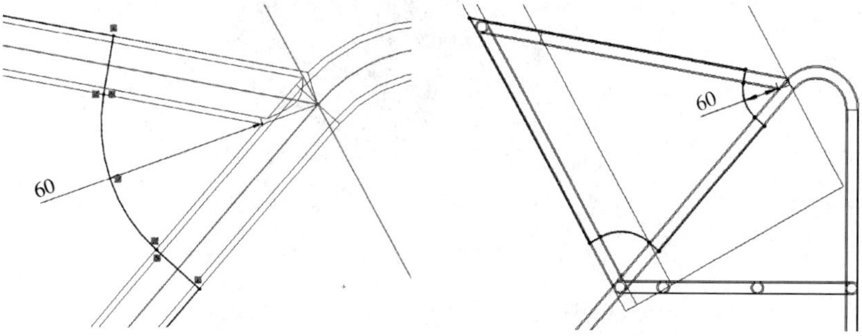

图 8-65

【步骤 5】凸台拉伸。选择靠背的正面作为绘图面，进行草图绘制，使用草图工具栏中的“矩形”绘图命令，沿着靠背下端边线及椅架上端边线绘制一个矩形草图，如图 8-67 所示。单击“特征”工具栏中的“拉伸凸台/基体”图标，在“方向”参数栏中选择“成形到一面”，“成形平面”选择靠背后面平面，并在“合并结果”前面打√，“特征范围”中在“所选实体”前面打√，实体选择靠背，单击属性管理器中的“确定”，结果如图 8-68 所示。

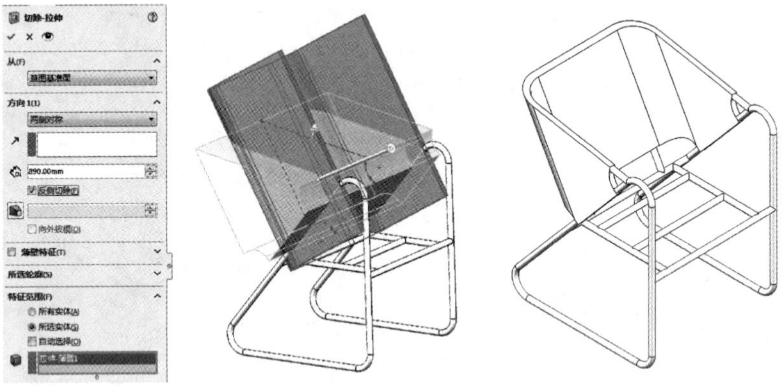

图 8-66

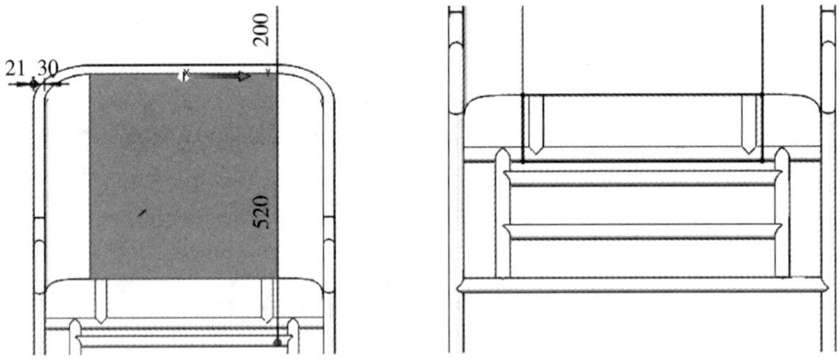

图 8-67

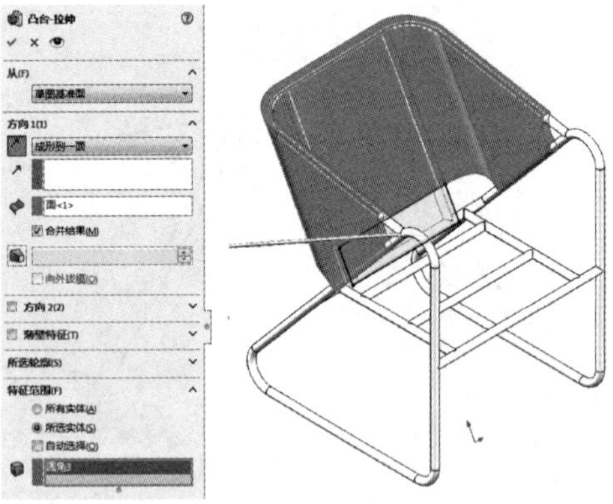

图 8-68

【步骤 6】圆角命令。单击“特征”工具栏中的“圆角”图标，在圆角类型中选择“完整圆角”，在“圆角项目”选项中，分别选择椅背的正侧边、上边缘、后侧边为边侧面组 1、中央面组、边侧面组 2，其他按照图示默认状态，单击属性管理器中的“确定”，如图 8-69 所示。再次选择“圆角”特征命令，在圆角类型中选择“完整圆角”，在“圆角项目”选项中，选择椅背的正侧面、下边缘面、后侧面为边侧面组 1、中央面组、边侧面组 2，其他按照图示默认状态，单击属性管理器中的“确定”，如图 8-70 所示。

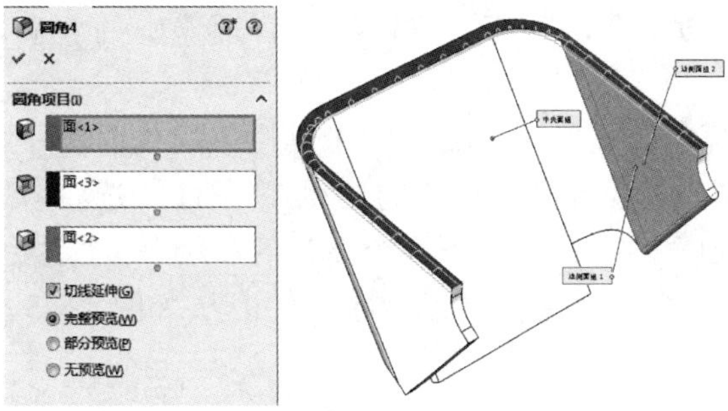

图 8-69

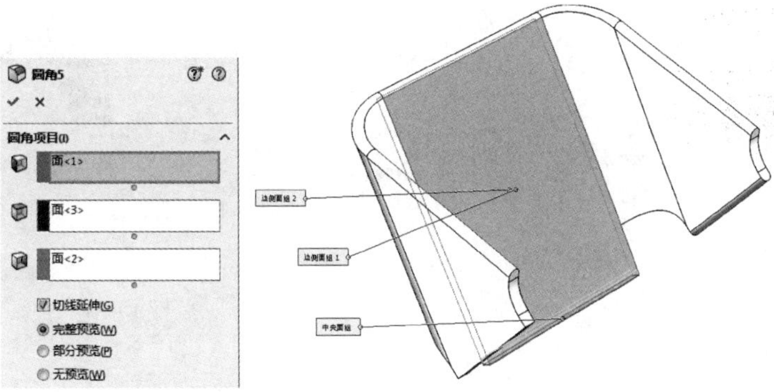

图 8-70

【步骤 7】切除拉伸。选择“上视基准面”作为绘制面，进行草图绘制。选择“矩形”绘图命令，绘制一个从中心点出发的矩形，矩形尺寸大于椅子俯视尺寸。单击“特征”工具栏中的“拉伸切除”图标，在“方向 1”下选择“给定深度”，“等距距离”选项中输入 890mm，特征范围选择靠背，切除对称的一半靠背，单击属性管理器中的“确定”，如图 8-71 所示。

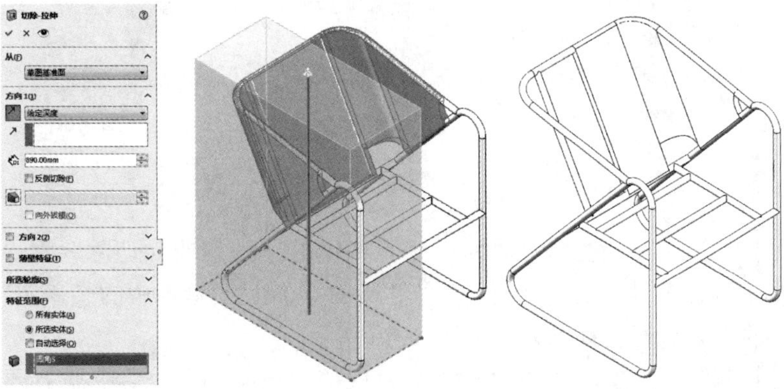

图 8-71

【步骤 8】圆角特征。单击“特征”工具栏中的“圆角”图标，选择边线，圆角参数半径 85mm，其他按照图示默认状态，单击属性管理器中的“确定”，结果如图 8-72 所示。

【步骤 9】曲面放样特征。选择“曲面”工具栏中的“曲面-放样”特征命令，选择圆角左右两边的边线作为放样轮廓，在“起始/结束条件”选项中选择“与面相切”，并且调整“起始处相切长度”为 2.5，“下一个面”的参数中，“起始处相切长度”为 2.5，其他按照图示默认状态，单击属性管理器中的“确定”，如图 8-73 所示。

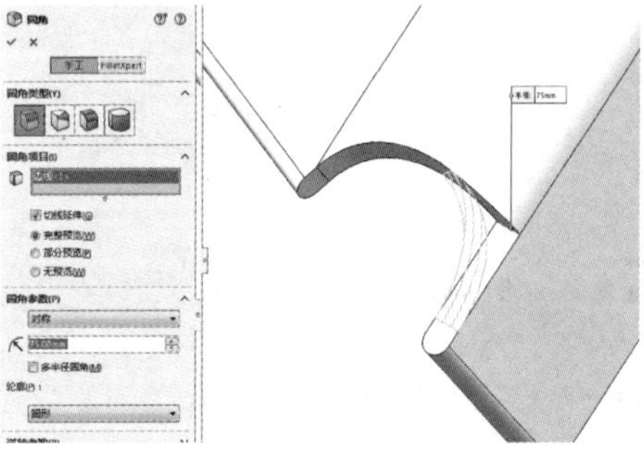
图 8-72

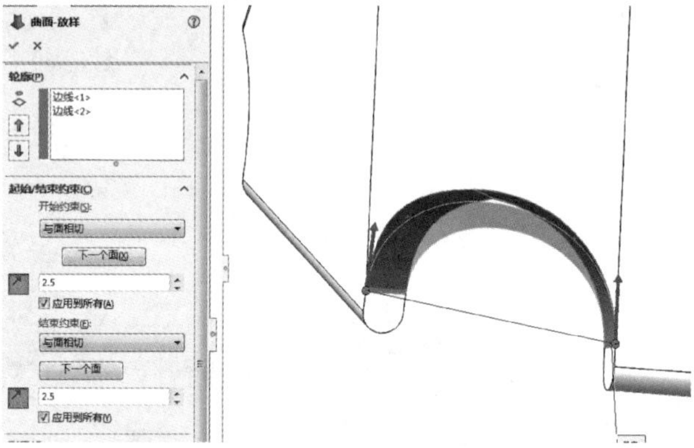

图 8-73

【步骤 10】延伸曲面。单击“曲面”工具栏中的“延伸曲面”图标，在“拉伸的边线/面”参数栏中选择上一步放样曲面的边线，“终止条件”选择“距离”，距离为 32mm，单击属性管理器中的“确定”，结果如图 8-74 所示。

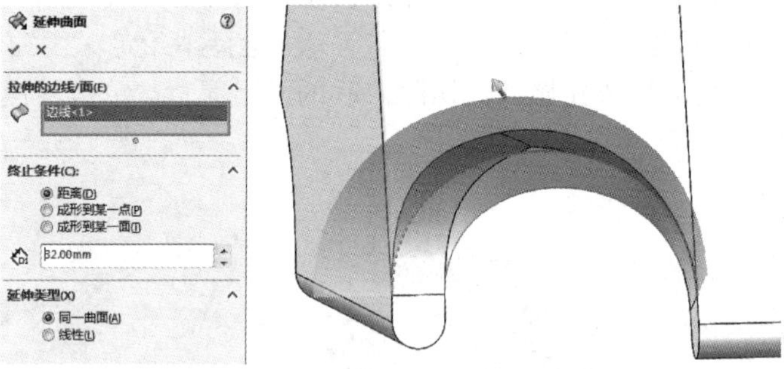

图 8-74

【步骤 11】曲面切除。选择“曲面”工具栏中的“使用曲面切除”命令，曲面切除参数选择“曲面延伸”，特征范围选择“圆角”，单击属性管理器中的“确定”，将“使用曲面切除”特征曲面隐藏，切除效果如图 8-75 所示。

【步骤 12】删除面。单击“曲面”工具栏中的“删除面”命令，选择不完整的两块小面为需要删除的面，单击属性管理器中的“确定”，结果如图 8-76 所示，形成完整圆角效果。

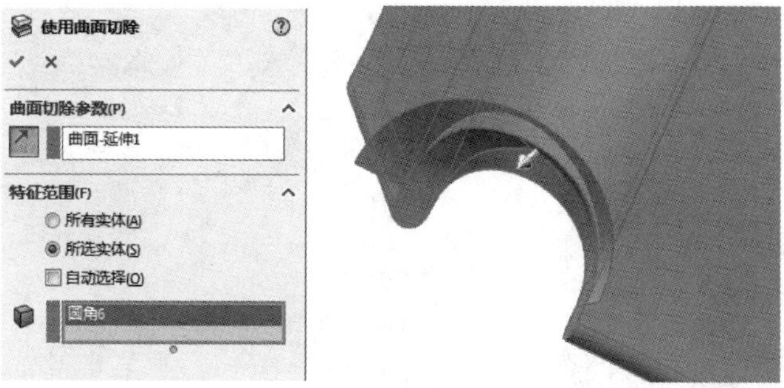

图 8-75

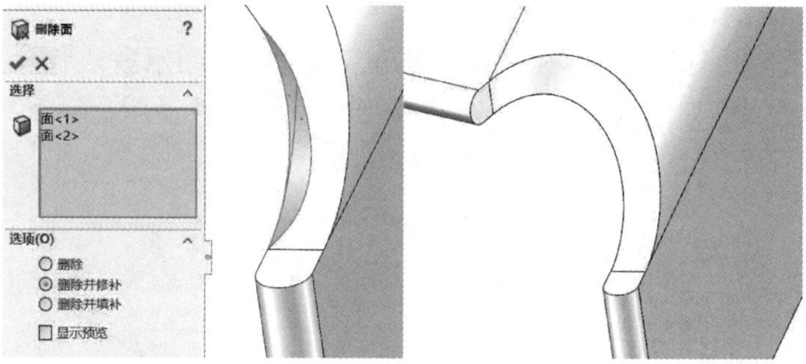

图 8-76

【步骤 13】抽壳。单击“特征”工具栏中的“抽壳”图标，参数厚度为 3mm，点击所要抽壳的面，在“壳厚朝外”选项前打√，单击属性管理器中的“确定”，结果如图 8-77 所示。

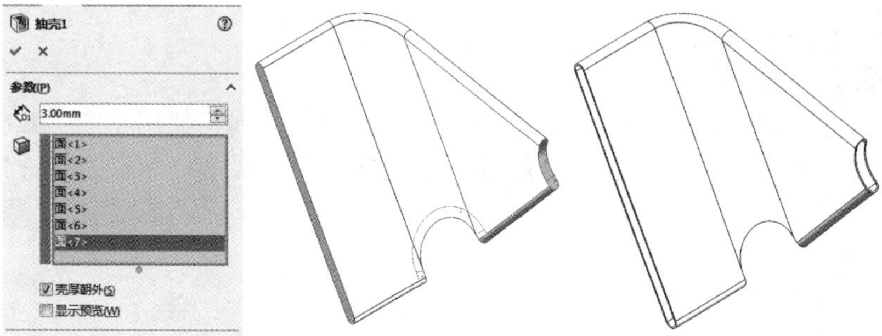

图 8-77

【步骤 14】圆角。单击“特征”工具栏中的“圆角”图标，在“圆角类型”中选择“完整圆角”，选择需要圆角的面，其他按照图示默认状态，单击属性管理器中的“确定”，完成椅子端口的完整圆角设置。同理，再次对椅子下面的端口位置进行一次完整圆角设置，如图 8-78 所示。

【步骤 15】镜像特征。单击“特征”工具栏中的“镜像”命令，“镜像面”选择“前

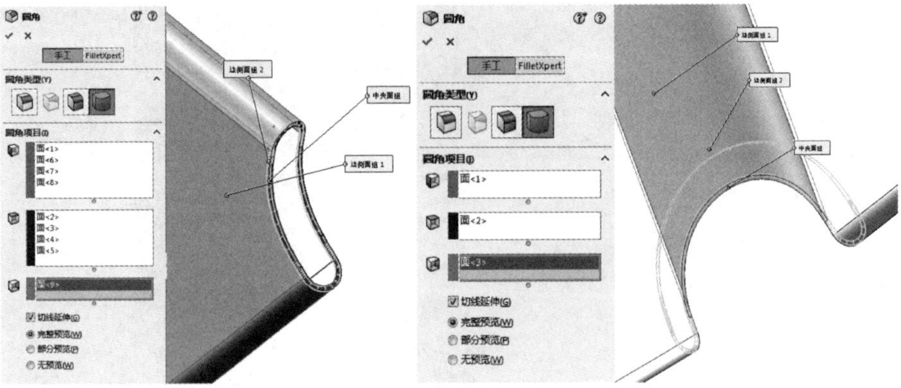

图 8-78

视基准面”，“要镜像的实体”选项中选取圆角，其他按照图示默认状态，单击属性管理器中的“确定”，结果如图 8-79 所示。将椅架、座面部件显示，钢管椅主体部分基本完成。

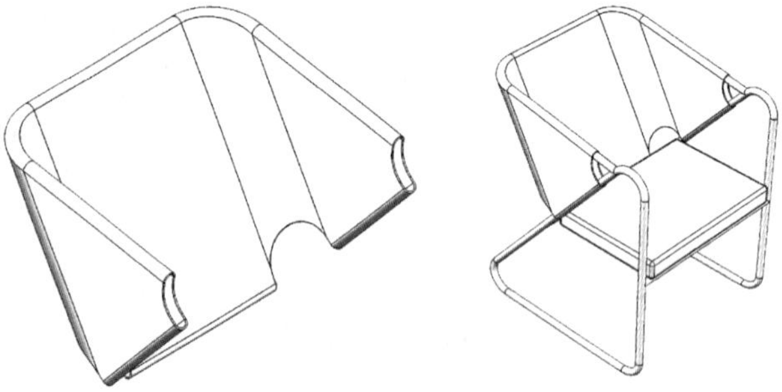

图 8-79

脚垫建模操作步骤

【步骤 1】绘制草图。选择“前视图基准面”作为绘图面，使用草图工具栏中的“矩形”绘图命令，绘制两个长 70mm、宽 20 mm、距离中心线 200 mm 的对称矩形，如图 8-80 所示。

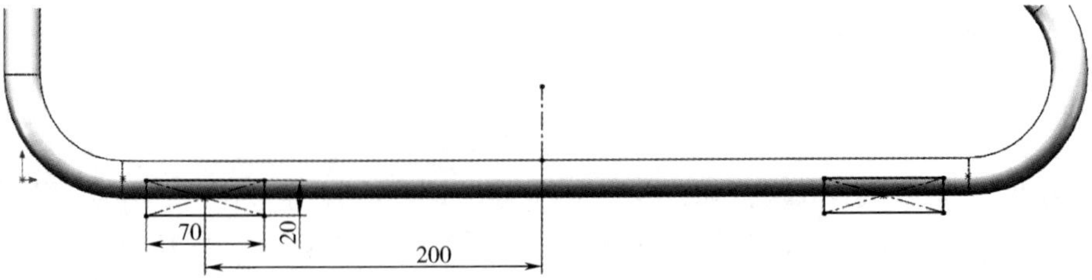

图 8-80

【步骤 2】拉伸特征。单击“特征”工具栏中的“拉伸凸台/基体”图标，在“方向”参数栏中选择“成形到一面”，“成形平面”选择靠背后面平面，并在“合并结果”前面打√，“特征范围”中在“所选实体”前面打√，实体选择靠背，单击属性管理器中的“确定”，结果如图 8-81 所示。

【步骤 3】圆角特征。单击“特征”工具栏中的“圆角”图标，在“圆角类型”中选择“恒定大小圆角”，在“圆角项目”中选择“长方体所有边线”，在“圆角参数”中选择“对称”，半径为 2mm，其他按照图示默认状态，单击属性管理器中的“确定”，完成椅子脚垫的完整圆角设置，如图 8-82 所示。

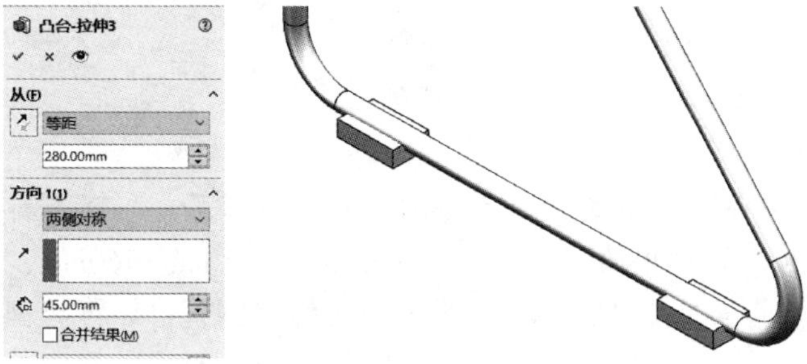

图 8-81

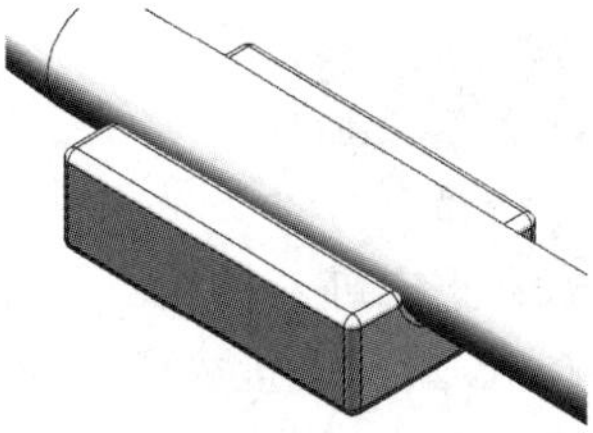

图 8-82

【步骤 4】镜像特征。单击“特征”工具栏中的“镜像”命令，“镜像面”选择“前视基准面”，“要镜像的实体”选项中选取“脚垫”，其他按照图示默认状态，单击属性管理器中的“确定”，结果如图 8-83 所示。

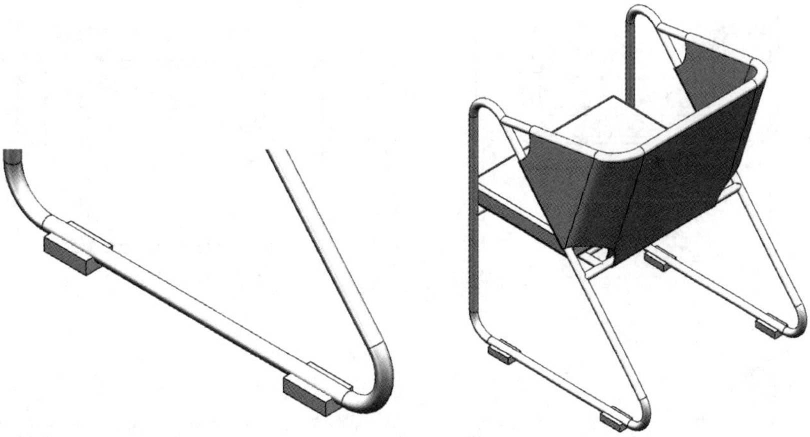

图 8-83

三、案例拓展

通过任务钢管椅建模实践，我们了解了一般钢管材质的椅子制作。请思考如何创建如图 8-84 所示的瓦西里椅。

图 8-84

任务分析

1925 年，布劳耶设计的“瓦西里椅”被称为是具有划时代意义的作品——标志着钢管家具正式进入现代主义设计的行列。瓦西里椅，整体尺寸 790 mm×730 mm×760mm，如图 8-85 所示。最大座高为 450mm。骨架采用镀镍钢管，后来改为镀铬钢管；靠背与座面采用皮革、帆布材料。

本任务拓展包含两个内容：瓦西里椅的钢管端口需要封闭；皮质材质的表达，需要把皮革包裹钢管的结构展示出来。

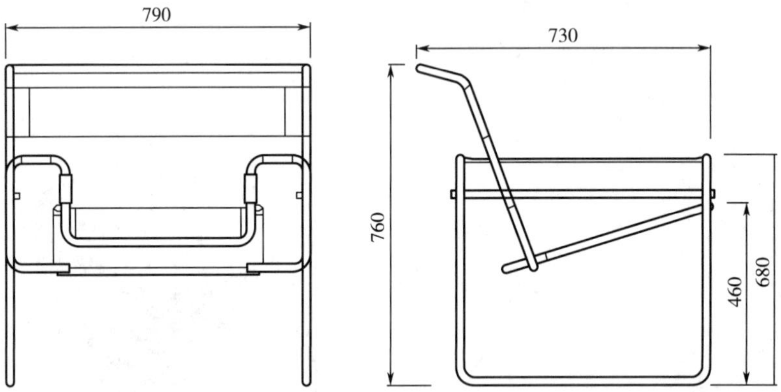

图 8-85

操作步骤

【步骤 1】椅架。使用 3D 草图绘制椅子的草图轮廓线，然后使用“焊件”中的“结构构建”使轮廓线变成钢管结构，如图 8-86 所示。

【步骤 2】镜像实体。将支架镜像，使其形成一个完整的座椅形态，然后用“组合”特征命令，使中间的支架合并成 1 段，如图 8-87 所示。

【步骤 3】顶端盖。支架形成的端口是开放式的，选择“焊件”工具栏下“顶端盖”特征命令，使整个椅子支架开环结构端面生成端盖，如图 8-88 所示。

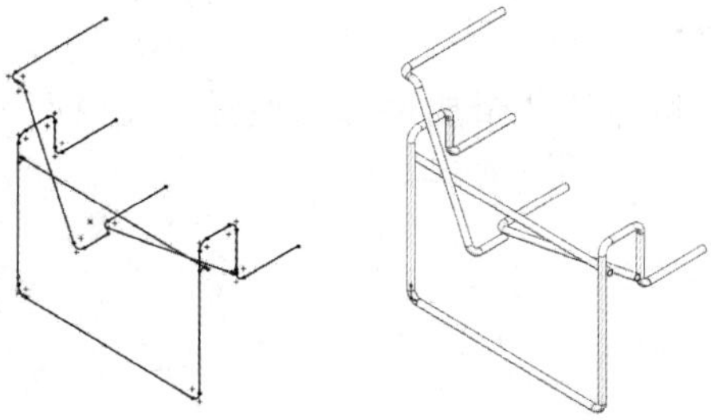

图 8-86

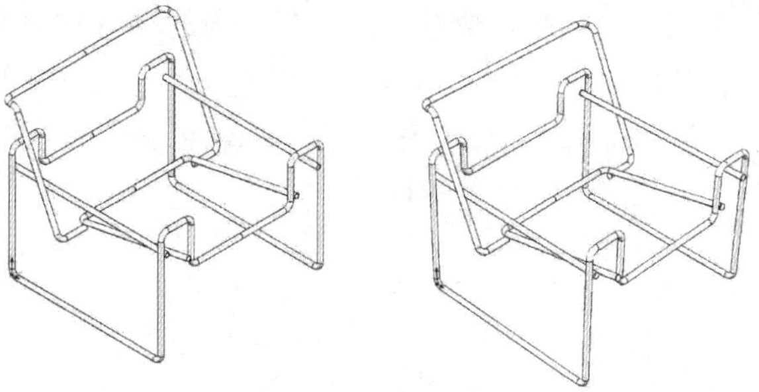

图 8-87

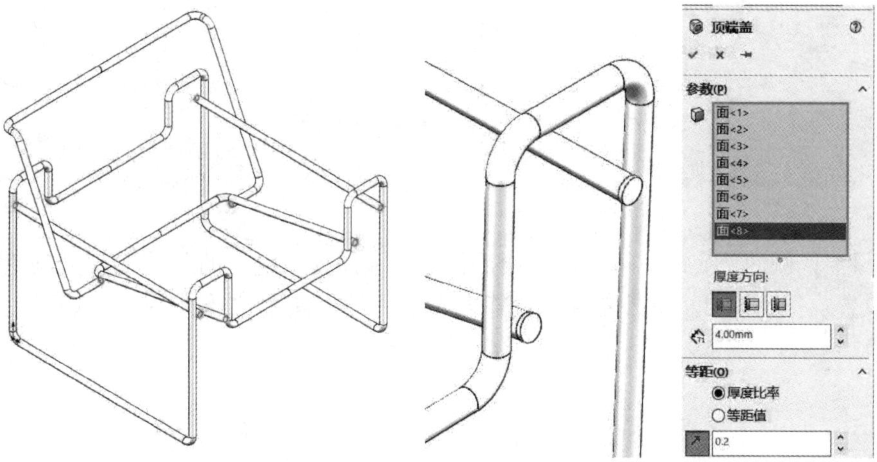

图 8-88

【步骤 4】左扶手。在扶手中间位置创建基准面，在此基准面上绘制 1 个草图，进行“拉伸实体”特征命令，注意草图绘制时两端的圆形要与圆管中心同圆心，并且以中线对称，如图 8-89 所示。

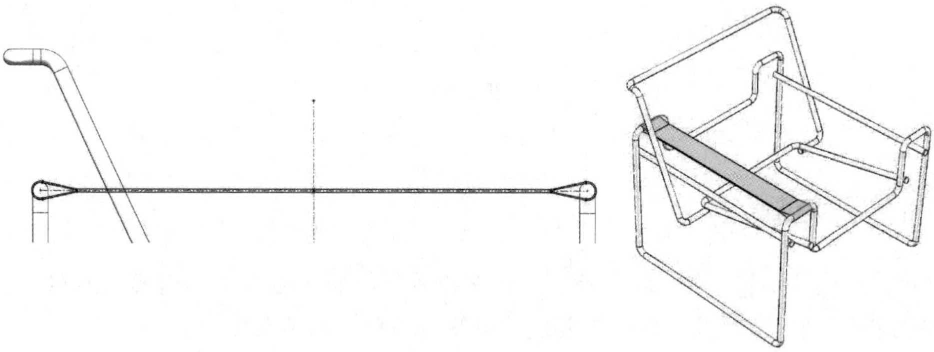

图 8-89

【步骤 5】侧面扶手皮革。创建新的基准面 2，将皮革侧面草图进行复制并粘贴至新的基准面上，调整好位置，让其与竖向的钢管外轮廓同圆心，然后进行“拉伸特征”命令即可，如图 8-90 所示。

【步骤 6】右侧扶手。选择“镜像”特征，将刚建好的两个扶手部分镜像，完成两侧扶手的建模，如图 8-91 所示。

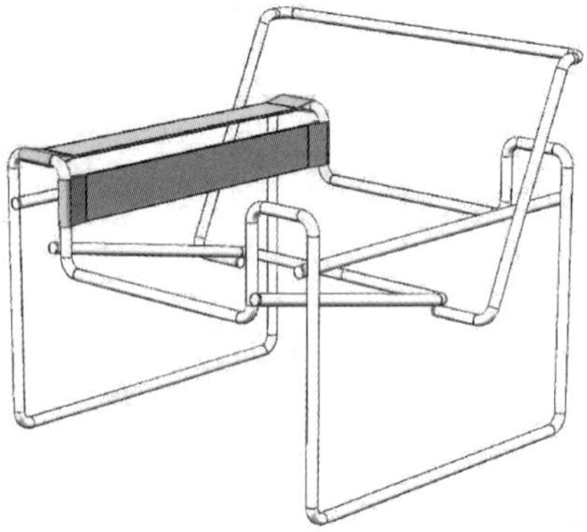

图 8-90

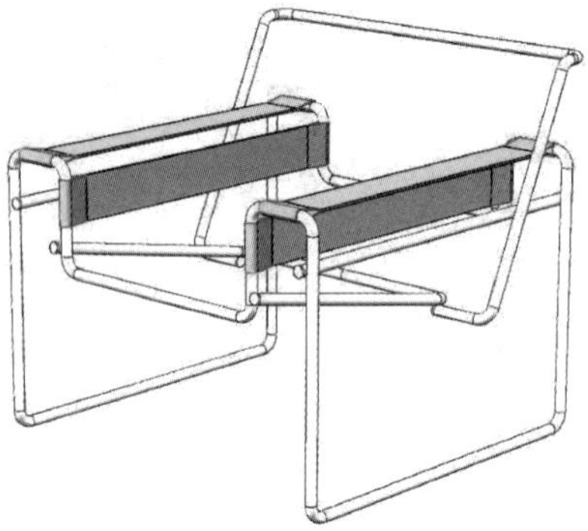

图 8-91

【步骤 7】侧面及底座皮革。同前面操作一致，需要创建新的基准面，复制轮廓草图，调整好位置，保证端口皮革外轮廓与钢管外轮廓一致，使用“拉伸特征”即可完成建模，如图 8-92 所示。

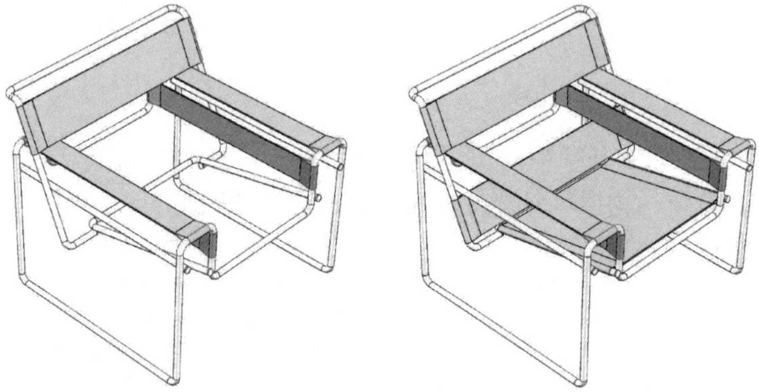

图 8-92

课后延伸

通过以上两款钢管椅的建模实践，了解了钢管材料的建模方法和步骤。现在，请思考创建如图 8-93 所示木质椅子模型需要使用哪些特征命令和步骤。

一般木质椅子的建模比较简单，常用拉伸、拉伸切除特征命令做椅面和扶手，用旋转特征、放样特征、扫描特征做椅腿、靠背等。由本案例可见，我们先用放样特征创建椅

图 8-93

腿，使其形成上细下粗有变化的腿型；然后用拉伸特征制作扶手和座面；用拉伸、拉伸切除特征命令制作靠背。具体思考可以参考图 8-94。

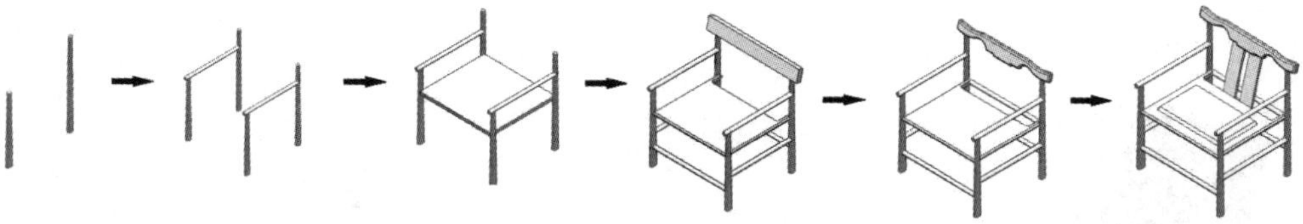

图 8-94

由建模步骤可见，木质椅子的制作使用特征命令简单，但建模讲究活学活用，比如靠背的曲线实现，这里就巧妙地用拉伸、拉伸切除相结合来实现的，如图 8-95 所示。我们还可以用分割线、包覆命令等来做浮雕、蚀雕或线刻效果，增加产品文化韵味。

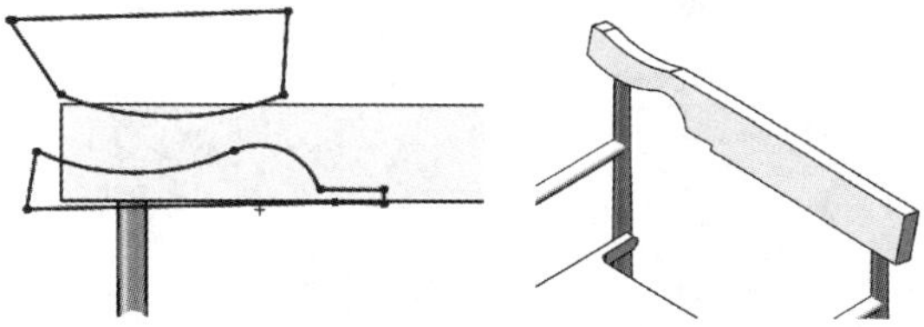

图 8-95

图 8-96 至图 8-98 为学生作品，可扫描二维码下载作品源文件。图 8-99 至图 8-100 为办公椅造型及对应制作视频。

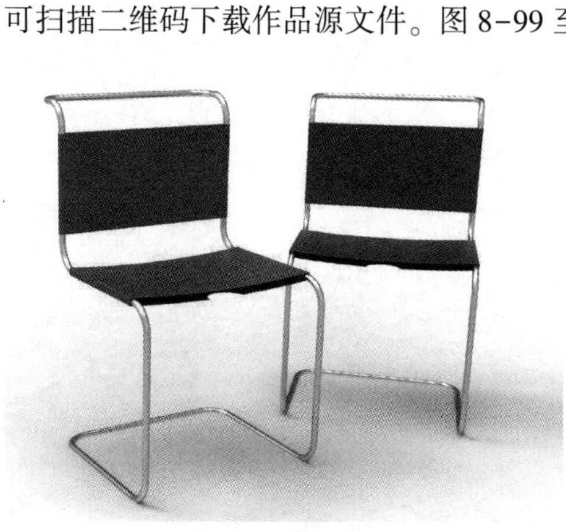

图 8-96

图 8-97

图 8-98

图 8-99

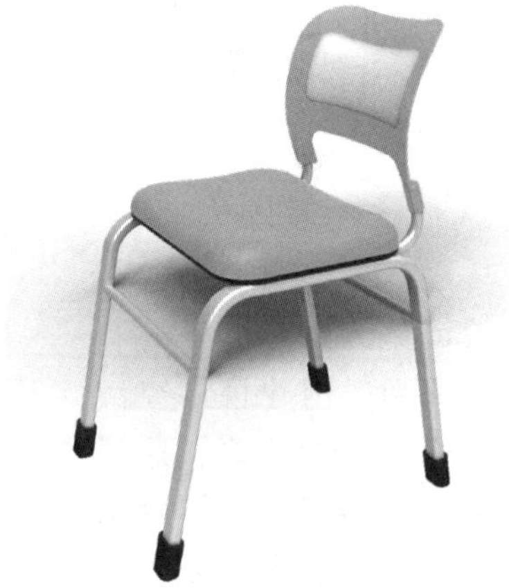

图 8-100

第九章　综合类产品设计案例

第一节　儿童滑板车

儿童滑板车是时下一种时尚的运动休闲工具，深受广大儿童的喜爱。它适合 3~5 岁左右的孩子玩耍，速度可达 20km/h。儿童常骑滑板车可锻炼身体的灵活性，提高反应速度，增加运动量，加强机体抵抗能力。儿童滑板车在国内主要有两种类型：两轮和三轮儿童滑板车。图 9-1 所示为目前市面上比较流行的儿童滑板车款式。

图 9-1

一、案例简介

本案例一个两轮滑板车，如图 9-2 所示。建模时先按照图 9-3 所示产品结构图创建各个部位的零件，然后将各零件进行组装，完成产品整体效果。各个部件分解时使用的命令基本为实体建模命令和曲面建模命令，案例中特别增加钣金特征命令，如“法兰”“绘制的折弯”等来创建零件，增加了产品建模与实际生产的链接。

图 9-2

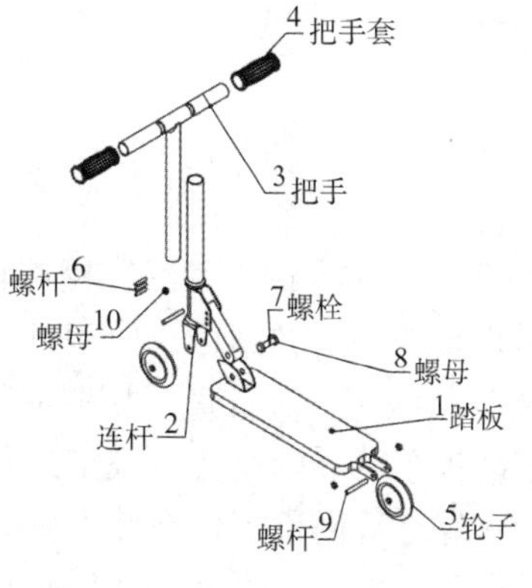

图 9-3

本案例采用自下而上设计方法，即完成各零件再到装配，故依据把手、把手套、踏板、轮子、螺母、螺栓、螺杆等零件建模逐一分析。

（1）踏板。新建零件文件后，用拉伸、圆角、简单直孔、基体法兰、绘制的折弯、拉伸切除等命令完成滑板车滑板部分的制作，成型过程如图 9-4 所示。

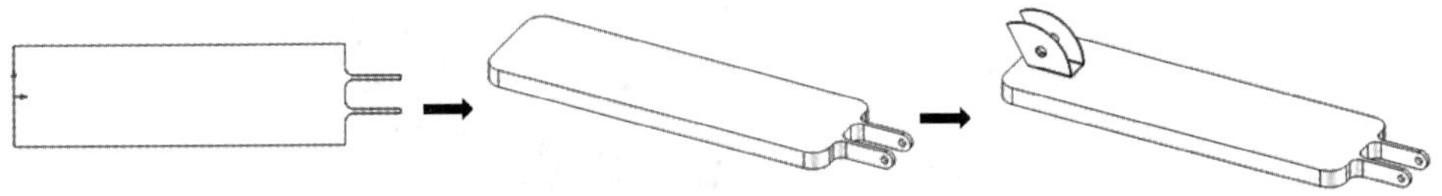

图 9-4

（2）连杆。新建零件文件后，用曲面旋转、加厚、旋转、拉伸基体、基体法兰、拉伸切除、绘制的折弯、倒角、线性阵列等完成滑板车连杆的制作，成型过程如图 9-5 所示。

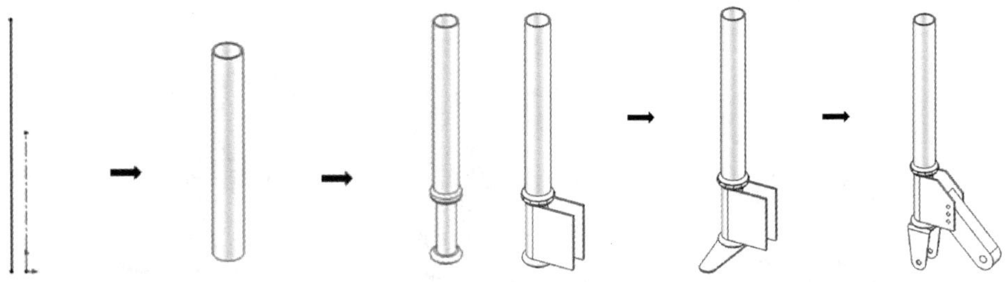

图 9-5

（3）把手。新建零件文件后，用曲面旋转、曲面拉伸、曲面裁剪、加厚、圆角等命令绘制滑板车把手，成型过程如图 9-6 所示。

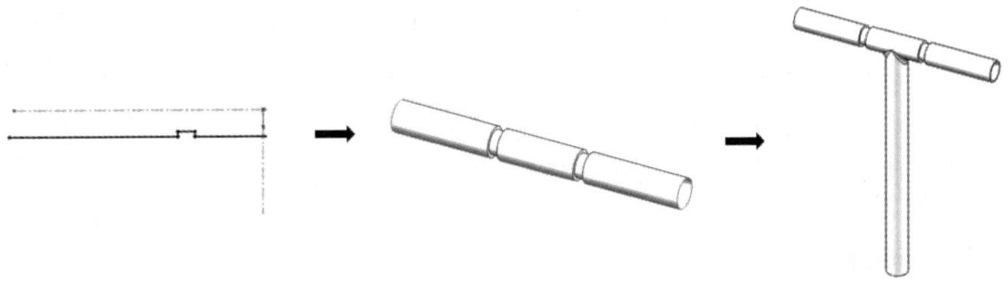

图 9-6

（4）把手套。新建零件文件后，用旋转、倒角、圆角、拉伸切除、基准轴、圆周阵列等命令完成滑板车把手套的制作，成型过程如图 9-7 所示。

（5）轮子。新建零件文件后，用曲面旋转、加厚、曲面扫描、曲面切除、基准轴、镜像等命令完成滑板车轮子的制作，成型过程如图 9-8 所示。

其他螺栓、螺杆等简单零件在此不做分析，后续建模时有详细尺寸及步骤参考。所有零件完成后需保存在同一文件夹，然后新建装配体文件，将以上零件进行组装，完成整个模型制作。具体装配及实现的流程如图 9-9 所示。

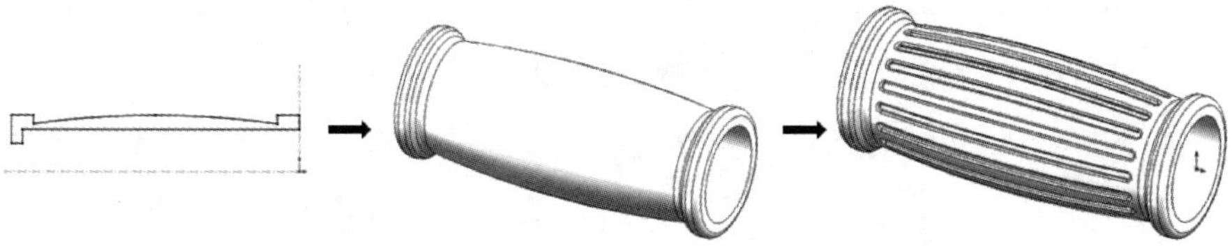

图 9-7

图 9-8

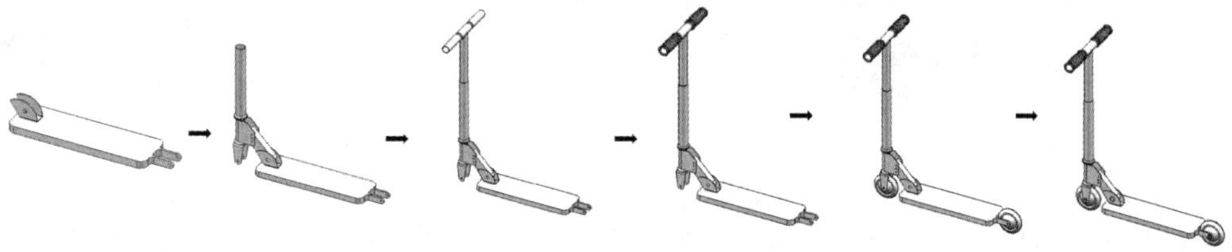

图 9-9

二、案例实操

踏板建模操作步骤

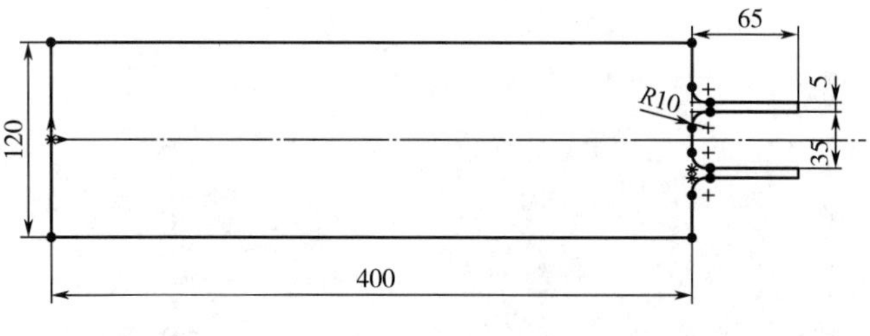

图 9-10

【步骤 1】拉伸实体。选择“上视基准面”作为绘图面，单击“草图”工具栏中的“中心线”“矩形”“添加几何关系”“直线”“剪裁实体”“绘制圆角”“镜像实体”命令，绘制如图 9-10 所示轮廓。单击“特征”工具栏中的“拉伸凸台/基体”图标，在“方向 1”下选项“终止条件”中选择“给定深度”，“等距距离”选项中输入 20mm，其他按照图示默认状态，单击属性管理器中的“确定”，如图 9-11 所示。

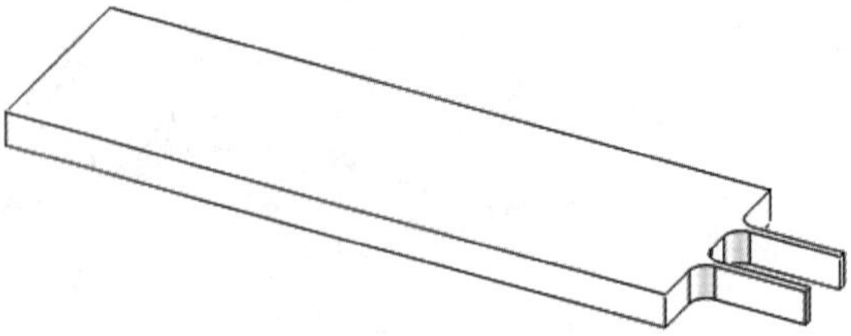

图 9-11

【步骤 2】圆角命令。单击“特征”工具栏中的“圆角”图标，选择 4 个边线进行圆角，“圆角项目”中半径为 20mm，如图 9-12 所示，其他按照图示默认状态，单击属性管理器中的“确定”。单击“特征”工具栏中的“圆角”图标，选择连接边线进行圆角，“圆角项目”中半径为 10mm，如图 9-13 所示，其他按照图示默认状态，单击属性管理器中的“确定”。

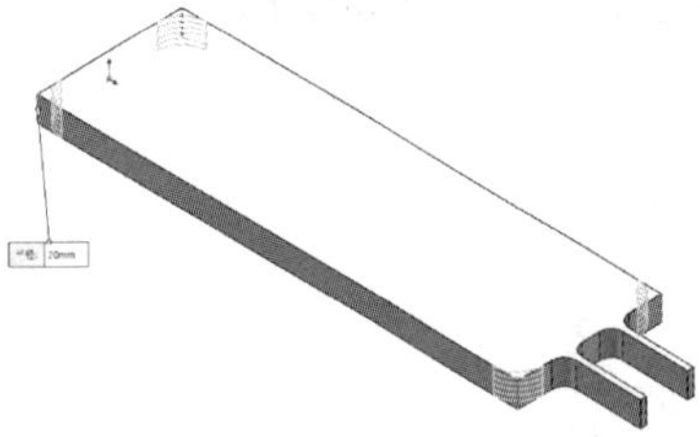

图 9-12

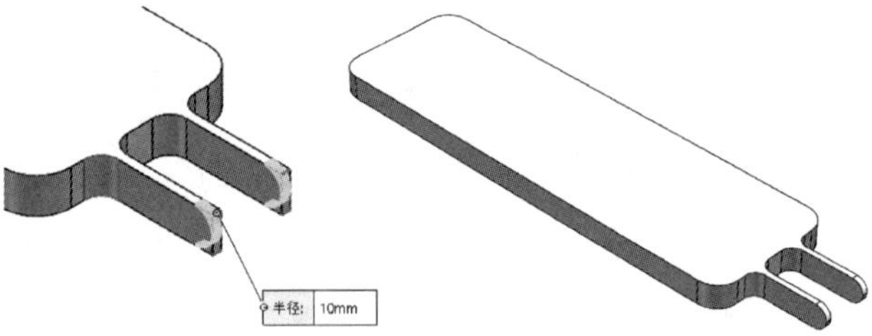

图 9-13

【步骤 3】简单直孔命令。单击“特征”工具栏上的“简单直孔”，或单击菜单栏下“插入”→特征→孔→简单直孔命令，单击如图 9-14 所示的面；在“方向 1”下选项“终止条件”中选择“完全贯穿”，“孔直径 ”选项中输入 8mm，其他按照图示默认状态，单击属性管理器中的“确定”，如图 9-15 所示。在左侧的 Feature Manager 设计树中，单击展开孔特征，显示出简单直孔生成的草图，单击“草图”工具栏中的“草图绘制”命令对草图进行编辑，定义“圆心”与“圆弧边线圆心”之间具备“重合”关系，退出草图，结果如图 9-16 所示。

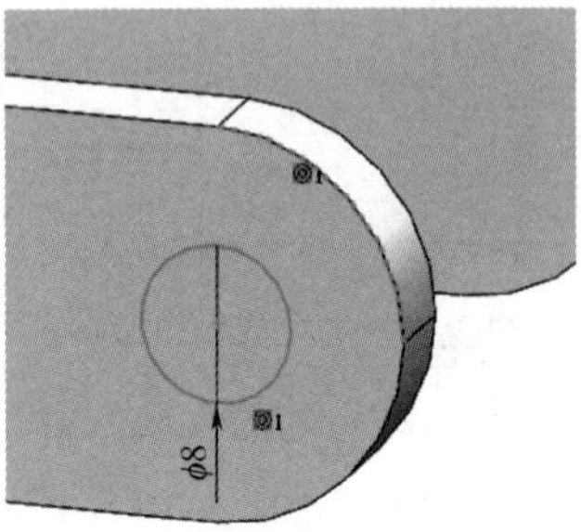

图 9-14

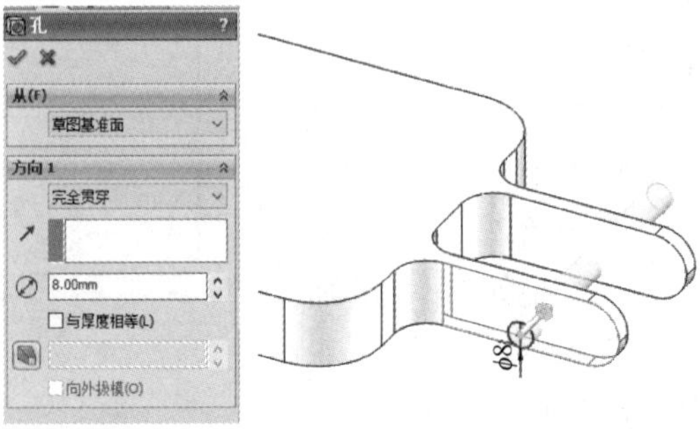

图 9-15

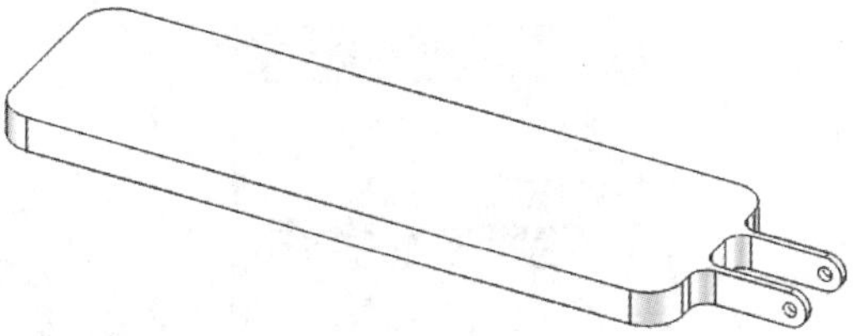

图 9-16

【步骤 4】基体法兰。选择“滑板顶面”作为绘图面，单击“草图”工具栏中的“中心线”“矩形”“剪裁实体”“圆心/起/终点画弧”命令，绘制具有尺寸的轮廓线，如图 9-17 所示。单击“钣金”工具栏上的基体-法兰/薄片，或单击插入→钣金→基体法兰。在钣金参数中的选项“厚度”设定为 2mm，并选择“反向”，其他按照图示默认状态，单击属性管理器中的“确定”，如图 9-18 所示。

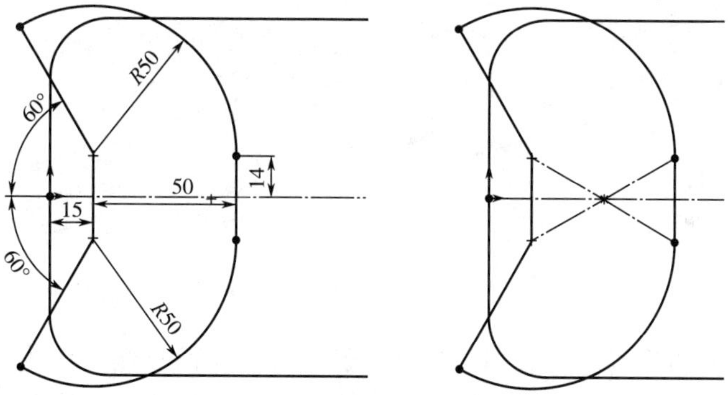

图 9-17

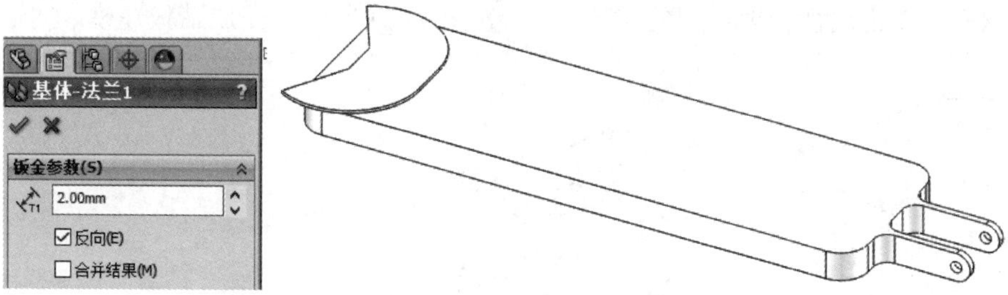

图 9-18

【步骤 5】绘制的折弯命令。选择“基体-法兰 1”顶面作为绘图面，单击“草图”工具栏中的“直线”命令，绘制两条沿着水平方向的轮廓线，如图 9-19 所示。单击“钣金”工具栏上的“绘制的折弯”，或者单击菜单栏中插入→钣金→绘制的折弯命令进入命令界面。在“固定面”选择上一步草图中两条直线之间的面，单击折弯中心线 ，“折弯角度”设定为 90°，在使用默认半径前打√，如图 9-20 所示，其他按照图示默认状态，单击属性管理器中的“确定”，最终结果如图 9-21 所示。

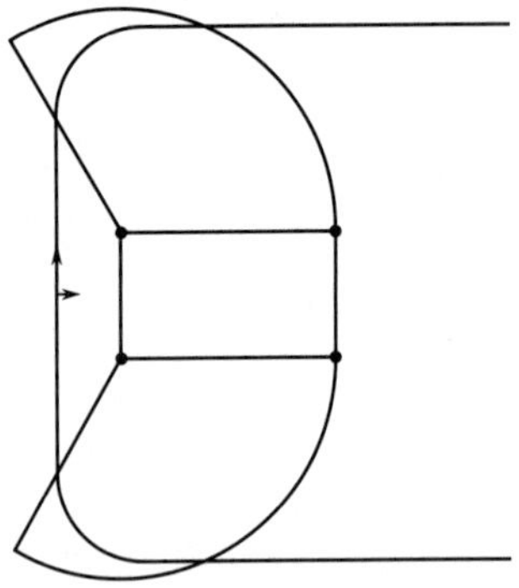

图 9-19

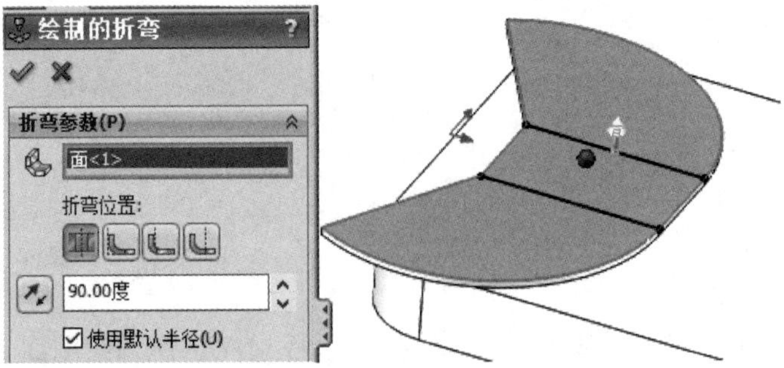

图 9-20

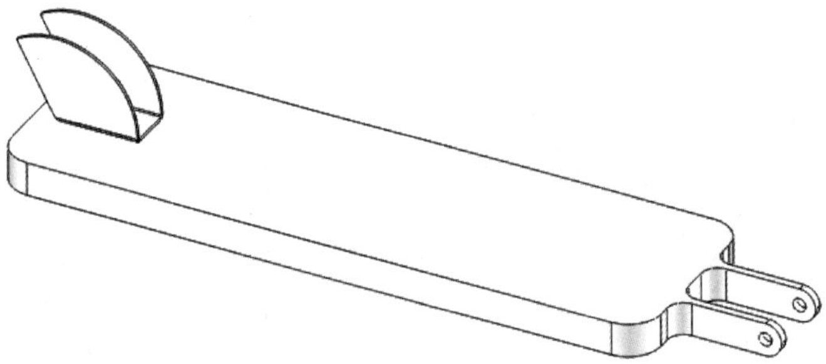

图 9-21

【步骤 6】拉伸切除实体。选择“绘制的折弯 1”左面外侧面作为绘图面，单击“草图”工具栏中的“圆形”命令，绘制一个直径为 12mm 的圆，并标注好尺寸，如图 9-22 所示；单击“特征”工具栏中的“拉伸切除”图标，在“方向 1”下选项“终止条件”中选择“完全贯穿”，在特征范围下“所选实体”中选择“绘制的折弯 1”，其他按照图示默认状态，单击属性管理器中的“确定”，如图 9-23 所示，完成踏板建模。

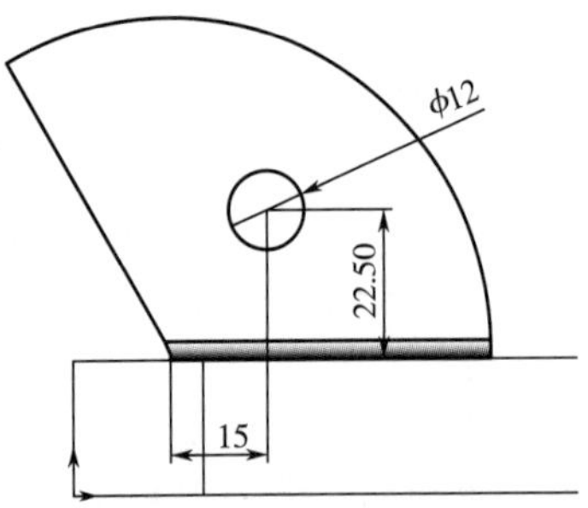

图 9-22

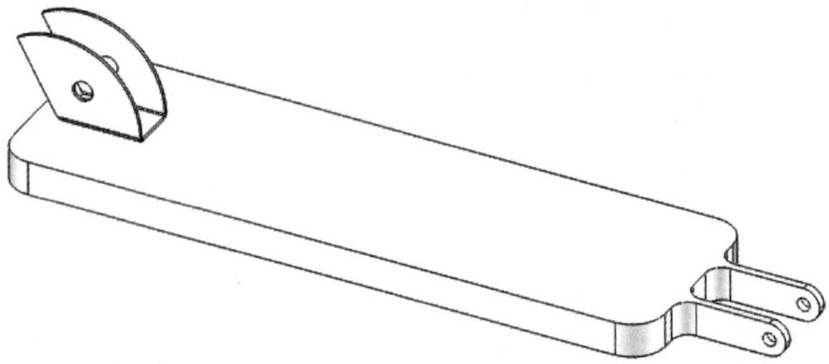

图 9-23

连杆建模操作步骤

【步骤 1】新建文件。创建一个新的零件文件，选择“前视基准面”正视于屏幕作为绘图面，单击“草图”工具栏中的“直线”“中心线”命令，绘制250mm的轮廓线，如图9-24所示。

【步骤2】曲面旋转。单击“曲面”工具栏中的“旋转曲面”图标，“旋转轴”选择辅助线，在“方向1”下选择“给定深度”，角度为360°，其他按照图示默认状态，单击属性管理器中的“确定”图标，结果如图9-25所示。

【步骤3】加厚。单击“曲面”工具栏中的“加厚”图标，在加厚参数下，要加厚的曲面选择“曲面-旋转1”，“厚度”选项中选择第三选项“向外加厚”，“厚度”为2mm，其他按照图示默认状态，单击属性管理器中的“确定”，如图9-26所示。

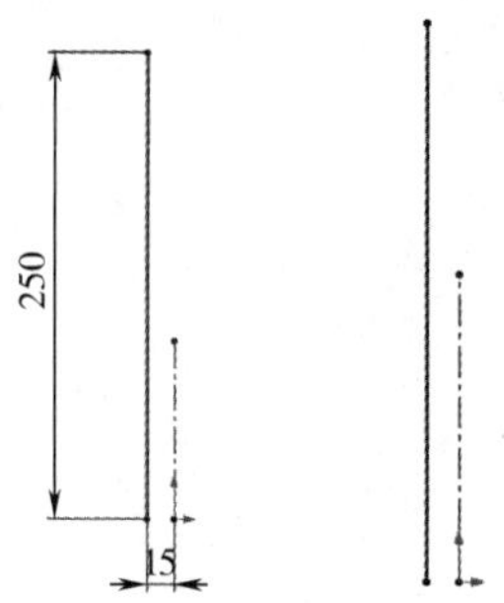

图9-24

图9-25

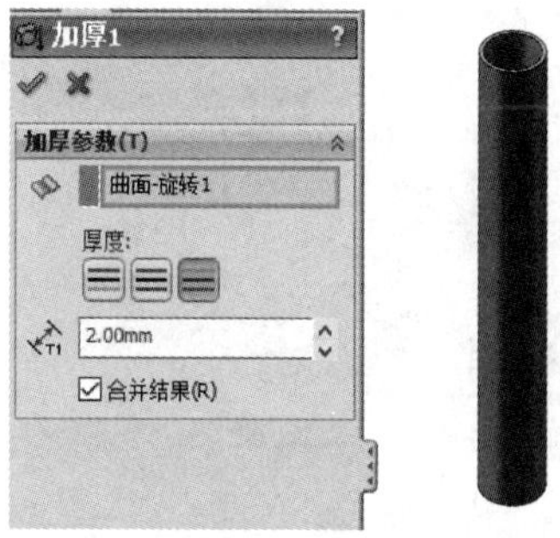

图9-26

【步骤4】绘制草图。选择“前视基准面”作为绘图面，单击“草图”工具栏中的“直线”“圆形”“绘制圆角”“剪裁实体”命令，绘制具有尺寸的轮廓线，如图9-27所示。

【步骤5】旋转实体。单击“特征”工具栏中的“旋转凸台/基体”图标，“旋转轴”选择草图竖直边线，在“方向1”下选项“终止条件”中选择“给定深度”，角度为360°，其他按照图示默认状态，单击属性管理器中的“确定”，如图9-28所示。

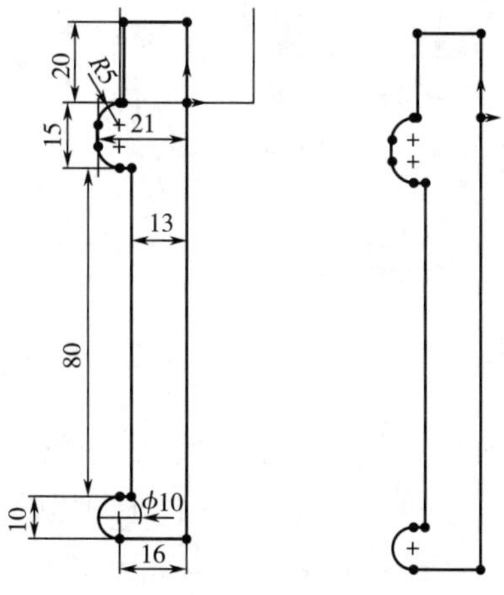

图9-27

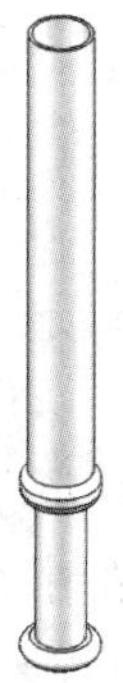

图9-28

【步骤 6】生成点。单击“特征”工具栏中的“参考几何体”图标下的“点”命令，在所选圆的中心生成参考点，在“参考”中选择边线 1，圆弧中心，其他为系统默认属性，然后点击“确定”，形成点 1，如图 9-29 所示。

【步骤 7】生成基准面 1。单击“特征”工具栏中的“参考几何体”图标下的“基准面”命令，在“第一参考”中选择点 1，在“第二参考”中选择上视基准面，其他为系统默认属性，然后点击“确定”，形成基准面 1，如图 9-30 所示。

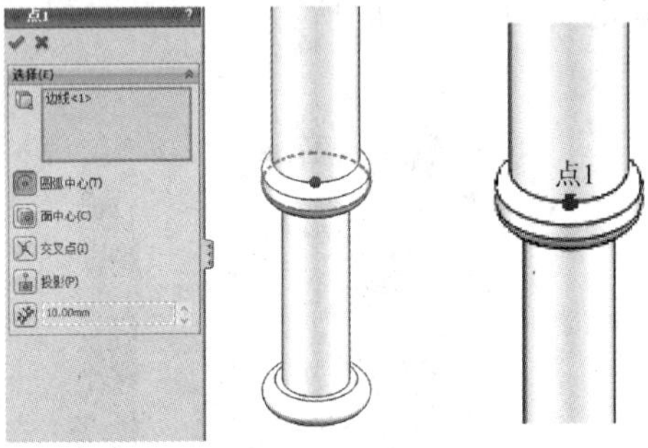

图 9-29

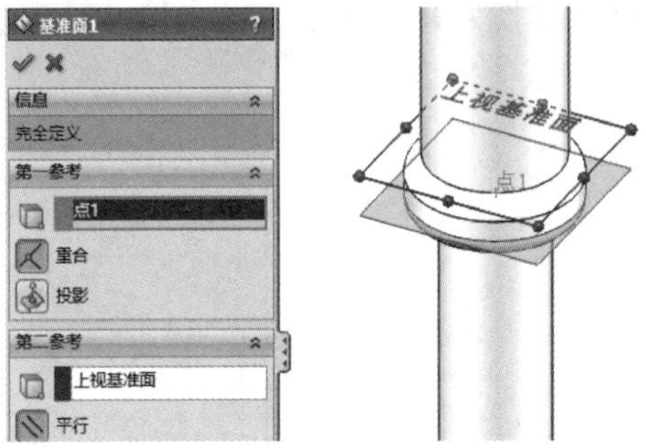

图 9-30

【步骤 8】绘制草图。选择“基准面 1”作为绘图面，单击“草图”工具栏中的“多边形”命令，绘制一个边数为 9、内接圆直径为 43mm 的多边形，如图 9-31 所示。

【步骤 9】拉伸实体。单击“特征”工具栏中的“拉伸凸台/基体”图标，在“方向 1”下选项“终止条件”中选择“给定深度”，“等距距离”选项中输入 5mm，在“合并结果”选项前打√，其他按照图示默认状态，单击属性管理器中的“确定”，如图 9-32 所示。

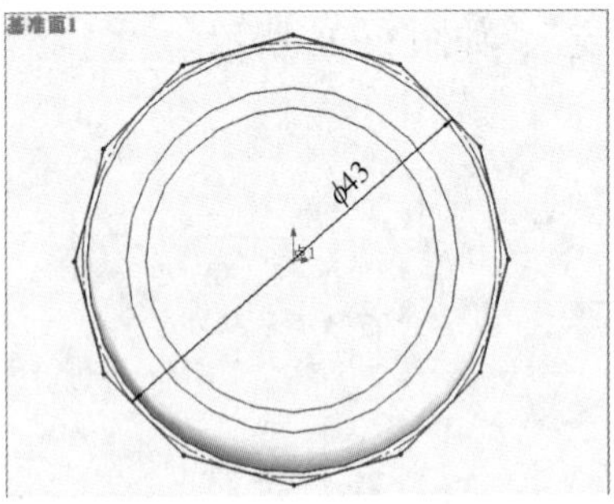

图 9-31

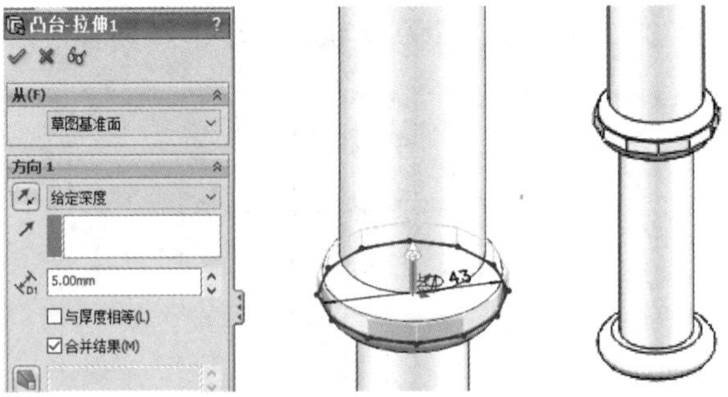

图 9-32

【步骤 10】生成基准面 2。单击“特征”工具栏中的“参考几何体”图标下的“点”命令，在所选圆的中心生成参考点，在“参考”中选择边线 1，圆弧中心，其他为系统默认属性，然后点击“确定”，形成点 2，如图 9-33 所示。单击“特征”工具栏中的“参考几何体”图标下的“基准面”命令，在“第一参考”中选择点 2，在“第二参考”中选择上视基准面，其他为系统默认属性，然后单击“确定”，形成基准面 2，如图 9-34

所示。

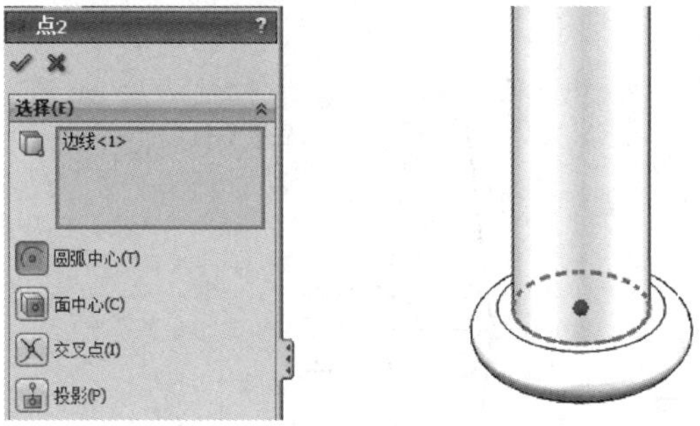

图 9-33

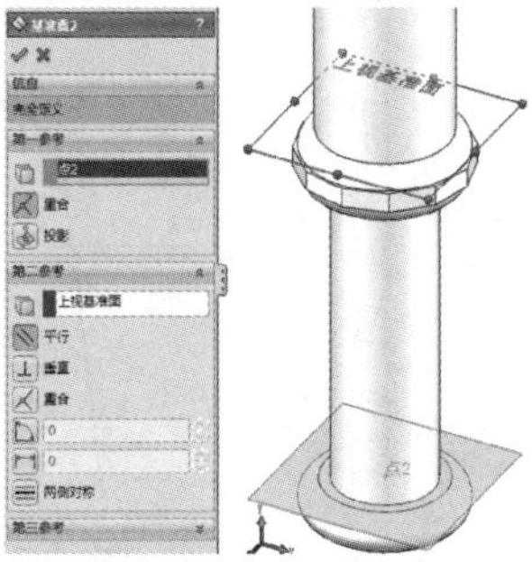

图 9-34

【步骤 11】绘制草图。选择“基准面 2”正视于屏幕，作为绘图面，单击“草图”工具栏中的“圆形”“直线”“剪裁实体”等命令，绘制如图 9-35 所示轮廓线。

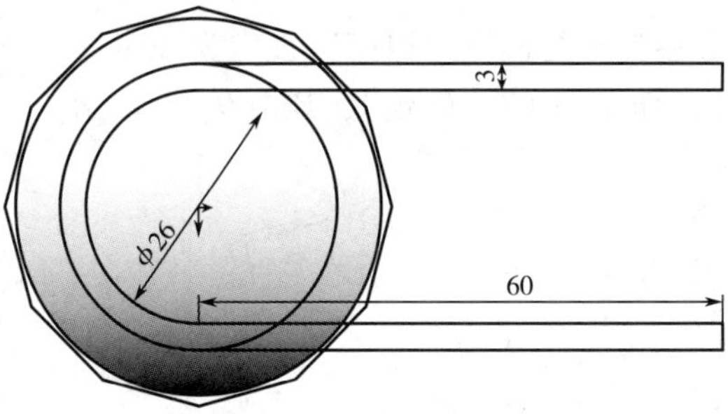

图 9-35

【步骤 12】拉伸实体。单击“特征”工具栏中的“拉伸凸台/基体”图标，在“方向 1”下选项“终止条件”中选择“成形到一面”，“面”选项中选择面 1，在“合并结果”选项前打√，其他按照图示默认状态，单击属性管理器中的“确定”，如图 9-36 所示。

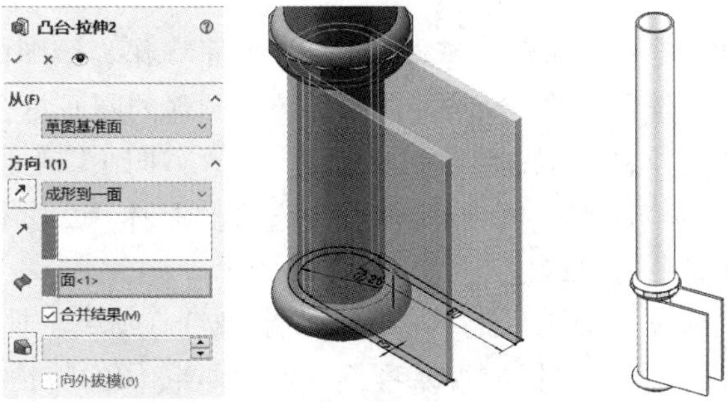

图 9-36

【步骤 13】绘制草图。选择“连杆底面”使其正视于屏幕，作为绘图面，单击“草图”工具栏中的“圆形”“直线”“剪裁实体”“添加几何关系”“镜像”命令，绘制具有尺寸的轮廓线，如图 9-37 所示。

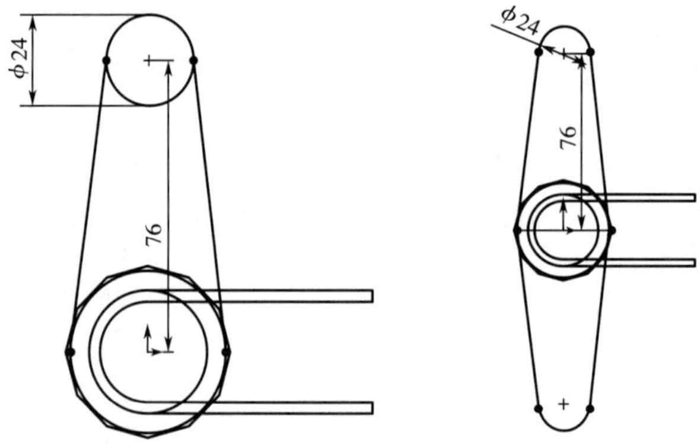

图 9-37

【步骤 14】基体法兰。单击“钣金”工具栏上的“基体-法兰/薄片”，或单击插入→钣金→基体法兰，在钣金参数中的选项“厚度”设定为 2mm，并选择“反向”，其他按照图示默认状态，单击属性管理器中的“确定”，如图 9-38 所示。

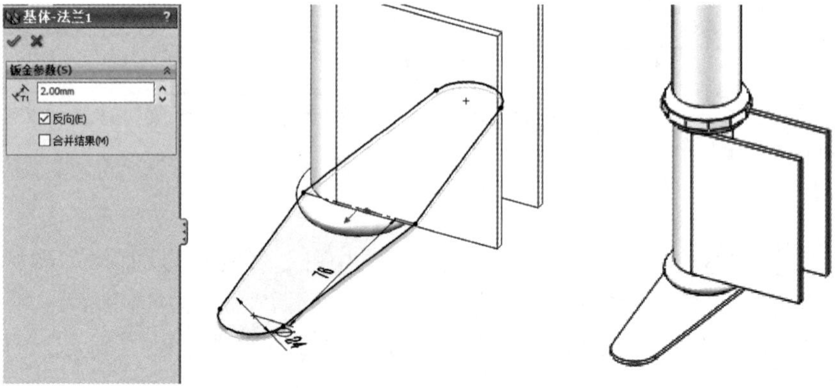

图 9-38

【步骤 15】拉伸切除实体。选择“基体-法兰 1 顶面”作为绘图面，单击“草图”工具栏中的“圆形”命令，绘制一个与基体-法兰 1 顶面圆弧的圆心重合、直径为 8mm 的圆形；单击“特征”工具栏中的“拉伸切除”图标，在“方向 1”下选项“终止条件”中选择“完全贯穿”，在特征范围下“所选实体”中选择“基体-法兰 1”，其他按照图示默认状态，单击属性管理器中的“确定”，如图 9-39 所示。

【步骤 16】镜像。单击“特征”工具栏上的“镜像”，或单击插入→阵列/镜像→镜像。在“镜像面/基准面”下，选择前视基准面，在“要镜像的特征”下选择“切除-拉伸 1”，其他按照图示默认状态，单击属性管理器中的“确定”，如图 9-40 所示。

【步骤 17】折弯命令。选择“基体-法兰 1 底面”作为绘图面，单击“草图”工具栏中的“直线”命令，绘制具有尺寸的轮廓线，如图 9-41 所示；单击“钣金”工具栏上的

"绘制的折弯"，或者单击工具栏插入→钣金→绘制的折弯选项，进入选项栏，在折弯参数下的"固定面"选择上一步操作草图中两条直线之间的面，"折弯位置"选择"折弯中心线"，"折弯角度"设定为90°，"折弯半径"设置为3mm，其他按照图示默认状态，单击属性管理器中的"确定"，如图9-42所示。

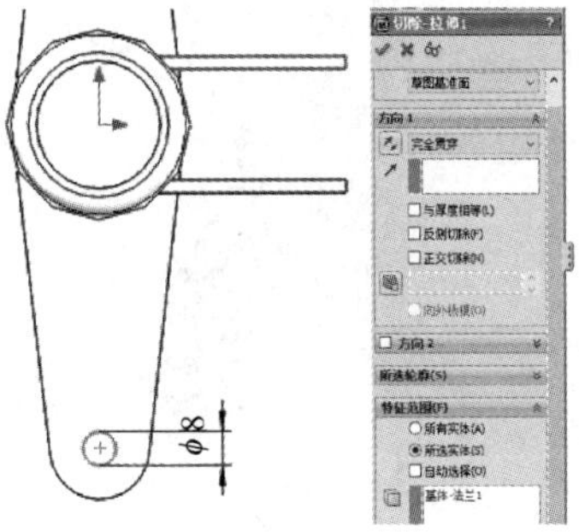

图9-39

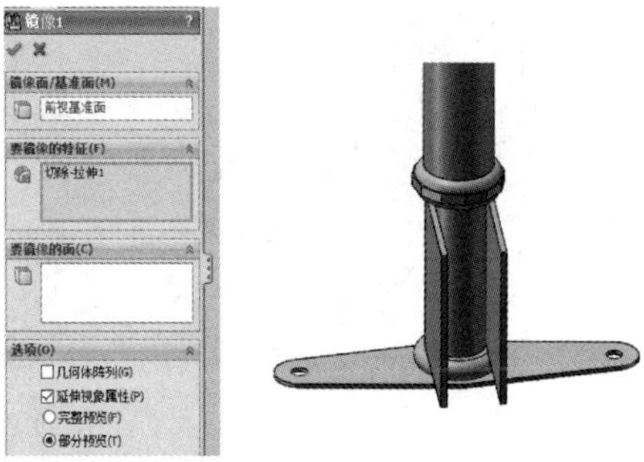

图9-40

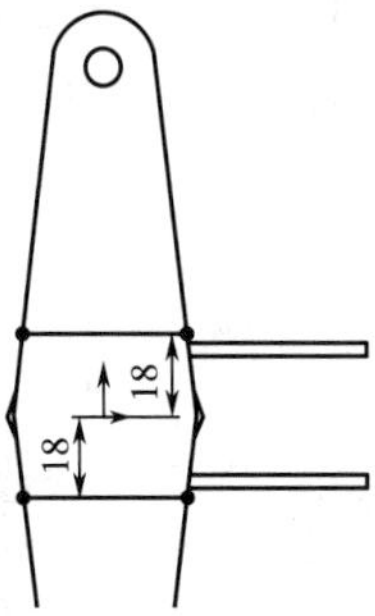

图9-41

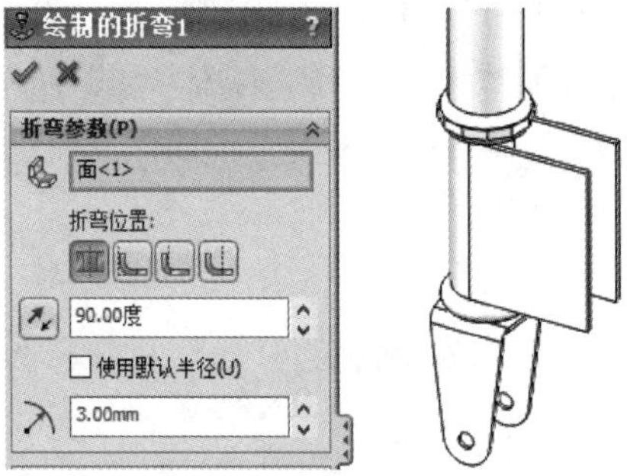

图9-42

【步骤18】倒角命令。单击"特征"工具栏中"圆角"下的"倒角"图标，"倒角参数"中距离给定30mm，边线选择如图9-43所示，其他按照图示默认状态，单击属性管理器中的"确定"。

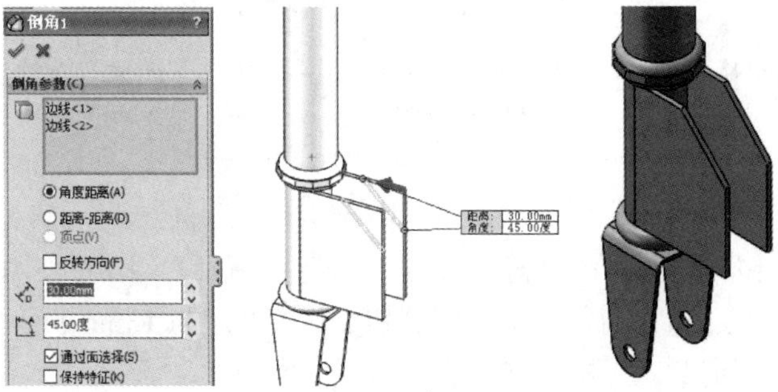

图9-43

【步骤19】拉伸实体。选择"前视基准面"使其正视于屏幕，作为绘图面，单击"草图"工具栏中的"直线""圆形""添加几何关系""中心线""剪裁实体"命令，绘制具有尺寸的轮廓线，如图9-44所示。单击"特征"工具栏中的"拉伸凸台/基体"图标，在"方向1"下选项"终止条件”中选择“两侧对称”，“等距距离”选项中输入 26mm，“特征范围”所选实体中选择“倒角 1”，其他按照图示默认状态，单击属性管理器中的“确定”，如 9-45 所示。

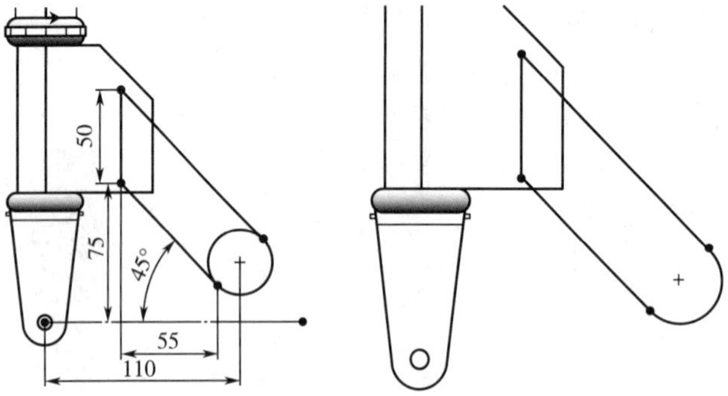

图 9-44

图 9-45

【步骤 20】拉伸切除实体。选择“倒角 1 左侧面”作为绘图面，如图 9-46 所示，单击“草图”工具栏中的“圆形”命令，绘制一个直径为 6mm 的圆，如图 9-47 所示。单击“特征”工具栏中的“拉伸切除”图标，在“方向 1”下选项“终止条件”中选择“完全贯穿”，在特征范围下“所选实体”中选择“凸台-拉伸 3”，其他按照图示默认状态，单击属性管理器中的“确定”，如图 9-48 所示。

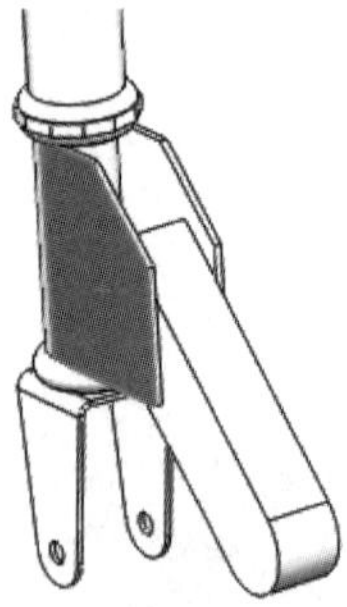

图 9-46

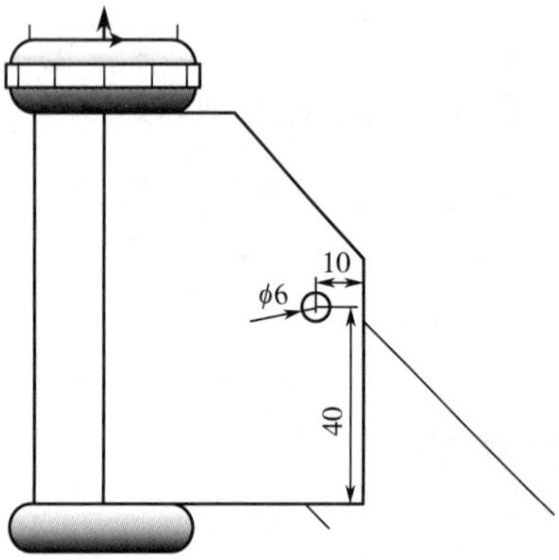

图 9-47

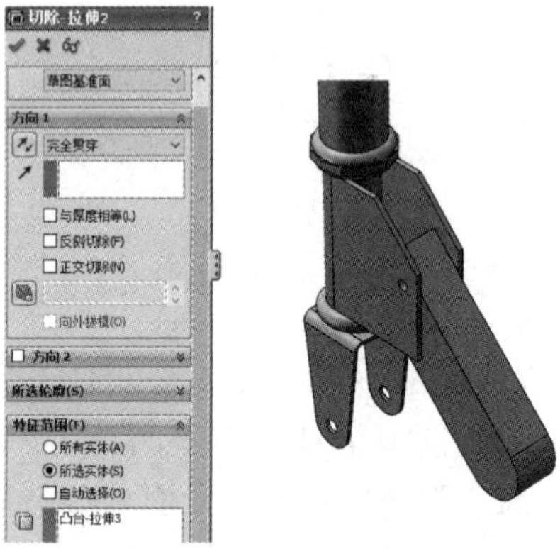

图 9-48

【步骤 21】线性阵列命令。单击“特征”工具栏中的“线性阵列”，在“方向 1”下“阵列方向”选择“边线 1”，“间距”设定为 13mm，阵列数目给定 3，单击属性管理器中的“确定”，如图 9-49 所示。

【步骤 22】拉伸切除实体。选择“凸台-拉伸 3”的左侧面作为绘图面，单击“草图”工具栏中的“圆形”命令，绘制一个与“凸台-拉伸 3”的左侧面圆弧的圆心重合、直径为 12mm 的圆形，如图 9-50 所示；单击“特征”工具栏中的“拉伸切除”图标，在“方向 1”下选项“终止条件”中选择“完全贯穿”，在特征范围下“所选实体”中选择“阵列（线性）1”，其他按照图示默认状态，单击属性管理器中的“确定”，如图 9-51 所示。

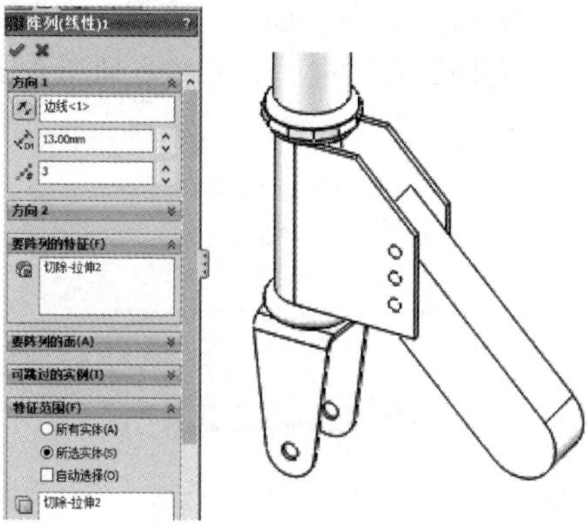

图 9-49

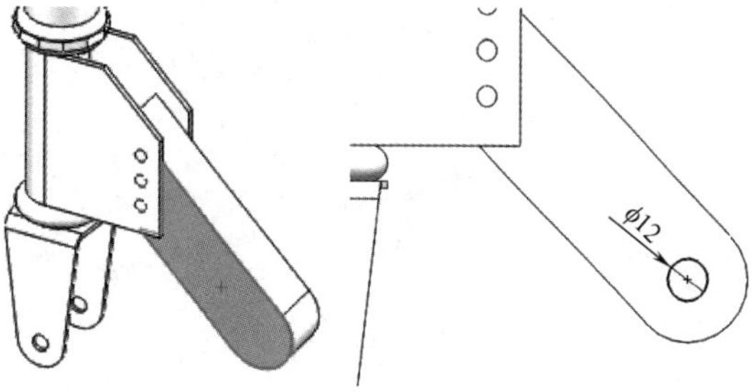

图 9-50

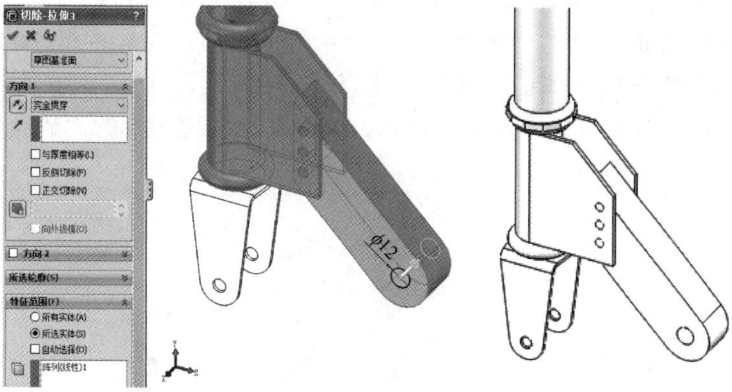

图 9-51

把手建模操作步骤

【步骤 1】新建文件。创建一个新的零件文件。

【步骤 2】绘制草图。选择“上视基准面”作为绘图面，单击“草图”工具栏中的“直线”命令，绘制出具有尺寸的轮廓线，并进行镜像，如图 9-52 所示。

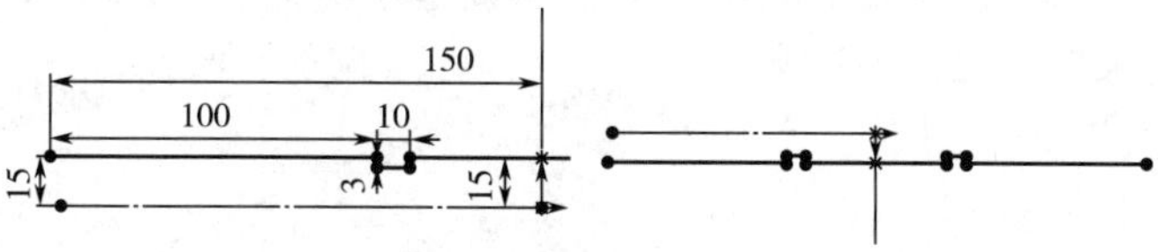

图 9-52

【步骤 3】曲面旋转。单击“曲面”工具栏中的“旋转曲面”图标，“曲线轴”选择辅助水平线，在“方向 1”下选择“给定深度”，“角度”选项 360°，“所选轮廓”为绘制好的手柄轮廓，其他按照图示默认状态，单击属性管理器中的“确定”，结果如图 9-53 所示。

【步骤 4】绘制草图。选择“上视基准面”正视于屏幕，作为绘图面，单击“草图”工具栏中的“圆”命令，绘制直径为 30mm 的草图，作为曲面拉伸的基本轮廓，如图 9-54 所示。

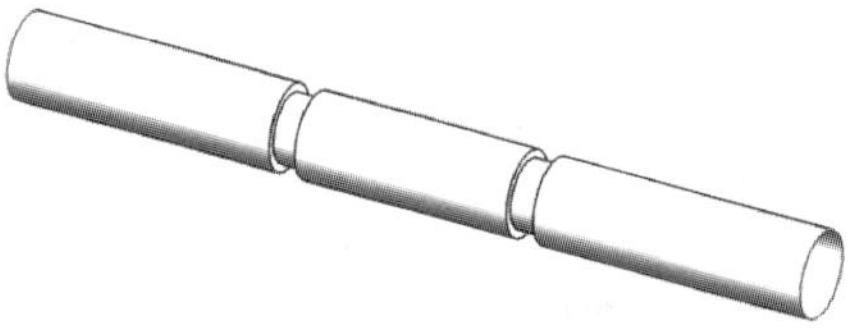

图 9-53

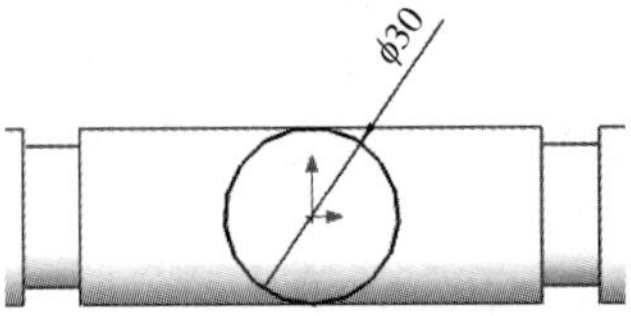

图 9-54

【步骤 5】曲面拉伸。单击“特征”工具栏中的“拉伸凸台/基体”图标，在“方向 1”下选项“终止条件”中选择“给定深度”，“等距距离”选项中输入 350mm，其他按照图示默认状态，单击属性管理器中的“确定”，结果如图 9-55 所示。

【步骤 6】剪裁曲面。单击“曲面”工具栏中的“剪裁曲面”图标，“剪裁类型”为“标准”，在选择下的选项“剪裁工具”中选择“曲面-旋转 1”，“保留选择”为“曲面-拉伸 1-剪裁 1”，其他按照图示默认状态，单击属性管理器中的“确定”，如图 9-56 所示。

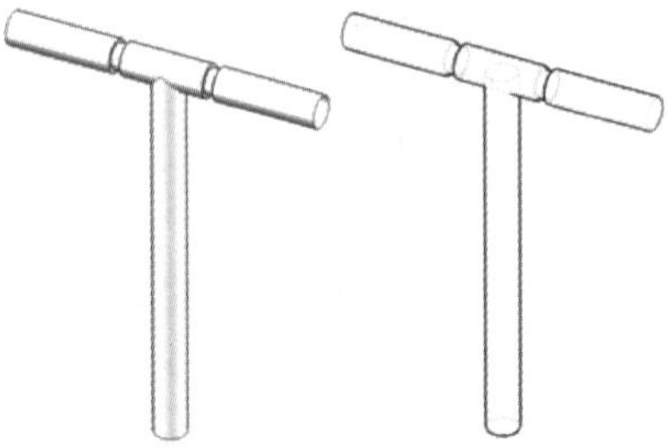

图 9-55

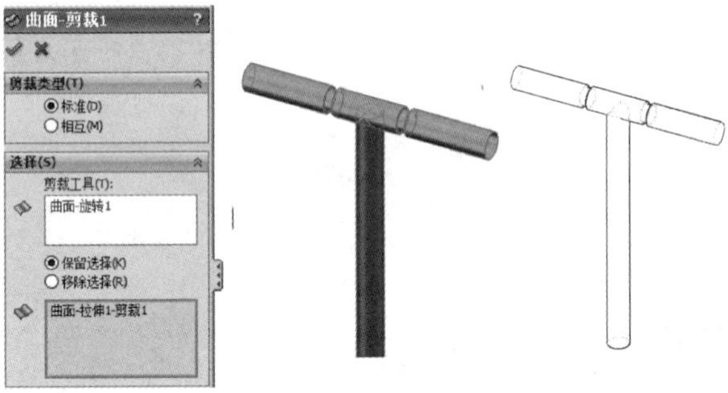

图 9-56

【步骤 7】加厚。单击“曲面”工具栏中的“加厚”图标，对把手的水平旋转面分别进行加厚，在加厚参数下的选项中给定厚度 2mm，其他按照图示默认状态，单击属性管理器中的“确定”，如图 9-57 所示。同理，单击“曲面”工具栏中的“加厚”图标，对把手的竖直拉伸杆进行加厚，在加厚参数下的选项中给定厚度 2mm，其他按照图示默认状态，单击属性管理器中的“确定”，如图 9-58 所示。

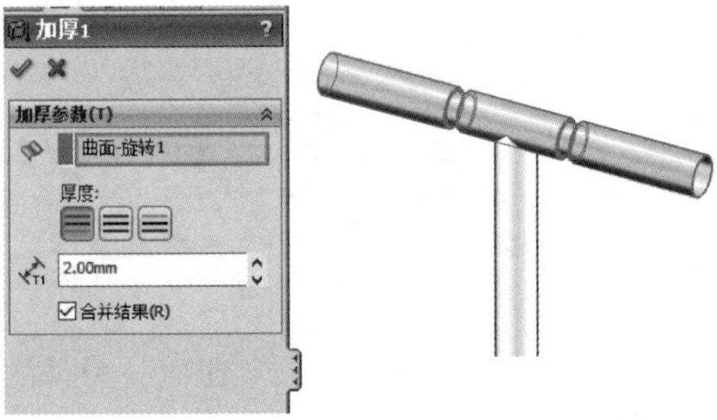

图 9-57

【步骤 8】圆角命令。单击“曲面”工具栏中的“圆角”图标，“圆角项目”中半径为 10mm，边线选择如图 9-59 所示，其他按照图示默认状态，单击属性管理器中的“确定”图标，把手的整体结果如图 9-60 所示。

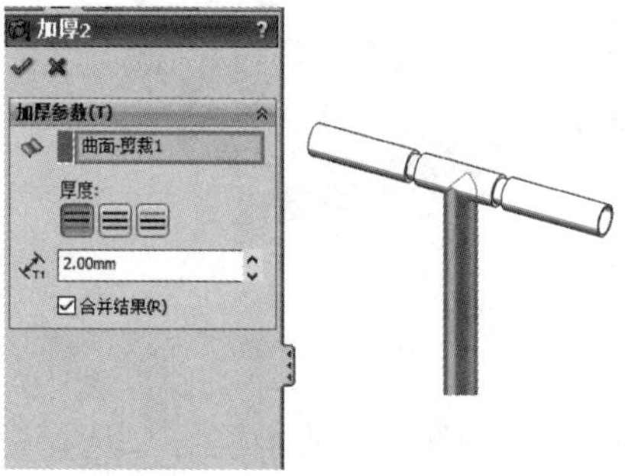

图 9-58

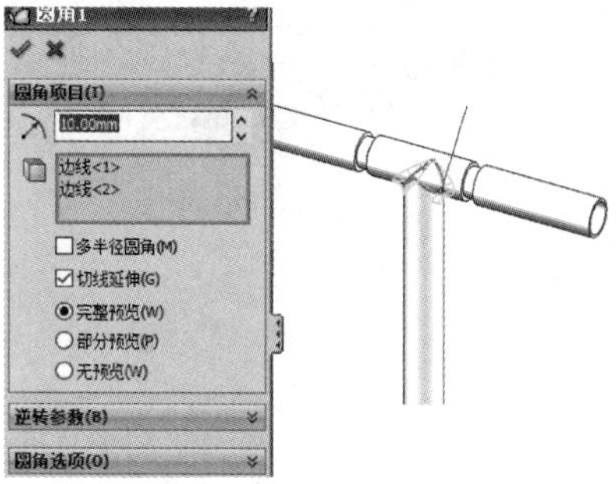

图 9-59

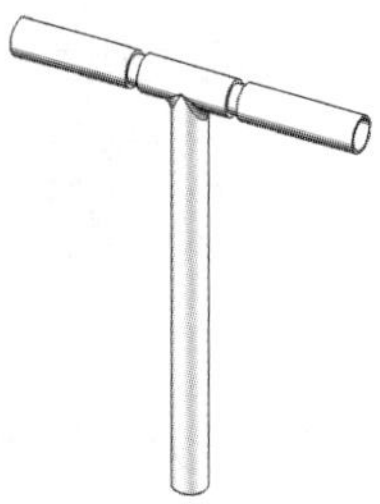

图 9-60

把手套建模操作步骤

【步骤 1】绘制草图。创建一个新的零件文件。选择“上视基准面”正视于屏幕，作为绘图面，单击“草图”工具栏中的“直线”“三点圆弧”命令，绘制如图 9-61 所示尺寸的轮廓线。

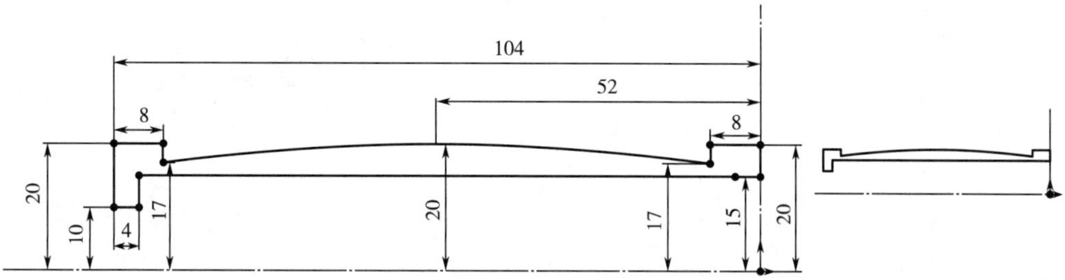

图 9-61

【步骤 2】旋转实体。单击“特征”工具栏中的“旋转凸台/基体”图标，在“方向 1”下选项“终止条件”中选择“给定深度”，角度为 360°，其他按照图示默认状态，单击属性管理器中的“确定”，如图 9-62 所示。

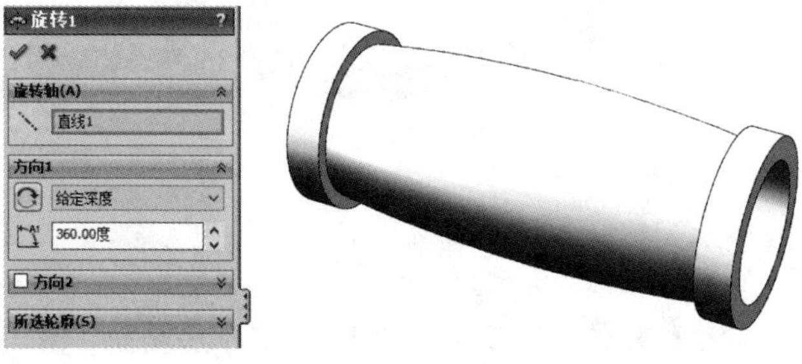

图 9-62

【步骤 3】倒角命令。单击“特征”工具栏中“圆角下的指标”再点击“倒角”图标，“倒角参数”中距离给定 3mm，边线选择如图 9-63 所示，其他按照图示默认状态，单击属性管理器中的“确定”。

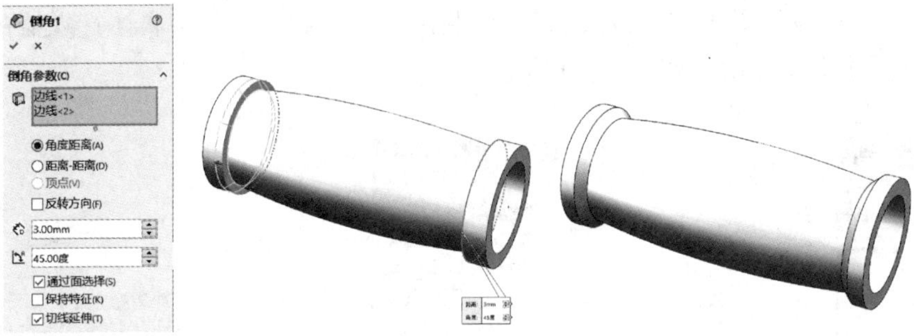

图 9-63

【步骤 4】圆角命令。单击“特征”工具栏中的“圆角”图标，“圆角项目”选择把手倒角内的两条边线，半径为 3mm，其他按照图示默认状态，单击属性管理器中的“确定”，如图 9-64 所示。再次选择“圆角”特征命令，“圆角项目”选择把手倒角外的 4 条边线，“圆角项目”中半径为 2mm，如图 9-65 所示，其他按照图示默认状态，单击属性管理器中的“确定”。

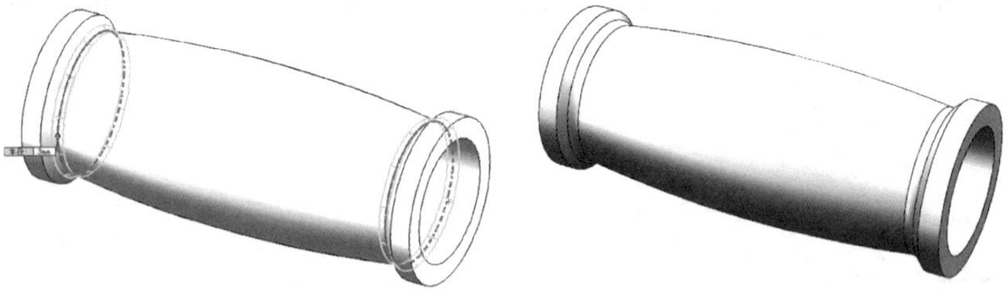

图 9-64

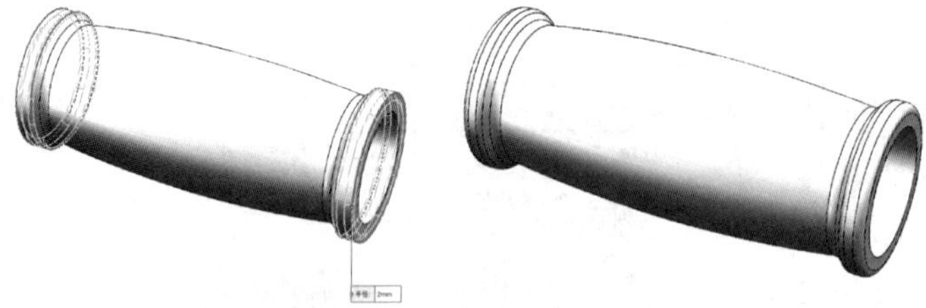

图 9-65

【步骤 5】拉伸切除实体。选择“前视基准面”作为绘图面，单击“草图”工具栏中的“等距实体”“直线”命令，绘制如图 9-66 所示草图。单击“特征”工具栏中的“拉伸切除”图标，在“方向 1”下选项“终止条件”中选择“给定深度”，“等距距离”选项中输入 2mm，其他按照图示默认状态，单击属性管理器中的“确定”，如图 9-67 所示。

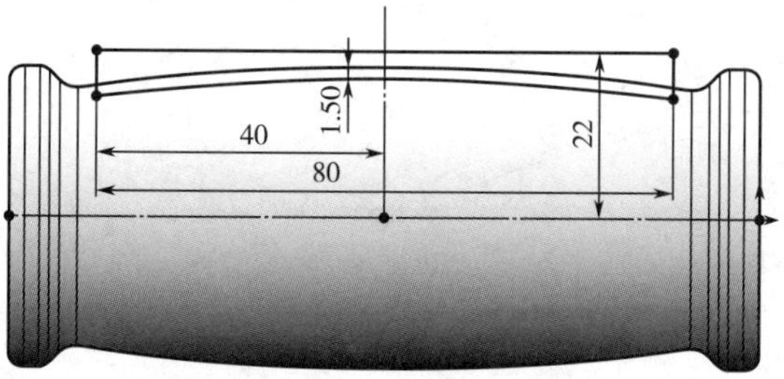

图 9-66

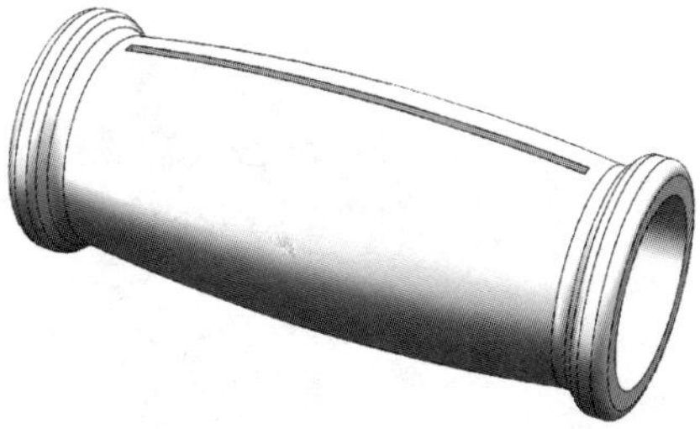

图 9-67

【步骤 6】圆角命令。单击“特征”工具栏中的“圆角”图标，在“圆角类型”中选择“完整圆角”，在“圆角项目”中的“边侧面组 1”中选择面【1】；在“中央面组”中选择面【3】；“边侧面组 2”中选择面【2】，在“切线延伸”选项前打✓，其他按照图示默认状态，单击属性管理器中的“确定”，如图 9-68 所示。重复以上步骤完成另一半的制作，如图 9-69 所示。继续选用“圆角”命令，在以上基础上对把套进行圆角，圆角半径为 0.5mm，结果如图 9-70 所示。

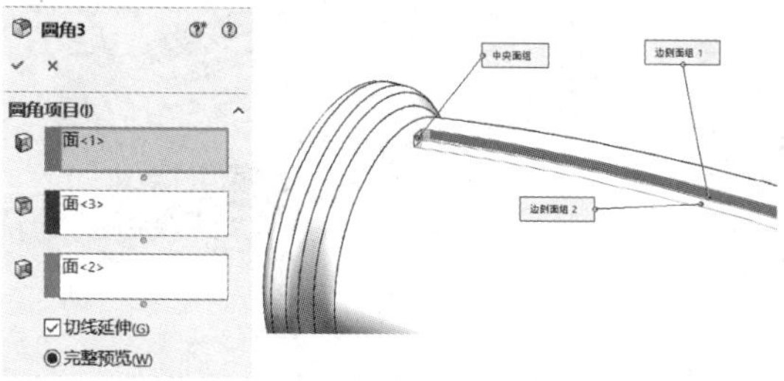

图 9-68

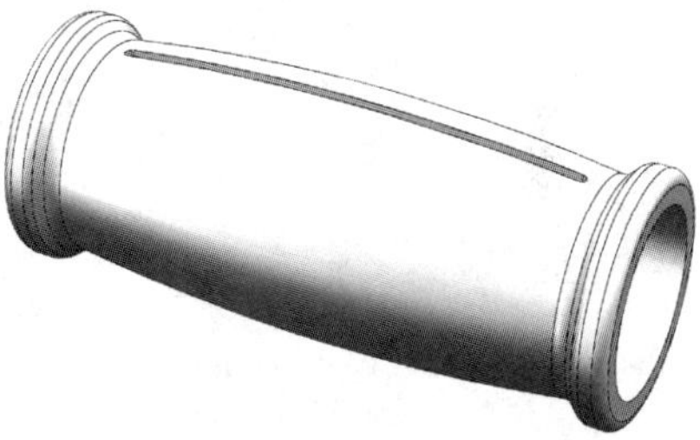

图 9-69

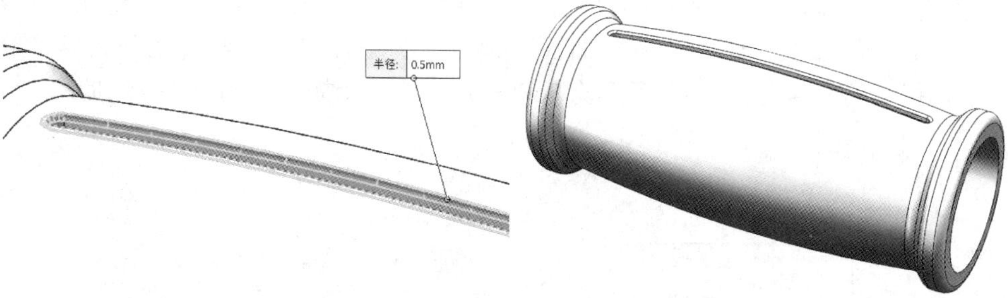

图 9-70

【步骤 7】生成基准轴。单击“特征”工具栏中的“参考几何体”图标下的“基准轴”命令，在“第一参考”中选择把套内侧面，选择圆柱/圆锥面，其他为系统默认属性，然后单击“确定”，形成基准轴 1，如图 9-71 所示。

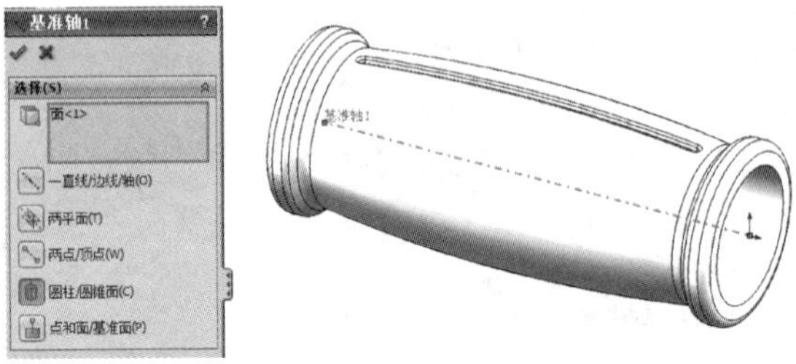

图 9-71

【步骤 8】圆周阵列命令。单击“特征”工具栏中的“线性阵列”选项下选择“圆周阵列”，“旋转轴”选择“基准轴 1”，阵列数目给定 18，在“等间距”前打√，阵列特征选择“切除-拉伸 1”以及“圆角 3、4、5”，如图 9-72 所示，其他按照图示默认状态，单击属性管理器中的“确定”，结果如图 9-73 所示，完成把手套的制作。

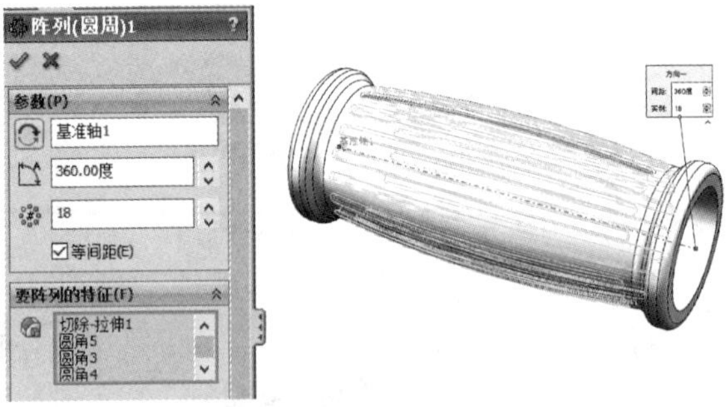

图 9-72

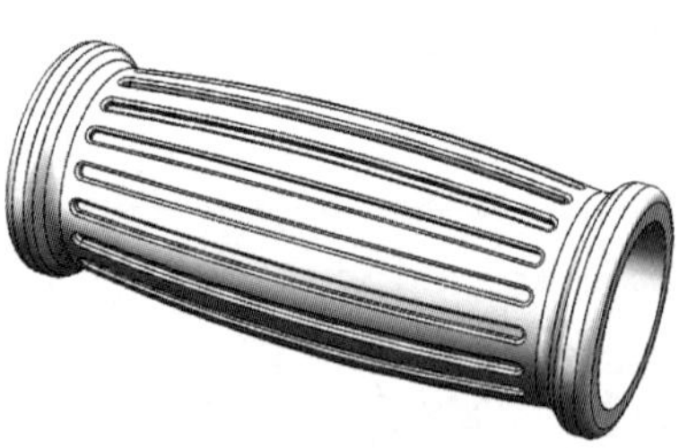

图 9-73

车轮建模操作步骤

【步骤 1】旋转曲面。选择“上视基准面”正视于屏幕，作为绘图面，单击“草图”工具栏中“直线”和“三点圆弧工具”命令，绘制草图，并标注尺寸，结果如图 9-74 所示。单击“曲面”工具栏中的“旋转曲面”命令，旋转轴选择“竖直辅助线”，在“方向 1”下选择“给定深度”，输入角度为 360°，旋转出一个曲面，如图 9-75 所示。

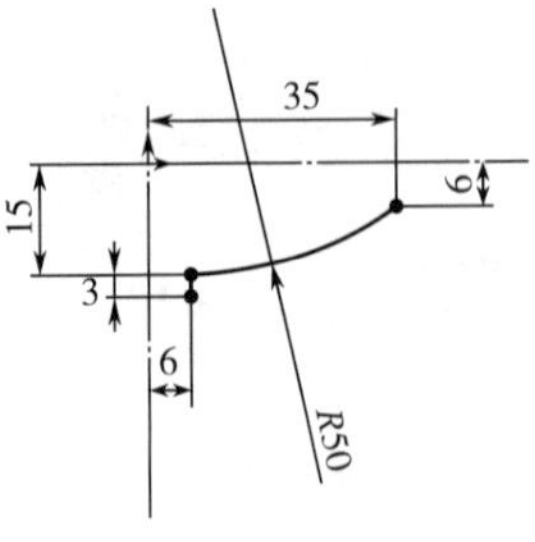

图 9-74

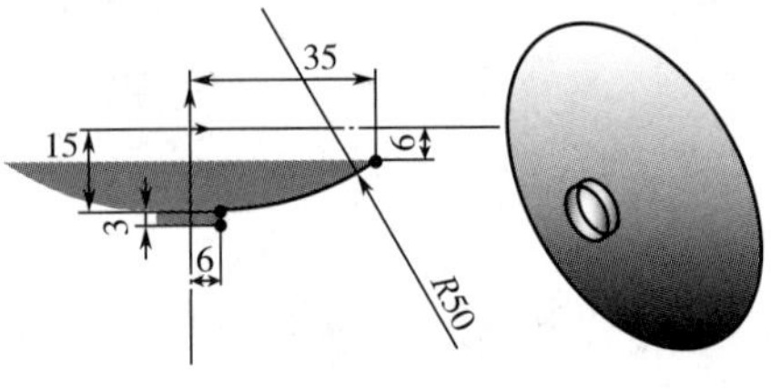

图 9-75

【步骤 2】加厚实体。单击“曲面”工具栏中的“加厚”命令，在加厚参数中，面选择“曲面-旋转 1”，“厚度”为 2mm，结果如图 9-76 所示。

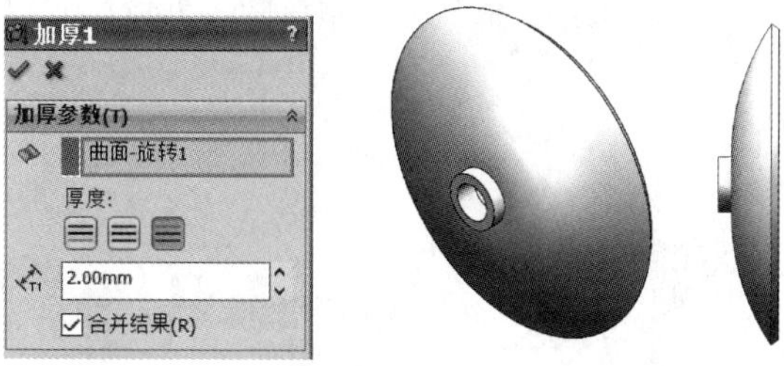

图 9-76

【步骤 3】曲面扫描。选择“前视基准面”正视于屏幕，作为绘图面，单击“草图”工具栏中“圆”命令，绘制一个以原点为圆心、直径为 65mm 的圆形，结果如图 9-77 所示。选择“上视基准面”正视于屏幕，作为绘图面，单击“草图”工具栏中“三点圆弧工具”命令，绘制草图，并标注尺寸，结果如图 9-78 所示。单击“曲面”工具栏中的“旋转曲面”命令，“轮廓”选择草图 3 弧线，“路径”选择草图 2 圆形，单击属性管理器中的“确定”，结果如图 9-79 所示。

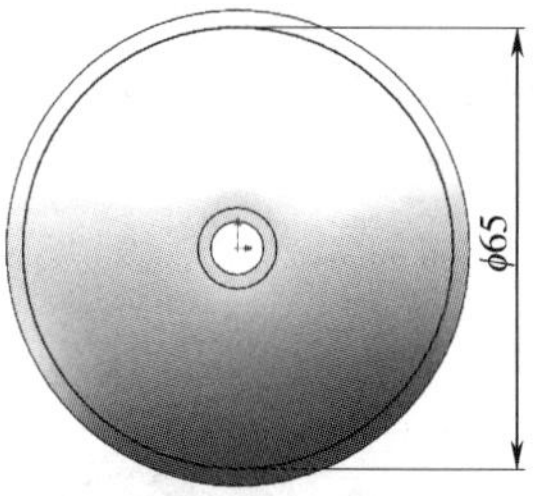

图 9-77

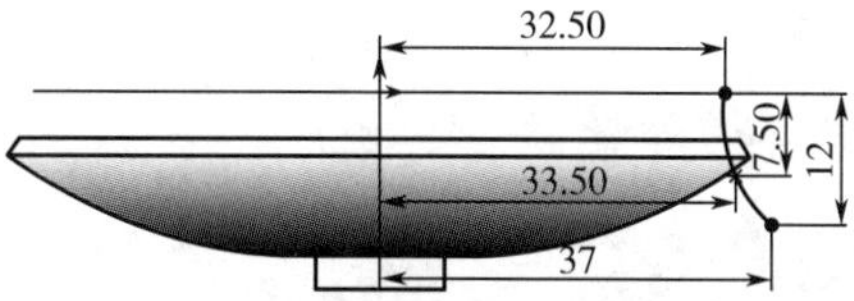

图 9-78

图 9-79

图 9-80

【步骤 4】曲面切除。单击“曲面”工具栏中的“曲面切除”命令，曲面切除参数选择“曲面-扫描 1”，单击属性管理器中的“确定”，如图 9-80 所示。在左侧的 Feature Manager 设计树中，选择“曲面-扫描 1”后，单击鼠标右键，在出现的快捷工具栏中选择

"隐藏"图标，使"曲面-扫描 1"隐藏，结果如图 9-81 所示。

【步骤 5】绘制草图。选择"右视基准面"正视于屏幕，作为绘图面，单击"草图"工具栏中"转化为实体引用"命令图标，选择边线轮廓 1，单击属性管理器中的"确定"，并选择"直线"和"样条曲线"命令，绘制草图，并标注尺寸，如图 9-82 所示。

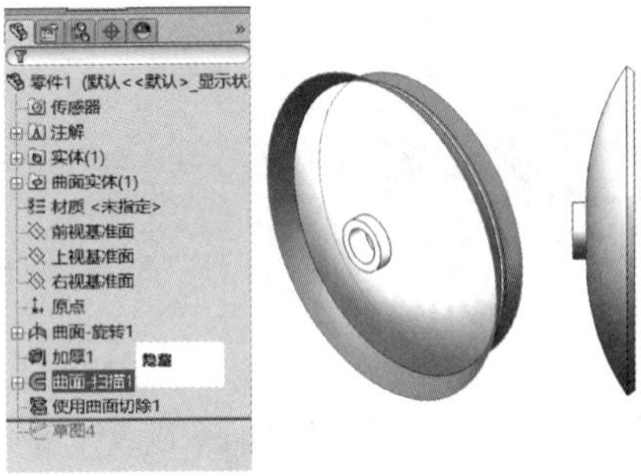

图 9-81

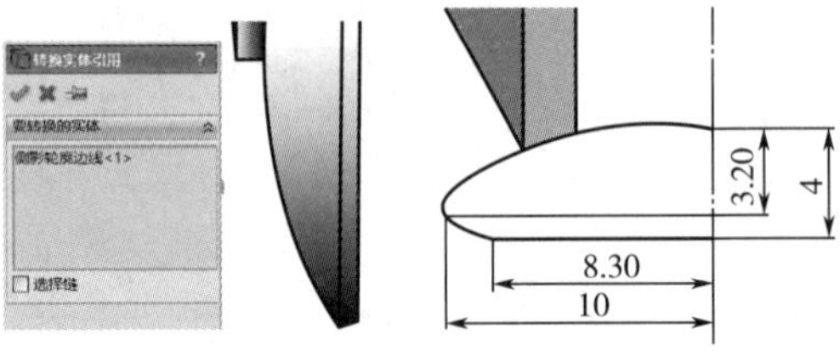

图 9-82

【步骤 6】旋转曲面。单击"特征"工具栏中的"参考几何体"图标下的"基准轴"命令，单击"两平面"命令，选择"右视基准面"和"上视基准面"，然后单击"确定"，如图 9-83 所示；单击"曲面"工具栏中的"旋转曲面"命令，旋转轴为"基准轴 1"，旋转出一个面，结果如图 9-84 所示。

【步骤 7】加厚实体。单击"曲面"工具栏中的"加厚"命令，在加厚参数中，面选择"曲面-旋转 2"，"厚度"为 2mm，结果如图 9-85 所示。

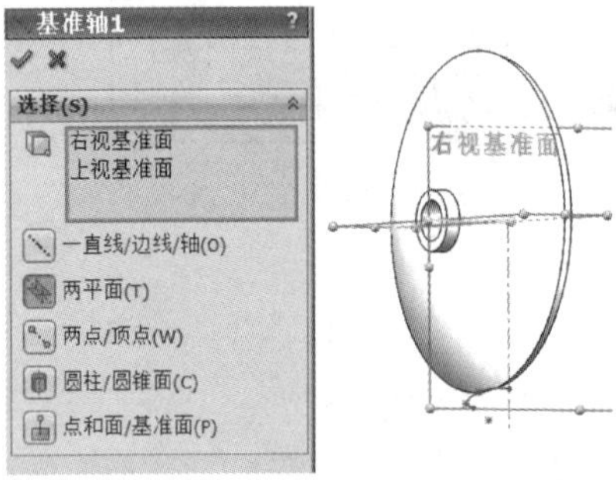

图 9-83

图 9-84

图 9-85

【步骤 8】旋转曲面。选择"右视基准面"作为绘图面，正视于屏幕，单击"草图"工具栏中"转化为实体引用"命令，选择边线轮廓 1、2、3，单击属性管理器中的"确定"，并选择"直线"和"样条曲线"命令，绘制草图，并标注尺寸，如图 9-86 所示。单击"曲面"工具栏中的"旋转曲面"命令，旋转轴为"基准轴 1"，旋转出一个面，如图 9-87 所示。

【步骤 9】镜像实体。单击"特征"工具栏中的"镜像"命令，"镜像面"选择"前视基准面"，"要镜像的特征"选项中选取整个实体，其他按照图示默认状态，单击属性管理器中的"确定"，如图 9-88 所示，完成车轮制作。

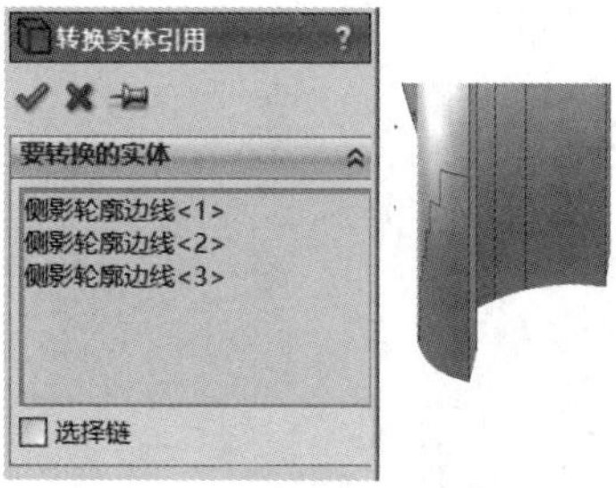

图 9-86

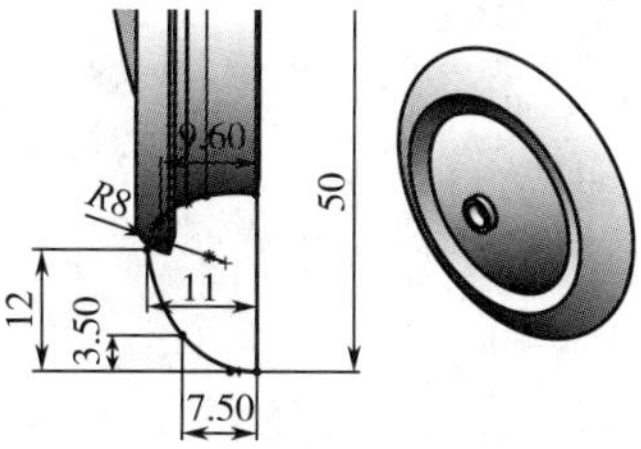

图 9-87

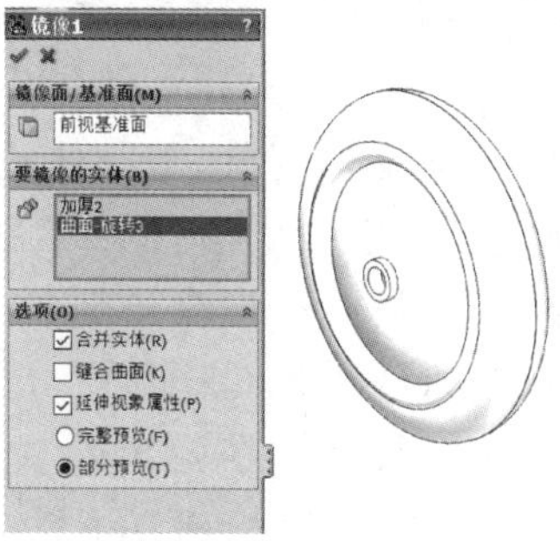

图 9-88

小零件建模操作步骤

【步骤 1】螺母。创建一个新的零件文件，选择上视基准面作为绘图面，进入绘图状态，使用“草图”工具栏下的“多边形”绘图命令，绘制一个内圆直径为 12mm、外圆直径为 22mm 的六边形；通过选择“特征”工具栏下“拉伸凸台基体”特征命令，拉伸距离为 5mm，保存为“螺母”，如图 9-89 所示。

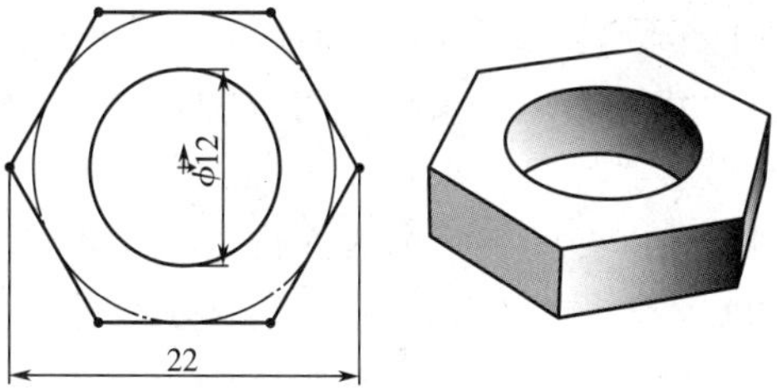

图 9-89

【步骤 2】螺杆。创建一个新的零件文件，选择上视基准面作为绘图面，进入绘图状态，使用“草图”工具栏下的“直线”绘图命令，绘制一个轮廓线，具体尺寸如图 9-90 所示；通过选择“特征”工具栏下“旋转凸台基体”特征命令，完成 360°旋转，形成螺杆，如图 9-90 右图所示。

【步骤 3】支撑杆。创建一个新的零件文件，选择“前视基准面”正视于屏幕，作为绘图面，单击“草图”工具栏中“圆”命令，绘制一个直径为 8mm 的圆形。单击“特征”工具栏中的“拉伸凸台/基体”图标，在“拉伸凸台/基体”管理器中“终止条件”选择“两侧对称”，距离为 60mm，单击属性管理器中的“确定”，如图 9-91 所示。

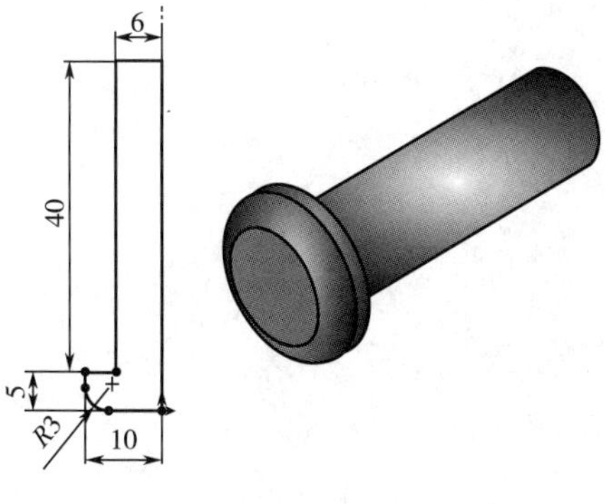

图 9-90

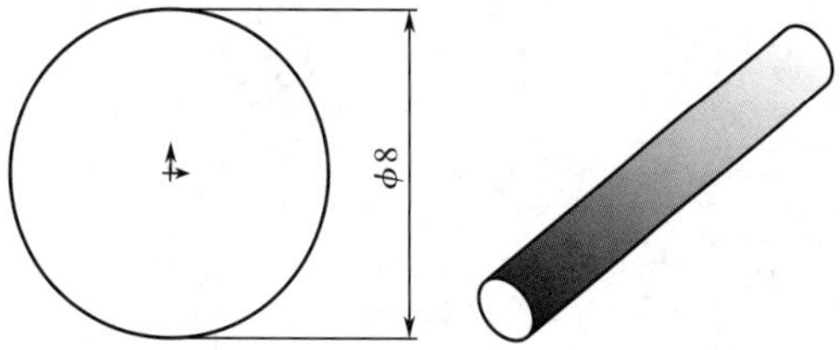

图 9-91

零件装配操作步骤

【步骤 1】新建文件。启动 SolidWorks，创建一个新的装配体文件。

【步骤 2】插入零部件。单击“装配体”工具栏中的“插入零部件”命令，显示“插入零部件”属性管理器。在“要插入的零件/装配体”选项中，单击“浏览”按钮，在弹出的“打开”对话框中找到“滑板 . SLDPRT”文件。单击属性管理器中的“确定”，完成滑板文件的插入。重复上述步骤，打开“连杆 . SLDPRT”文件，在绘图区单击，完成连杆文件的插入，结果如图 9－92 所示。

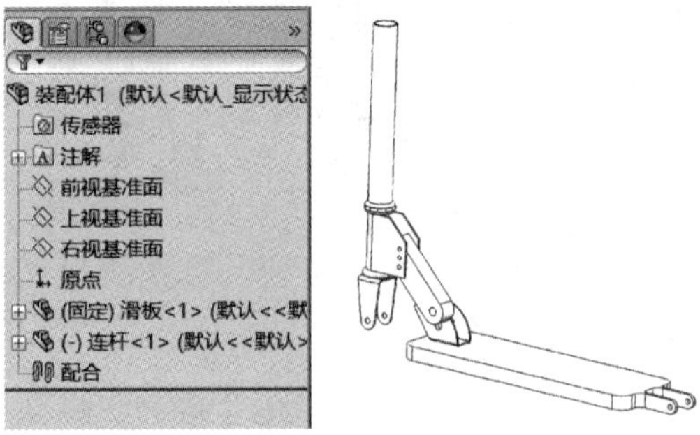

图 9－92

【步骤 3】配合滑板和连杆零部件。单击“装配体”工具栏中的“配合”命令，显示“配合”属性管理器，分别选择滑板和连杆的圆孔内表面作为“要配合的实体”，在“标准配合”选项栏中选择“同轴心”配合，单击配合工具栏中的“确定”，生成“同心 1”配合，结果如图 9－93 所示。选择滑板的“左内侧平面”和连杆外“右侧平面”作为“要配合的实体”，在“标准配合”选项栏中选择“重合”配合，单击配合工具栏中的“确定”，生成“重合 1”配合，结果如图 9－94 所示。继续选择滑板的上平面和连杆底部上平面作为“要配合的实体”，在“标准配合”选项栏中选择“平行”配合，单击配合工具栏中的“确定”，生成“平行 1”配合，结果如图 9－95 所示。

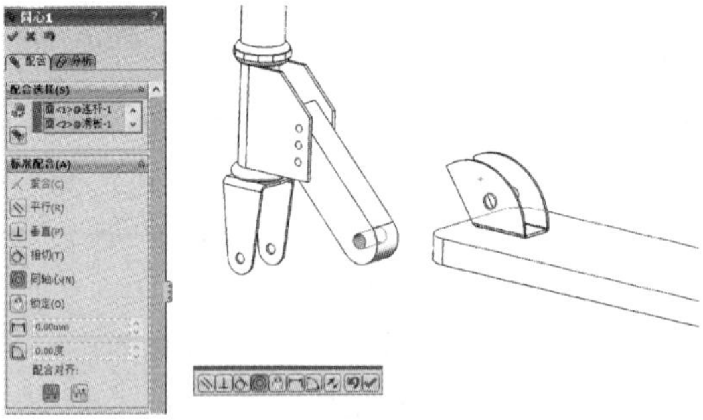

图 9－93

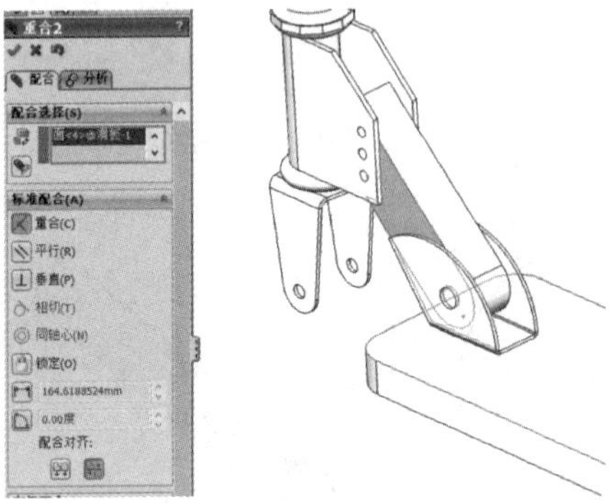

图 9－94

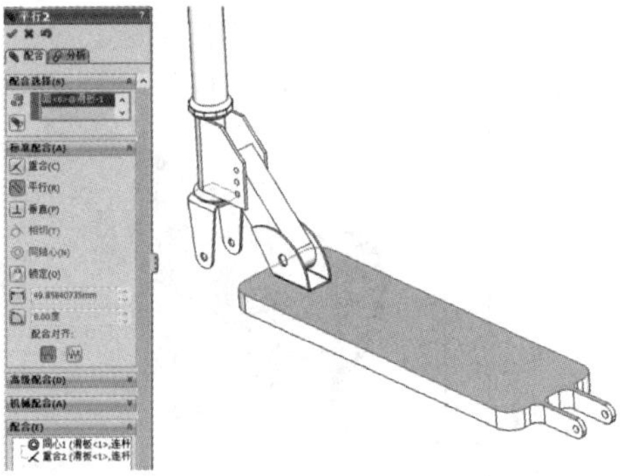

图 9－95

【步骤 4】插入把手零部件。单击“装配体”工具栏中的“插入零部件”命令，显示“插入零部件”属性管理器。在“要插入的零件/装配体”选项中，单击“浏览”按钮，在弹出的“打开”对话框中找到“把手.SLDPRT”文件。单击属性管理器中的“确定”，完成把手文件的插入，结果如图 9-96 所示。

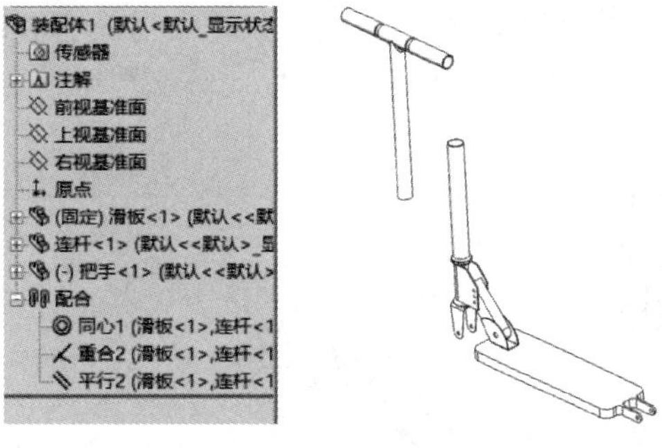

图 9-96

【步骤 5】配合把手和连杆零部件。单击“装配体”工具栏中的“配合”命令，显示“配合”属性管理器，分别选择把手的圆孔外表面和连杆的圆孔内表面作为“要配合的实体”，在“标准配合”选项栏中选择“同轴心”配合，单击配合工具栏中的“确定”，生成“同心 2”配合，如图 9-97 所示；继续选择把手上面的圆孔外表面和连杆底部的圆孔内表面作为“要配合的实体”，在“标准配合”选项栏中选择“平行”配合，单击配合工具栏中的“确定”，生成“平行 2”配合，如图 9-98 所示。

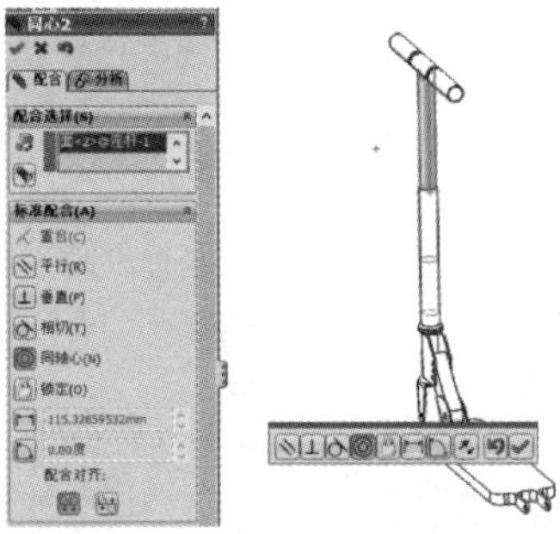

图 9-97

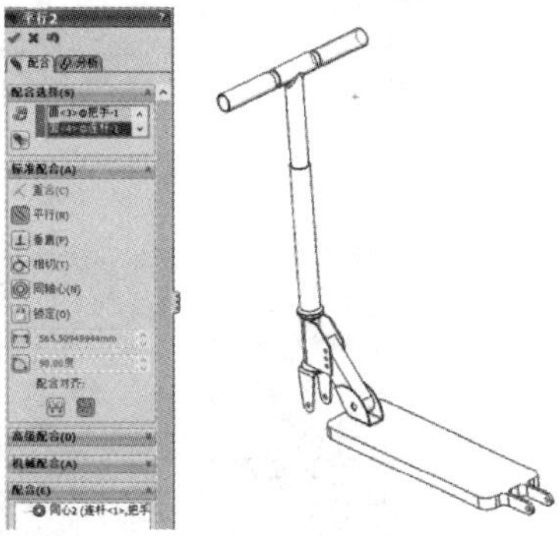

图 9-98

【步骤 6】插入把套零部件。单击“装配体”工具栏中的“插入零部件”命令，显示“插入零部件”属性管理器。在“要插入的零件/装配体”选项中，单击“浏览”按钮，在弹出的“打开”对话框中找到“把套.SLDPRT”文件，单击属性管理器中的“确定”，完成把手文件的插入，结果如图 9-99 所示。

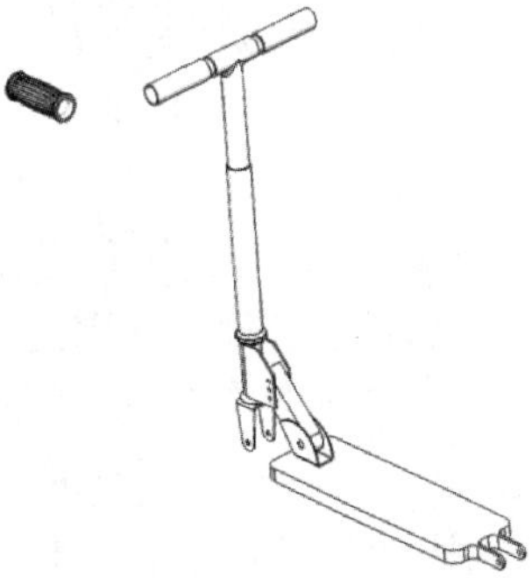

图 9-99

【步骤 7】配合把手和把套零部件。单击“装配体”工具栏中的“配合”命令，显示“配合”属性管理器，分别选择把手的圆孔外表面和把套的圆孔内表面作为“要配合的实体”，在“标准配合”选项栏中选择“同轴心”配合，单击配合工具栏中的“确定”，生成“同心 3”配合，结果如图 9-100 所示。继续选择把套的右侧平面和把手的右侧平面作为“要配合的实体”，在“标准配合”选项栏中选择“重合”配合，单击配合工具栏中的“确定”，生成“重合 2”配合，结果如图 9-101 所示。

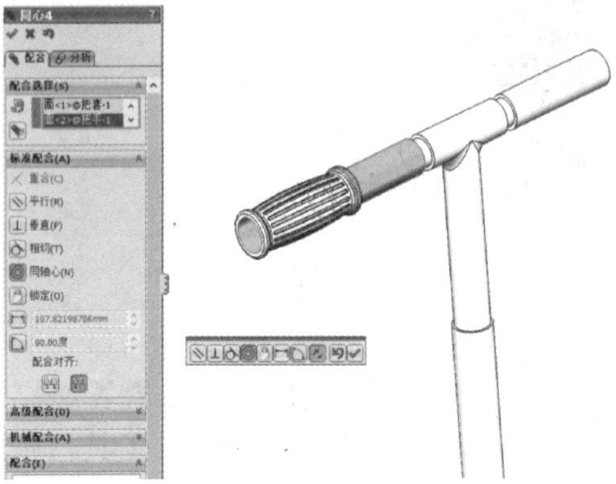

图 9-100

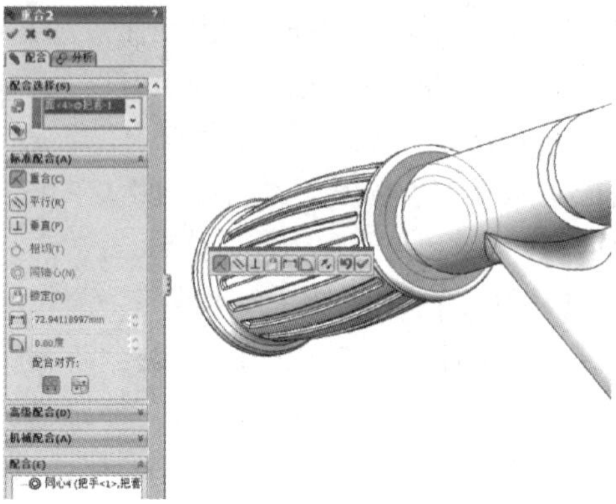

图 9-101

【步骤 8】插入把套零部件。单击“装配体”工具栏中的“插入零部件”命令，在“要插入的零件/装配体”选项中，单击“浏览”按钮，在弹出的“打开”对话框中找到“把套 . SLDPRT”文件，单击属性管理器中的“确定”，完成把手文件的插入，如图 9-102 所示。

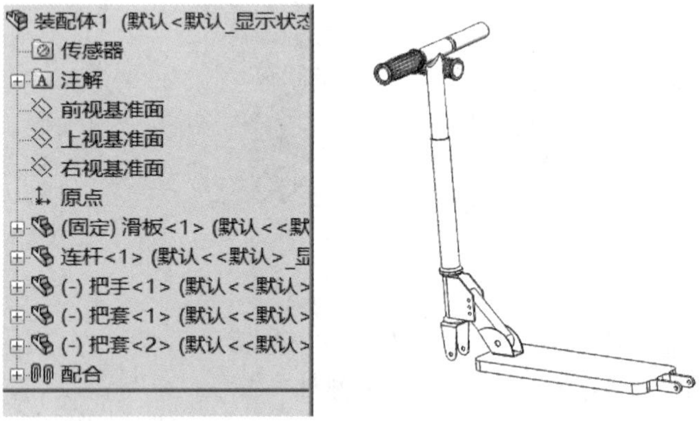

图 9-102

【步骤 9】配合把手和把套零部件。单击“装配体”工具栏中的“配合”命令，显示“配合”属性管理器，分别选择把手的圆孔外表面和把套的圆孔内表面作为“要配合的实体”，在“标准配合”选项栏中选择“同轴心”配合，单击配合工具栏中的“确定”，生成“同心 4”配合，结果如图 9-103 所示。继续选择把套的左侧平面和把手的左侧平面作为“要配合的实体”，在“标准配合”选项栏中选择“重合”配合，单击配合工具栏中的“确定”，生成“重合 3”配合，结果如图 9-104 所示。

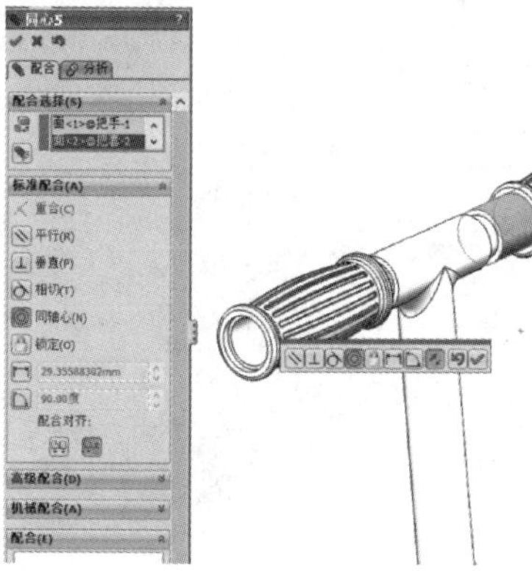

图 9-103

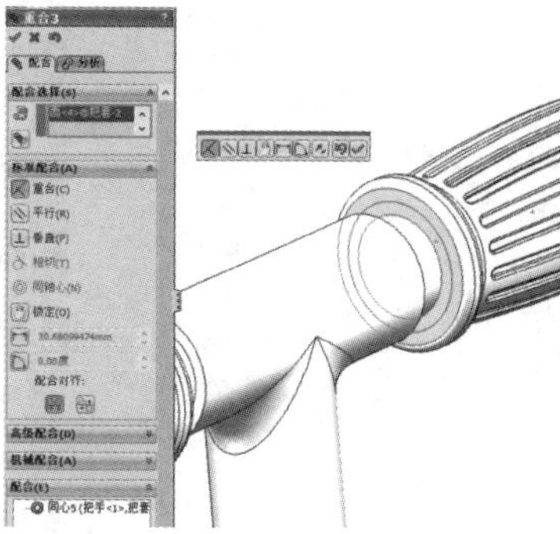

图 9-104

【步骤 10】移动零部件。选择把手的中间部分，并单击“装配体”工具栏中的“移动零部件” 命令，显示“移动零部件”属性管理器。将把手移动到合适的高度，单击属性管理器中的“确定”，结果如图 9-105 所示。

【步骤 11】插入车轮零部件。单击“装配体”工具栏中的“插入零部件” 命令，在弹出的“打开”对话框中找到“车轮 . SLDPRT”文件，单击属性管理器中的“确定”，完成把手文件的插入，结果如图 9-106 所示。

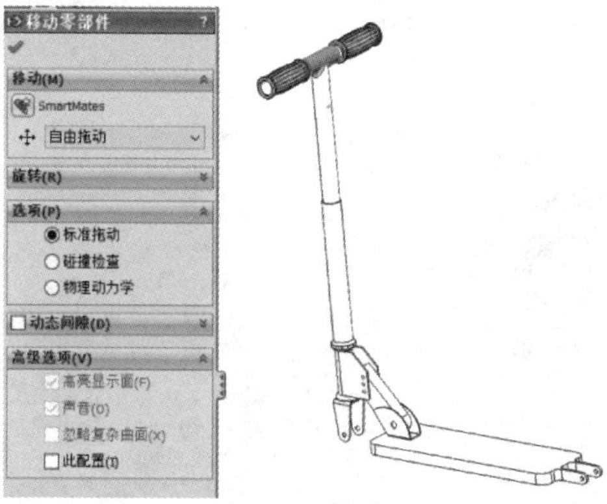

图 9-105

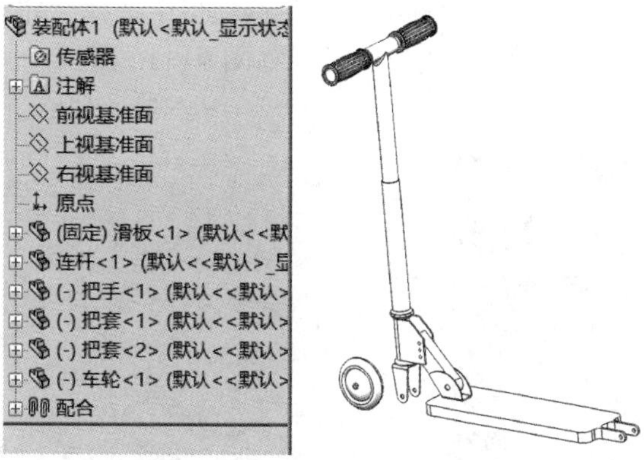

图 9-106

【步骤 12】配合车轮和连杆零部件。单击“装配体”工具栏中的“配合” 命令，显示“配合”属性管理器，分别选择车轮和连杆的圆孔内表面作为“要配合的实体”，在“标准配合”选项栏中选择“同轴心”配合，单击配合工具栏中的“确定”，生成“同心 5”配合，结果如图 9-107 所示。继续选择车轮和连杆的前视基准面作为“要配合的实体”，在“标准配合”选项栏中选择“重合”配合，单击配合工具栏中的“确定”，生成“重合 4”配合，结果如图 9-108 所示。

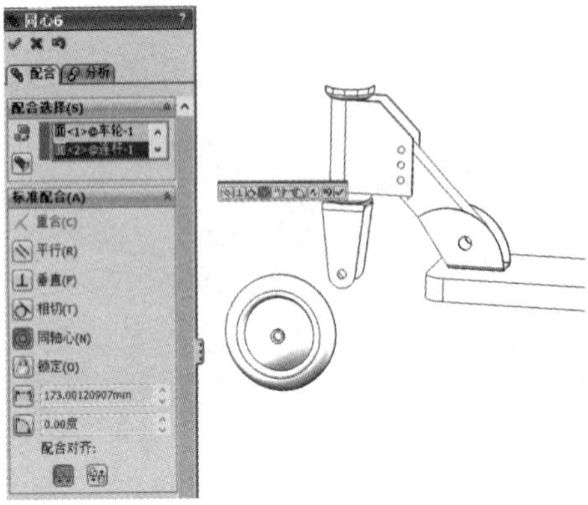

图 9-107

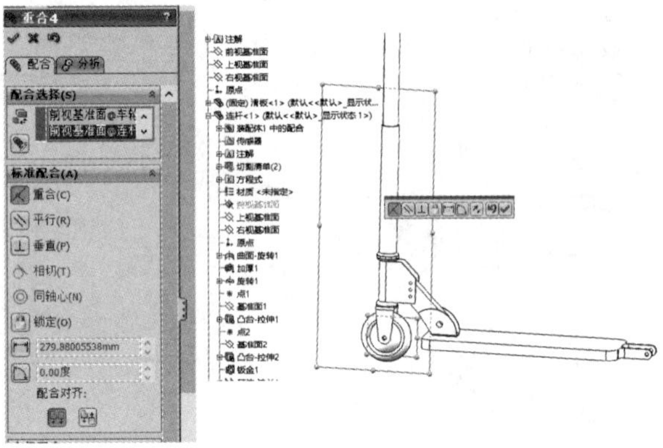

图 9-108

【步骤 13】插入车轮零部件。单击“装配体”工具栏中的“插入零部件”命令，在“要插入的零件/装配体”选项中单击“浏览”按钮，在弹出的“打开”对话框中找到“车轮 . SLDPRT”文件，单击属性管理器中的“确定”，完成车轮文件的插入。

【步骤 14】配合车轮和滑板零部件。单击“装配体”工具栏中的“配合”命令，显示“配合”属性管理器，分别选择车轮和滑板的圆孔内表面作为“要配合的实体”，在“标准配合”选项栏中选择“同轴心”配合，单击配合工具栏中的“确定”，生成“同心 6”配合，结果如图 9-109 所示。继续选择车轮和滑板的“前视基准面”作为“要配合的实体”，在“标准配合”选项栏中选择“重合”配合，单击配合工具栏中的“确定”，生成“重合 5”配合，结果如图 9-110 所示。

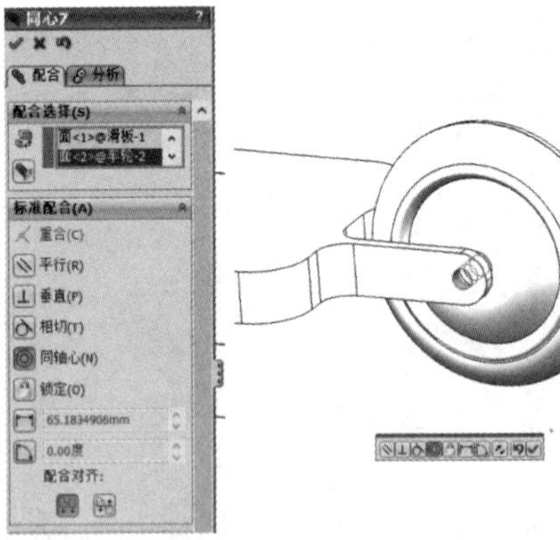

图 9-109

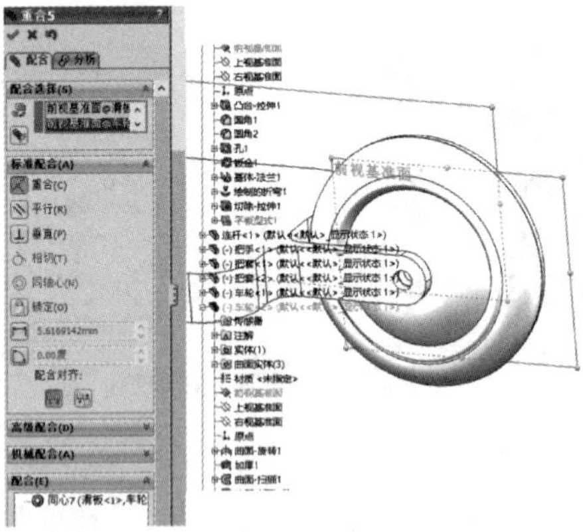

图 9-110

【步骤 15】插入新零部件。单击“装配体”工具栏中的“插入零部件”下拉命令，选择“新零件”并在左侧的 Feature Manager 设计树中，选择创建的“零件”后，单击鼠标右键，在出现的快捷工具栏中选择“编辑”。

【步骤 16】绘制草图。进入新零件编辑蓝色显示区域，选择“连杆”左面后，使之正视于屏幕，单击“草图”工具栏，选择“绘制草图”，并选择“圆”命令，绘制草图，并标注尺寸，结果如图 9-111 所示。

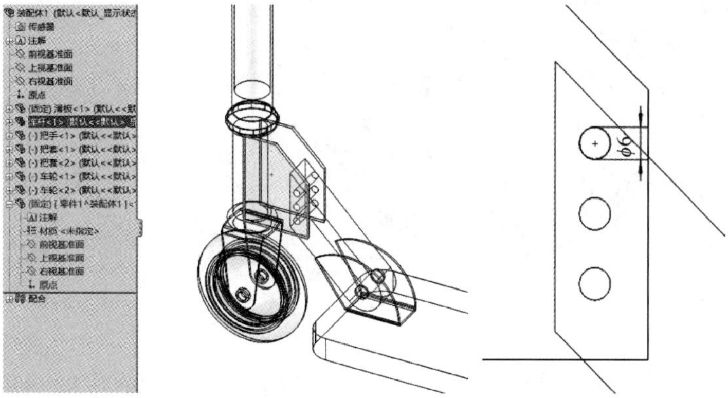

图 9-111

【步骤 17】拉伸实体。单击“特征”工具栏中的“拉伸凸台/基体”图标，在“拉伸凸台/基体”管理器中，在“终止条件”选择“形成到一面”，单击“连杆”的另一面，单击属性管理器中的“确定”，结果如图 9-112 所示。

【步骤 18】倒角命令。选择“特征”工具栏中的“圆角”下拉的“倒角”命令，选择“拉伸实体”的两条边线，“倒角”类型为“角度距离”，距离为 0.5mm，角度为 45°，其他按照图示默认状态，单击属性管理器中的“确定”，结果如图 9-113 所示。

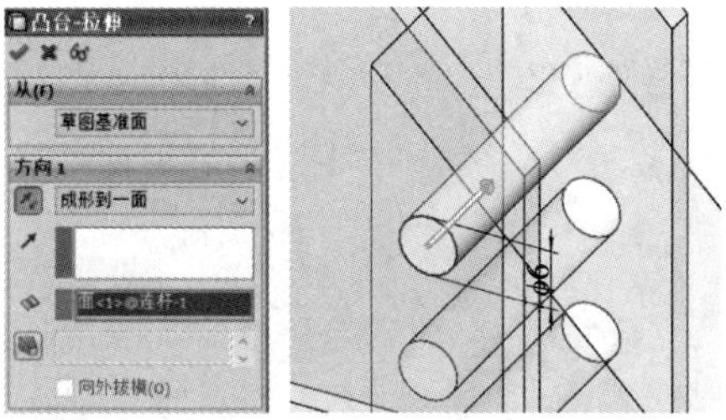

图 9-112

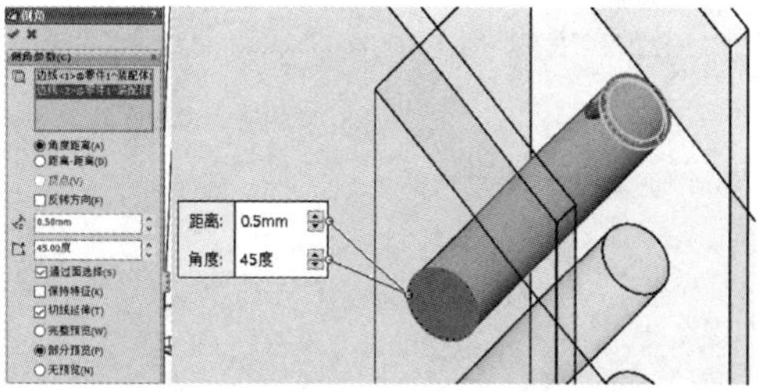

图 9-113

【步骤 19】线性零部件阵列。单击“装配体”工具栏中的“线性零部件阵列”图标，选择“连杆”的纵向边线，距离为 13mm，个数为 3，“要阵列的零部件”选择“零件 1”，单击属性管理器中的“确定”，结果如图 9-114 所示。

【步骤 20】插入零部件。单击“装配体”工具栏中的“插入零部件”命令，显示“插入零部件”属性管理器。在“要插入的零件/装配体”选项中单击“浏览”按钮，在弹出的“打开”对话框中找到“螺丝 . SLDPRT”文件，单击属性管理器中的“确定”，完成螺丝文件的插入，结果如图 9-115 所示。

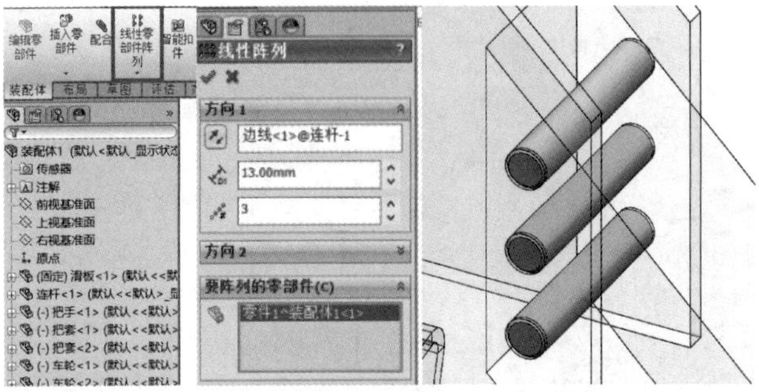

图 9-114

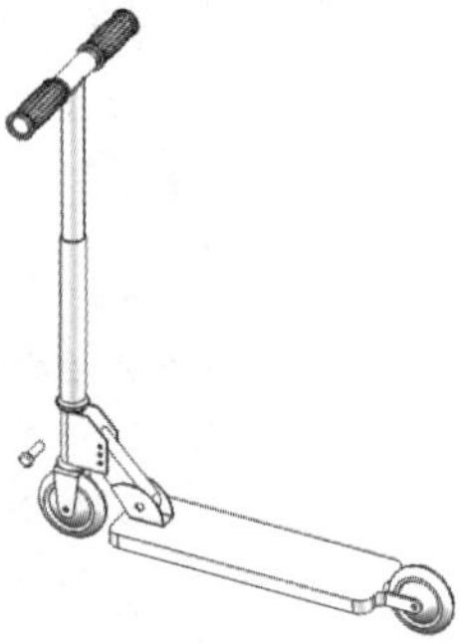

图 9-115

【步骤 21】配合螺丝和滑板零部件。单击“装配体”工具栏中的“配合”命令，显示“配合”属性管理器，分别选择螺丝的圆孔外表面和滑板的圆孔内表面作为“要配合的实体”，在“标准配合”选项栏中选择“同轴心”配合，单击配合工具栏中的“确定”，生成“同心 7”配合，结果如图 9-116 所示。继续选择螺丝和滑板左侧平面作为“要配合的实体”，在“标准配合”选项栏中选择“重合”配合，单击配合工具栏中的“确定”，生成“重合 6”配合，如图 9-117 所示。

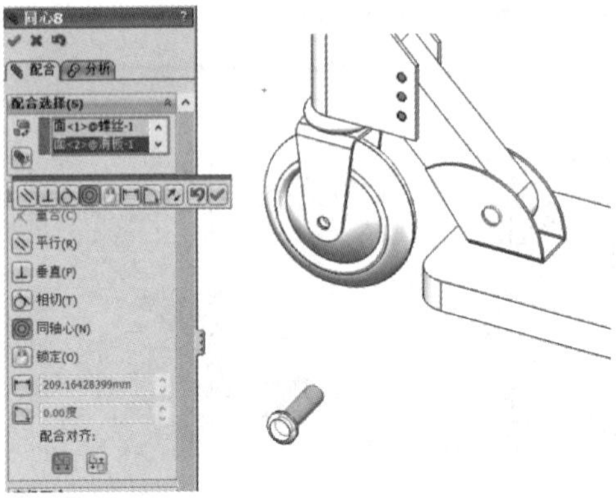

图 9-116

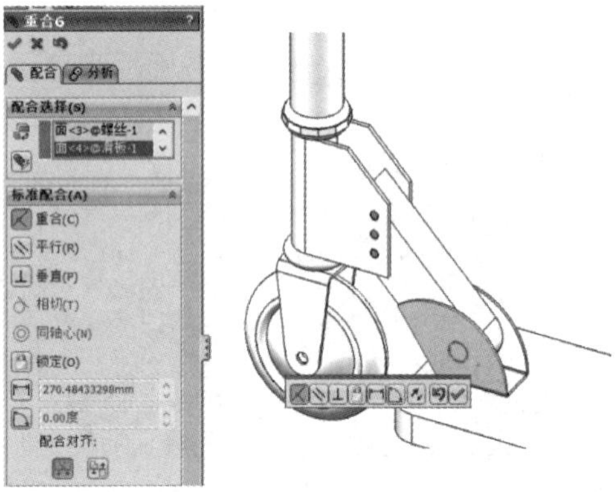

图 9-117

【步骤 22】插入零部件。单击“装配体”工具栏中的“插入零部件”命令，单击“浏览”按钮，在弹出的“打开”对话框中找到“螺母—连杆 . SLDPRT”文件，单击属性管理器中的“确定”，完成螺母文件的插入，如图 9-118 所示。

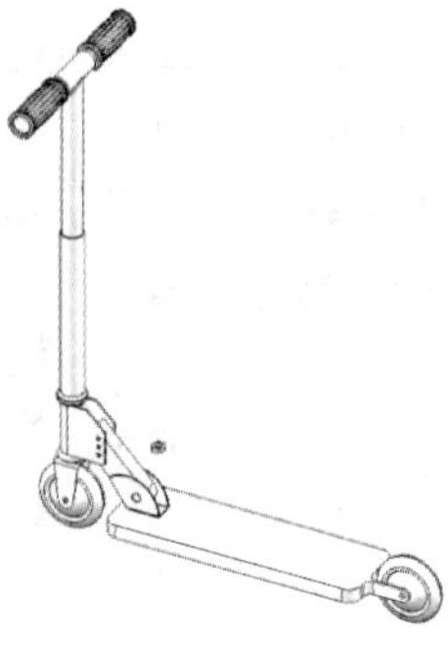

图 9-118

【步骤 23】配合螺丝和螺母零部件。单击“装配体”工具栏中的“配合”命令，显示“配合”属性管理器，分别选择螺丝的圆孔外表面和螺母的圆孔内表面作为“要配合的实体”，在“标准配合”选项栏中选择“同轴心”配合，单击配合工具栏中的“确定”，生成“同心 8”配合，结果如图 9-119 所示。继续选择螺母的左侧平面和滑板的右侧平面作为“要配合的实体”，在“标准配合”选项栏中选择“重合”配合，单击配合工具栏中的“确定”，生成“重合 7”配合，结果如图 9-120 所示。

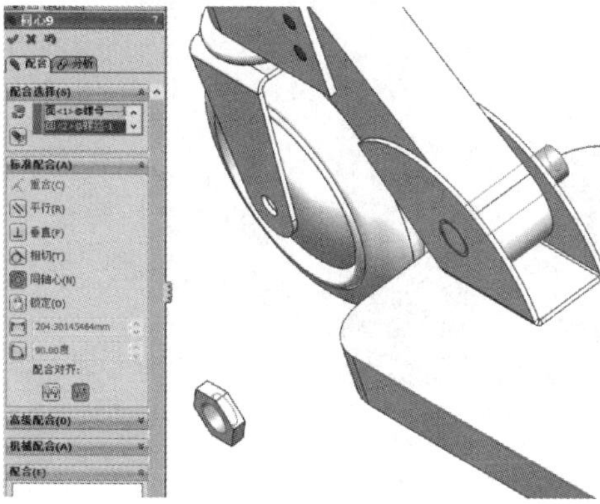

图 9-119

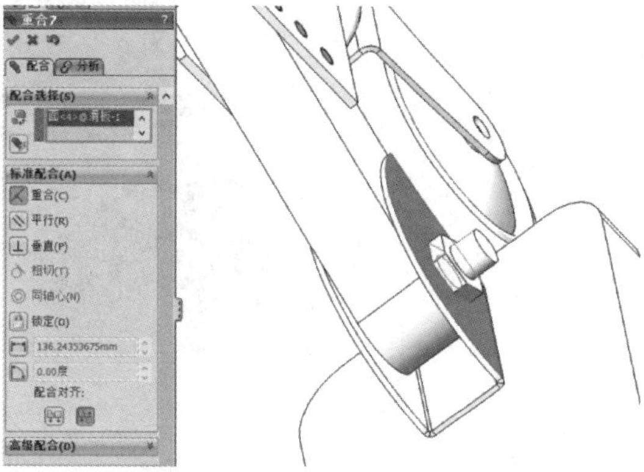

图 9-120

【步骤 24】插入零部件。单击“装配体”工具栏中的“插入零部件”命令，显示“插入零部件”属性管理器。在“要插入的零件/装配体”选项中单击“浏览”按钮，在弹出的“打开”对话框中找到“支撑杆 . SLDPRT”文件，单击属性管理器中的“确定”，完成支撑杆文件的插入，结果如图 9-121 所示。

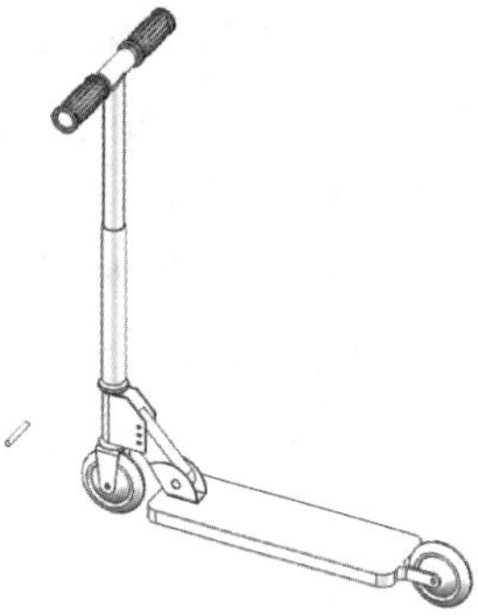

图 9-121

滑板车建模过程的视频可扫描二维码观看。

滑板车　把手建模　把套建模

连杆　滑板建模　车轮建模　装配

三、案例拓展

通过上一阶段的建模步骤实践，我们完成了手持式儿童滑板车的制作。思考如何创建一款如图 9-122 所示儿童平衡车。

图 9-122

任务分析

平衡车主要锻炼宝宝的平衡能力，属于宝宝的第一台代步车，行驶时，需要宝贝双脚着地，双腿共同用力向前滑动，锻炼宝宝的双腿肌肉均衡发展。建议适用年龄是 2~5 岁，身高 80~120cm 的小宝宝。该车的设计特点有：减震坐垫，尾部上翘，防止向后翻倒，符合人体工程学，宝宝久坐不累；四轮设计，更稳固安全，宝宝容易掌握；全闭合轮盖，防止轮圈夹到宝宝小脚，防滑，静音，更耐磨。

本任务包含两个内容：坐垫造型，采用了先绘制好坐垫体，然后进行 *X* 轴弯曲和 *Z* 轴弯曲的方式形成；平衡车支架的造型表达，采用了两次放样实体形成大体，然后抽壳形成薄壁，再与轮子实体支架结合，形成了壳体与实体部件的有机结合。详细的部件分解如图 9-123 所示。

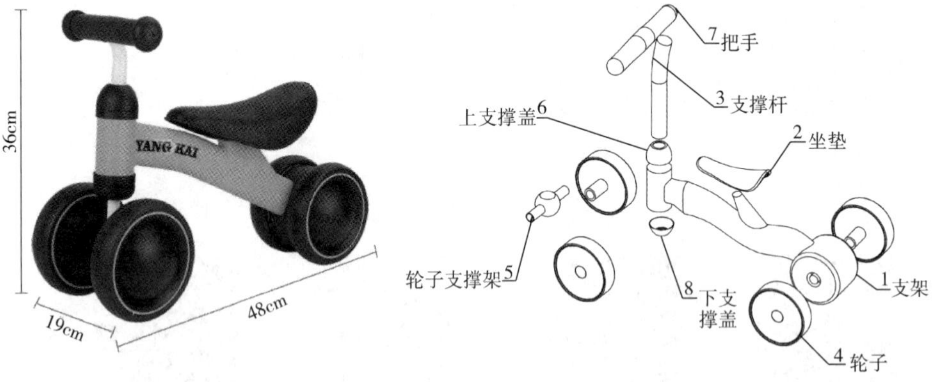

图 9-123

把手建模操作步骤

【步骤 1】绘制草图。以右视基准面作为绘图面，绘制一个如图 9-124 所示的轮廓图形，然后选择“曲面旋转”特征命令，实现 360°旋转，完成主体，如图 9-125 所示。

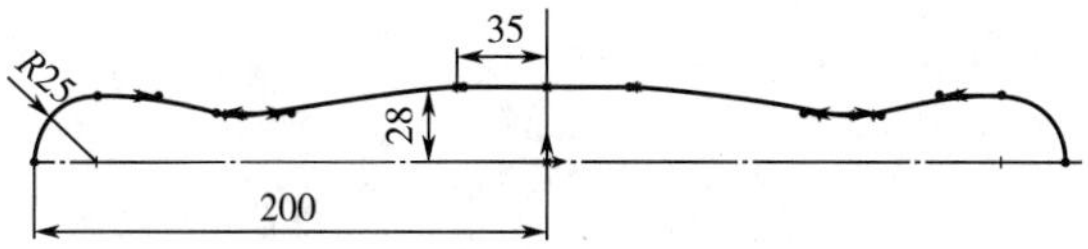

图 9-124

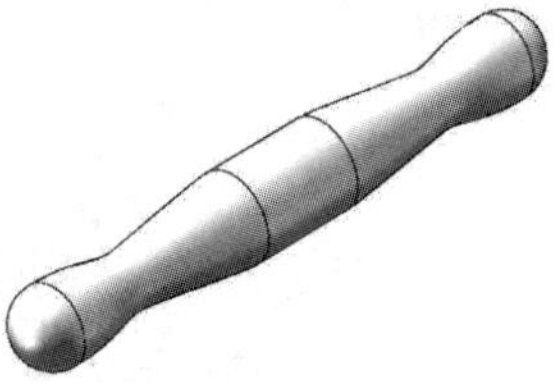

图 9-125

【步骤 2】剪裁草图。以上视基准面作为绘图面，绘制一个直径为 50mm 的圆形，如图 9-126 所示，然后选择“剪裁曲面”特征命令，除去底面向下的圆形部分，生成连杆的孔位，如图 9-127 所示。

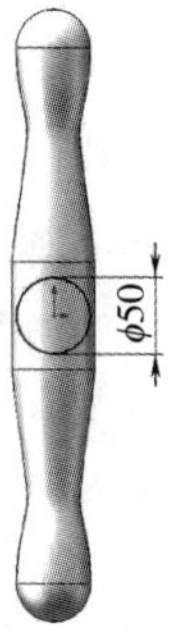

图 9-126

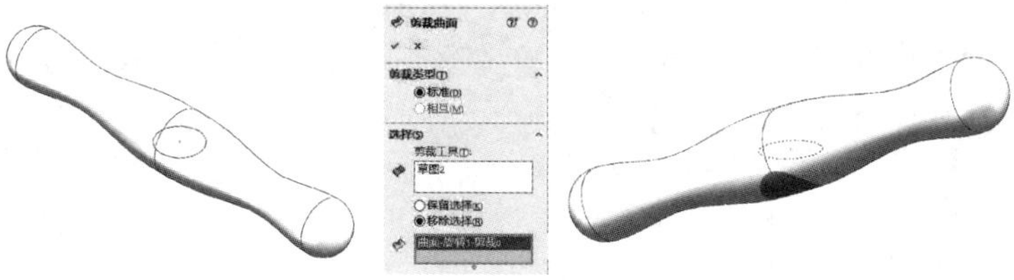

图 9-127

【步骤 3】加厚曲面。在工具栏选择“曲面加厚”特征命令，加厚 4mm，完成手柄部分制作，如图 9-128 所示。

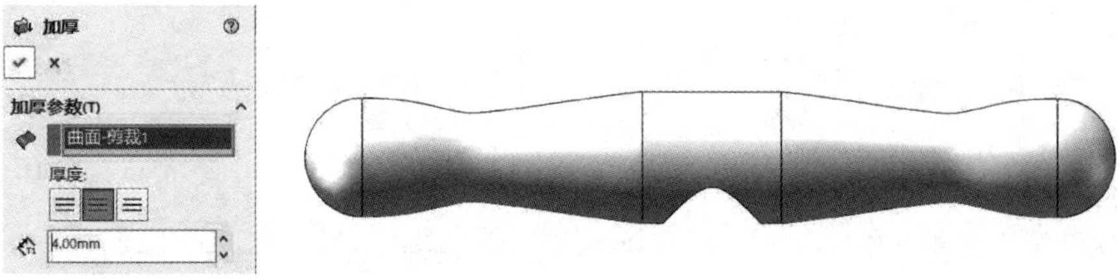

图 9-128

支撑杆建模操作步骤

【步骤 1】绘制草图。在“上视基准面”上绘制 1 个圆环草图，选择“拉伸特征”进行向上拉伸距离 150mm，向下拉伸距离 200mm，如图 9-129 所示。

【步骤 2】弯曲支架。使用“弯曲”特征命令，将上部分支撑杆向内弯曲 15°，如图 9-130 所示。

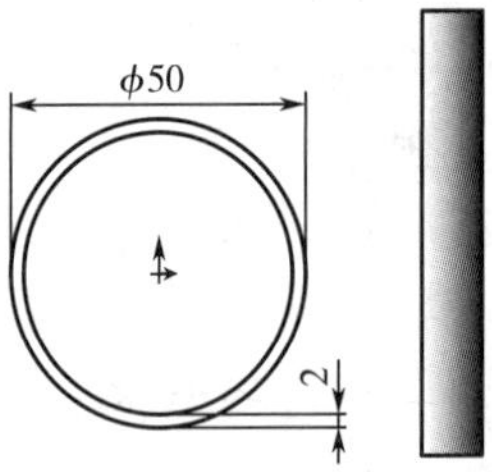

图 9-129

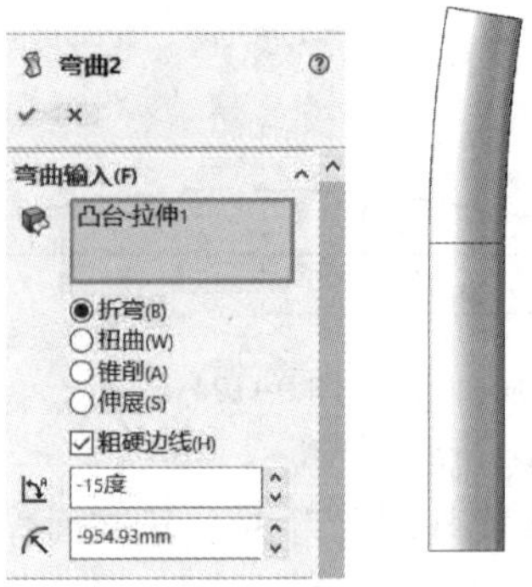

图 9-130

支架建模操作步骤

【步骤 1】放样 1。创建新的基准面 1，在不同基准面上绘制 3 个草图，使用“放样”特征命令，实现支架的起始部分，如图 9-131 所示。

【步骤 2】放样 2。同上一个步骤，绘制 3 个草图，使用“放样”特征命令，实现支架的中段部分，如图 9-132 所示。

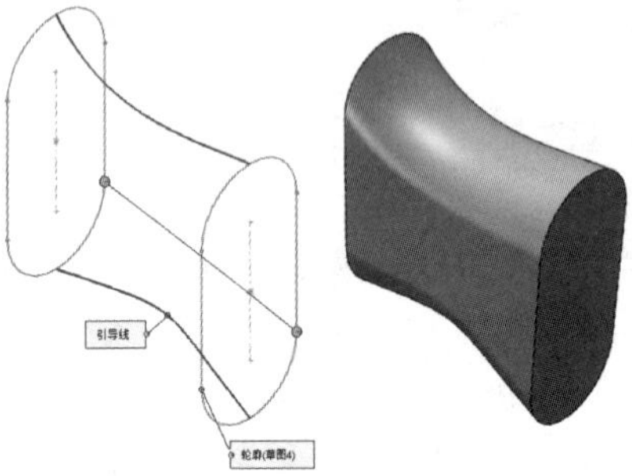

图 9-131

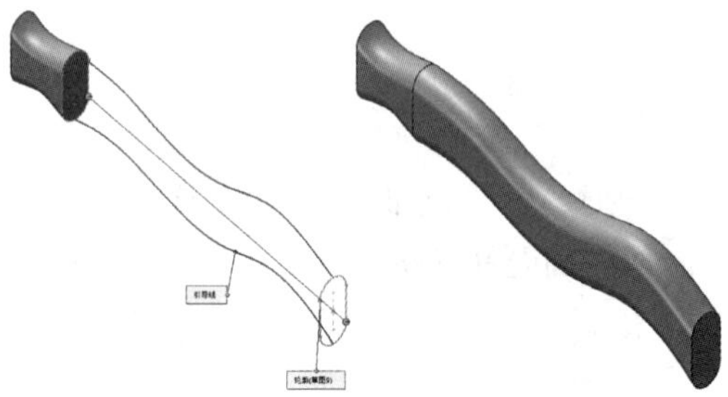

图 9-132

【步骤 3】拉伸实体。选择上视基准面，绘制一个直径为 80mm 的圆形，选择拉伸特征命令，创建与支撑杆相连接的支架部分，如图 9-133 所示。

【步骤 4】坐垫支撑杆。选择分割线特征命令，在支架部分创建一个支撑轮廓，如图 9-134 所示；接着使用“放样”特征命令，完成支架与坐垫之间的连接部分，如图 9-135 所示。

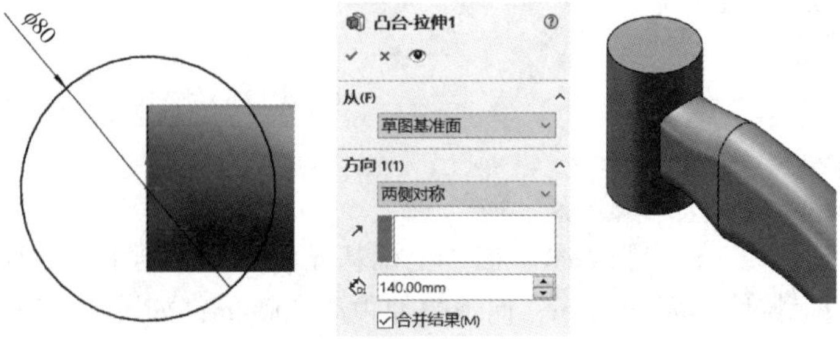

图 9-133

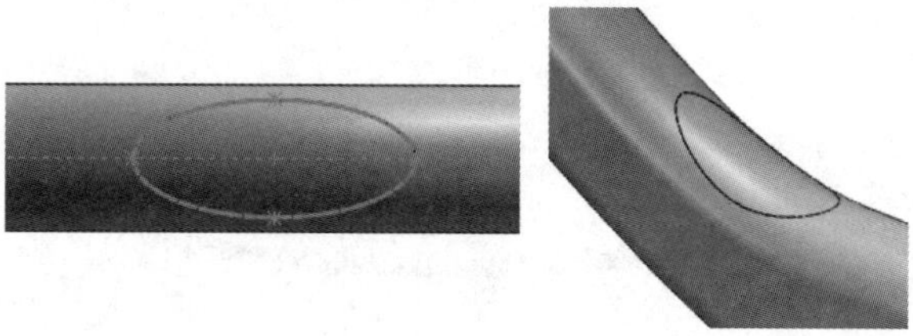

图 9-134

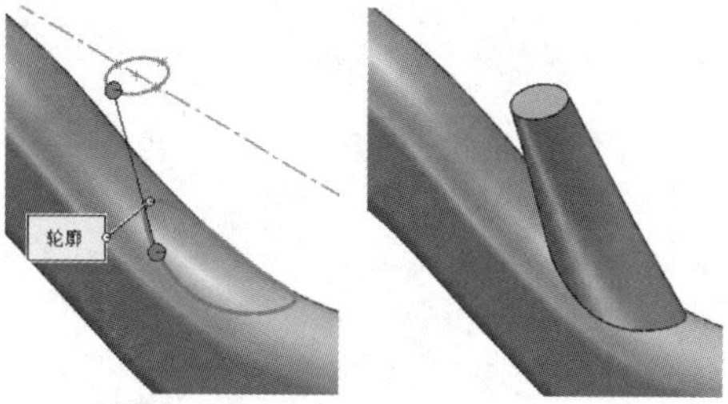

图 9-135

【步骤 5】细化。选择抽壳特征命令，在支架部分变成壳体；接着使用“圆角”特征命令，使支架间连接部分更加光滑，如图 9-136 所示。

【步骤 6】支架轮子支撑。先绘制一个圆形作为轮子连接件轮廓，然后选择“拉伸”“拉伸切除”“圆角”等特征命令制作支架与轮子的连接部分，如图 9-137 所示。

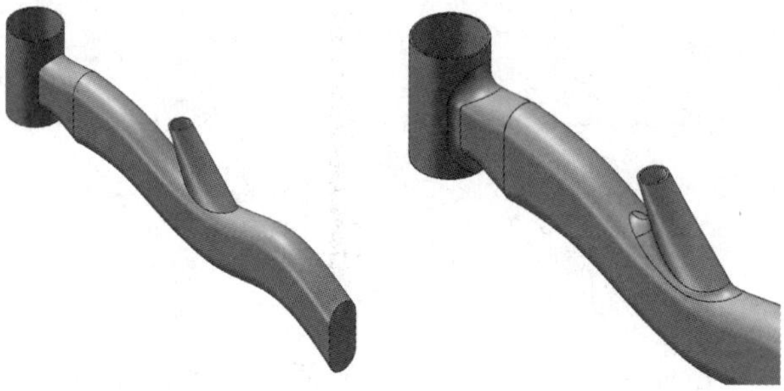

图 9-136

图 9-137

坐垫建模操作步骤

【步骤 1】坐垫平面。绘制 1 个草图，进行“拉伸”“圆角”“抽壳”特征命令，完成坐垫基本形状建模，如图 9-138 所示。

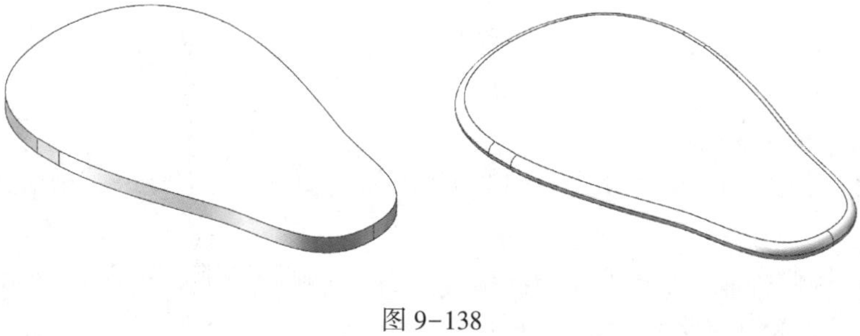

图 9-138

【步骤 2】两次弯曲坐垫平面。第一次弯曲，沿着 *X* 轴方向进行弯曲，让两端翘起来，如图 9-139 所示；第二次弯曲，沿着 *Z* 轴方向弯曲，使得左右两侧向下凹进去，如图 9-140 所示。

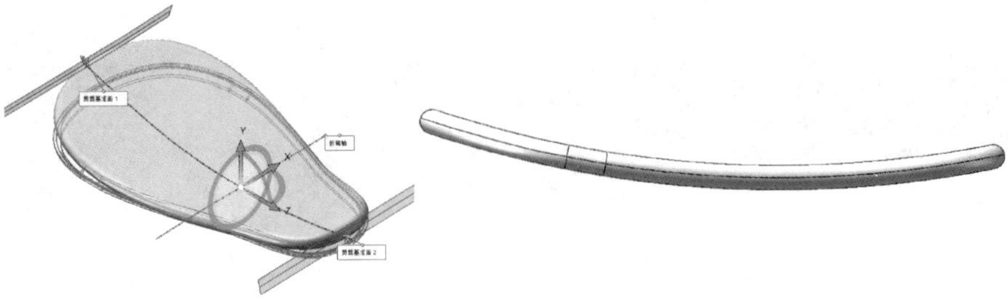

图 9-139

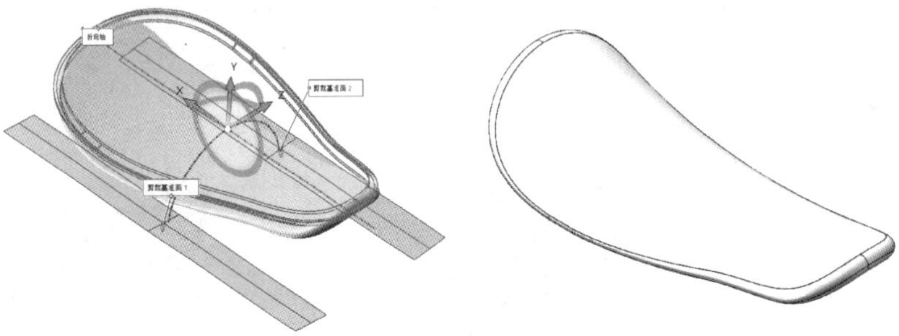

图 9-140

【步骤 3】坐垫结构。利用“筋”“拉伸”“拉伸切除”等特征命令，完成坐垫与支撑杆之间的连接结构。具体尺寸与制作可以自定义完成，如图 9-141 所示。

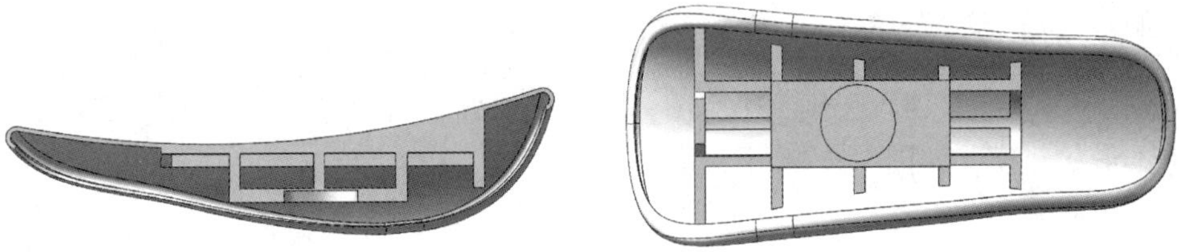

图 9-141

轮子建模操作步骤

【步骤 1】旋转特征。绘制如图 9-142 所示草图，使用“旋转”特征命令，得出轮子实体效果。

【步骤 2】拉伸特征。在中心区域凹槽面绘制一个圆形草图，选择“拉伸实体”命令，创建轮子与支架连接实体即可，如图 9-143 所示。

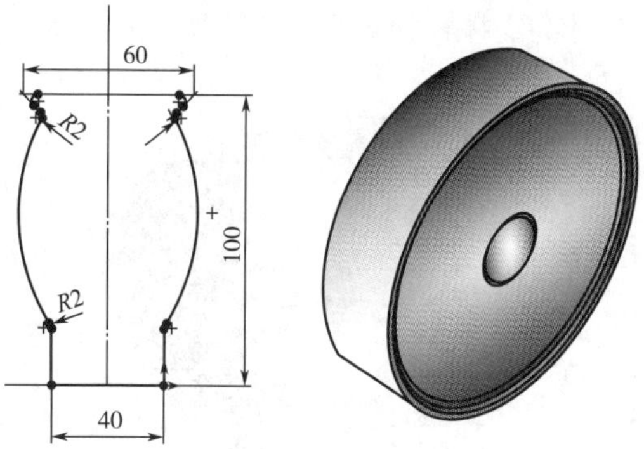

图 9-142

图 9-143

轮子支撑架建模操作步骤

【步骤 1】旋转特征。通过绘制一个半圆草图进行“旋转”特征，形成一个球体。

【步骤 2】拉伸特征。绘制一个圆形草图，使用“拉伸凸台”命令形成支架；接着绘制一个圆形，进行“拉伸切除”“抽壳”，实现轮子支撑架制作，如图 9-144 所示。

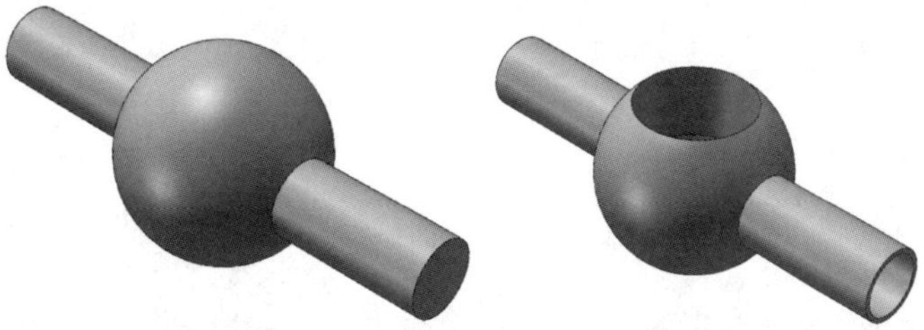

图 9-144

支撑架上下盖建模操作步骤

【步骤 1】旋转特征。绘制一个草图轮廓，进行“旋转”特征形成一个上盖，如图 9-145 所示。

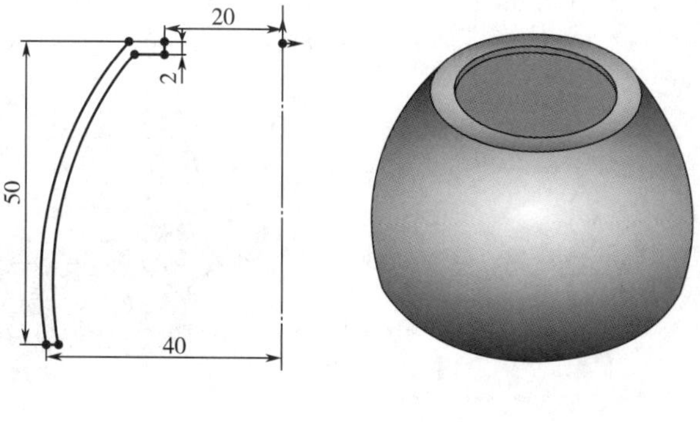

图 9-145

【步骤 2】旋转特征。绘制一个草图轮廓，进行“旋转”特征形成一个下盖。注意：上下盖与旋转轴的距离均为 20mm，这个尺寸为支撑杆的直径，如图 9-146 所示。

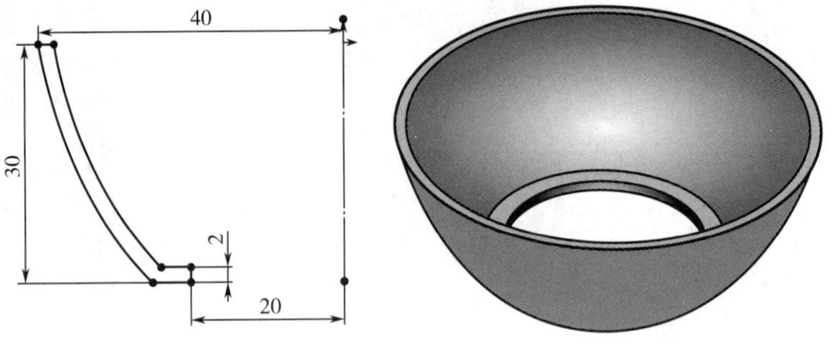

图 9-146

课后延伸

通过建模步骤的实践，我们完成儿童滑板车和平衡车的制作。现在，请仔细观察如图 9-147 所示滑板车效果图，你能找出其设计亮点吗？

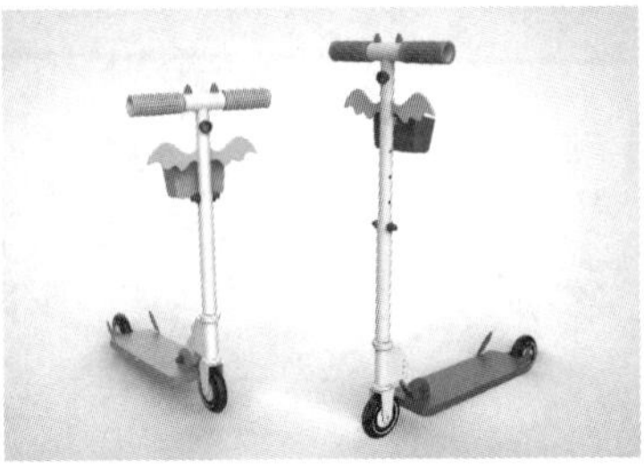

图 9-147

本产品建模过程中，添加了一些可爱的翅膀元素，通过拉伸一定厚度的形状给产品做点缀，让简洁的产品更加生动。比如把手部分加入了猫咪耳朵、支架上加入了翅膀护栏、指示灯等。

由此可见，我们可以在滑板车的手柄、支撑杆、踏板等基本部件上做变化；也可以给产品添加一些可替换配件，如铃铛、篮子、定位灯、音箱等，如图 9-148 所示。通过了解

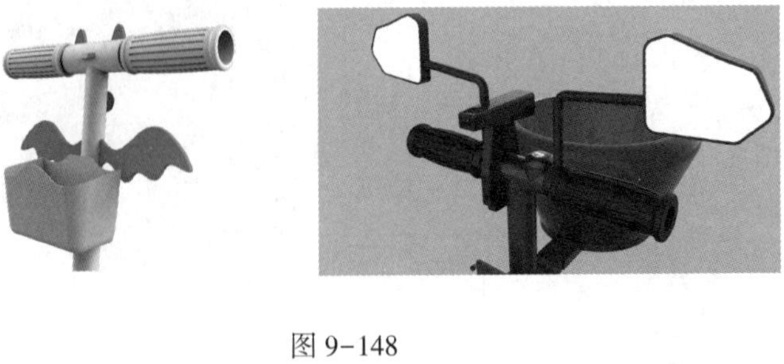

图 9-148

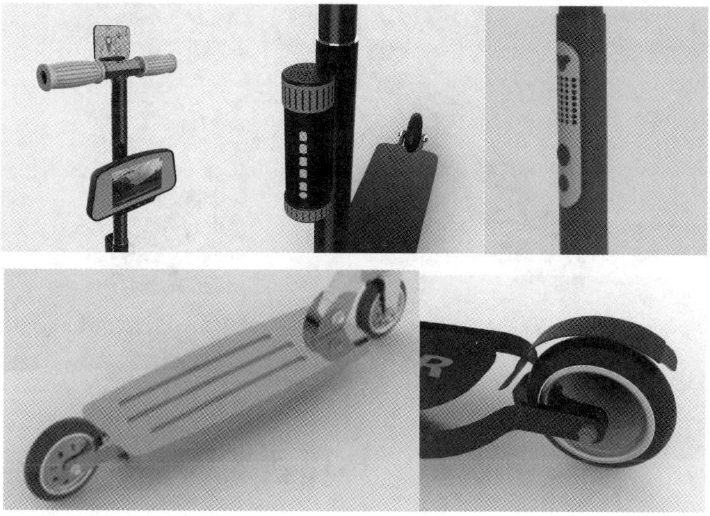

图 9-148（续）

基本产品的建模过程，可以举一反三地创建出丰富多彩的产品造型。图 9-149 至图 9-153 为学生作品，可扫描二维码下载作品源文件。

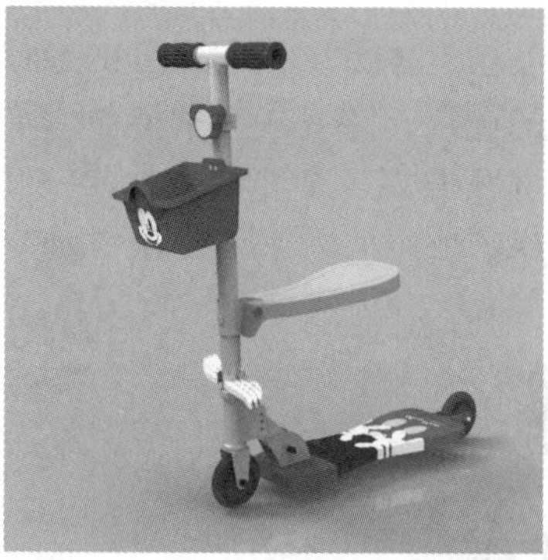

图 9-149

图 9-150

图 9-151

图 9-152

图 9-153

第二节　环保机器人

一、案例简介

机器人是自动执行工作的机器装置。它既可以接受人类指挥，又可以运行预先编排的程序，也可以根据以人工智能技术制定的原则纲领行动。它的任务是协助或取代人类的工作，例如生产业、建筑业或是危险的工作。

人们对机器人充满了幻想，也许正是由于机器人定义的模糊，才给了人们充分的想象和创造空间。本案例为一款环保智能机器人（见图 9-154）的设计，随着人工智能技术应用深入，希望本款机器人不仅为垃圾分类、分拣等垃圾回收难题带来了新的解决方式，同时也能为环保产业的发展以及环保事业的建设提供了新的动能。

本案例建模时将机器人分为头部、身体、外框、垃圾桶、手部、轮子、防撞条等几部分。首先新建零件文件，用旋转、拉伸切除、基准面、阵列、圆顶、镜像等命令绘制头部，绘制流程如图 9-155 所示。

图 9-154

用基准面、放样实体、分割线、等距曲面、加厚等命令绘制身体和外框；用分割线、等距曲面、加厚、加厚切除、拉伸切除、拉伸实体、旋转切除等命令绘制垃

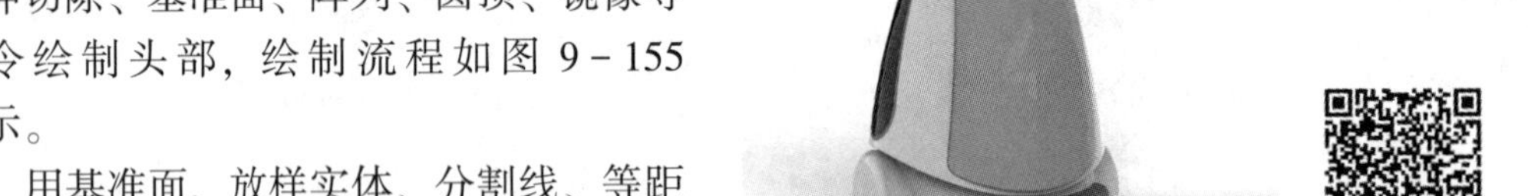

图 9-155

圾桶和手部，绘制流程如图 9-156 所示。

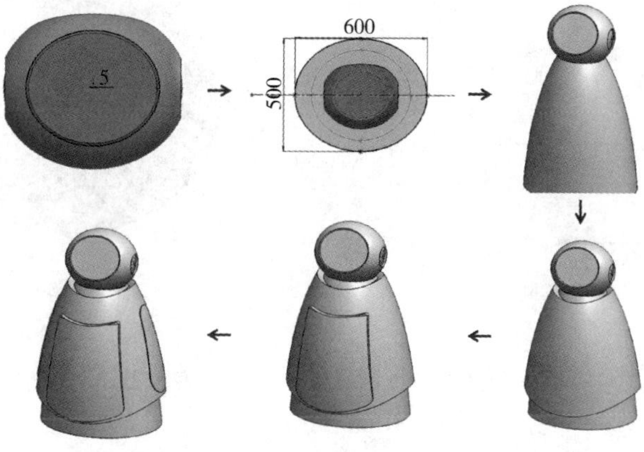

图 9-156

用旋转实体、分割线、等距曲面、加厚曲面等绘制轮子和防撞条；最后对各部分进行倒角或圆角，并进行组合，绘制流程如图 9-157 所示。

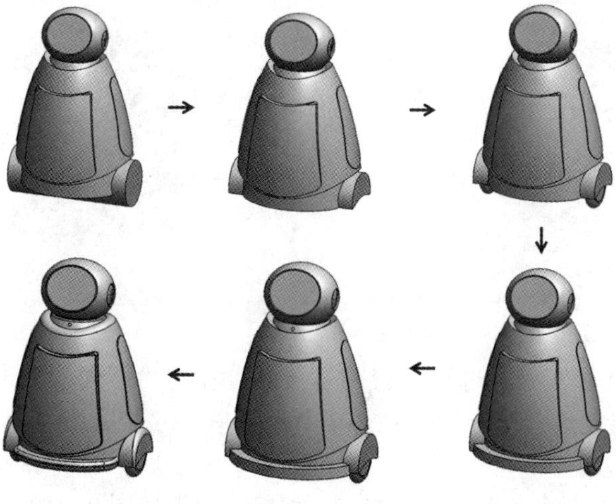

图 9-157

二、案例实操

头部建模操作步骤

【步骤 1】新建文件。启动 SolidWorks，创建一个新的零件文件。

【步骤 2】旋转实体。选择“前视基准面”作为绘图面，正视于屏幕。单击“草图”工具栏中的“椭圆”“直线”“剪裁曲线”命令，绘制具有尺寸的轮廓线，如图 9-158 所示。单击“特征”工具栏中的“旋转凸台/基体”图标，旋转轴选择水平 X 轴，单击属性管理器中的“确定”，如图 9-159 所示。

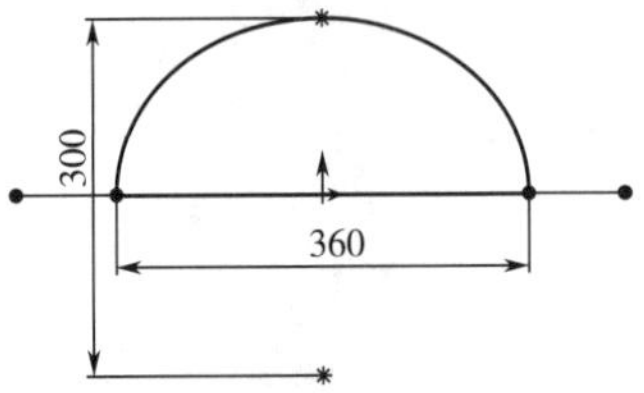

图 9-158

图 9-159

【步骤 3】拉伸切除实体。选择“前视基准面”作为绘图面，单击“草图”工具栏中的“矩形”命令，绘制一个距离原点 110mm 的矩形轮廓线，如图 9-160 所示；单击“特征”工具栏中的“拉伸切除”图标，在“方向 1”下选项“终止条件”中选择“两侧对称”，拉伸距离输入 320mm，其他按照图示默认状态，单击属性管理器中的“确定”，如图 9-161 所示。

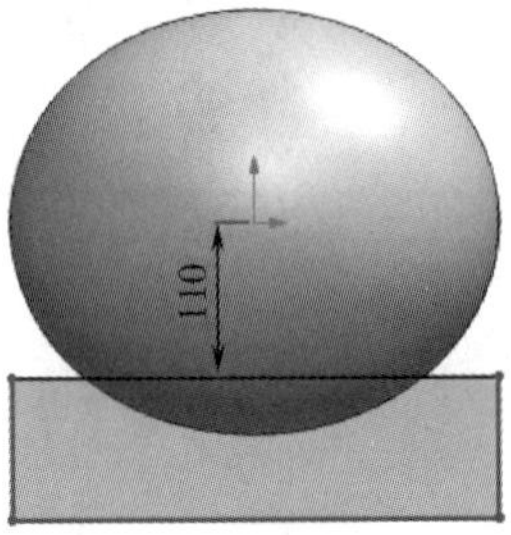

图 9-160

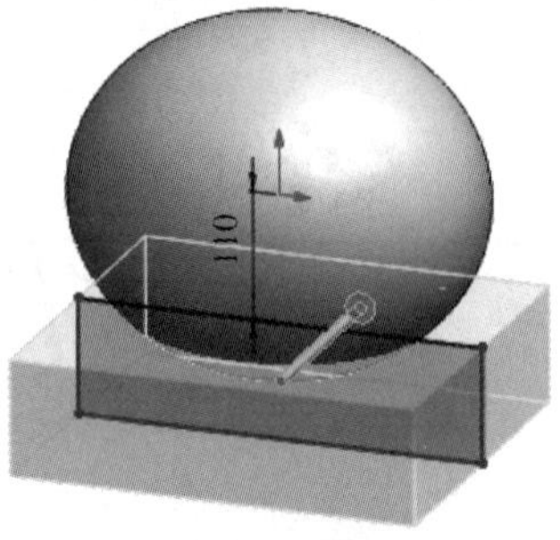

图 9-161

【步骤 4】拉伸切除实体。选择“右视基准面”作为绘图面，单击“草图”工具栏中的“直线”命令，绘制轮廓线，如图 9-162 所示；单击“特征”工具栏中的“拉伸切除”图标，在“方向 1”下选项“终止条件”中选择“完全贯穿”，“反侧切除”打√，其他按照图示默认状态，单击属性管理器中的“确定”，结果如图 9-163 所示。

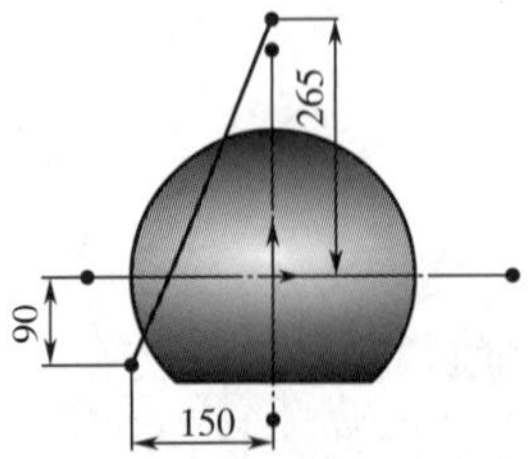

图 9-162

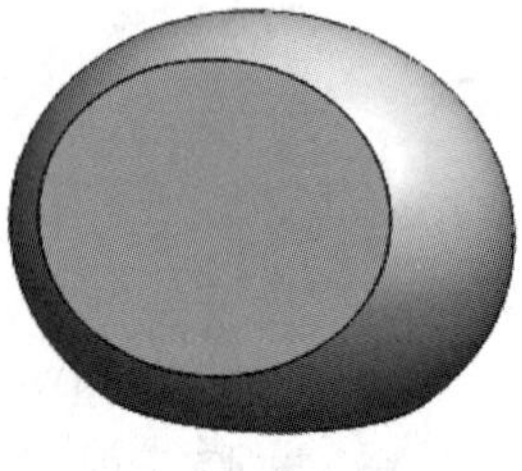

图 9-163

【步骤 5】拉伸切除实体。在界面中，选择“面”后，单击鼠标右键，选择“绘制草图”，进入绘制草图，单击“草图”工具栏中的“转换实体引用”命令，引用面的边线，结果如图 9-164 所示；单击“特征”工具栏中的“拉伸切除”图标，在“方向 1”下选项“终止条件”中选择“给定深度”，距离给定 1.5mm，“拔模角度”为 75°，其他按照图示默认状态，单击属性管理器中的“确定”，结果如图 9-165 所示。

图 9-164

图 9-165

【步骤 6】生成基准面 1。单击“特征”工具栏中的“参考几何体”图标下的“基准面”命令，在“第一参考”中选择右视基准面，给定距离 160mm，其他为系统默认属性，然后单击“确定”，形成基准面 1，如图 9-166 所示。

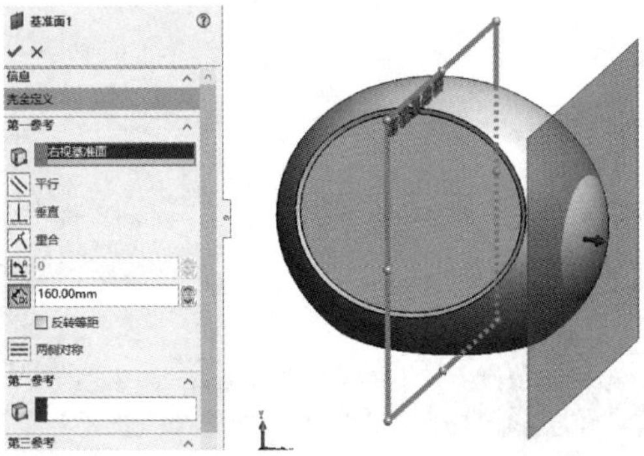

图 9-166

【步骤 7】拉伸切除实体。选择“基准面 1”作为绘图面，正视于屏幕，单击“草图”工具栏中的“圆”命令，绘制一个直径为 100mm 的圆，如图 9-167 所示；单击“特征”工具栏中的“拉伸切除”图标，在“方向 1”下选项“终止条件”中选择“完全贯穿”，单击属性管理器中的“确定”，结果如图 9-168 所示。

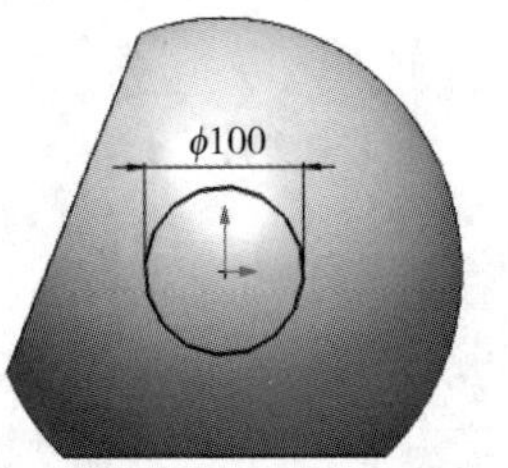

图 9-167

图 9-168

【步骤 8】圆顶命令。单击“特征”工具栏中的“圆顶”命令，在“圆顶”属性栏的“到圆顶的面”选项中，选择拉伸切除的内侧面，“距离”参数值为 10mm，其他参数按照图示默认状态，单击属性管理器中的“确定”，如图 9-169 所示。

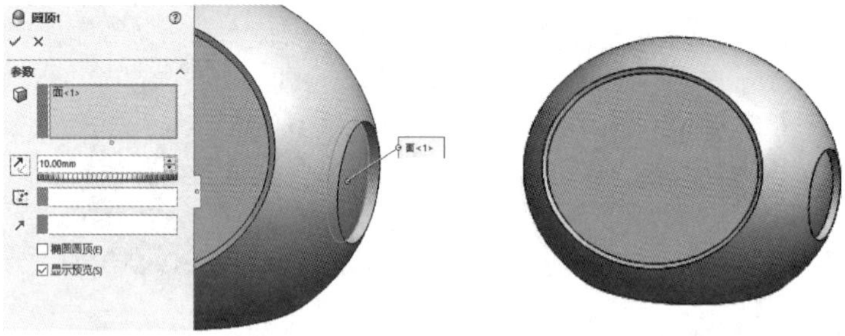

图 9-169

【步骤 9】拉伸切除实体。选择“基准面 1”作为绘图面，正视于屏幕，单击“草图”工具栏中的“圆”命令，绘制一个直径为 3mm 的圆，结果如图 9-170 所示；单击“特征”工具栏中的“拉伸切除”图标，在“方向 1”下选项“终止条件”中选择“完全贯穿”，单击属性管理器中的“确定”，如图 9-171 所示。

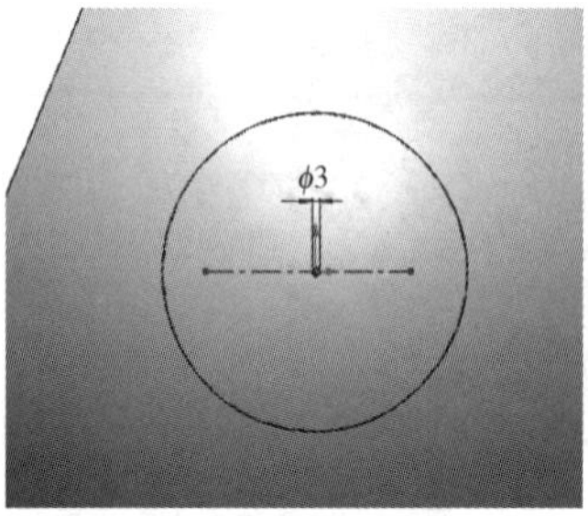

图 9-170

图 9-171

【步骤 10】线性阵列。选择“基准面 1”，绘制一条直线，以原点为中心绘制一个直径为 3mm 的圆形，单击“特征”工具栏中“阵列”下面的指标选择“线性阵列 ”，间距为 8mm，实例数为 5，阵列特征选择拉伸切除 4，如图 9-172 所示，结果如图 9-173 所示。

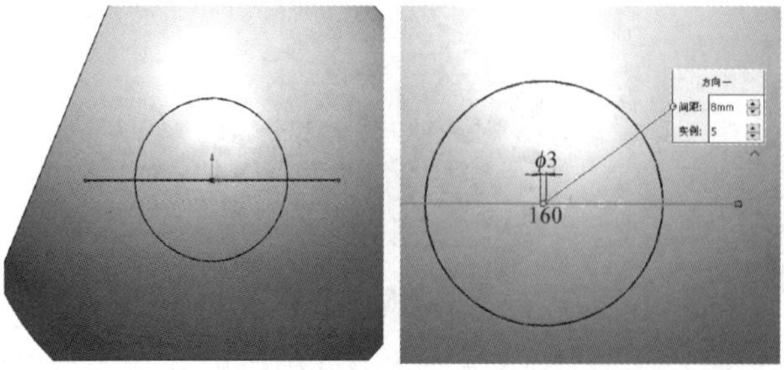

图 9-172

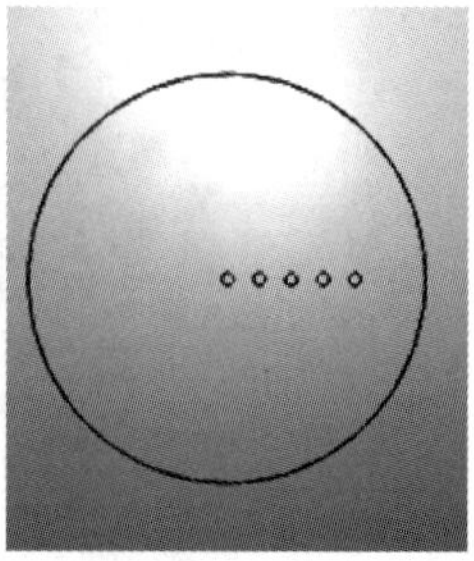

图 9-173

【步骤 11】圆周阵列。单击“特征”工具栏中“阵列”下面的指标，选择“圆周阵列”，角度为 360°，阵列数目给定 9，选择“等间距”，阵列特征选择线性阵列 1，如图 9-174 所示，其他按照图示默认状态，单击属性管理器中的“确定”，结果如图 9-175 所示。

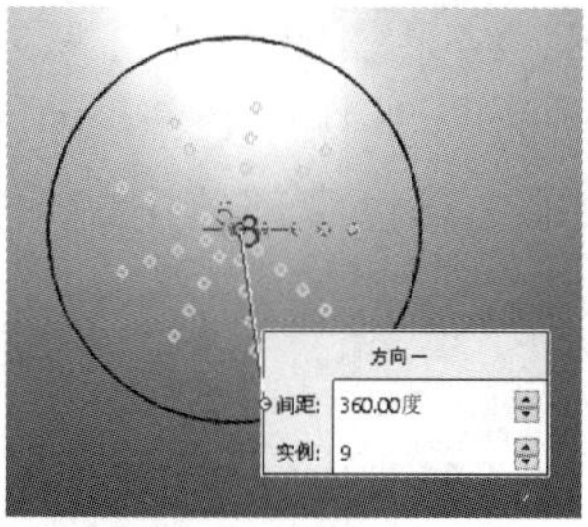

图 9-174

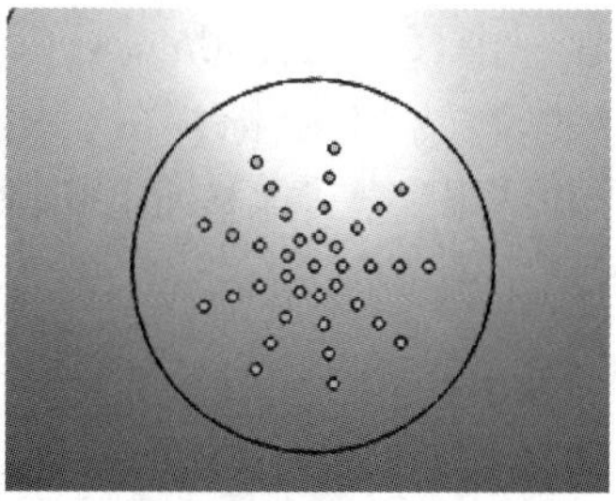

图 9-175

【步骤 12】镜像。单击“特征”工具栏中的“镜像”图标，在“镜像面/基准面”下选择“右视基准面”，在“要镜像的特征”下的选择如图 9-176 所示，其他按照图示默认状态，单击属性管理器中的“确定”，结果如图 9-177 所示。

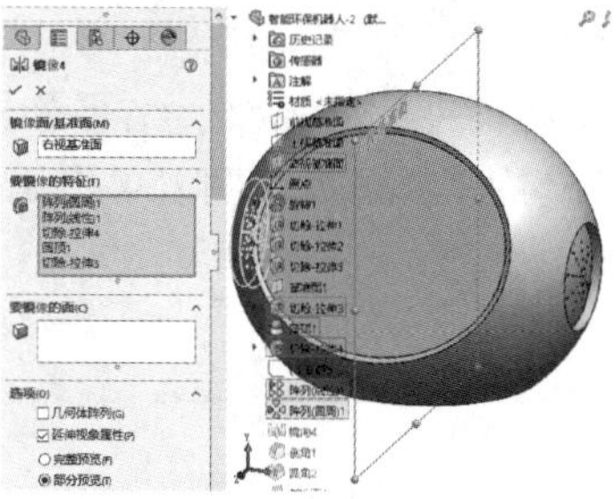

图 9-176

图 9-177

主体建模操作步骤

【步骤 1】生成基准面 2、3。单击“特征”工具栏中的“参考几何体”图标下的“基准面”命令，在“第一参考”中选择上视基准面，给定距离 350mm，在“反转等距”前打√，其他为系统默认属性，然后单击“确定”，形成基准面 2；重复上述步骤，距离改为 800mm，形成基准面 3，如图 9-178 和图 9-179 所示。

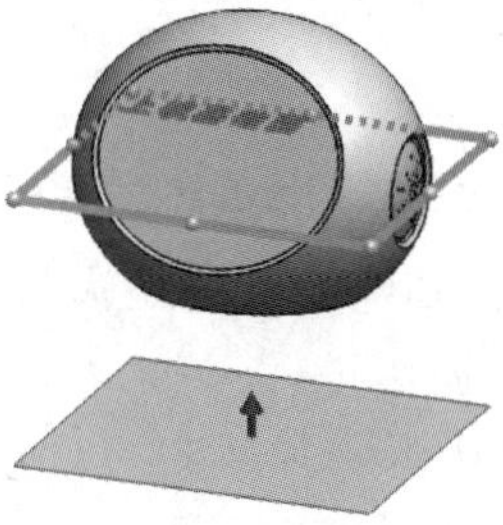

图 9-178

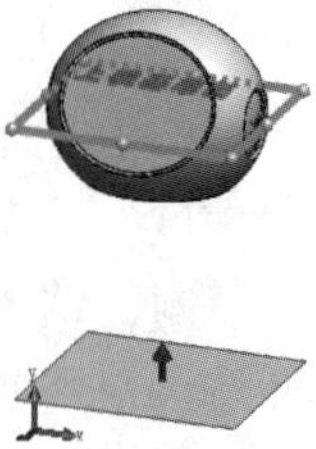

图 9-179

【步骤 2】放样实体。在界面中，选择“头部底面”作为绘图面，正视于屏幕，单击“草图”工具栏中的“转换实体引用”“等距实体”命令，引用轮廓线，等距距离为5mm，如图 9–180 所示。选择“基准面 2”作为绘图面，单击“草图”工具栏中的“椭圆”命令，绘制一个尺寸为 450mm×400mm 的椭圆，结果如图 9–181 所示；在“基准面 3”上绘制一个尺寸为 600mm×500mm 的椭圆，结果如图 9–182 所示。单击“特征”工具栏中的“放样”图标，在“轮廓”下选择前两步中的 3 个草图，不勾选“选项”下的“合并结果”，其他按照图示默认状态，单击属性管理器中的“确定”，结果如图 9–183 所示。

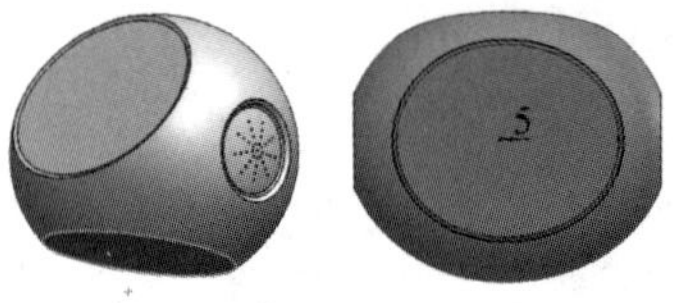

图 9–180

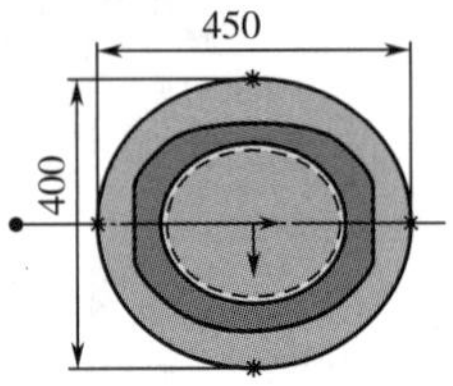

图 9–181

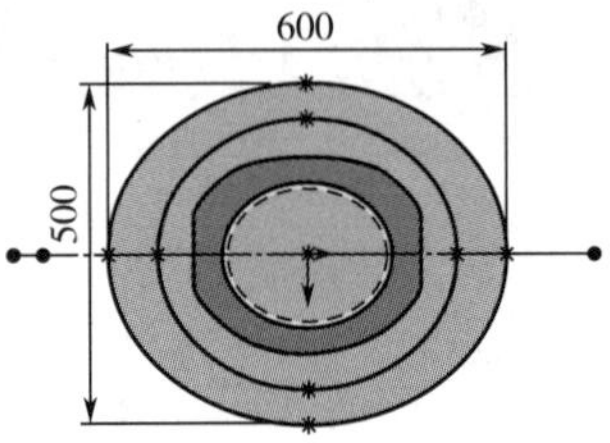

图 9–182

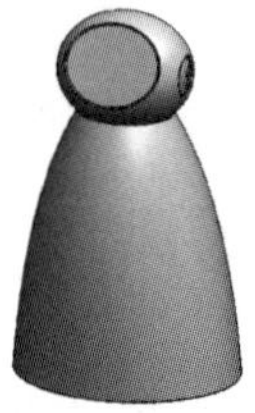

图 9–183

【步骤 3】分割线。选择“前视基准面”作为绘图面，正视于屏幕，单击“草图”工具栏中的“中心线”“三点圆弧”命令，绘制两条具有尺寸的弧线，结果如图 9–184 所示；单击“特征”工具栏中“曲线”图标下的“分割线”，选择草图，单击属性管理器中的“确定”，如图 9–185 所示。

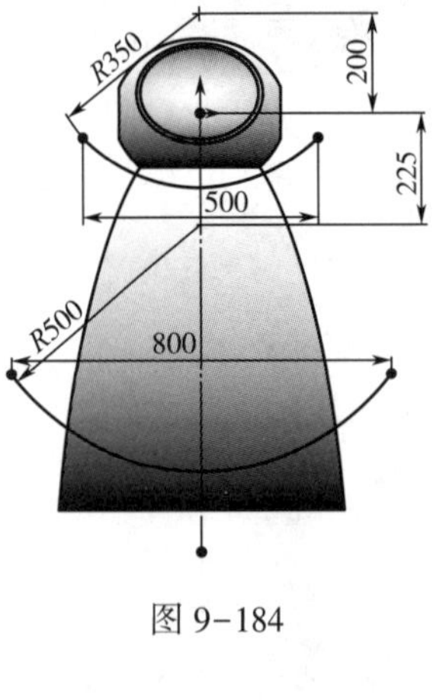

图 9–184

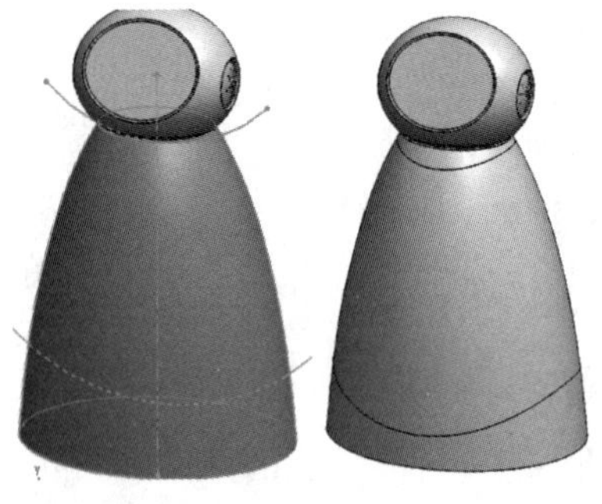

图 9–185

【步骤 4】等距曲面。单击“曲面”工具栏中的“等距曲面”命令，“要等距的曲面”选择分割线之间的面，“深度”参数输入 0mm，其他为系统默认属性，如图 9–186 所示，单击“确定”，完成面的复制，结果如图 9–187 所示。

【步骤 5】加厚曲面。单击“曲面”工具栏中的“加厚”，“要加厚的曲面”选择等距的曲面，给定厚度 35mm，不合并结果，如图 9–188 所示。

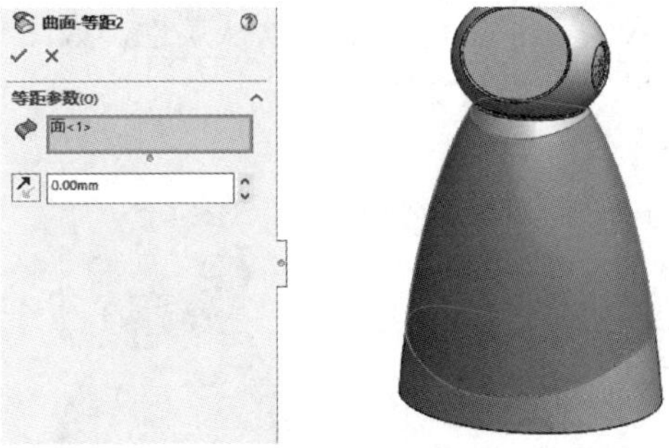

图 9-186

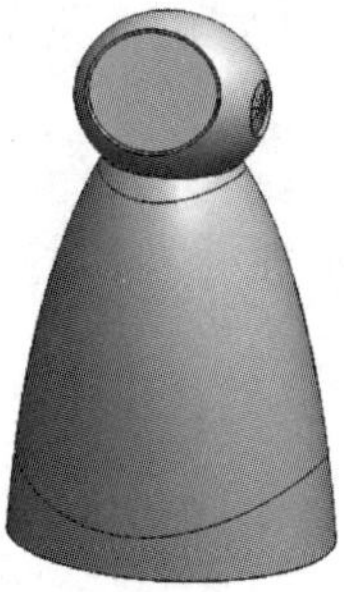

图 9-187

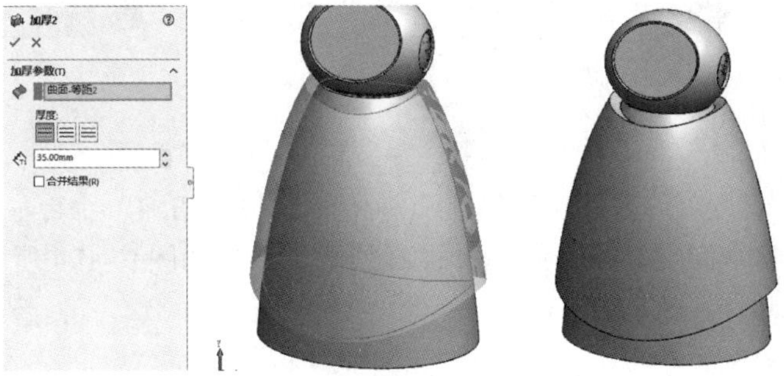

图 9-188

主体细节建模操作步骤

【步骤 1】分割线。选择“前视基准面”作为绘图面，正视于屏幕，单击“草图”工具栏中的“转换实体引用”“等距曲线”“直线”“三点圆弧”“圆角”命令，绘制具有尺寸的轮廓线，如图 9-189 所示；单击“特征”工具栏中的“曲线”图标下的“分割线”，选择主体表面，单击属性管理器中的“确定”，结果如图 9-190 所示。

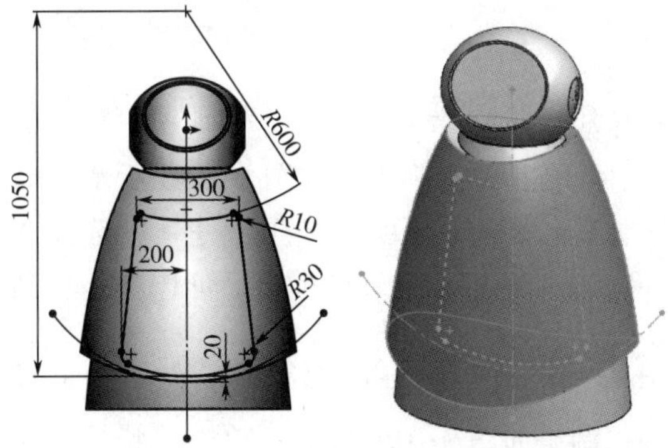

图 9-189

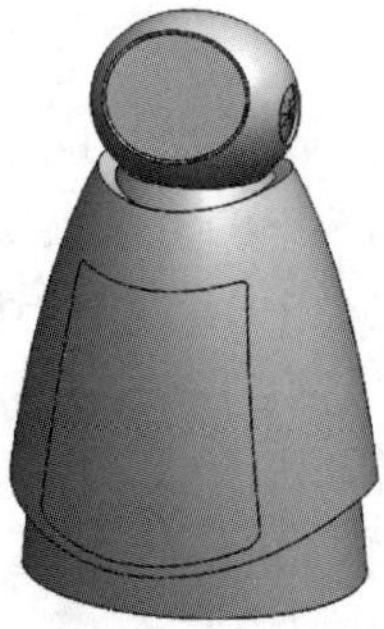

图 9-190

【步骤 2】等距曲面。单击“曲面”工具栏中的“等距曲面”命令，“要等距的曲面”选择背面已分割出来的面，“深度”参数输入 0mm，其他为系统默认属性，如图 9-191 所示，然后单击“确定”，完成面的复制，结果如图 9-192 所示。

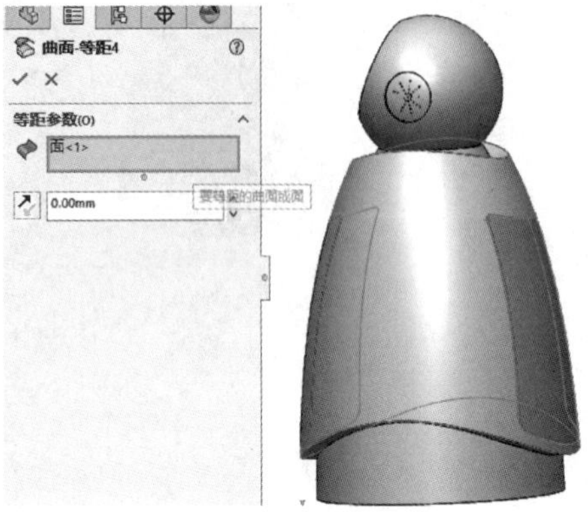

图 9-191

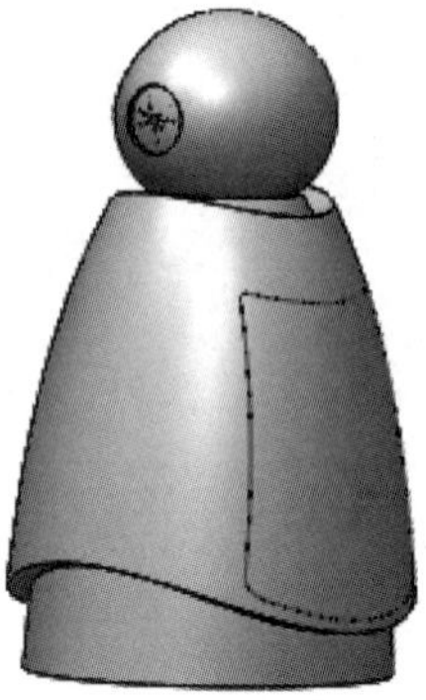

图 9-192

【步骤 3】加厚切除。单击“曲面”工具栏中的“加厚切除”命令，“要加厚的曲面”选择等距的曲面，给定厚度 3mm，如图 9-193 所示，结果如图 9-194 所示。

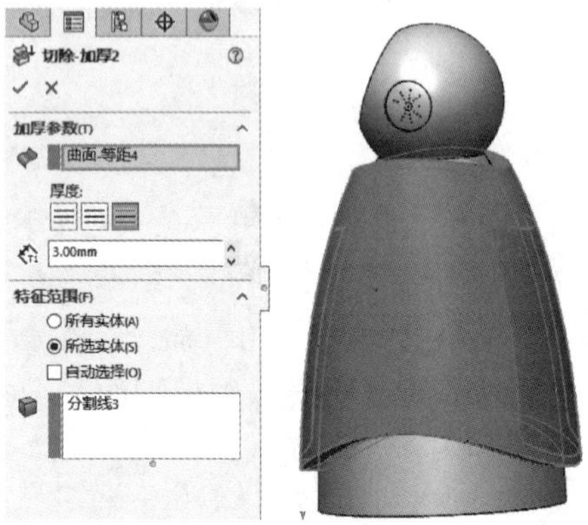

图 9-193

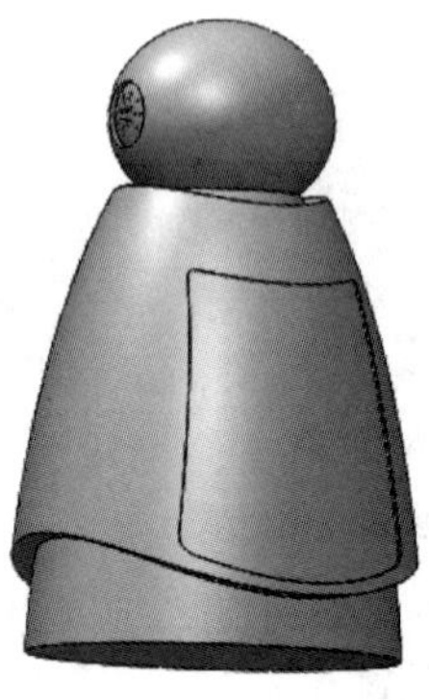

图 9-194

【步骤 4】拉伸切除实体。选择“前视基准面”作为绘图面，正视于屏幕，单击“草图”工具栏中的“转换实体引用”命令，引用上一个草图，如图 9-195 所示；单击“特征”工具栏中的“拉伸切除”图标，在“方向 1”下选项“终止条件”中选择“给定深度”，给定深度 300mm，向外拔模角度 1°，特征范围选择外框部分，如图 9-196 所示，单击属性管理器中的“确定”，结果如图 9-197 所示。

【步骤 5】拉伸实体。选择“前视基准面”作为绘图面，单击“草图”工具栏中的“转换实体引用”命令，引用上一个草图，结果如图 9-198 所示；单击“特征”工具栏中的“拉伸实体”命令，在“方向 1”下选项“终止条件”中选择“给定深度”，给定深度 300mm，向外拔模角度 1°，不合并结果，单击属性管理器中的“确定”，如图 9-199

所示。

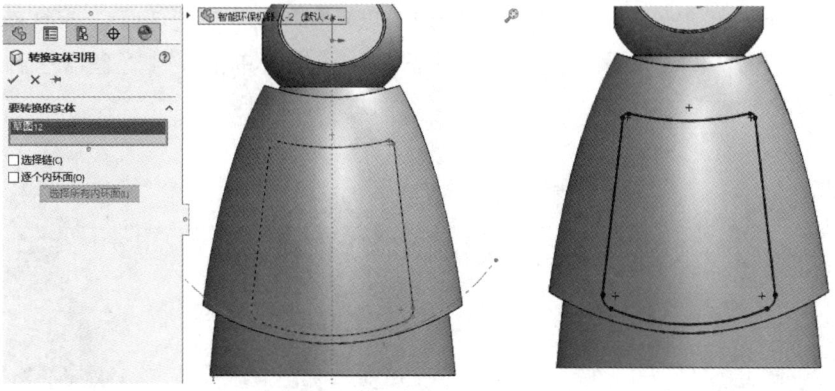

图 9-195

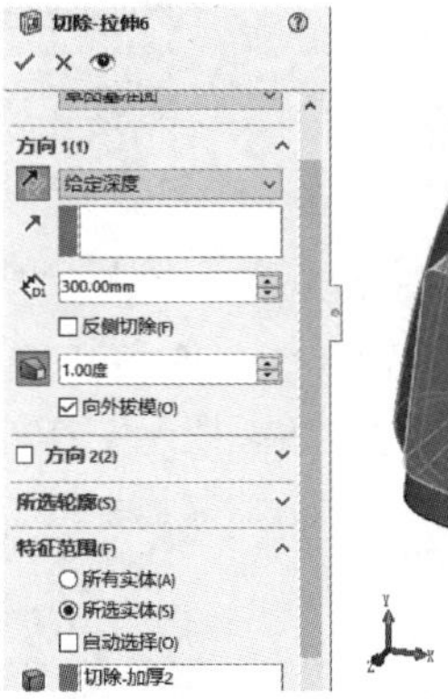

图 9-196

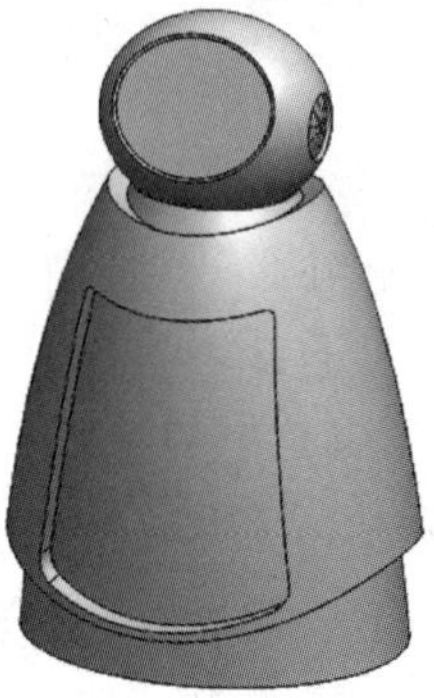

图 9-197

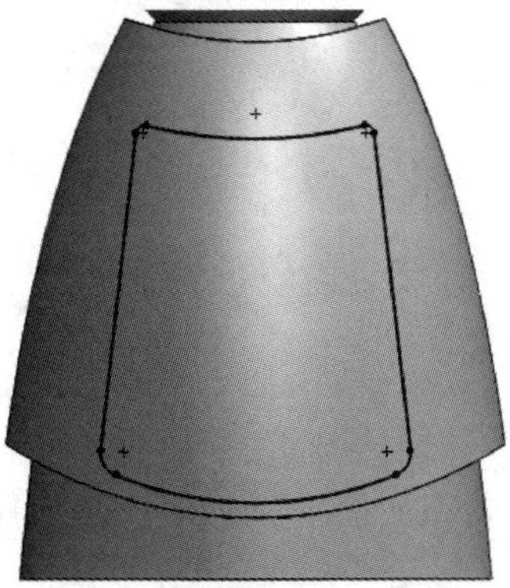

图 9-198

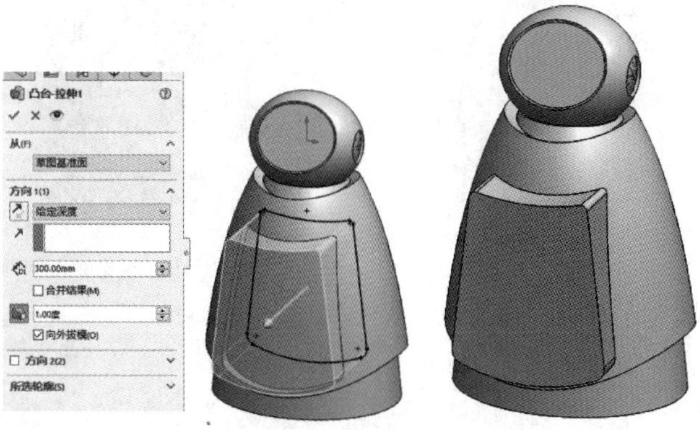

图 9-199

【步骤 6】旋转切除实体。选择“右视基准面”作为绘图面，正视于屏幕，单击“草图”工具栏中的“转换实体引用”“直线”“三点圆弧”“中心线”“添加几何关系”命令，绘制所需轮廓线，如图 9-200 所示；单击“特征”工具栏中的“旋转切除”命令，在“方向 1”下选项“终止条件”中选择“给定深度”，旋转角度为 360°，特征范围选择前面拉伸部分，如图 9-201 所示，其他按照图示默认状态，单击属性管理器中的“确定”，结果如图 9-202 所示。

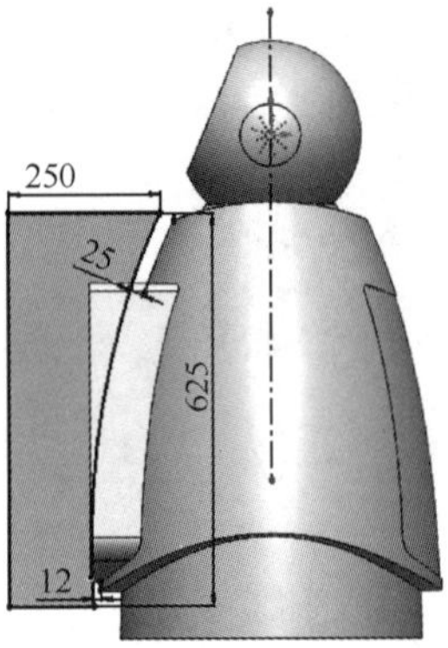

图 9-200

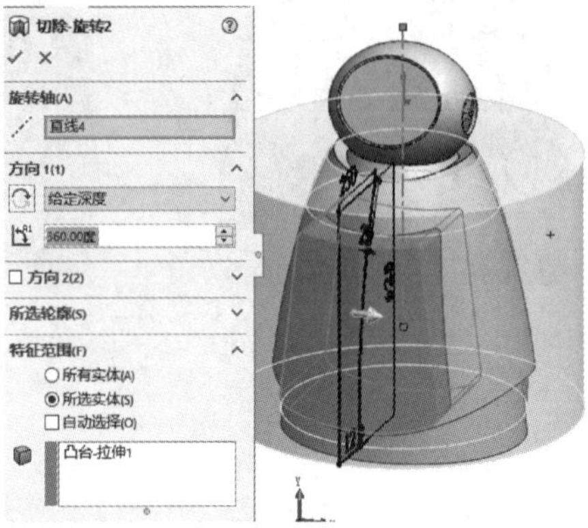

图 9-201

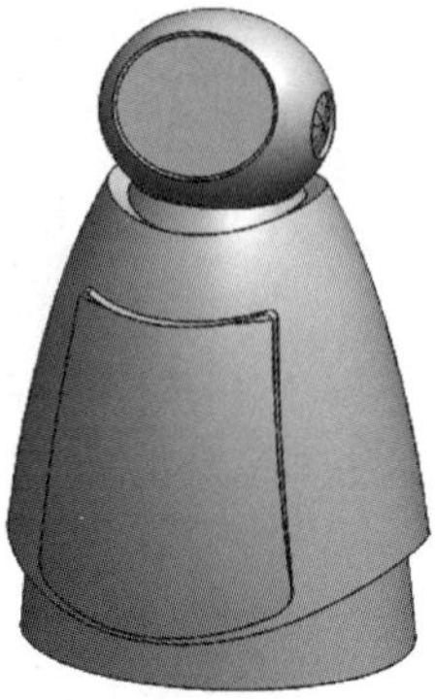

图 9-202

【步骤 7】分割线。选择“右视基准面”作为绘图面，正视于屏幕，单击“草图”工具栏中的“圆”“直线”“剪裁曲线”等命令，绘制具有尺寸的轮廓线，如图 9-203 所示；单击“特征”工具栏中“曲线”图标下的“分割线”，选择如图 9-204 所示，单击属性管理器中的“确定”，结果如图 9-205 所示。

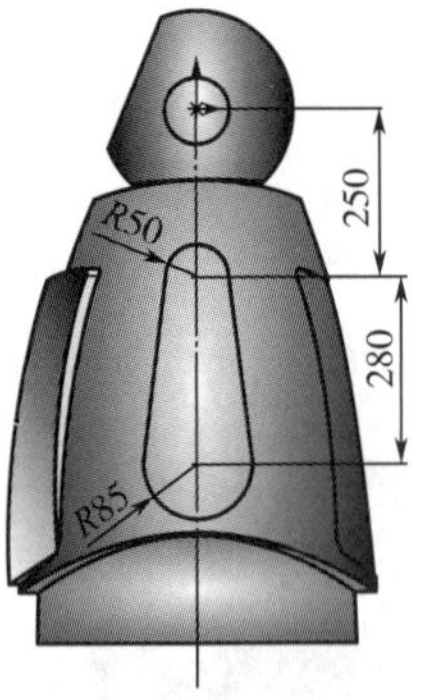

图 9-203

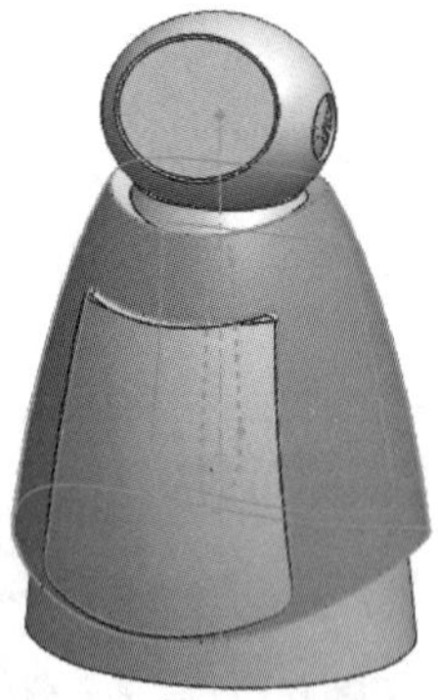

图 9-204

图 9-205

【步骤 8】等距曲面。单击“曲面”工具栏中的“等距曲面”命令，“要等距的曲面”选择上一步分割出来的左右两个面，“深度”参数输入 0mm，其他为系统默认属性，如图 9-206 所示，然后单击“确定”，完成面的复制，结果如图 9-207 所示。

【步骤 9】加厚曲面。点击“曲面”工具栏中的“加厚”命令图标，分别对曲面进行加厚，“要加厚的曲面”选择等距的曲面，给定厚度 5mm，特征范围选择外框部分，如

图 9-208 所示，结果如图 9-209 所示。重复此步骤，点击“曲面”工具栏中的“加厚”命令图标，分别对曲面进行加厚，“要加厚的曲面”选择等距的曲面，给定厚度 5mm，特征范围选择外框部分，如图 9-210 所示，结果如图 9-211 所示。

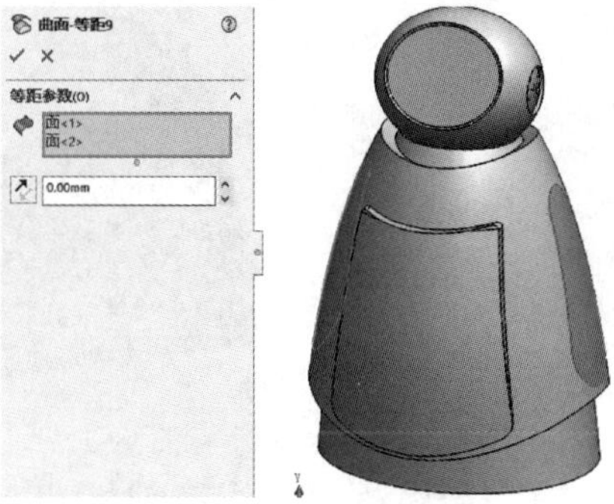

图 9-206

图 9-207

图 9-208

图 9-209

图 9-210

图 9-211

轮子建模操作步骤

【步骤 1】拉伸实体。选择“右视基准面”作为绘图面，正视于屏幕，单击“草图”工具栏中的“椭圆”命令，绘制一个尺寸为 250mm×245mm 的椭圆，结果如图 9-212 所示；单击“特征”工具栏中的“拉伸实体”命令，在“方向 1”下选项“终止条件”中选择“两侧对称”，给定深度 675mm，特征范围选择身体部分，单击属性管理器中的“确定”，结果如图 9-213 所示。

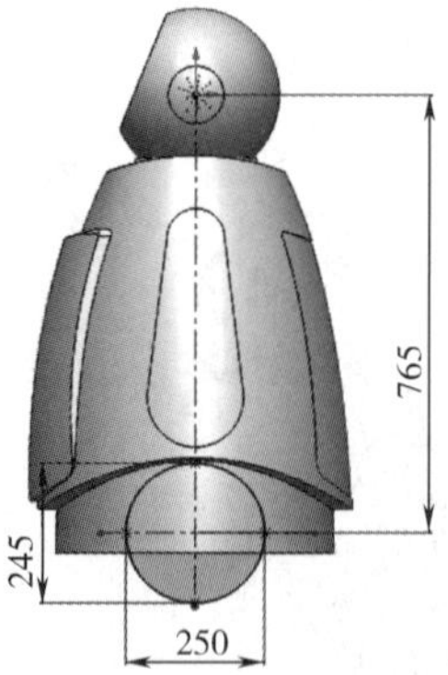

图 9-212

图 9-213

【步骤 2】拉伸切除实体。选择“右视基准面”作为绘图面，正视于屏幕，单击“草图”工具栏中的“直线”“三点圆弧”等命令，直线与圆弧、圆弧与圆弧之间添加相切关系，绘制具有尺寸的轮廓线，如图 9-214 所示；单击“特征”工具栏中的“拉伸切除”图标，在“方向 1”下选项“终止条件”中选择“完全贯穿”，如图 9-215 所示，其他按照图示默认状态，单击属性管理器中的“确定”，结果如图 9-216 所示。

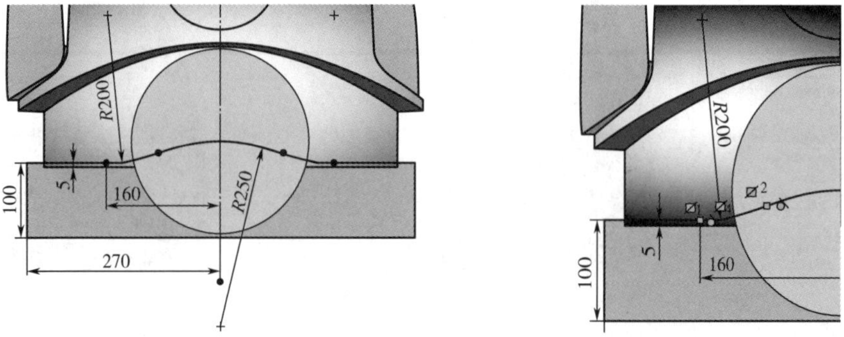

图 9-214

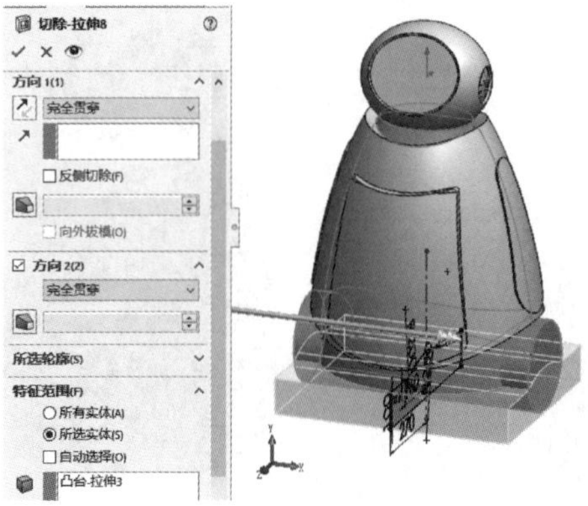

图 9-215

图 9-216

【步骤3】旋转实体。选择“前视基准面”作为绘图面，正视于屏幕，单击“草图”工具栏中的“直线”“三点圆弧”等命令，绘制所需轮廓线，如图9-217所示；单击“特征”工具栏中的“旋转实体”命令，在“方向1”下选项“终止条件”中选择“给定深度”，旋转角度为360°，特征范围选择身体部分，如图9-218所示，其他按照图示默认状态，单击属性管理器中的“确定”，结果如图9-219所示。

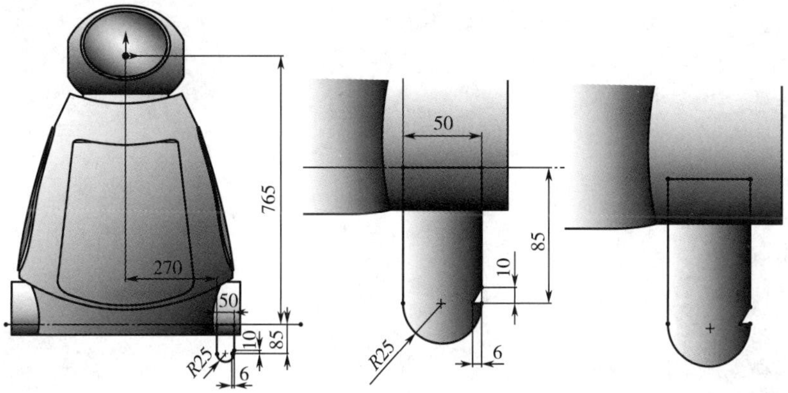

图9-217

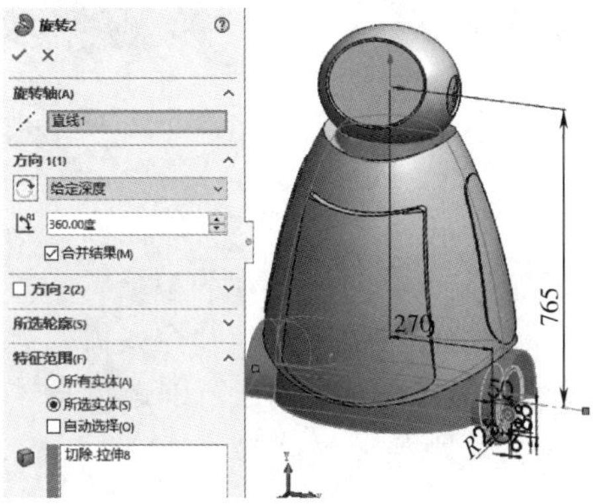

图9-218

图9-219

【步骤4】镜像。单击“特征”工具栏中的“镜像”图标，在“镜像面/基准面”下选择“右视基准面”，在“要镜像的特征”下的选择如图9-220所示，其他按照图示默认状态，单击属性管理器中的“确定”，结果如图9-221所示。

【步骤5】分割线。选择“前视基准面”作为绘图面，正视于屏幕，单击“草图”工具栏中的“直线”命令，绘制一条直线，如图9-222所示；单击“特征”工具栏中“曲线”图标下的“分割线”，选择如图9-223所示，单击属性管理器中的“确定”，如图9-224所示。

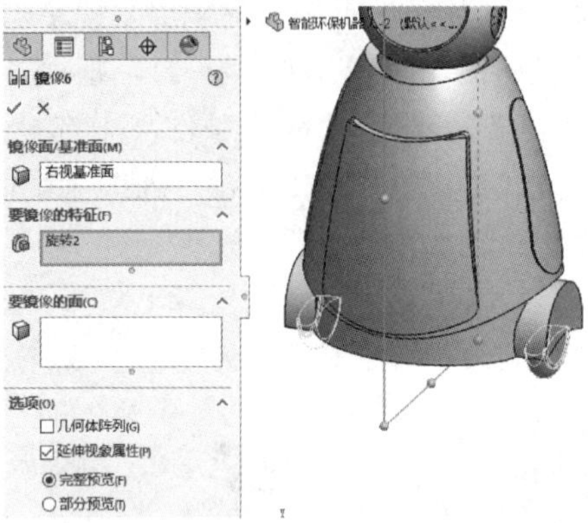

图 9-220

图 9-221

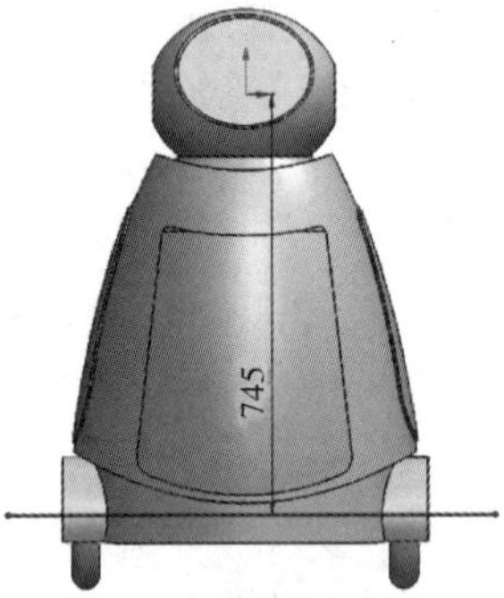

图 9-222

图 9-223

图 9-224

【步骤 6】等距曲面并加厚曲面。单击“曲面”工具栏中的“等距曲面”命令，“要等距的曲面”选择如图 9-225 所示，“深度”参数输入 0mm，其他为系统默认属性，然后单击“确定”，完成面的复制。单击“曲面”工具栏中的“加厚”命令图标，对曲面进行加厚，“要加厚的曲面”选择等距的曲面，给定厚度 55mm，特征范围选择身体部分，如图 9-226 所示。重复上述步骤，对后面的面进行等距与加厚（加厚 40mm），如图 9-227 和图 9-228 所示。

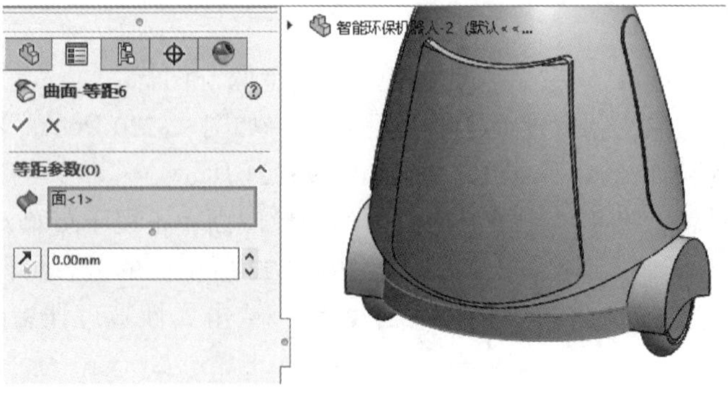

图 9-225

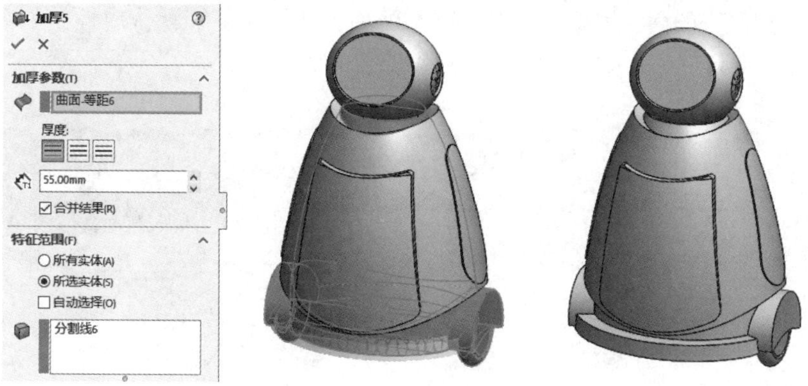

图 9-226

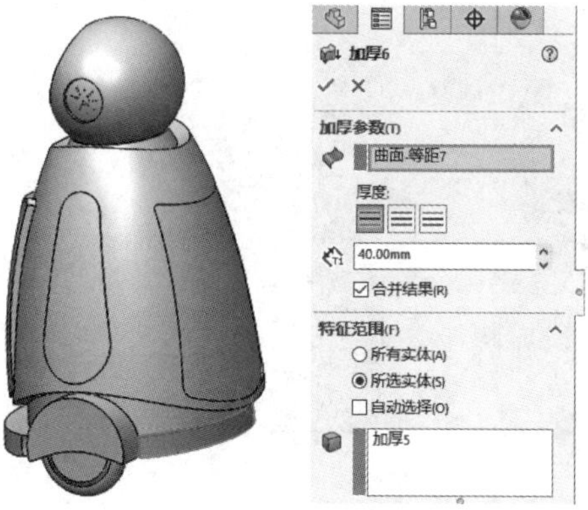

图 9-227

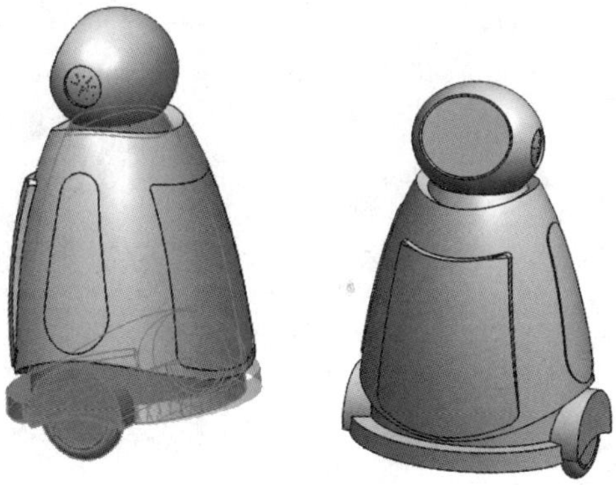

图 9-228

摄像孔建模操作步骤

【步骤 1】分割线。选择“前视基准面”作为绘图面，正视于屏幕，单击“草图”工具栏中的“圆”等命令，绘制一个直径为 15mm 的圆，如图 9-229 所示；单击“特征”工具栏中“曲线”图标下的“分割线”，利用圆对身体部分进行单向分割，单击属性管理器中的“确定”，结果如图 9-230 所示。

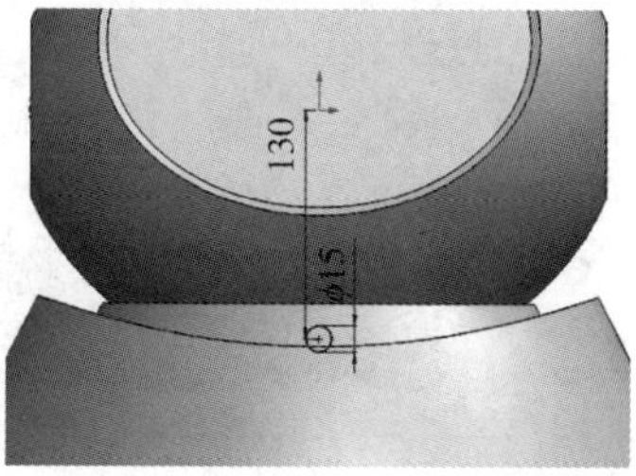

图 9-229

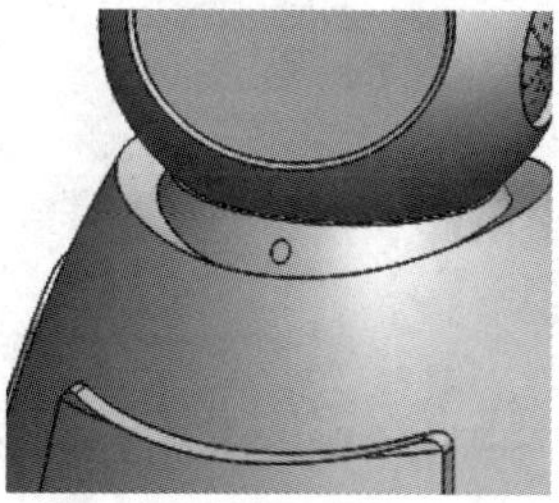

图 9-230

【步骤 2】等距曲面。单击“曲面”工具栏中的“等距曲面”命令，“要等距的曲面”选择上一步分割出来的面，“深度”参数输入 0mm，其他为系统默认属性，如图 9-231 所示，然后单击“确定”，完成面的复制，结果如图 9-232 所示。

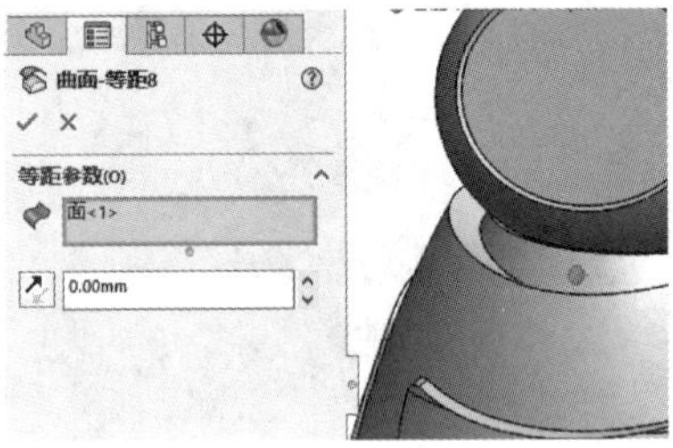

图 9-231

图 9-232

【步骤 3】加厚切除。单击“曲面”工具栏中的“加厚切除”命令，“要加厚的曲面”选择等距的曲面，给定厚度 1mm，结果如图 9-233 所示。

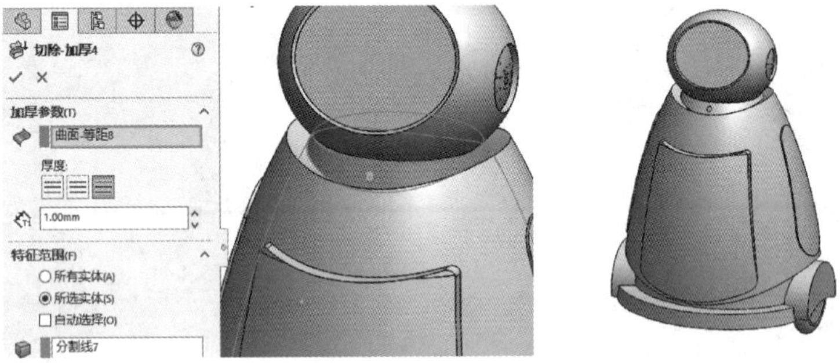

图 9-233

细节处理操作步骤

【步骤 1】圆角命令。单击“特征”工具栏中的“圆角”图标，“圆角”参数中“半径”为 2.5mm，边线选择如图 9-234 所示，其他按照图示默认状态，单击属性管理器中的“确定”，结果如图 9-235 所示。重复执行“圆角”命令，分别对其他边线进行圆角，如图 9-236 至图 9-246 所示。

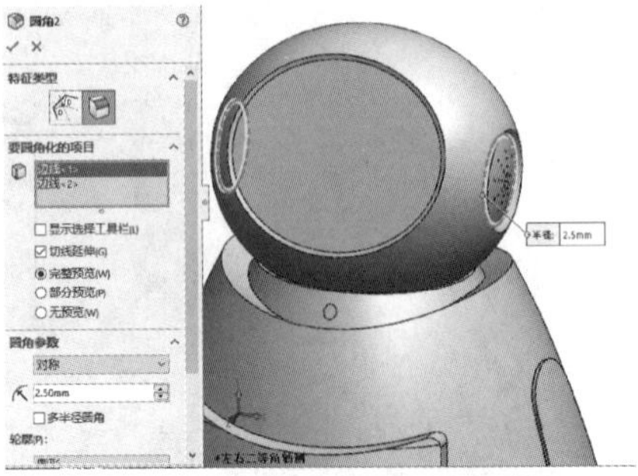

图 9-234

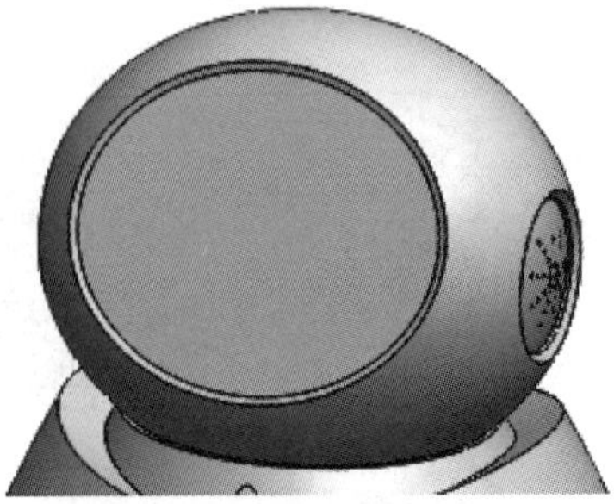

图 9-235

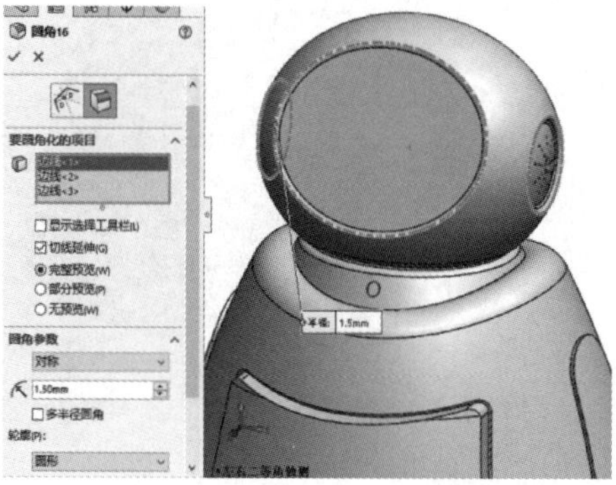

图 9-236（$r=1.5$mm）

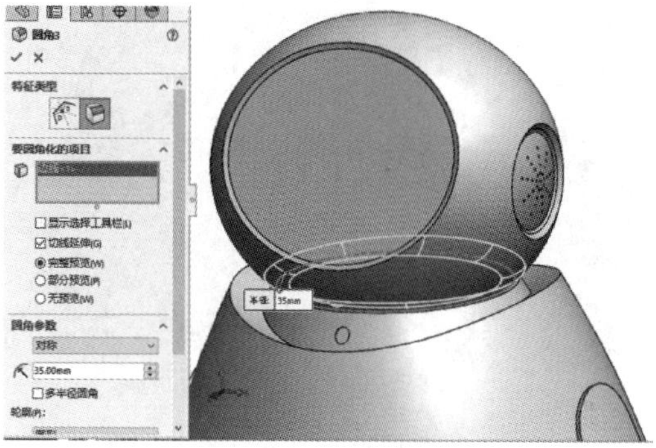

图 9-237（$r=35$mm）

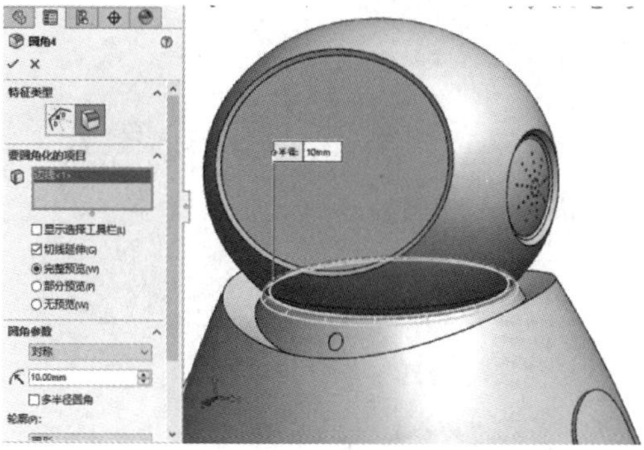

图 9-238（$r=10$mm）

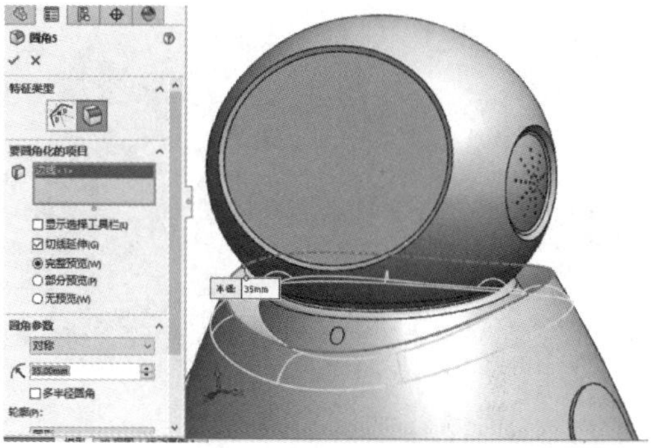

图 9-239（$r=35$mm）

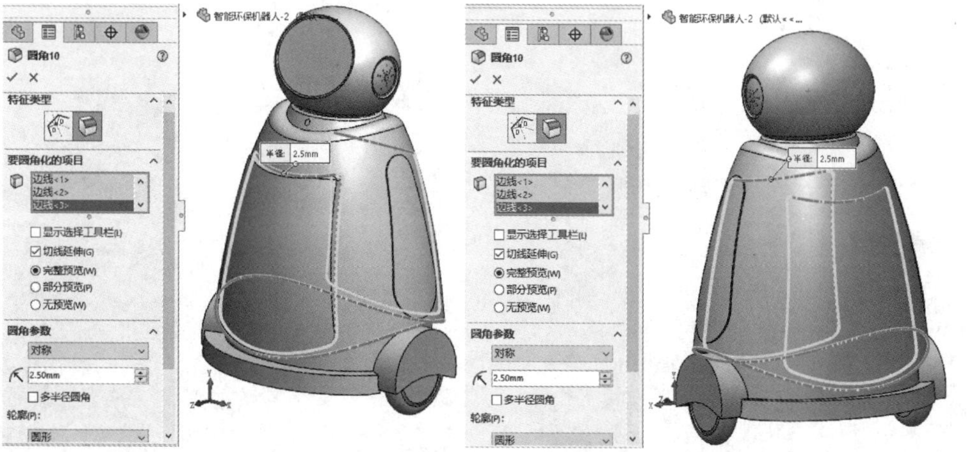

图 9-240（$r=2.5$mm）

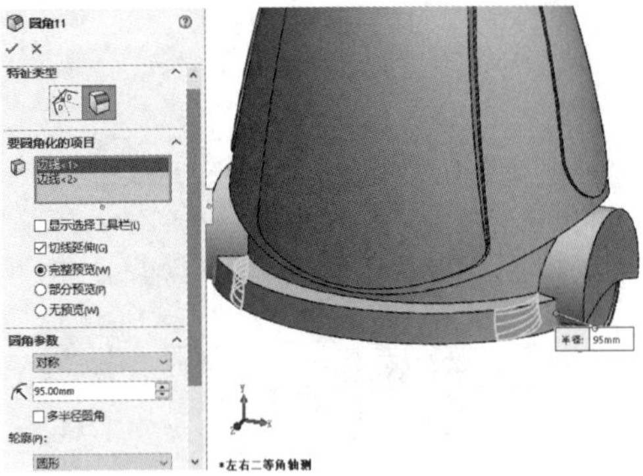

图 9-241（$r=95$mm）

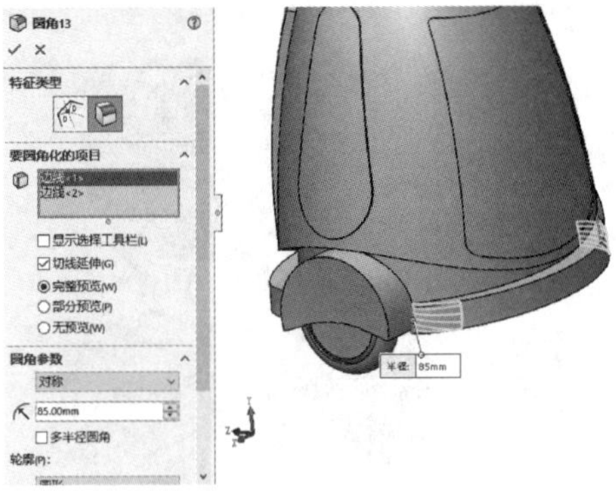

图 9-242（$r=85$mm）

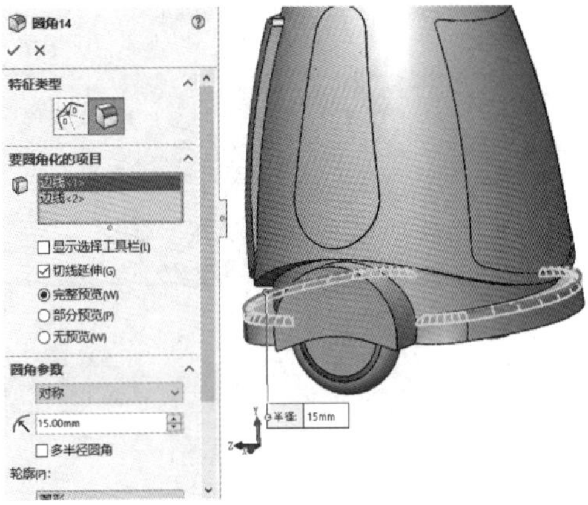

图 9-243（$r=15$mm）

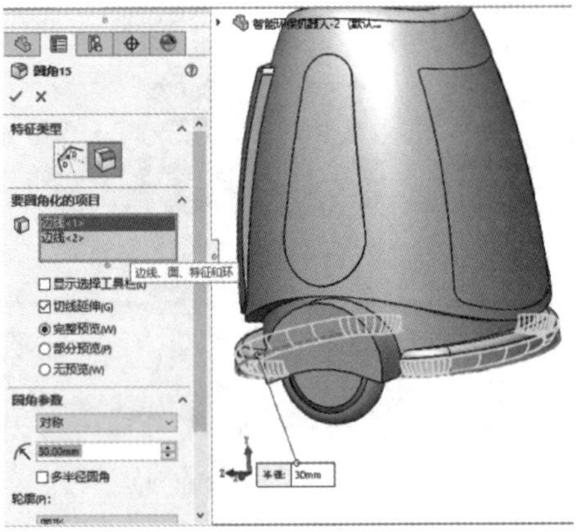

图 9-244（$r=30$mm）

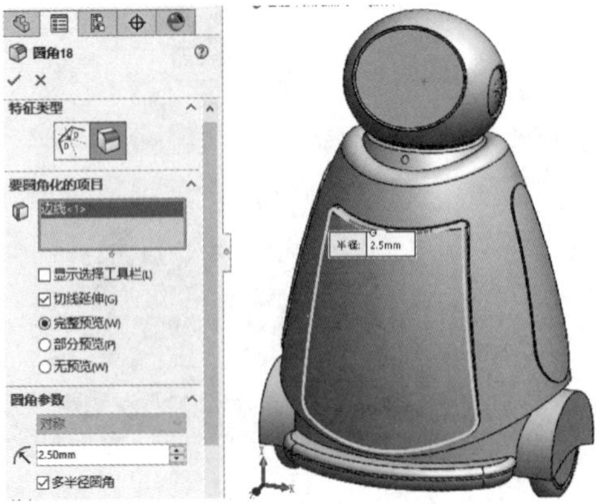

图 9-245（$r=2.5$mm）

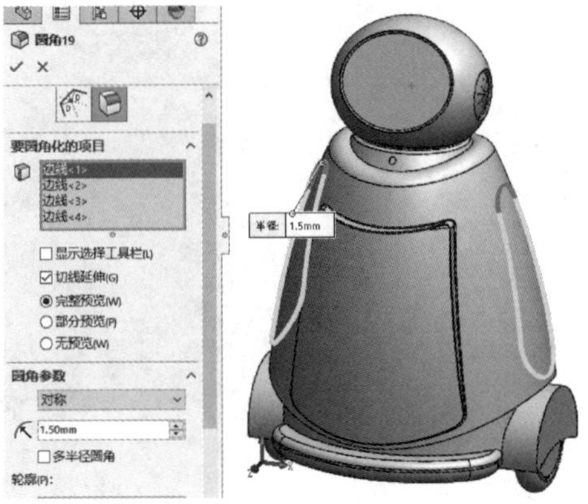

图 9-246（$r=1.5$mm）

【步骤 2】圆角（变化）命令。单击“特征”工具栏中的“圆角”图标，“圆角类型”中选择“变量大小圆角”，边线选择与尺寸设定如图 9-247 和图 9-248 所示，其他按照图示默认状态，单击属性管理器中的“确定”。重复上述步骤，完成变化圆角，如图 9-249 所示，最终结果如图 9-250 所示。

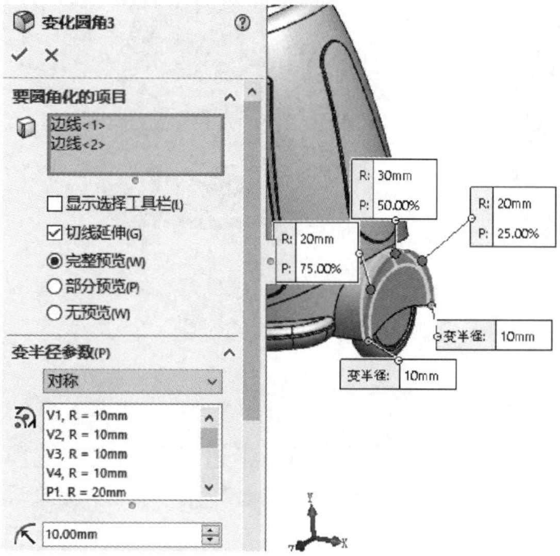

图 9-247

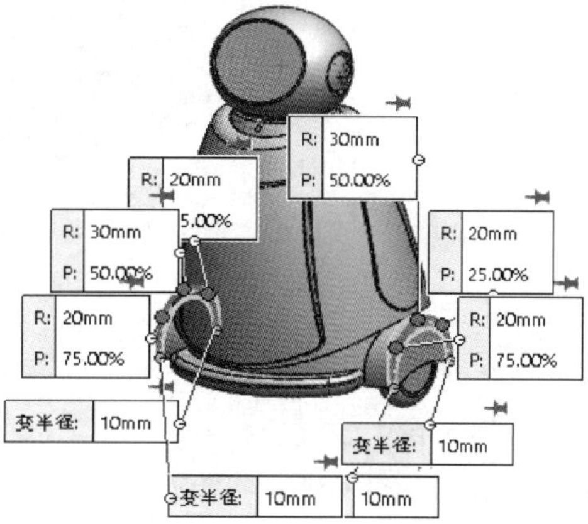

图 9-248

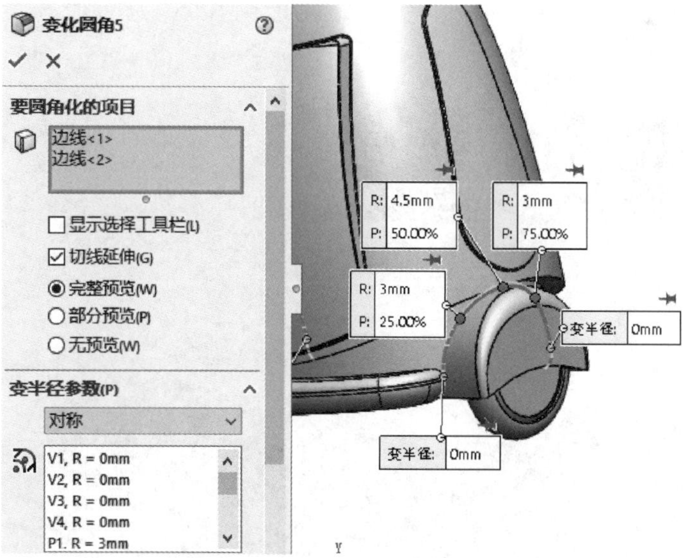

图 9-249

图 9-250

【步骤 3】组合。单击“特征”工具栏中的“组合”图标，“操作类型”下选择“添加”，“要组合的实体”选择全部实体，如图 9-251 所示，单击属性管理器中的“确定”，结果如图 9-252 所示。

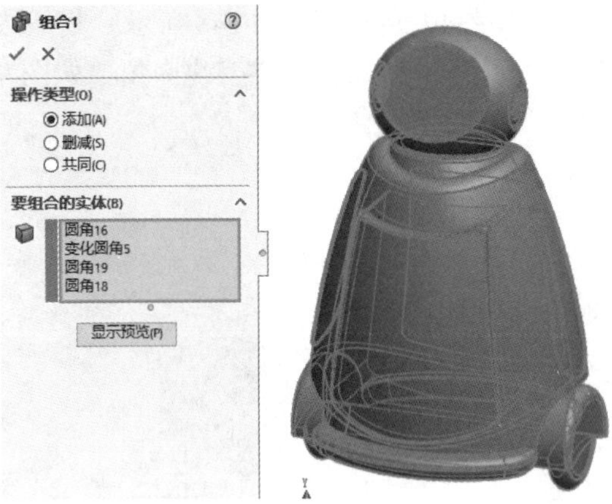

图 9-251

图 9-252

三、案例拓展

在学习以上案例的基础上，思考如何创建如图 9-253 所示小黄人卡通形象，它的建模思路是什么？会用到哪些特征命令？

图 9-253

任务分析

小黄人是大家喜爱的卡通角色，它们具有黄色胶囊状身型，身高一般在 94~120cm，呆萌的技术宅为人物形象，有单只或双只眼睛，头发也有刺头、塌塌的小中分、冲天一小撮、无头发等，并有清洁工、消防员、网球手、警察等特定衣服造型，如图 9-254 所示。

图 9-254

本任务包含两个内容：小黄人造型整体思维是由整体到局部的建模思想，运用旋转特征完成身体，然后用拉伸、旋转、放样、扫描等特征来实现手臂、腿部、镜框、头发等部件的制作；小黄人的衣服造型采用“分割线”特征命令来实现，通过缝合曲面、加厚等特征展现衣服的效果。

小黄人身体操作步骤

【步骤 1】绘制草图。创建一个新的零件文件，以“前视基准面”为绘图面，单击“草图”工具栏中的“中心线”命令，绘制一条通过原点竖直方向中心线；单击“草图”工具栏中的“直线”“圆角”命令，绘制具有尺寸的身体轮廓线。

【步骤 2】旋转实体。单击“特征”工具栏中的“旋转凸台/基体”图标，选择出现系统提示中的“是”按钮，其他按照图示默认状态，单击属性管理器中的“确定”，结果如图 9-255 所示。

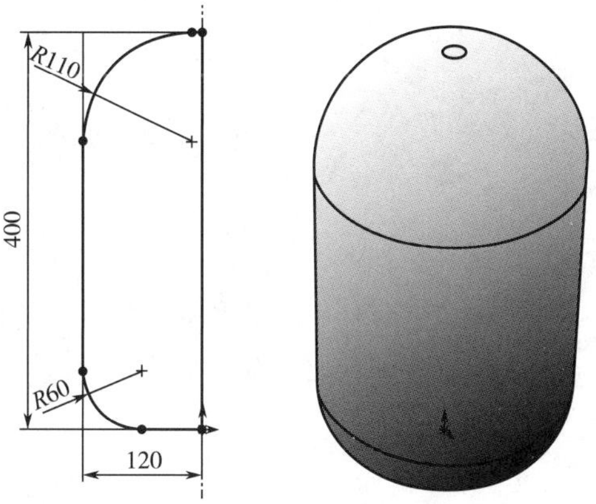

图 9-255

小黄人眼睛操作步骤

【步骤 1】拉伸实体。创建新的基准面 1 为绘图面，绘制好轮廓草图，进行“拉伸实体”特征命令，完成眼镜框突出部分，如图 9-256 所示。

【步骤 2】拉伸实体。创建新的基准面 2 为绘图面，绘制好水平面上的眼镜框边线，进行“拉伸实体”特征命令，完成一条眼镜框边线制作；同理，绘制下面一条眼镜框边线，如图 9-257 所示。

【步骤 3】拉伸实体。绘制草图，然后进行拉伸实体，完成眼镜框边线与镜框的连接部分，并使用“圆角”特征，完成边线光滑处理。

【步骤 4】镜像实体。通过水平和垂直镜像两次镜像操作，使得镜框与边线全面连接在一起，如图 9-258 所示。

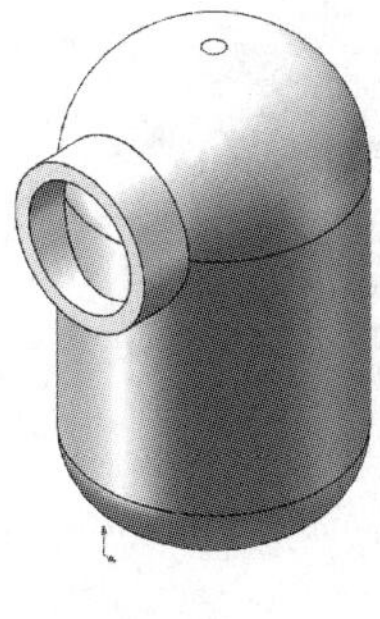

图 9-256

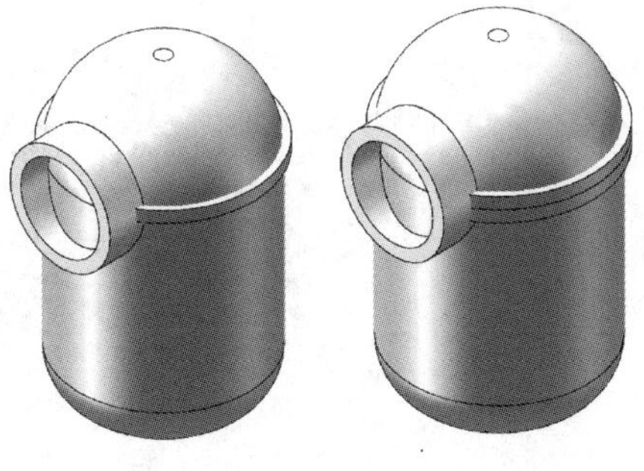

图 9-257

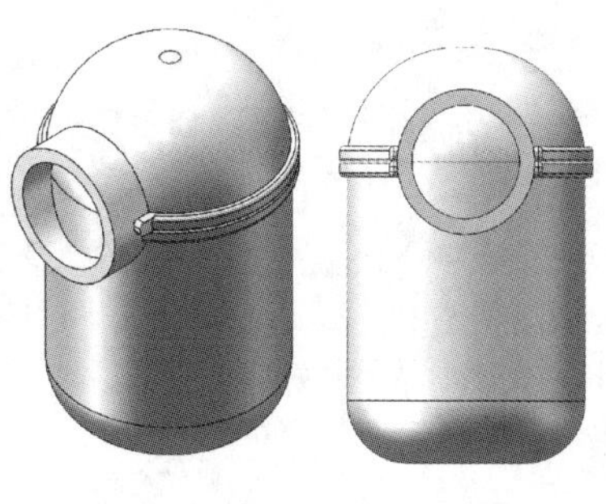

图 9-258

小黄人嘴部操作步骤

【步骤 1】拉伸切除实体。创建新的基准面，使用“样条曲线”命令，绘制一个嘴巴轮廓草图；单击“特征”工具栏中的“拉伸切除”，在“方向 1”选项中选择“完全贯穿”，完成嘴巴轮廓制作，如图 9-259 所示。

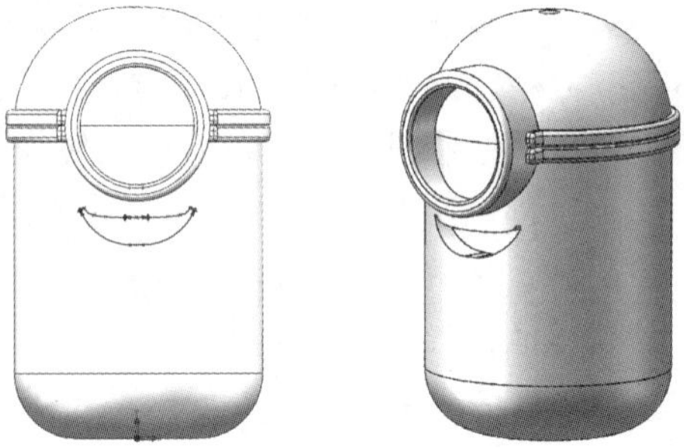

图 9-259

【步骤 2】绘制上牙齿。选择嘴巴下额面作为绘图面，使用“边角矩形”命令，绘制一排牙齿图形，如图 9-260 所示，然后“拉伸实体”，完成上排牙齿制作，如图 9-261 所示。

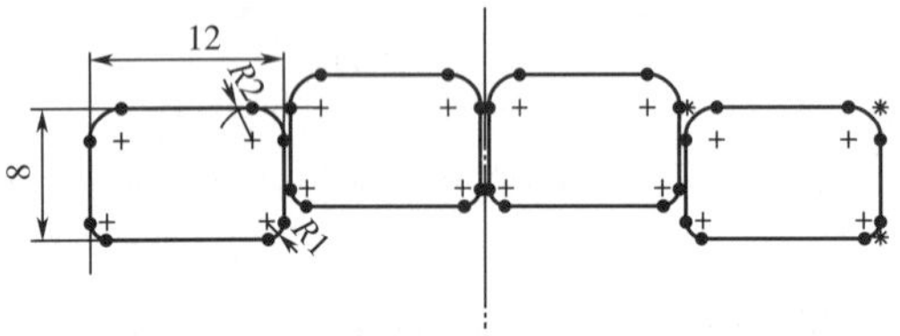

图 9-260

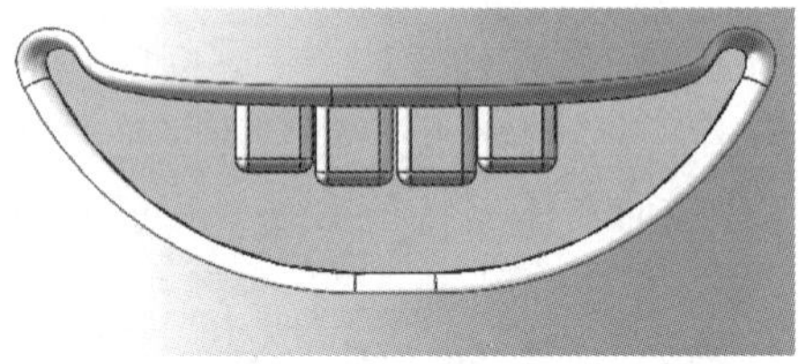

图 9-261

【步骤 3】绘制下牙齿。绘制好下牙齿草图，用“拉伸特征”“圆角”特征命令完成下排牙齿建模，如图 9-262 所示。

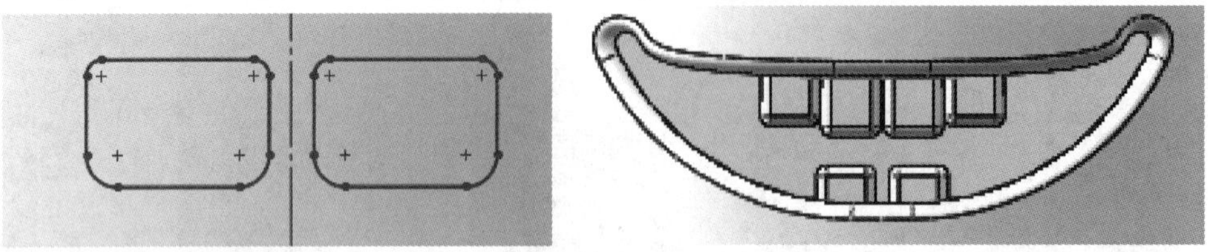

图 9-262

小黄人衣服操作步骤

【步骤 1】分割线。选择“基准面 1”作为绘图面，使用“直线”“圆角”命令，绘制一款衣服的图形，如图 9-263 左图所示，完成草图的绘制；然后选择“分割线”命令，使得衣服轮廓线分割身体表面；“投影的面”选项中“面 1，面 2”均要选择。

【步骤 2】缝合曲面。选择“缝合曲面”特征，将前后的衣服缝合到一起。

【步骤 3】加厚。选择“加厚”特征，在“厚度”选项中输入 5mm，生成具有一定的厚度的衣服，如图 9-263 所示。

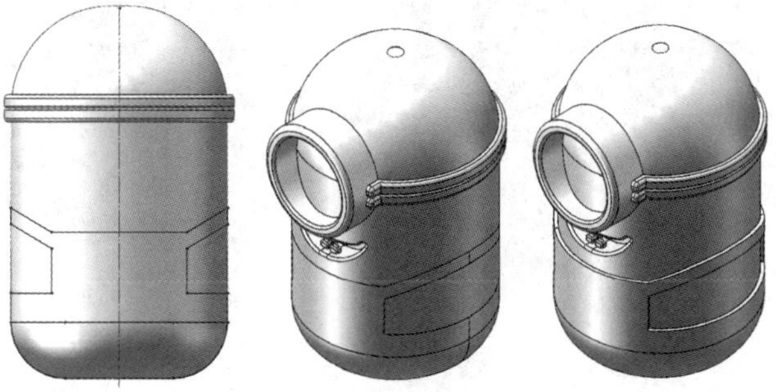

图 9-263

小黄人腿部操作步骤

【步骤 1】绘制草图。选择身体底部平面绘制圆形草图，进行两次拉伸，得出腿部基本形状。

【步骤 2】圆角。将拉伸凸台的边线分别倒两次圆角，一次 9mm，一次 1mm，细化腿部边缘。

【步骤 3】镜像。选择“右视基准面”为镜像面，将拉伸和圆角部分均镜像复制至右边，如图 9-264 所示。

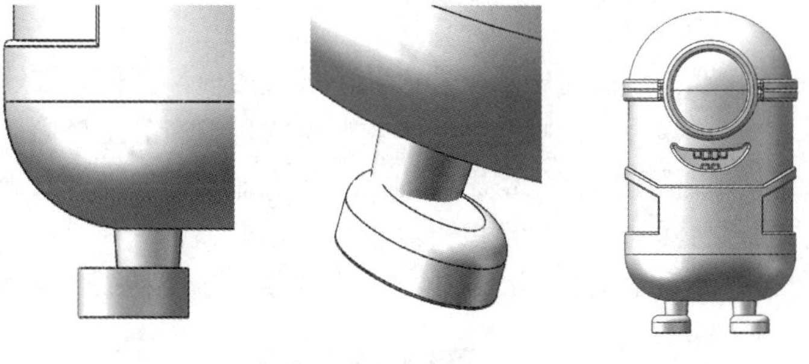

图 9-264

小黄人手部操作步骤

【步骤 1】扫描特征。先创建两个基准面，在基准面上分别绘制胳膊的圆形轮廓，再选择基准面，绘制一条胳膊的长度形状，使用扫描特征完成胳膊模型。

【步骤 2】拉伸特征。在胳膊圆形轮廓生成面绘制一个圆形，进行拉伸特征，完成胳膊加粗效果。

【步骤 3】放样特征。绘制三个草图轮廓，使用放样特征，完成手掌制作。

【步骤 4】拉伸特征。绘制一个草图，进行拉伸、圆角特征。

【步骤 5】镜像特征。选择“右视基准面”作为镜像面，将整个手部的特征命令镜像，如图 9-265 所示。

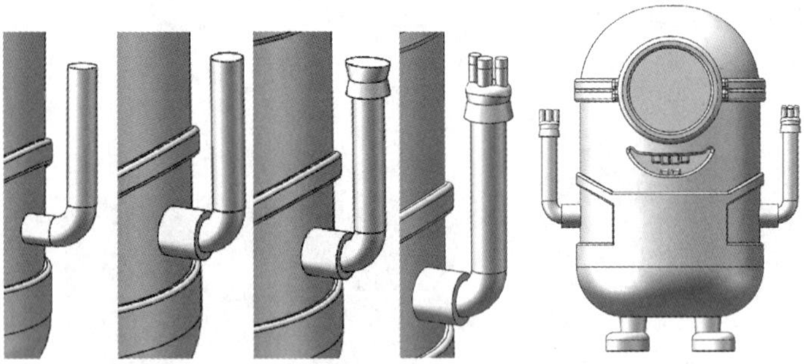

图 9-265

小黄人头发操作步骤

【步骤 1】扫描特征。先创建两个基准面，在基准面上分别绘制 3 根头发的圆形轮廓，再选择基准面绘制一条圆弧轮廓作为路径，使用扫描特征完成头发模型。

【步骤 2】圆角特征。将头发端面边线进行“圆角”特征，完成整个模型效果，如图 9-266 所示。

图 9-266

课后延伸

通过建模步骤的实践，我们完成了机器人和小黄人的模型制作。在这两款模型的制作过程中，你能总结出一些建模规律吗？一般卡通造型的玩具产品，最简单的就是模仿卡通造型，如小黄人这种，以模型整体建模思路为主，然后辅助其他部件及细节，完善模型产品。需要整体效果或不可活动的玩具建模可以依照此建模思路。

思考如图 9-267 所示卡通人物小型充电宝，需要使用哪些特征命令和步骤来实现呢？

图 9-267

具体思考可以参考如下：

此充电宝造型整体为一个送外卖的人偶，因此我们采用小黄人的整体建模思路，先用旋转、放样、拉伸等特征完成造型设计，如图 9-268 所示。

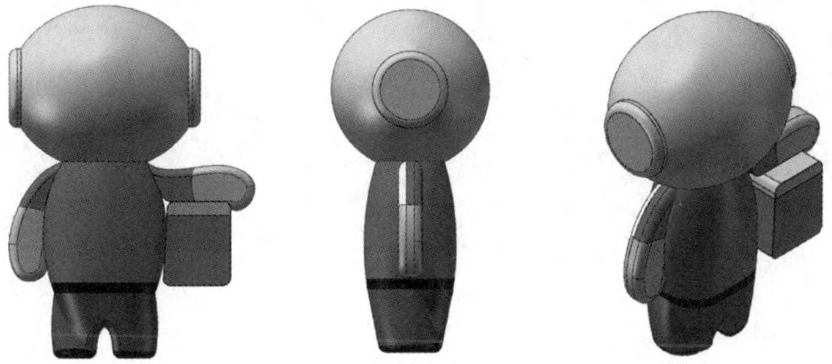

图 9-268

接着，用分割特征将整个产品分为前盖后壳，并将内部抽壳，实现电子配件存放空间；最后把所需的孔位、螺丝位等细节完善。孔位和抽壳的需求考虑电子配件的大小合理存放。建议大家可以拆卸一些实体模型，观察内部结构，如图 9-269 所示。

在模型的正面，通过分割线、复制平面、加厚平面等特征命令，可以使得头盔、眼罩、口罩等部分模型的层次感增强，如图 9-270 所示。

图 9-269

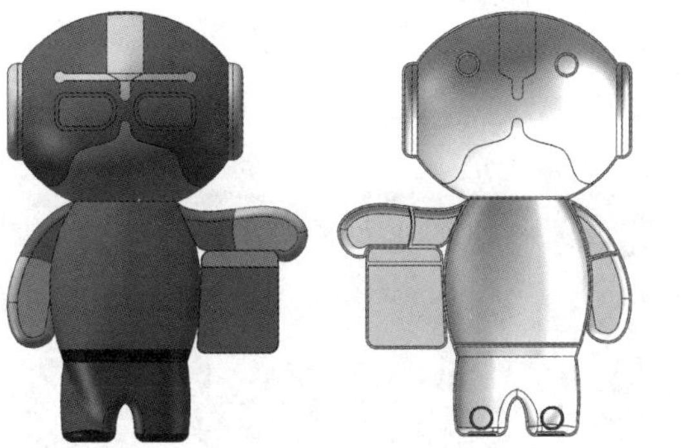

图 9-270

建模的过程和方法没有限制，可以依据自己的所思所想去完成模型制作。建模应与生产实践要求相结合，建模的熟练程度和技巧性都需要在不同案例和锻炼中得到提升。

图 9-271 至图 9-276 为学生作品，可扫描二维码下载作品源文件 。

图 9-271

图 9-272

图 9-273

图 9-274

图 9-275

图 9-276

附 录 CSWA 试题精讲

CSWA 全称 Certified SolidWorks Associate，一般称为 SolidWorks 认证助理工程师证书考试。该考试是 SolidWorks 公司对全球各类学校学生的官方认证考试，用户通过 CSWA 考试即可获得 CSWA 认证。考试在互联网上进行，由计算机自动随机生成个人试卷，考题包括 14 道小题，有理论题、零件题和装配题。考试总分为 240 分，考试及格线为 165 分。CSWA 考试时间 180 分钟，自动计时，自动评卷打分，当场获知考试结果。CSWA 认证能证明用户在 SolidWorks、3D 实体建模技术、设计概念以及参与专业开发的能力。该证书在行业内具有一定的认可度，是学习者专业能力和职业技能的有效证明。

本教程对应网络课程含 CSWA 考证拓展资源包，内容包含考试题型分析、三维零件建模、装配体配合、工程图识图等，合计 36 个视频，对考证全方位详细讲解，对考证的学习者来说有事半功倍的效果。附录选取经典视频供参考，完整内容请扫描前言中二维码，参与课程学习。

扫描下方二维码，查看试题详情，含试题详细数据文档、视频讲解、三维实体模型。

习题案例 1

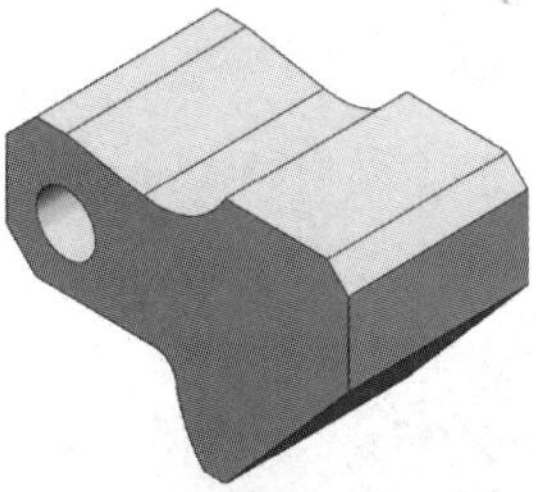

习题案例 2

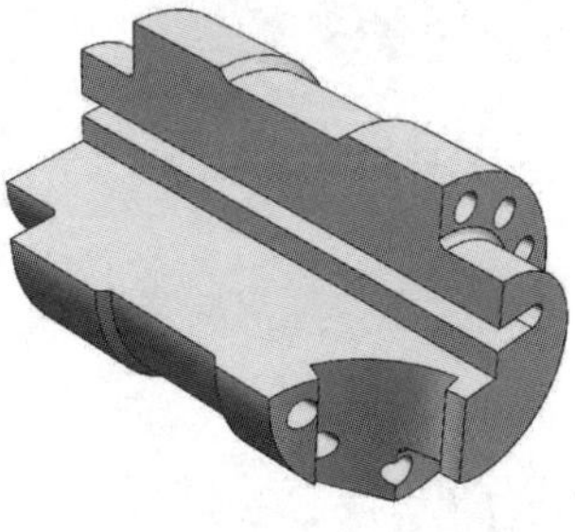

习题案例 3

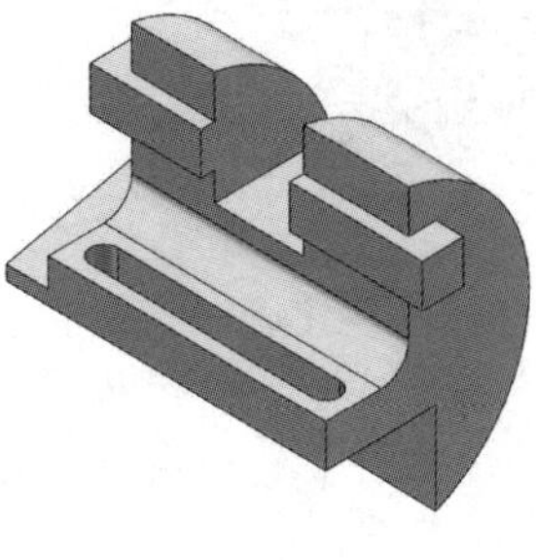

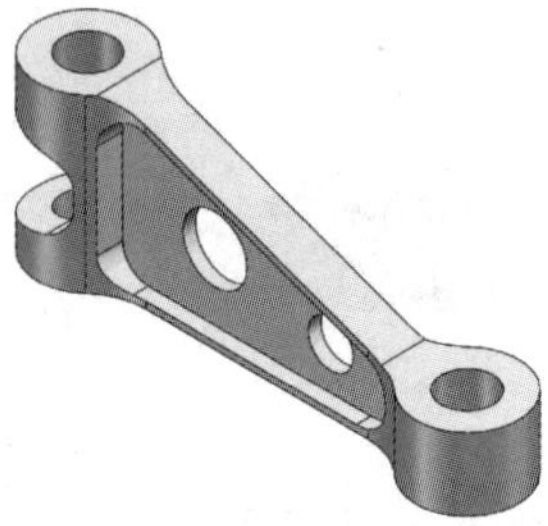

习题案例 4

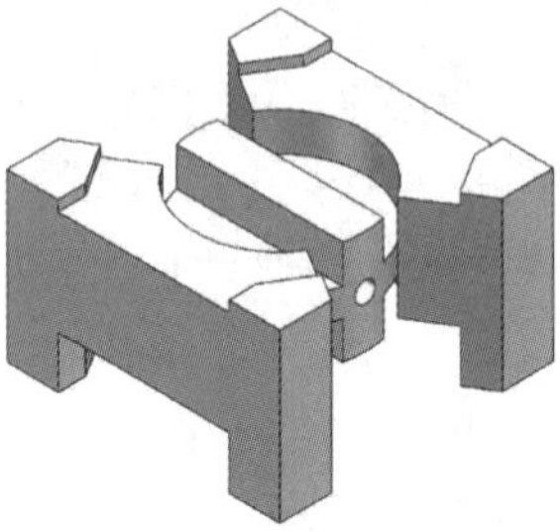

习题案例 5

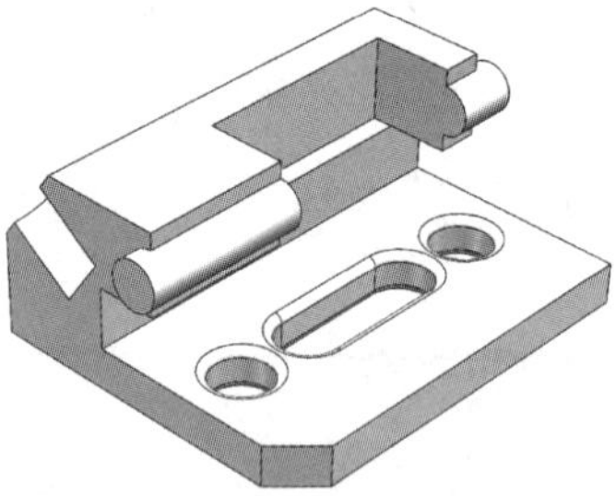

习题案例 6

习题案例 7

习题案例 8

参考文献

[1] 董荣荣，王宏，等 . SolidWorks 2011 工业设计案例实战［M］. 北京：机械工业出版社，2011.
[2] 邢启恩 . SolidWorks 产品造型设计实战精解［M］. 北京：机械工业出版社，2012.
[3] 陈胜利 . SolidWorks 2016 产品设计基本功特训［M］. 北京：电子工业出版社，2017.
[4] 张春红 . SolidWorks 产品造型设计案例精解［M］. 北京：电子工业出版社，2017.